西方古典丛稿

张源 张沛 主编

柏拉图对话二十讲

梁中和 编

图书在版编目 (CIP) 数据

柏拉图对话二十讲 / 梁中和编. — 北京：商务印书馆，2022.3（2024.7 重印）
（古典与人文．西方古典丛稿）
ISBN 978-7-100-20596-2

Ⅰ.①柏… Ⅱ.①梁… Ⅲ.①柏拉图 (Platon 前 427-前 347) —哲学思想—文集 Ⅳ.① B502.232-53

中国版本图书馆 CIP 数据核字（2022）第 008810 号

本书由四川省"天府万人计划"
天府社科菁英项目（2018）资助出版

权利保留，侵权必究。

古典与人文·西方古典丛稿
柏拉图对话二十讲
梁中和　编

商务印书馆出版
（北京王府井大街36号　邮政编码100710）
商务印书馆发行
南京鸿图印务有限公司印刷
ISBN 978-7-100-20596-2

2022年3月第1版　　开本 880×1240 1/32
2024年7月第2次印刷　印张 13 5/8

定价：58.00元

主　编

张　源　北京师范大学文学院
张　沛　北京大学中文系

学术委员会（按姓氏拼音排序）

陈戎女　北京语言大学人文学院
方维规　重庆大学博雅学院
高峰枫　北京大学外国语学院
洪　涛　复旦大学国际关系学院
李　猛　北京大学哲学系
梁　展　中国社会科学院外国文学研究所
梁中和　四川大学哲学系
林国华　华东师范大学政治学系
刘铁芳　湖南师范大学教育科学学院
刘耘华　复旦大学中文系
任军锋　复旦大学国际关系学院
唐文明　清华大学哲学系
魏朝勇　中山大学中文系
徐晓旭　中国人民大学历史学院
杨治宜　德国法兰克福大学汉学系
张　辉　北京大学中文系
张新刚　山东大学历史文化学院

"古典与人文"书系

总　序

　　古人云,知今而不知古,谓之盲瞽;知古而不知今,谓之陆沉。在我们所处的历史时刻,今人更宜"瞻前"而不忘"顾后",这并非"遁世无闷""退藏于密"的隐忍退缩,而是必要的"温故知新""鉴往知来"的积极筹划。

　　出于历史意识的同一性认定,"古人"成了"今人"的自我镜像和本己他者。如果说"古人"是"今人"的他者,那么西方的"古人"对于我们来说就是他者之他者、双重的他者。今天我们惯于以"后见之明"纵论古人的"历史局限性"——这个说法本身就是一种傲慢无知的表现。事实上,这种对古人充满优越感的认识(确切说是缺乏认识)是一种偏见,甚至是无所见。我们首先要倾听古人-他者的声音,才有可能真正进入对话或进入真正的对话,而不是陷入自以为是的自说自话之中。"前不见古人"或将导致"后不见来者"的绝境(ἀπορία),这是需要我们严肃面对的一个"现代问题"。为此,我们回眸古人的世界,与"古代"建立对话关系,作为"现代"的他者参照,此即我们所理解的古典研究的精神实质。

　　在中西方古典之中,我们首先看重文学。如果说文明意味着个人、民族乃至人类整体的自我教育,那么这种教育的核心和基础——也是最生动和最丰富的一个部分——就是文学。优秀的古典文学作品是历史中持存的最深刻的人性记录,是人类在时间中战胜了时间流变的伟大标记。从现代大学学科设置来看,我国普通大学文学院的课程往往从《诗经》、屈原一路讲到鲁迅和当代,乃至最新的网络文学;而西方各国国文教育和研究(例如英国的英语系、法国的法语系或研究所)只涉及现代语文部分,中古以前的文学一律归入古典学研究。就此一项而言,西方文明的古今断裂和分立似乎更加明显。同时中国也有自己的问题,即在"中国文学"的统一叙事中,作为"研究对象"的文学文本之间的"平等"成为不言自明的前提,文学作品的价值差异随之消弭。我们既不盲目崇古,也不盲目崇今;既承认文学作品的价值差异,也不惮于对这些作品下价值判断。并非"古典的"就是"好的",而是"好的"终将变成"古典的";优秀的现代文学作品经过历史的择选与淘洗,将如耀眼星辰不断加入灿烂群星之中。

古典研究必须和现代生活发生更加广泛的联系,古典注目于现代就不会变得枯燥板滞,现代依托古典则不会流于浅薄浇漓。当前人文学科过分强调"研究方法",这多少导致了思想与学术的分离;而随着专业分工不断细化、深入,"前人之述备矣",有些学者为了出奇制胜,不惜数典忘祖、标新立异,而美其名曰"创新"。人文研究当然重视原创性,但首先要区分什么是真正的创新,什么又只是浅妄的标新立异。人文复兴的希望在于把古今对抗所割裂的人文传统结合起来,只有这样,日趋工具化、技术化的人文研究才有可能得到拯救。

这里谈到的人文传统并非旧人文传统。旧式传统有时会诱发玩乐主义的生活态度,在象牙塔中把玩故纸而心满意足的人文学者不在少数。人文研究要注入新的生命,不可能指望通过重振旧人文传统来完成,而是要在研究中更广泛地应用比较和历史的方法,把经典作品作为古代与现代世界一脉相承的发展链条上的环节,以更加广阔、有机的方式与当代生活联系起来。方法是外在的,贯通古今的人文精神才是问题的本质与核心。

基于以上理念,我们邀约志同道合的朋友,共同发起"古典与人文"书系，以辑为单位设定责任主编，从 2022 年起陆续推出。丛书分为"西方古典丛稿""中国古典丛稿""现代中国丛稿""现代西方丛稿"四个部类，形式包括（但不限于）:1. 经典译介（西）,2. 经典新刊（中）,3. 经典研究（中西）,4. 词典手册（中西），等等。以"西方古典丛稿"（第一辑）为例，其中既有经典译介（昆体良的《演说术教育》），也有经典研究（《柏拉图对话二十讲》），还包括工具书（《柏拉图戏剧对话背景手册》）。承蒙商务印书馆信托，编者愿尽心竭力筹划建设这一书系，诚望以此为平台，与同道学人携手培育一方园地:让我们手把青秧，在这里自足耕作，时而抬起头来仰望日月，照见古今一体，心地清净方为道，退步原来是向前。

编者
2021 年 6 月 22 日（辛丑年五月十三）
于京城·海淀

前　言

中文世界介绍柏拉图对话的著作和译作已有十几种。[①] 在综合性的哲学史著作和译作中也有关于柏拉图的论述。[②] 此外,有学者翻译了古代柏拉图学说的总论性作品[③],还有基于柏拉图对话的哲学普及类作品[④]。除了这些总论作品,近20年来柏拉图对话的单篇翻译、研究和主题分类研究的丰硕成果(约112部)推动了柏拉图学说在高校的普及和社会上的

[①] 如 R. M. Hare:《柏拉图》,李日章译,联经出版事业公司,1983年;范明生:《柏拉图哲学述评》,上海人民出版社,1984年;王宏文、宋洁人:《柏拉图研究》(上下),山东人民出版社,1991年;R. M. 黑尔:《柏拉图》,范进、柯锦华译,中国社会科学出版社,1992年;汪子嵩、范明生、姚介厚、陈村富:《希腊哲学史》(第二卷),人民出版社,1993年;A. E. 泰勒:《柏拉图:生平及其著作》,谢随知、苗力田、徐鹏译,山东人民出版社,1996年;理查德·克诺特编:《剑桥柏拉图研究指南》,王大庆译,北京师范大学出版社,2018年;吕克·布里松:《柏拉图哲学导论》,黄唯婷译,刘玮编校,北京大学出版社,2018年;等等。

[②] 泰勒主编:《从开端到柏拉图》(《劳特利奇哲学史》第一卷),中国人民大学出版社,2003年;姚介厚:《西方哲学史(第二卷):古代希腊与罗马哲学》,凤凰出版社,2005年;文德尔班:《古代哲学史》,詹文杰译,上海三联书店,2009年;克里斯托夫·希尔兹主编:《古代哲学》,聂敏里译,中国人民大学出版社,2009年;克里斯托夫·希尔兹:《古代哲学导论》,马明宇译,北京大学出版社,2019;弗雷德里克·科普勒斯顿:《希腊和罗马哲学》,梁中和等译,汕头大学出版社,2021年;等等。

[③] 阿尔吉努斯:《柏拉图学说指南》,狄龙英译注疏,何祥迪译,华东师范大学出版社,2016年;阿尔法拉比:《柏拉图的哲学》,程志敏译,华东师范大学出版社,2006年;等等。

[④] 让·布兰:《柏拉图及其学园》,杨国政译,商务印书馆,1999年;戴维·梅林:《理解柏拉图》,喻阳译,辽宁教育出版社,2000年;约翰·E. 彼德曼:《柏拉图》,胡自信译,中华书局,2002年;茱莉亚·安纳斯:《解读柏拉图》,高峰枫译,外语教学与研究出版社,2007年;理查德·克劳特:《不经考察的生活不值得过:柏拉图导读》,王小娥、谢昉译,中信出版集团,2015年;丽贝卡·戈尔茨坦:《谷歌时代的柏拉图:为什么我们今天还需要哲学?》,李鹏程译,中信出版集团,2017年;等等。

关注。特别是刘小枫先生主编的"柏拉图注疏集"、王晓朝先生翻译的修订版《柏拉图全集》、溥林先生翻译并正在陆续出版的"柏拉图全集"(希中对照本,商务印书馆)以及梁中和主编的"望江柏拉图研究论丛"等全集和丛书的翻译出版,扎实地推进了中文世界对柏拉图对话的全方位深入研究。

但是,我们也可以看到,已有作品以引进和翻译居多,而我们中文世界学者的创作偏少。事实上,我们已经拥有一批教育背景良好、术业有专攻的学者群体,分布在国内各大院校的文史哲专业。本次组织编写《柏拉图对话二十讲》,就是邀请相关柏拉图对话的专家学者从不同的学科和视角出发,介绍他们眼中柏拉图对话的独特魅力,展示已有的中文研究者的学术视野。本书是首部主要由国内青年学者撰写的柏拉图对话导论。这批学者都还比较年轻,想必大家会继续努力。也期待后继者能够拾阶而上,在不久的未来创作出更多更好的柏拉图对话研究作品。

本书的出版,首先要感谢希腊国家博物馆的井玲老师,她和我一起组织本书的原型"柏拉图对话系列讲座"。这是"希腊万人迷群"和"望江柏拉图学园"共同主办的20次系列讲座。[①] 当时以微信群内语音播放的方式讲授,最终这些演讲者将讲稿整理后成为本书的初稿。

为了使本书更加完备,对柏拉图的主要对话都做一个介绍,我们又邀请了几位专家加入,撰写相关论文。特别是邀请了国际柏拉图协会会长吕克·布里松(Luc Brisson)先生赐稿,给出《泰阿泰德》《蒂迈欧》和"柏拉图主义"的相关论文,他在柏拉图和柏拉图主义研究方面有非常专业的素养和识见。

---

① 当时录音已经上传至"喜马拉雅"(https://m.ximalaya.com/renwen/19125362/)。

在此对本书所有作者致以诚挚的感谢！

最后还要感谢张源教授，她不光是讲座讲者、本书作者之一，还古道热肠，大力支持本书的出版。

梁中和

2020 年 11 月 7 日

于成都·望江柏拉图学园

本书作者介绍

（按照篇章先后顺序排列）

梁中和，中国人民大学哲学博士，四川大学哲学系教授，四川大学西方古典哲学研究所所长，法国科学研究院外籍合作研究员，爱尔兰都柏林大学圣三一学院海外研究员。在成都创办并主持"望江柏拉图学园"读书班。主要研究领域为古希腊哲学和文艺复兴哲学。

盛传捷，英国利兹大学哲学博士，任教于吉林大学哲学社会学院。主要研究领域为古希腊哲学。

彭磊，中山大学哲学博士，中国人民大学古典文明研究中心副教授。主要研究领域为西方古典学。

陈郑双，同济大学哲学博士，任教于浙江工商大学东方语言与哲学学院哲学系。主要研究领域为西方古代哲学、政治哲学。

娄林，中山大学哲学博士，任教于中国人民大学古典文明研究中心，CSSCI来源集刊《经典与解释》主编。主要研究领域为古典学。

何博超，北京师范大学文学博士，中国社会科学院哲学研究所副研究员，剑桥大学古典学系访问学者。主要研究领域为古希腊哲学，涉及亚里士多德的伦理学和修辞学；希腊哲学在古代东方的传播与接受，以亚美尼亚、阿拉伯、中国等地区为主。

王江涛，中山大学哲学博士，波士顿学院访问学者，任教于华东政法大学马克思主义学院。主要研究领域为古典政治哲学、马克思主义理论。

张源，北京大学比较文学博士，北京师范大学文学院教授，美国国家人文研究所中国委员，美国罗阿诺克大学哥本哈弗驻校讲席教授（2017年度）。主要研究领域为比较视域下的文学与思想史。

陈斯一，英国剑桥大学哲学博士，北京大学哲学系伦理学教研室副教授。主要研究领域为古希腊哲学、希腊化哲学和基督教哲学，特别是伦理学和政治哲学。

樊黎，英国圣安德鲁斯大学博士，同济大学人文学院助理教授。主要研究领域为柏拉图哲学、柏拉图主义、古希腊伦理思想。

刘振，中山大学哲学博士，扬州大学社会发展学院副教授，伦敦大学学院访问学者。主要研究领域为古希腊哲学、近现代政治哲学。

张爽，中山大学哲学博士，四川大学哲学系副研究员。主要研究领域为古希腊哲学。

吕克·布里松，常年担任法国国家科学研究中心（CNRS）主任研究员，曾任国际柏拉图协会（IPS）会长（2016—2019），兼任国际柏拉图协会执行副会长、国际新柏拉图主义研究协会（ISNS）指导委员会委员（2014年至今）。他是健在的学术产量最高、对柏拉图和柏拉图主义贡献最大的重要学者之一。

曹聪，中山大学哲学博士，伦敦大学学院希腊和拉丁系访问学者，西安交通大学人文学院副教授。主要研究领域为古希腊哲学、政治哲学。

张波波，浙江大学哲学博士，加利福尼亚大学伯克利分校古典系、乌得勒支大学宗教与哲学系、斯坦福大学古典系访问学者，浙江财经大学马克思主义学院伦理学研究所讲师。主要研究领域为古希腊哲学、柏拉图哲学。

林志猛，中国人民大学文艺学博士，浙江大学哲学系教授、博士生导师,求是青年学者,古希腊罗马哲学研究中心主任,中国比较古典学会副秘书长,哈佛大学希腊研究中心访问学者。主要研究领域为古希腊哲学、法哲学、政治哲学。

吴功青,意大利博洛尼亚大学历史学博士,中国人民大学哲学院副教授,明德青年学者。研究领域主要包括希腊化哲学、中世纪文艺复兴哲学、近代哲学。

目 录

第 一 讲　哲人的情人:《阿尔喀比亚德》……………………梁中和　1
第 二 讲　哲学家的罪:《申辩》中的苏格拉底 ………………盛传捷　27
第 三 讲　明智的美德:《卡尔米德》……………………………彭　磊　47
第 四 讲　友谊与正义:《吕西斯》………………………………陈郑双　56
第 五 讲　哲人与智者:《普罗塔戈拉》…………………………娄　林　72
第 六 讲　修辞、正义与幸福:《高尔吉亚》导论 ………………何博超　90
第 七 讲　美事艰难:《希琵阿斯前篇》…………………………王江涛　117
第 八 讲　灵魂与死亡:《斐多》…………………………………张　源　142
第 九 讲　爱的阶梯:《会饮》……………………………………陈斯一　158
第 十 讲　灵魂马车:《斐德若》…………………………………樊　黎　181
第十一讲　洞穴中的光亮:《理想国》第一至四卷………………刘　振　199
第十二讲　洞穴中的光亮:《理想国》第五至十卷………………刘　振　220
第十三讲　辨识哲人的亲缘:《治邦者》开场绎读………………张　爽　235
第十四讲　助产术:《泰阿泰德》…………………………吕克·布里松　252
第十五讲　柏拉图式辩证术:《巴门尼德》………………………曹　聪　281
第十六讲　混合型幸福观:《菲丽布》探究………………………张波波　303

第十七讲　立法的目的及其哲学基础:《法义》绎读………… 林志猛 333
第十八讲　发明宇宙:从《蒂迈欧》到宇宙大爆炸…… 吕克·布里松 350
第十九讲　柏拉图主义……………………… 吕克·布里松 369
第二十讲　文艺复兴时期的柏拉图主义 …………… 吴功青 401

专名对照表 ………………………………………………… 412

第一讲
哲人的情人:《阿尔喀比亚德》

梁中和

我们为什么选择《阿尔喀比亚德》作为讲读的第一篇？有两个理由。

第一，这是柏拉图主义传统教学中认定的教学次序中的第一篇，算是柏拉图哲学导论篇。两千年来它一直是柏拉图对话中最耀眼的一篇，是阅读和实践柏拉图哲学的最初门径。中期柏拉图主义者阿普列乌斯、普鲁塔克等人曾提到《阿尔喀比亚德》中的内容。中期柏拉图主义者阿尔比努斯也曾为本篇的独特地位给予三方面的解释。其一，它让我们知道我们自己是理性的灵魂。灵魂是真正的自己，它保持同一，且是我们行为的真正主体，因此我们要把身体看作灵魂的工具。其二，它是劝告性的。它劝诱阿尔喀比亚德和读者走向哲学。其三，它是助产术类的。苏格拉底帮助阿尔喀比亚德自己清理出一些真理。阿尔比努斯的评语一方面肯定了本篇的卓越地位，另一方面也开启了后世论述苏格拉底和柏拉图区别的争论。新柏拉图主义代表人物扬布里柯在柏拉图学园的课程中给予《阿尔喀比亚德》很高的地位，将其定为首要读物。新柏拉图主义集大成者普罗克洛著有《阿尔喀比亚德前篇笺注》，是古代著名的《阿尔喀比亚德前篇》的注疏本。晚期新柏拉图主义代表奥林匹奥多罗斯也有评注《阿尔喀比亚德》的专门作品，他将本篇对话看作最好的柏拉图哲学的导论，因为它包含了后来柏拉图哲学对话中最主要的想法。阿拉伯的新柏拉图主义者阿尔法拉比也在其《柏拉图的哲学》中提到，柏拉图开始哲学讨论的对话是《阿尔喀比亚德》，认为它主要在于论说财富、出身等都不是人们可以从中获得幸福的东西，人们应该像苏格拉底那样去追问知识、美德等。

第二，对话主角阿尔喀比亚德是苏格拉底唯一承认的情人，也是给他带来杀身之祸的罪魁祸首之一。此人颇具传奇色彩，是一个非常鲜活和有代表性的历史人物。苏格拉底和他的交往，见证了哲学教育的艰难和困境，也会为我们今天的哲学教育提供有益的反思路径。

我们首先来梳理这篇对话的一些历史和政治背景，然后再进入人物关系和思想内容。

一、阿尔喀比亚德其人

本篇对话主角阿尔喀比亚德生于公元前450年，到前404年去世，活了46岁，是雅典政治家和著名将领。他的父母克莱尼亚斯和德瑙玛珂，属于爱克蒙尼德家族(Alcmaeonidae)，是伯里克利的近亲。当他父亲于前447年，也就是他3岁时，在考赫尼亚的战斗中阵亡后，伯里克利便成了阿尔喀比亚德的监护人。阿尔喀比亚德相貌俊美无比，但为人任性、反复无常而又充满热情，曾经从学于智者普罗塔戈拉和普罗底库斯，学会了蔑视当时常人认可的正义、节制、神圣、爱国等通行的美德；同时作为情人和学童跟随苏格拉底多年，他虽然敬重苏氏节制的生活，但自己并不模仿苏格拉底，也不实践苏氏的教导。

他在雅典由于生活放荡而声名狼藉，号称"年轻时将别人的丈夫从妻子身边带走,年长后又将别人的妻子从丈夫身边带走"。但因为有过人的才干,他于前421年尼克亚斯和平期(Peace of Nicias)从政。伯罗奔尼撒战争时期他又作为将军统领阻击斯巴达,其间他作为主战派领袖成功地使雅典组织了一个反斯巴达的联盟,与主和派尼基阿斯意见相左。前415年,随着尼克亚斯在色雷斯的失败,阿尔喀比亚德成为远征西西里的主要鼓吹者。但恰在远征出发之前发生了一件神秘事件,即赫尔默斯神庙塑像被毁。有人指控阿尔喀比亚德是幕后主使,他本可以在法庭为自己洗冤,却逃到斯巴达为阿基斯二世出谋划策,从而使斯巴达成功地击败雅典联军。后来阿尔喀比亚德与斯巴达王生隙,相传他还让斯巴达王后为他生下两个私生子。前413年,他又逃到波斯总督提萨弗尼那里,考虑返回雅典。

在四百人寡头政治结束后,他受忒哈斯布鲁斯邀请返回雅典。前410年他带领雅典的爱琴海舰队击败伯罗奔尼撒舰队,前408年又收复拜占庭城。但好景不长,斯巴达新的军事领袖鲁山德率军于前406年击溃雅典海军,阿尔喀比亚德再次流亡,结束了他在雅典最辉煌的时期,去了达达尼尔海岸边自己的城堡。前405年他警告驻扎在阿哥斯普塔姆斯河(Aegospotamos)的雅典海军防范斯巴达突袭,但未被理睬。前404年,法纳巴乌斯的波斯总督受鲁山德之命,将阿尔喀比亚德谋杀,终年46岁。

当时的人很多都很关心阿尔喀比亚德的命运。比如戏剧家阿里斯托芬在《蛙》里,借用欧里庇德斯和埃斯库罗斯之口,讨论了雅典人应该如何对待流亡的阿尔喀比亚德。其中"欧里庇德斯"憎恨阿尔喀比亚德这样一个"对祖国援助何其迟、伤害何其快,对自己私事有办法、对城邦公益束手无策的公民",而"埃斯库罗斯"则认为"既然养了一头狮子,就要迁就它的脾气"。当这出喜剧上演时,阿尔喀比亚德已第二次流亡隐居起来,人们当时的确关心他的情况；但更重要的在于，喜剧中的讨论绝不是仅仅就事论事，而是在讨论一个普遍问题：个体与城邦，特别是领袖的个体行为、利益与城邦和公民的利益的关系问题。

对阿尔喀比亚德记述最多的当数大史家修昔底德，普鲁塔克也曾为他立传而使其故事广为流传。修昔底德在《伯罗奔尼撒战争史》中，按照战争进行的顺序，记述了阿尔喀比亚德的家族、行为、讲演和事迹。其中有两段著名的演说：一是在阿尔喀比德与尼克亚斯争论是否远征西西里时（第五卷），一是在阿尔喀比德逃往斯巴达献计时（第六卷）。在第一个演说前，修昔底德简要评论了阿尔喀比亚德。他说阿氏之前从没有反对过尼克亚斯，这次站出来的直接原因是尼克亚斯攻击阿尔喀比亚德的私人生活奢靡和年轻，不能胜任将军之职。但更重要的原因是阿尔喀比德"想获得将军的职位，他希望征服西西里和迦太基——这些胜利会使他个人同时得到财富和荣誉"。同时修昔底德描述说，当时人们对阿尔喀比亚德的私人生活都持反对态度，主要是因为他的作风不合习惯、奢靡、机会主义等，他们认为把城邦事务交给他管理会导致城邦毁灭。但在接下来的演讲中，阿尔喀比亚德有力地为自己生活奢靡做了辩护，并奉劝大家不能听信年轻就没有统帅能力的言论，而应该团结起来进行战斗，使雅典这样一个本来"活动的城邦"因战争而得到新经验，而不是闲散下去毁灭自己。

但阿尔喀比亚德毕竟年轻，在卷入一场政治阴谋时不能应付自如，所以选择了逃亡斯巴达。在那里他又发表了长篇谈话，说明自己不是背叛祖国，而是祖国不再是自己热爱的祖国，并鼓动斯巴达人采取行动进攻雅典。由于修昔底德之前已经提到过阿尔喀比亚德家族曾照料斯巴达在雅典的利益，所以我们可以理解，他这种"叛城邦者"不是"民族罪人"，其所作所为更多是受到政治策略和利益驱使。

修昔底德只讲述到阿尔喀比亚德重返雅典显示将才就戛然而止了。我们不管他对阿尔喀比亚德是否赞许，至少在哲学家亚里士多德眼中，历史记述的只是"个别事实"，没有普遍意义。比如亚里士多德并没有讲述阿尔喀比亚德做过或遭遇过的事，而是借此来说：历史不如诗，诗歌更富哲理性、更严肃，因为诗讲的是"普遍的事件"。有人据此断定亚里士多德读过修昔底德的历史著作，并梳理过"普遍、偶然或必然以及个体"和"诗与史"之间的关联。今天哲学系和历史系的专家之间也有类似分歧：哲学家说历史家陷于事实陈述而妄想在个别事件之上得出其根本得不出的普遍联系；而历史家批评哲人耽于幻想，用抽象的理论代替真实的事件之间的因果关联。这个聚讼似乎还会持续下去，因为哲学家坚持不能将事物的根本联系还原为历史事实的偶然，历史家则难以忍受高于时代和社会实际的高玄理论凌驾于鲜活的人类生命活动之上。

阿尔喀比亚德的所作所为，虽然在亚里士多德那里已被定位为个别的、没有普遍意义的事件，但历史的"个别性"与诗的（或哲学的）"普遍性"之间的张力就在这个"个别事实"上显示出来了，时人或后人便可据此讨论这些个别事件的普遍意义。

二、阿尔喀比亚德与苏格拉底的双重关系

无巧不成书，无巧不成史。哲学家苏格拉底比阿尔喀比亚德年长19岁，却偶然或必然地成了爱慕阿尔喀比亚德的人，也做了他半个老师。阿尔喀比亚德和苏格拉底主要有两种关系常被人讨论：一是阿尔喀比亚德的行径与苏格拉底受审的关系，也就是两人的政治关联；二是他们之间的爱恋关系。

（一）政治关联

苏格拉底的另一个学生、著名历史学家色诺芬在《回忆苏格拉底》(*The Memorabilia*)中提到,有人指控苏格拉底说:阿尔喀比亚德和克里提阿在与苏格拉底交游之后,使国家蒙受了大量祸害——克里提阿是组成寡头政治的成员中最贪婪和最强暴的人,而阿尔喀比亚德则是民主政治中最放纵、最傲慢、最强横的人。

色诺芬要为苏格拉底辩护。他首先不为那两个人对雅典造成的祸害辩解;其次说明他们本来就野心勃勃、贪图奢欲,"即便神明让他们在一辈子过苏格拉底那样的生活或死亡之间作一个抉择的话,他们也还是宁愿选择死亡,也不愿过苏格拉底那样的生活"(1.2.16)。可见当时苏格拉底的学生们和信徒们对阿尔喀比亚德持有的基本态度:那是他个人的问题,不是苏格拉底的问题。

接下来色诺芬便开始讲述苏格拉底的节制生活,其间有一个细节我们必须提及。色诺芬说,或许有人会说苏格拉底在教授门人政治之前,应当先教他们自制。色诺芬的回应是,老师当以身作则为学生树立榜样,阿尔喀比亚德学不学则在他自己;而阿尔喀比亚德从学于苏格拉底时都是节制的这一说法,恐怕不是所有苏格拉底门徒都能接受的。色诺芬以这种理由为苏格拉底开脱,的确不很高明。

接着,色诺芬终于触及真正的问题,即一个人一度做到公正以后,还会不会变得不公正?色诺芬的回答是可能会。原因在于像只有勤快锻炼身体才能让身体执行任务一样,只有不断锻炼心灵才能让心灵执行其任务。这样的解释很重要,代表了色诺芬对待阿尔喀比亚德和苏格拉底关系的核心意见。

作为补充,色诺芬还描述了阿尔喀比亚德和伯里克利关于律法问题的对话。我们可以看到,阿尔喀比亚德被描写成一个通过从学于苏格拉底而可以对问题进行正反思考的青年。由于最后他难倒了伯里克利,所以他离开了苏格拉底,自以为可以从政了。这里色诺芬没有点明,但我们可以进一步看到:这些苏格拉底式的对话,对于青年来说,最后成就的不一定是对这些问题有清晰而公正的定见的人。它们很可能只会导致青年对这些问题的根本怀疑,以及行事中的肆无忌惮。这是色诺芬涉及但没有回应的问题。《阿尔喀比亚德》这篇对话就是以从政前的必要准备为始,到开始从学于苏格拉底为尾。它与色诺芬的描述刚好能衔接起来,说明阿尔喀比亚德为了从政而向苏格拉底学习,又因为受到这种苏格拉底式哲学问答的影响而变得肆无忌惮。

苏格拉底的另一个学生安提斯泰尼也为老师辩护。他是苏格拉底学生中年纪最长、最忠诚的,也是在苏格拉底死后15年里最有影响力的苏格拉底门徒。他在专门反对阿尔喀比亚德的对话(现只有残篇)中历数阿尔喀比亚德许多身体和智力上的特点,讲述他如何辜负了苏格拉底的栽培,结交不良,飞黄腾达,走向腐化堕落。其基本目的也是为苏格拉底开罪。

苏格拉底还有一位著名学生埃斯基涅,他也写了一篇《阿尔喀比亚德》,提到苏格拉底把阿尔喀比亚德说得涕泪横流。因为苏格拉底讲了关于雅典杰出政治领袖泰米斯特克勒斯在战胜波斯大王薛西斯[①]的同时保护了薛西斯心爱的东西,后来泰米斯特克勒斯被逐出雅典后,在波斯也受到很好的对待。泰米斯特克勒斯是通过"关心和照料自我"才有了各方面杰出的知识和技能,而这些都是阿尔喀比亚德在从政前缺乏的。于是阿尔喀比亚德哭着乞求苏格拉底教导自己,以便能像泰米斯特克勒斯一样杰出。埃斯基涅用自己偏好的"爱"的理论,解释说苏格拉底是通过一种

---

① 领导波斯进犯希腊的波斯王,统治期为公元前486年—前465年。

爱的力量让阿尔喀比亚德变得更优异。

　　柏拉图其他作品中也提到过苏格拉底和阿尔喀比亚德的政治关联,主要是在《会饮》最后那段阿尔喀比亚德的献词里。其中提到阿尔喀比亚德在战场上受伤,苏格拉底把他救了出来,但接受军赏时,苏格拉底却执意要将军赏给阿尔喀比亚德。《会饮》(220d—e)也讲了在他们最初相爱时,阿尔喀比亚德希望有身体方面的交往,遭苏格拉底拒绝的故事。

　　我们这里要分享的是《阿尔喀比亚德》开头,苏格拉底首先用从政的愿望起头(105c—106a),强调自己对于阿尔喀比亚德从政的重要性,没有自己的引导阿尔喀比亚德就不可能成为卓越的政治领袖。

　　　　苏格拉底　(103a)克莱尼亚斯之子,依我看你一定会觉得奇怪,因为我本来是你第一个情人,当时你还有很多情人,常常缠着你和你谈话。现在他们都已不再做你的情人了,我却成了唯一一个对你不离不弃的,而且多年来我都一言未发。这倒不是因为有什么人不让我说,而是有一个灵明在阻止(a5),关于这个力量你自己以后会听说的。它(103b)现在已经解除了(阻止),所以我来了,我真心希望它以后不再阻止我。不过话说回来,我已经大体上考察了你的那些情人:尽管他们人数不少而且神气活现的,(b5)但你的神气远远超过了他们,于是他们个个都跑掉了。(104a)让我来细说一下为什么你的神气高于他们。你宣称在任何事物上都不需要任何人,因为你现在拥有的已很丰厚,看起来,身体以始,终于灵魂,你都一无欠缺。首先,你自认为最俊美最高大——很明显,(a5)这点上你并没有撒谎。其次,你以为自己属于全希腊最大城邦中最具活力的家族。(104b)通过你父亲你拥有最多、最优秀的朋友和亲戚,无论你需要什么他们都会满足你,还有其他一些亲友,是由你母亲那里得来的,一点也不比你父亲那边的人少或差。你会认为克珊提普(b5)之子伯里克利拥有比上面所有提到的人更为强大的势力,他是你父亲留给你和你胞弟的保护人,他不仅可以在这个城邦,而且可以在全希腊乃至很多强大的蛮族地区为所欲为。(104c)我还要(再在这些优势上面)加上你是个富人这点,但我想你在这个方面考虑得最少。你在所有这些优势上吹嘘自己,认为都强过你的情人们,他们的优势即便增强了也赶不上你的,你并没有忽略这一切。因此我很理解你会奇怪,为什么(c5)我不想放弃对你的爱,以及当其他人躲开后,我留下来是抱了什么样的期望。

阿尔喀比亚德　哦,苏格拉底,或许你没有意识到,你不过是先我一步(104d)问这个问题而已。我先前也想来问你同样的问题:你总是以一种古怪的关心来烦我,究竟是抱了什么样的企图和希望?我的确弄不清你究竟在搞什么把戏,我很乐意知道(d5)这点。

苏　如果你自己愿意尽可能倾心地听我说,果真如你宣称的那样,你渴望知道我所想,那么,我就要对您这位准备倾听者和正在期待者开讲喽?!

阿　完全可以,你说吧。

苏　(104e)你要知道:这并不稀罕,就是要我停下来会和要我开始一样难。

阿　好人啊,你说吧,我会听的。

苏　恐怕我要说:对一个情人而言,向(e5)一位不屈从于情人们的人表达胸臆是很困难的,但我仍然要表明我的意思。哦,阿尔喀比亚德,如果我看到你贪恋并且想要享受生活直到终老,(105a)那我现在就离开,那样的话我老早就收回我的爱了,至少我会奉劝自己那样做;然而现在我要提出的对你的看法,和你自己想的迥然不同,凭这个,你就会了解我对你一直以来的心意。我设想如果某个神对你说:"哦,阿尔喀比亚德,你愿意选择哪个,是拥有你现在的财产生活,(a5)还是如果不能去获取更多就立刻死掉?"我想你会选择死掉;那么你现在生活的愿望是什么呢?让我来点明,你首先相信,如果你一旦能信步来到雅典的公共集会(105b)——你希望没几天就能这样——你会向雅典人指明,你比伯里克勒斯或其他曾经活过的人更值得尊敬,证明这点后你将拥有城邦里最大的权力。如果你在(b5)这里是权势最强大的,那么同样也会成为希腊其他地方,不光是希腊,还有所有和我们生活在同一大陆上的蛮族中最强大的。如果这同一个神又对你说一次,问你是否愿意只在(105c)欧罗巴拥有权势而不能踏入亚细亚、干涉那里的事务,我不认为你愿意这样生活,如果你不打算像有人会说的,到处都充斥着你的名字和权力的话;除了居鲁士和薛西斯[1](c5)其他人都不值一提,这就是你的愿望,我了解得很清楚而不仅仅是猜想,因为你知道我说的是真的,所以我敢说你会这样回答:"好的,苏格拉底,(105d)你说这些到底要干吗?(你会知道我将要说的,你说了不会躲开我。)"哦,亲爱的阿尔喀比亚德,克莱尼亚斯和德瑙玛珂之子,我这就告诉你,没有我你所有的愿望都难于实现:我认为对于你的事务和你本身我有巨大的能力,(d5)我想长久以来正是因为这个,神才阻止我和你说话,我一直等着看何时才被允许。你拥有向城邦证明(105e)你卓越价值的愿望,如果证明了,你立刻就拥有了极大的权力,我想通过证明我对你有价值而赢得在你之上的更高能力,在神的帮助下,除了我,无论是你的保护人、亲戚还是其他人都无法将你想要的权力(e5)交付给你。然而在你年幼时,

---

[1] 波斯帝国的创建者,统治期为公元前557—前530年。

在你还没真的有这样高远的愿望时,我相信是神阻止我和你交谈,以免我浪费(106a)口舌,但现在它已不再阻止了,你也可以听我说的话了。

但在最后结束对话时,阿尔喀比亚德却说要开启对正义的讨论,并且有一个意味深长的结尾(135e):

  阿 可就是那样的,我首先就来关心正义。
  苏 我愿意你继续下去;尽管也担心,倒不是不信任你的本性,而是担心城邦的实力,会比你我的更强大。

这让我们不禁要问,哲学教育真的适合政治人才吗?政治家在什么意义上需要哲学呢?接下来,我们到对话的核心部分看一看答案。

(二)两人的爱恋关系

进入文本之前,我们先了解一下他们的情侣关系。

虽然苏格拉底和阿尔喀比亚德的爱的重要性在现代可能因为被看作"同性恋"而被忽视、不被严肃对待,但我们不该受此影响,而最好是平心静气地看待这些"事实"生成"意义"的机制,了解他们(往往也是我们)的真实处境。

从历史和社会的角度看,当时女性未出嫁时深锁闺中,出嫁后又只从事家务,不问社会事务,所以对等的爱情和友谊只在男性中产生。而军事活动又只有男性参加,其间需要勇敢者对软弱者的激励和帮助,加上军中缺少性满足,所以爱情和友谊就具有一种凝聚的力量。有学者认为苏格拉底的本体论中没有先验的理念。苏格拉底说喜欢某个俊美的男孩,就只是喜欢一个俊美的男孩而已。还有学者认为,同性爱在一定社会生活中很需要,而且选择同性间的爱欲与自由交谈是一种令人震惊的自由,它"因充满爱欲的思考和想象而富于力量"。

其实,苏格拉底与青年的爱是一种具有教育引导意义的男性间的爱恋。如果仅仅把两人的关系定位成一度为人所不齿的性关系——其实男性性爱在古希腊也是为人诟病的——并加以一种精神病学的定位,那么那种原初的、具有某种教育引导意味的"爱"就消失了,只剩下了病态和神经官能问题。这种现代的"时髦"看法,恐怕并不是了解两人关系的最好的起点。

看一看苏格拉底和阿尔喀比亚德的同代人的观点,我们会发现,其实对两人同性爱关系的最初极富创见的诠释者就是柏拉图本人,还有前面提到的埃斯基涅。对待两人的关系,我们没有必要像以往诠释学家那样,要比他们本人更了解他们的爱恋关系。"他们"的那种关系对我们的意义在于,"我们"可能有何种理解和解释。柏拉图以降的诠释学家都给出了一定的、当时的"我们"的解释和理解,不能因为时代局限而放弃对以往那些解释的重视,而恰恰是那些以往纷然杂呈的解释,成就了这个论题的永恒意义。现在我们就来看看埃斯基涅在他的《阿尔喀比亚德》和柏拉图在本篇中对这种爱的解释。

埃斯基涅在其被保留下来的《阿尔喀比亚德》残篇中认为,这种"爱"是作为一种神圣的礼物出场的,是一种非理性的力量,与泰米斯特克勒斯的世间智慧和教授的训练,或技艺和手工的知识相对照。而柏拉图除了在《会饮》中说"爱要上升到对纯粹的美的爱"以外,在《阿尔喀比亚德》中还提出了一个新的清晰的解释。他最初先解释了何为人的本性,进而得出了何为真正的爱的理论。下面是原文分享,我们一起来读一读:

  阿 凭诸神说,哦,苏格拉底,我自己也不知道我说的是什么意思,我担心自己过去都不知不觉地陷于这种可耻的境地。

苏　但你必须振作,毕竟你已经意识到自己的处境。(127e)五十岁时你就很难关心自己了。现在你正当年,正是该自己意识到这点的时候。

阿　哦,苏格拉底,要意识到这点必须做什么呢?

苏　那就回答问题吧,哦,阿尔喀比亚德,只要做这个,(e5)依神所愿——如果我们信托神谕——你我都会变得更好。

阿　我们会的,至少是在我力所能及地回答问题后。

苏　那么你说,自己关心自己是什么意思,因为我们常常不知不觉地没有关心我们自己,(128a)尽管我们以为在那样做——还有,一个人什么时候才那样做了呢?当他关心自己时,也是在做自己的事吗?

阿　至少我会这样认为。

苏　那么,一个人在什么时候关心双脚呢?难道不是(a5)在关心属于双脚的东西时才那样吗?

阿　我不懂。

苏　(a10)你称哪些是属于手的呢?比如你认为戒指不属于人的其他部分而只属于手指吗?

阿　当然不属于人的其他部分。

苏　那么同样鞋子属于脚喽?

阿　是啊。

苏　同样的,衣物和床垫属于身体喽?

阿　(128b)是啊。

苏　那么当我们关心鞋子,也就是在关心脚喽?

阿　哦,苏格拉底,我不太明白。

苏　哦,阿尔喀比亚德,你会说去适当地关心(b5)任何事物吗?

阿　我会。

苏　当我们让事物变得更好时,你会说那是适当的关心吗?

阿　是的。

苏　那么什么技艺让鞋子更好?

阿　造鞋艺。

苏　通过造鞋艺我们就是在关心鞋子喽?

阿　(128c)是啊。

苏　关心脚也要通过造鞋艺吗?还是通过让脚更好的事呢?

阿　通过那事。

苏　(c5)让脚更好不正如让全身更好一样吗?

阿　我想是的。

苏　那不就是体操吗?

阿　就是。

苏　那么通过体操我们关心脚,通过造鞋术关心(c10)属于脚的?

阿　是啊。

苏　通过体操关心手,通过切割宝石(戒指)的技艺关心属于手的?

阿　是啊。

苏　通过体操关心身体,通过编织术(128d)而关心属于身体的?

阿　千真万确。

苏　关心每个事物本身用的是一个技艺,而属于它的则用另一个。

阿　(d5)很明显。

苏　可你不是要关心属于自己的事物,而是关心自己。

阿　的确不是(要关心属于自己的事物)。

苏　从技艺本身上说,看起来,关心自己和关心属于自己的或许并不一样。

阿　(d10)显然不一样。

苏　那么你接着来看,哪种才是我们关心自己的技艺呢?

阿　我说不出。

苏　这些已经达成一致意见了,即我们不是要(128e)让任何属于我们的事物更好,而是(让)我们自己(更好)。

阿　你说得对。

苏　那么我们能知道让鞋更好的技艺,却不知道鞋吗?

阿　(e5)不可能。

苏　也不可能知道让戒指更好的技艺,而不知道戒指吧?

阿　的确。

苏　那么,能知道让自己更好的技艺,而对(e10)我们自己之所是一无所知吗?

阿　(129a)不可能。

苏　认识自己不是件容易的事呢,还是像获得德尔斐神庙的铭文那样轻而易举,抑或艰难而非所有人的事。

阿　哦,苏格拉底,于我而言一方面常常以为那是所有人的事,(a5)但另一方面也经常觉得那很困难。

苏　但是,哦,阿尔喀比亚德,无论那是否容易,于我们而言都意味着:认识了我们自己就知道了关心我们自己,不认识就永远不知道。

阿　是那样的。

苏　(a10)接着来,这样下去"其自身"就会被发现,(129b)于是我们就可以发现我们自身之所是,但如果保持无知就不会那样了。

阿　你说得对。

苏　凭宙斯说,你现在是和谁说话？不是(b5)和我吗？

阿　是啊。

苏　而我在和你说。

阿　是的。

苏　(b10)那么苏格拉底就是说话者。

阿　的确。

苏　而阿尔喀比亚德是听者。

阿　是啊。

苏　是苏格拉底自己用言语说话吗？

阿　(129c)然后呢？

苏　你称被说的话和被讲出的言语是同一的吗？

阿　的确。

苏　(c5)但是讲话者和讲出的话却不一样？

阿　你说的是什么意思？

苏　比如鞋匠裁割鞋时要用圆铲、方锉以及其他的工具？

阿　是啊。

苏　(c10)切割者和用工具者是一个,被切被用者不又是另一个吗？

阿　难道不是吗？

苏　同样你认为琴师弹奏的琴与琴师本人不是同一个喽？

阿　(c15)是啊。

苏　(129d)那么我来问你,你认为使用者和被用者是否不一样？

阿　的确不同。

苏　我们又怎么说鞋匠呢？他光用那些工具切割呢,(d5)还是也用手?

阿　也用手。

苏　因此也用这些?

阿　是啊。

苏　还有他在制鞋时也用眼睛吗?

阿　(d10)是啊。

苏　而我们承认了用者和被用者是不同的。

阿　是的。

苏　那么鞋匠和琴师就和他们的手和眼不同了?

阿　(129e)好像是。

苏　然而人也会用身体?

阿　(e5)的确。

苏　用者和被用者是不一样的?

阿　是啊。

苏　那么人和他的身体本身就不一样喽?

阿　看起来是。

苏　那么人到底是怎样的?

阿　我说不出。

苏　(e10)你能,人即运用身体者。

阿　(130a)是啊。

苏　而真正运用自身的是灵魂?

阿　不是其他。

苏　不是统治者吗?

阿　的确。

苏　现在就没有人会不同意这点了。

阿　（a5）什么？

苏　人不得不是这三者。

阿　哪三者？

苏　灵魂、身体以及两者结合起来的这个整体。

阿　然后呢？

苏　（a10）但我们已经承认了管理身体的是人自身？

阿　（130b）我们承认。

苏　那么身体管理自身吗？

阿　当然不是。

苏　因为我们说它自身是被管理的？

阿　（b5）是的。

苏　那并不是我们要寻求的。

阿　似乎不是。

苏　那么是两者的结合体管理身体，那就是人喽？

阿　多半是对的。

苏　一切中最不可能的就是这个：结合在一起的两者中，如果有一个不参与管理就不可能管理。

阿　正是。

苏　（130c）既然身体和两者的结合物都不是人，被我们留下的就是：要么人什么都不是，要么是些什么，除了什么都不是以外，人就只能是灵魂。

阿　正是。

苏　（c5）关于人是灵魂，你还需要出示一些更精确的证明吗？

阿　宙斯在上，我认为那已经够了。

苏　（131b—c）那么如前所说大家都专心照料身体，照料属于自己的东西但毫不专心照料自己喽?

阿　很有可能。

苏　那些专心于金钱的人,都没有照料自己也没有照料属于自己的,而是在照料比属于自己的还要远的东西。

阿　我想是的。

苏　忙赚钱的生意人就忽略了自己的事。

阿　正是。

苏　如果有人变成了阿尔喀比亚德这个躯体的情人,他爱的便不是阿尔喀比亚德而是属于阿尔喀比亚德的某些东西。

阿　你说得对。

苏　而你的情人想必是爱你的灵魂喽?

阿　据你所说显然必定是这样的。

可见,通过区分"本身"和属于"本身"的,爱就被区分成了对财物的爱、对身体的爱和对灵魂的爱。这样一来,"认识你自己,爱自己、爱他人就是爱我们的灵魂"成了一种新鲜的知识和见地。

三、主题梳理

在分享了两段原文和主要观点之后,我们现在总体梳理和介绍这篇对话的主要内容。

首先,首尾相应的就是我们刚才介绍过的,苏格拉底和阿尔喀比亚德的爱恋关系问题。开头苏格拉底的那一大段话,主要是表明自己希望和阿尔喀比亚德对话,并表明自己接下来主要说明的是为什么作为情人一直一言不发,却也一直没有离开阿尔喀比亚德,这也是阿尔喀比亚德自己困惑的问题(104d)。经过一番对话,临近结尾他们终于都实现了愿望,达成了共识,暗示他们相爱恋的是彼此的灵魂。苏格拉底之所以没有离开,是因为当阿尔喀比亚德的身体不再青春美貌如花绽放时,他的"自身"——真正的自己而非属于自己的如身体、财物等——也就是灵魂,才刚刚绽开(131c—132a)。

但这样的共识并不是最终的结论。这仅仅是开始,也就是苏格拉底倡导的追寻灵魂的美德、智慧和知识的路才刚刚起步(133b—c、135d)。这是本篇对话在古代被看作柏拉图哲学导论的重要原因。前面的论证大多围绕爱恋是什么来展开,在达成共识后,就转移到真正最重要的主题上了——寻求灵魂的美德、智慧和知识。这部分对话主要论述灵魂如何认识和关心自己。苏格拉底举了眼睛观看自己为例,恰恰是眼睛里具有观看能力的那部分(瞳孔)才可以有能力认识自己(133b)。灵魂想要认识自己,就必须追寻其真正有能力成就自己为灵魂的那部分,也就是其中最神圣的那部分——知识和智慧。以上两个主题是本对话的开始处和收尾处,都是明显而重要的。

其次,在论述他们是灵魂之恋的对话中,提到了诸多重要的论题,大多也是柏拉图笔下苏格拉底主要讨论的问题:(1)选择过怎样的生活(105a);(2)从政必需的素质(107d);(3)何为正义(109b—117a);(4)知识可否教授(109d—112e);(5)何为有利(113d);(6)善恶与幸福(115a);(7)自知无知(118a—b);(8)关心自己(123d);(9)认识自己(124a—b);(10)属于自己的和自己本身的区别(128a);等等。

这些论述中,论题(1)和(2)联系紧密,是一并提出的。苏格拉底设问阿尔喀比亚德,如果过不上拥有更多财富和权势的生活,他是愿意去死还是勉强活着,苏格拉底假设他会回答宁愿去死(105a)。阿尔喀比亚德并没有直接肯定苏格拉底的假设,而是进一步追问假如他的确想要很多,苏格拉底如何帮他获得它们(106a)。这就从"过怎样的生活"的问题过渡到"哪种东西是生活必需品"的讨论上来。而一开始这个"过什么样的生活"的问题,后来使一些柏拉图著作的早期编辑者认为,这篇对话是论述人的生活的,因此加上了一个副标题:论人的本性。

论题(2)主要讨论阿尔喀比亚德要出人头地、获得更多就必须从政,得到雅典人民的拥护的话题(106c—d)。接下来的问题就是,他要给予雅典人哪方面的建议和劝告,才可以得到人民的信赖,阿尔喀比亚德回答说,是在战争与和平方面(107d)。此时论题(3)也就突显出来,因为正义与否是区别战争双方对错和好坏的主要依据(109a—b)。论题(3)和(4)也紧密相关,因为这涉及我们要从哪里获得关于正义和不正义的知识以及判定标准。结论是我们不可能从老师那里学来,必须自己发现,哪些是自己曾经已经知道的(109d—e、110b—d)。苏格拉底接着发问,和阿尔喀比亚德一起讨论了战争的"正义与否"和"有利与否"之间的纠缠,以及"正义与否""有利与否"同"善恶、幸福"之间的纠缠,进而陷入困境(113e—114b,116c—e)。这就是论题(5)和(6)的内容。最后经过一番讨论,那些使阿尔喀比亚德陷入困境的话题,他原本自以为知道,却最终发现自己其实一无所知。他终于发现了自己的无知,也就是论题(7)说的内容(117e—118a)。

也就是说,对话到这里,苏格拉底使阿尔喀比亚德明白了:首先,要过一种拥有权势和钱财的生活所必须具备的那些因素,必须要自己在自身中去发现;其次,通过对话,苏格拉底帮助他发现的初步结果,是自己终于能够摆脱常人自以为是的知识,终于可以知道自己的无知了。

那么接下来的任务,当然就是进一步讨论,如何在已知自己无知的情况下继续求知。苏格拉底这里有一大段独白,说我们必须首先学会关心自己和认识自己,也就是论题(8)和(9)的内容。所谓关心自己就是要发挥希腊人和雅典人的特长:用心做事,具有智慧(123c—e)。不要首先关心自己的财产、出身等那些没法与斯巴达和波斯相比的方面,同时要想关心照料自己的智慧,也就必须认识自己,认识自己能够拥有的智慧和技艺(124a—b)。关心自己是否能够深思熟虑和自制(125e、133c),也就是"各行其是"(127e—128a)。但很快阿尔喀比亚德又陷入关于"关心自己"时带来的纠缠和不知所云中。接下来苏格拉底点明了,到底是否在关心自己还取决于一个问题,即"自己"是什么? 也就是论题(10),属于自己财物的身体和灵魂之为真正自己以及认识自己的讨论(129a)。最后得出结论:认识自己就是认识自己的灵魂(131a)。

可见,"关心自己"和"认识自己"在开始时的确模糊地指同样的东西,都是指发现和照料自己以及属于自己的东西,但随着讨论的深入,两者的区别也就清晰起来:"关心自己"更宽泛,主要是指自己要有意识地、深思熟虑地做事,并且做事要有意识地自制、适度;而"认识自己"更偏重于指认识何为自己,认识成就了自己之为自己的东西,也就是认识灵魂。

四、主题延伸与后世影响

"认识自己"是苏格拉底—柏拉图对话中的主要内容之一,也是决定性地影响了西方哲学理路的问题之一,是苏格拉底留给西方乃至世界的主要箴言。《阿尔喀比亚德》后半部分主要是围绕这个问题。它不会因为给出"灵魂是真正的自己"这样的答案,而失去其作为问题的价值。因为其中的确如福柯在《主体解释学》中所说,苏格拉底区分了关心自己和认识自己,而后世对认识自己这一理路的强调,直接可以与笛卡尔的"我思故我在"勾连起来,成为认识论转向的远祖。

除本篇外,在柏拉图的其他对话如《卡尔米德》《申辩》等所谓早期对话中,也曾多处提到"认识自己",因此它们也被认定为柏拉图展现苏格拉底思想的著作。《申辩》讲了"认识自己"是苏格拉底为神证明人的无知;《卡尔米德》讨论"认识自己"与"明智""自制""自知无知"的具体关联;而本篇则直接指明了认识自己就是认识灵魂,就是认识灵魂中的美德和知识。柏拉图身体力行这句话,深入探讨灵魂。此时的"灵魂"还有一种有生气的精神力量,而到亚里士多德那里,则更多地有了生物和生命主宰的意义。希腊化时期,认识自己更多地传承了色诺芬等人以为的"自制",这与本篇中的"关心(照料)自己"相近,特别与自由意志有关。自由意志是一种独立的灵魂的判断,它与身体区分,不受身体约束,又因其自身需要理性指导,所以不受灵魂中其他因素影响。希腊化时期的斯多亚派哲人爱比克泰德认为,苏格拉底强调照料自己,就是让自己有一个美好的自由意志,有一个良好的理性的个人独立判断来做各种事情,不受其他肉体的城邦管理者的影响。对意志的强调也成为那个时代共同的解释。

文艺复兴时期,从莎士比亚晚期的著作来看,他的确对于"认识自己"的问题仍然有很大的困惑,文字间都在展示人类对自己和自身本性的无知。莎翁一生著作中很多作品都在处理"认识自己"的问题,他的悲剧大多是伟人们试图认识自己,但都以失败告终的悲剧。这是受当时颇具思考力的伊拉斯谟提出的一种心理能力的影响,认为智慧开始于认识自己。亚里士多德提出的认识"人们"是认识"自己"的最好途径,也对莎士比亚产生了影响。现代之后,这句箴言被"我思故我在"取代,一种"认识论"一统天下的局面开始形成。再由对自己的认识中细致地区分出自识与反思等,一部现代哲学史便可以写成。

"关心自己"与"认识自己"不尽相同。"关心自己"更多的是对自己的各种技能，特别是自身具有的能力的操练，和切近的有关个人的事务的操持，以及与传统的"勿过度"相连。这样"关心自己"便更多地成了"自制"。当然这里也暗含有一种自我意识，不同于"认识自己"，如在《阿尔喀比亚德》中提到的对个人名誉、权势的极度在乎等。这种古老的承自荷马的自我意识方式，要求人们首先要成就自己的功名，贵族青年更是如此。阿尔喀比亚德同样有这种强烈的愿望，后人所谓"从政"只不过是当时成就自我意识的主要方式。

在柏拉图其他对话中，也可以看到"关心自己"的要求和人们关注自身的热望。但柏拉图笔下的苏格拉底更多地教导人们放弃那种对声名、财富等实现自身意识的方式的执着，从事自我事务的操持和技能的发掘培养。因为深思熟虑是希腊人，尤其是雅典人的特长，在这一思虑过程中，我们不得不一步步走向"认识自己"。但当真正进入认识自己的探讨时，又会遗忘来时的路，一种在"自制"和"明智"意义上的"关心自我"和成就自我便隐没了。

色诺芬没有意识到"认识自己"和"关心自己"的区别，因为他只是在"关心自我"的意义上使用这一教诲，他笔下的苏格拉底就是教导人们"自制"。从《回忆苏格拉底》的描述来看，色诺芬眼中的苏格拉底是个注重人事的人：他追求智慧，知道事物是什么，只是为了更好地去实践。人最终是要通过认识自己，不断学习如何把事情做好，而身、家、友、邦便是人要努力做好的事，其中又以治理城邦为最高尚最伟大的事。这些和本篇有个别契合之处，但这里我们不是要强调色诺芬更好地理解了苏格拉底。实际上柏拉图不是不知道"自制"意义上的"关心自己"，正如上文提到的，他在很多对话中涉及的从事政治之前的教育以及自制、明智等，都是针对自制意义上的认识自己，而不是一来就已经深入认识论讨论中去。我们在这里希望大家看到的是，在理解苏格拉底—柏拉图时，不要略过和轻视"关心自己"这个"前奏"。

五、结语

最后我要说的是,我们人人似乎都只有两个选择:成为苏格拉底追求智慧或者成为阿尔喀比亚德追求财富名誉。但我们又都知道,两者兼得似乎才称得上幸福,偏执一方终究是不圆满。苏格拉底与阿尔喀比亚德之间的相互吸引和爱慕,也表明了这两种选择在现实中的张力。在苏格拉底和柏拉图看来,哲学家有可能去爱一个个体,但一定不会只局限于对某一个体的爱。他们要求超越自身和他人的个体性,追求普遍的美善;反过来,成就个体性的也是人类的德性本性。

这样一来,像阿尔喀比亚德这种个体的人,就既是障碍又是阶梯,既需要克服又有待成就。哲人对自身的抽象理解和自我认同使得他们不把自己当个体,也不以别的个体为意。专注于普遍事物的哲人注定是矛盾的,他们永远无法企及自己的目标,但没有那个目标他们就无法成就和认同自己。

即便"最好的人类生活涉及对另一个个体始终不渝的爱和奉献",但是由于爱的复杂性,加上苏格拉底和阿尔喀比亚德各自所代表的顽固信念——一个信赖灵魂,一个信赖身体,同时也就忽略了另一方面的倾向。这让我们手足无措,无法做出选择,成为没有个性的人。在一与多之间摇摆,在真理与现实之间纠结,我们不能痛痛快快地成为阿尔喀比亚德式的自利者,因为心里有着根本的向善渴念,渴望苏格拉底式的真理;但也无法毫无阻力地成就苏格拉底式的生活,因为阿尔喀比亚德从来都住在我们的身体里。

苏格拉底与阿尔喀比亚德的结合才是完美的个人,但他们注定分道扬镳。

哲人意识到自己和被自己教育者的困难处境了吗？他们应当学会认识自己之后如何在有限的一生中成为统一的自己，而不是预设自己一旦进行哲思，就已经克服了作为个体的自己，这才是难得的清醒。阿尔喀比亚德们也要反省：为什么自己有了亿万家产还会失眠苦恼，有了各种荣耀却还不满足，是不是人到中年还没有发现真正的自己？我们是否关心过灵魂，是否爱上过别人或自己的灵魂？

也许这个时代不适合谈灵魂。可是两千多年来，有适合的时代吗？只有适合的人罢了。

推荐阅读书目：

柏拉图：《阿尔喀比亚德》，梁中和译疏，华夏出版社，2009 年。
福特：《统治的热望》，未已等译，华夏出版社，2010 年。
修昔底德：《伯罗奔尼撒战争》，何元国译，中国社会科学出版社，2017 年。
普鲁塔克：《希腊罗马名人传》，陈恒、欧阳旭东、刘智等译，上海三联书店，2020 年。
卡根：《伯罗奔尼撒战争》，陆大鹏译，社会科学文献出版社，2016 年。
David Johnson, *Socrates and Alcibiades*, Newburyport, MA.: Focus Publishing, 2003.
Marguerite Johnson and Harold Tarrant eds., *Alcibiades and the Socratic Lover-Educator*, London: Bristol Classical Press, 2012.
Andre Archie, *Politics in Socrates' Alcibiades: A Philosophical Account of Plato's Dialogue Alcibiades Major*, Cham: Springer, 2015.
François Renaud, Harold Tarrant, *The Platonic Alcibiades I: The Dialogue and Its Ancient Reception*, Cambridge: Cambridge University Press, 2015.
David Gribble, *Alcibiades and Athens*, Oxford: Oxford University Press, 1999.

第二讲
哲学家的罪:《申辩》中的苏格拉底

盛传捷

我们常常说整个西方文明是由两希文明奠定的,所谓的两希文明就是指希腊文明与希伯来文明。恰恰在这两个文明中各有一次著名的死亡事件为它们奠定了底色调。这两次死亡事件就是苏格拉底之死和耶稣之死。为了了解苏格拉底之死何以成为希腊文明的一个标志性事件,我们就必须回到柏拉图的《申辩》。在那里,柏拉图记述了苏格拉底在法庭上为自己辩护的全过程。

在本讲中,我们将首先讨论一下《申辩》中苏格拉底与柏拉图的关系问题,其次,我们会较为详细地重述《申辩》的主要内容。这么做的理由是:好的哲学文本本身就像是顶级的食材,它不需要添加任何佐料,就会让人回味无穷。此外,《申辩》本身就是苏格拉底对不从事哲学的普通雅典人做的演讲,因此它通俗易懂。最后,我们想从哲学的角度对《申辩》做一些引申讨论。当然,《申辩》可讨论的角度很多,内容也很丰富,在这次的交流中,我主要侧重于从苏格拉底被指控的罪来讨论两个问题:一是在《申辩》中苏格拉底作为哲学家的形象和没有具体名字的那些审判员,也就是在普通的希腊公民眼中苏格拉底作为哲学家的形象问题;二是苏格拉底的辩护是否成功地反驳了对他的指控的问题。

一、《申辩》中的苏格拉底与柏拉图的关系

为什么需要讨论《申辩》中的苏格拉底与柏拉图的关系呢？简单来说，是因为一个困惑。自从有了《柏拉图全集》，《申辩》的名字就叫《苏格拉底的申辩》，而且它是柏拉图对话录里唯一没有副标题的对话。这给人的第一印象是，柏拉图只是把苏格拉底在法庭上所说的给忠实地记录下来了，就自然地形成了我们今天所看到的《申辩》的文本。可问题是，不仅仅是柏拉图一个人写下了《申辩》，另一位同苏格拉底关系密切的人即色诺芬，也写了一篇《苏格拉底的申辩》，而且同样记述了苏格拉底在法庭上的辩词。把这两篇《申辩》拿来一对比，我们发现它们还是存在差异的。那么困惑就产生了：柏拉图的《申辩》真的忠实记录了苏格拉底在法庭上的一字一句吗？

学者们为了解答这个困惑，从各个方面进行了研究。有人从色诺芬的辩词出发，看看其写下的《申辩》是否可靠。有人则把《申辩》和柏拉图其他对话联系起来看，试图证明《申辩》主要阐发了柏拉图自己的思想。有人甚至否认《申辩》是柏拉图写的，从而认定《申辩》忠实记录了苏格拉底在法庭上的一言一行。当然，也存在一些调和派的观点，认为《申辩》是柏拉图基于苏格拉底在法庭上的发言，同时又加入了一些自己的东西。我自己倾向于调和派的观点。我并不想在这里从学理的角度来做一番冗长的论证，而是想指出，在一个没有录音机、录像机的时代，想要精准记录一个人长篇演说的一字一句是极为困难的。当然，并不能排除存在记忆天才的可能，也不能排除柏拉图就是这种天才的可能。但是，《申辩》毕竟是由柏拉图写就，而非苏格拉底自己完成的，所以在写作《申辩》时，柏拉

图无论如何也不能完全排除自己的立场和一些主观的因素。因此，尽管柏拉图想尽可能地忠实记录苏格拉底的辩护词，但是我认为他几乎没可能做到这一点。

我们为什么要花费这么长时间讲述《申辩》中的苏格拉底与作为作者的柏拉图之间的关系呢？这个问题之所以重要，是因为我们必须牢记，《申辩》中的苏格拉底的形象甚至以哲学家身份出现的苏格拉底的形象，很大程度上是柏拉图创造出来的，尽管是基于事实而进行的创造。于是，《申辩》中的苏格拉底与历史上的苏格拉底到底在多大程度上是重合的，是极难弄清楚的。

二、《申辩》主要内容概述

在说清楚《申辩》中的苏格拉底是由柏拉图基于历史上的苏格拉底而创造出来的这个问题之后，一个问题就很自然地出现了：柏拉图在《申辩》中创造的苏格拉底形象是什么样的呢？在回答这个问题前，让我们先从整体上梳理一下《申辩》的主要内容。

公元前399年，苏格拉底被安禄图斯、卢孔和麦勒图斯推上法庭（23e）。在《申辩》中，三位起诉人指控苏格拉底腐化青年且不信神。在苏格拉底自我辩护的一开始，他首先就澄清自己不像演说家那样会用言语欺骗人，并保证自己讲的话都是真话。而且，苏格拉底并没有一开始就针对指控他的罪名进行辩护，而是从雅典人对他的误会开始澄清。雅典人对苏格拉底有两大方面的误会，而这两方面的误会又分别由两个更具体的误会所构成：第一大方面的误会是关于宗教的，苏格拉底被认为"沉思天上的事物从而抛弃城邦所虔敬的神"，并且"引入新的神圣事物"；第二方面的误会是道德方面的,"让更弱的论证更强",并且"腐化年轻人"。接着,苏格拉底否认自己通过教育他人牟利,并开始解释产生这些误会的原因是什么。在苏格拉底看来,雅典人之所以会误会他,是因为他具有某种"凡人的智慧"(20d)。

那么这种"凡人的智慧"是什么呢？苏格拉底讲述了那个著名的故事:苏格拉底的好朋友凯瑞丰去德尔斐神庙,问及是否有人比苏格拉底更有智慧,女祭司说没有人比苏格拉底更有智慧。苏格拉底自己知道自己没有大智慧,但又不能不相信神的话。为了验证自己并不是最有智慧的人,苏格拉底拜访了那些听说是有智慧的人。他首先拜访的是一位政治家,但是当苏格拉底试图指出这位政治家的无知时,却遭到政治家和其同伴们的忌恨。从这件事中,苏格拉底认识到自己比政治家更有智慧是因为政治家不知道自己无知,而苏格拉底自己知道自己无知。接着,苏格拉底又去拜访诗人,想知道诗人用心写出来的诗到底是什么意思,结果也同样让苏格拉底失望。对诗人的拜访让他意识到,作诗靠的不是智慧,而是靠自然灵感。诗人并不了解自己所说的,尽管他们说了很多很美的话。最后,苏格拉底访问了工匠。工匠们确实懂一些苏格拉底不懂的事情,但是他们和诗人有同样的毛病:自以为是,即因为自己的手艺,就觉得在其他事情上他们也一定是有智慧的。经过这一番的过程,苏格拉底得出结论:还是做自己比较好。这就是说,认识到并承认自己的无知或者说知道自己无知是比较好的。

这种探究的过程,给苏格拉底招来了忌恨与污蔑,并且带来这样一种氛围:好像苏格拉底在某个问题上驳倒了对方,他就在该问题上是有智慧的,其实不然。苏格拉底认为只有神是有智慧的,和神相比,人的智慧不值得一提,毫无价值。

此外,苏格拉底提及了为什么雅典人会误会他腐化青年:因为自己那样去审查别人,看看别人是否真正地具有智慧,于是有些青年就开始追随他,模仿他,去审查别人的思想。被审查的人和苏格拉底走访过的政治家一样,产生了忌恨。但是他们并没有把这种忌恨加之于那些追随苏格拉底的年轻人身上,却怨恨起了苏格拉底,认定他腐化青年。苏格拉底指出上述原因导致了雅典人对他产生了误会。

在解释和澄清雅典人对他的误会之后,苏格拉底开始针对安禄图斯、卢孔和麦勒图斯的指控做出辩护。他首先重复了指控的内容:苏格拉底有罪,他腐化青年,并且不信奉城邦所信奉的神而是信奉别的新的灵明(24b—c)。他对这些指控进行了逐一反驳。

针对腐化青年的罪名,苏格拉底和麦勒图斯都同意让青年更好是重要的,但是麦勒图斯认为是法律或者法官让青年更好,甚至议员与参加公民大会的人都会让青年更好。顺着这个思路,整个雅典的人除了苏格拉底,都会让青年更好。这显然是荒谬的,这是苏格拉底对腐化青年指控进行反驳的第一条。然后他问麦勒图斯,他腐化青年是有意的还是无意的,麦勒图斯认为他是有意的,然而这立即遭到了苏格拉底的反驳:伤害身边追随他的人,就要冒着被他们伤害的危险。于是,要么苏格拉底没有腐化青年,要么他腐化了青年,但也是无意的。如果他没有腐化青年,那么他不该受审;如果他无意地腐化了青年,那么他也不该受到法律的制裁。

以上苏格拉底是在形式上反驳了他腐化青年的罪名。接着,针对他不敬神并信奉新的灵明的罪名,他仍然在形式上进行反驳。苏格拉底让麦勒图斯做选择:选项一是苏格拉底信神,但是信奉的神不是城邦所信奉的神,而是别的神;选项二是苏格拉底根本不信神,是无神论者。麦勒图斯毫不犹豫地选择了第二选项,即苏格拉底根本不信神。然而,麦勒图斯的选择立即和他在诉状里对苏格拉底的控告自相矛盾。因为在诉状里,麦勒图斯说苏格拉底不信城邦信奉的神,而信别的新的灵明,在这里他又说苏格拉底根本不信神,于是陷入了自相矛盾之中。苏格拉底立即抓住麦勒图斯的自相矛盾,指出:如果自己信奉新的神,因此做了不正义的事情而被控告,那么又怎么能说自己不信神呢?这就好像说,苏格拉底相信有人的活动,却不相信有人存在。此外,麦勒图斯在控告的罪名中说苏格拉底信奉灵明,而灵明就是神的一种,如此苏格拉底必然要相信有灵明和神的存在,而现在麦勒图斯又否认苏格拉底信神,显然是自相矛盾的。

在反驳了对他的指控之后,苏格拉底指出,真正把他推向法庭的,不是麦勒图斯的指控,而是大众对他的误会与忌恨。然而如果在做事情的时候只是考虑做某件事会不会让自己遭受忌恨,甚至会被推上法庭治罪,苏格拉底是不接受的。因为苏格拉底只是凭借着真理行事,而无惧这么做可能带来的危险,甚至是死亡。换句话说,苏格拉底宁愿过着真理照耀下的好的生活,也不愿过着无知状态下的坏的生活。苏格拉底在《申辩》中说道:"这样就是依照了真理,雅典人。坚守某个岗位无论是自己认为最好是这样,还是受上司的安排,在我看来,都应该在面对危险时坚守,不把死亡或者别的事物看得比羞耻还重。"(28d)苏格拉底认为神安排他以"爱智慧"为生,审查自己和别人,如果以不智慧当作智慧,那就是对神谕的不服从,那样的话,人们就可以正当地把他告上法庭,指控他不敬神。

苏格拉底在辩护中显示了坚守神谕的决心。他对着审判他的大众说,他要听神的话,而不是雅典人的话。他说:"作为雅典人,你们是最好的人,是最伟大和以力量与智慧著称的城邦的人,如果你只想着尽可能地获得钱财、名誉和荣誉,却根本不关心审慎、真理和让自己的灵魂处于最好状态的话,难道你不会感到羞耻吗?"(29d—e)苏格拉底说他要坚守神给他的安排,审查和询问每一个他遇到的人,看看那个人是否真的具有美德。如果此人不具备德性,那么苏格拉底就会责备他,讽刺他,让此人意识到自己的无知。而苏格拉底所做的一切就是劝说人们不要优先关心金钱与名誉,而去优先关心美德。在他看来,听从他的话对每个人都是有好处的,如果雅典人伤害他,其后果不比伤害雅典人自己来得小。这样说来,苏格拉底在《申辩》中表面上看起来是在针对指控做自我辩护,但是实际上却反而是在为雅典人辩护。因为判处苏格拉底有罪,惩罚他,雅典人就违背了神的旨意,从而不敬神了。苏格拉底认为自己是神赐予雅典人的,并把自己比作牛虻:时刻警醒着雅典这匹高头大马。这么做的后果就是,苏格拉底自己的家事得不到关心,却总是无偿地劝说和警醒雅典人,让他们关心美德。苏格拉底的贫困就证实了这一点。

看起来苏格拉底不停地在为雅典城邦奔走,为雅典大众服务,可是为什么他总是私下劝说雅典人,却不做官,从事政治呢?这就是苏格拉底接下来要做的辩护。他说他耳边时常有个"灵明般的声音"。当这个声音出现时,总是阻止苏格拉底做正要做的事情,却从不鼓励他去做某些事情。就是这个声音阻止了他从事政治。苏格拉底没有在城邦里担任过任何职位,只是做过议员。在他担任议员期间,当议员们认定十位将军在海战后没有把战士的尸体运回雅典而通过决议审判他们的时候,只有苏格拉底表示了反对。苏格拉底没有屈服于议员们的压力,没有因为害怕被逮捕和死亡就赞同不正义的决议。到了三十僭主时期,僭主们要求苏格拉底等五人处死赖翁,苏格拉底又一次拒绝了,并说他自己宁愿死也不愿做不正义的事情。苏格拉底认为,自己不能以专职政治家为职业,因为凡是阻止城邦发生不义的人都活不长久。谁要想为正义而战,并想多活一段时间,就必须私下干,而非做一个职业的政治家。在从事公共事务和私下活动中,苏格拉底都没有屈服于任何不正义的压力。同时,他也否认了自己的教师身份。他说,无论是谁,年轻的或是年老的,只要想和他交流并让他省察自己是否具备美德,他从不拒绝。他也从来不向和他交谈的人收取费用,向他们承诺什么,或者教给他们什么。既然苏格拉底不教授什么,也没有给予什么承诺,那么那些长时间和他来往的人,即在控告书中被说成"被苏格拉底腐化"的青年人就是自愿和他交往,受他影响的。如果苏格拉底真的腐化了青年人,为什么没有人在早些时候站出来指控苏格拉底呢?为什么这些青年的亲属或者朋友也没有站出来指控他呢?正因为这些人并没有在麦勒图斯等人之前指控苏格拉底,也才说明了所谓"腐化青年"的罪名是无稽之谈。

上面所讲的就是苏格拉底针对指控的罪名而做的申辩,可是苏格拉底的话还没有结束。他接着谈到自己为什么没有把妻子孩子或者亲戚带到法庭上,以博得同情。那么他为什么不这么做呢?因为就声望而言,这么做是不体面的。然而,更为重要的原因是,苏格拉底认为哀求法官是不正确的,依靠乞求而逃脱惩罚更是不应该的行为,正确的做法是教育和说服。法官们应该依据法律裁决什么是正义的,什么是不正义的,而不是施舍正义。

以上是对整个《申辩》的第一部分的重述,相较于第二部分,它长得多。在第一部分中,苏格拉底主要就麦勒图斯等人对他指控的罪名做出自我辩护,而在第二部分中,苏格拉底是在审判员投票以微弱优势审判他有罪的情形下做出陈述。其陈述的主要内容围绕着应该给予他什么样的惩罚而展开。这里需要说明的是,在判处苏格拉底有罪之后,给予什么样的惩罚,并不由审判员们提出判决,而是在原告和被告提出的两种惩罚中选择一个。苏格拉底的控告者麦勒图斯提出的惩罚是死刑,实际上他希望苏格拉底自己提出以流放作为惩罚,但是苏格拉底没有按照他的意愿做。接着,就让我们看看,苏格拉底针对该做出什么样的惩罚所做的陈述。

苏格拉底首先表示自己并不惊讶于自己被判有罪,反而惊讶的是认为他有罪的人在整个审判团中只是占据了微弱的优势。他接着提到控告者们提出以死刑作为对他的惩罚,又自问自己这样的品行应该受到什么样的惩罚。他自我剖析了自己的品行:他不关心金钱与职位,不做职业的政治家,而是私下里去劝告每一个人去关心自己的灵魂,而非那些外在之物,让自己变得有智慧,让自己的灵魂处于最好的状态。这样的品行需要什么样的待遇呢?苏格拉底认为自己应该去市政大厅里用餐,享受荣耀。而他也比其他能去市政大厅用餐的人更有理由:一是因为他的品行配得上;二是因为他是个穷人,更需要这样的供奉。苏格拉底认为凭借自己的品行,自己应该受到礼遇,而非惩罚。他从不对别人做不正义的事,也不会对自己做不正义的事情,因此他不觉得自己应该受到惩罚。同时,给予他任何惩罚都是不恰当的,死刑对他来说是不恰当的,不仅仅因为其品行,更因为他绝不屈服于死的压力而对自己做不正义的事情。那么罚款和监禁是恰当的惩罚吗?根据法律,缴纳罚款可以作为惩罚,而且只有在交不起罚款时,才会被监禁。但是这也是不恰当的,同样不仅因为苏格拉底的品行不该受此惩罚,也因为他一贫如洗。那么流放呢?也不恰当,因为苏格拉底在受审时,已七十高龄,不仅身体上不允许,而且流放本身也是不体面的。

有人会问苏格拉底,如果你被流放了,离开我们了,不就可以管好自己的舌头,保持沉默而活着了吗?但是苏格拉底不会放弃省察,因为:其一,他不能不听从神谕的安排,而放弃省察人是否具有德性,以及是不是自以为有知而其实无知;其二,"未经省察的人生是不值得过的,这对于人而言,是最大的善"(38a)。在第二部分演说的最后,苏格拉底说到他的朋友们提出可以缴纳30个米纳作为对苏格拉底的罚款。

以上重述的是《申辩》中苏格拉底演说的第二部分，主要说明对被判有罪的苏格拉底而言什么是合适的惩罚。在《申辩》的第三部分，也是苏格拉底演说的最后一部分中，他主要是针对审判团投票判处他死刑而讲演。之所以判决死刑，一个可能的原因是苏格拉底愿意缴纳的30个米纳的罚款过少，但是更可能的原因是，苏格拉底不愿意放弃其哲学的生活方式激怒了雅典人。

在其临别演说的一开始，苏格拉底就指出，那些想毁灭雅典城邦的人会要求雅典人承担杀害苏格拉底的罪名。之所以他会被判死刑，并不是因为他缺乏论证，而是缺乏无耻，不愿意说那些人们想听的话。他宁愿做上述的申辩而死，也不愿选择讨好或屈服大众而活。逃离死亡是容易的，但是逃离邪恶却困难得多。如今苏格拉底接受了法庭的审判，但是那些控告他的人却要接受真理和正义的审判。同时，杀害苏格拉底也会给雅典人带来坏处，因为会有更多的人站出来省察他们，让他们意识到自己的无知。想要通过杀害苏格拉底来回避对自己的省察是不可能的；只有培养自己的美德，让自己的灵魂处于最好状态，才是真正解决问题的方法。

在这个时候，苏格拉底又一次谈及了那个灵明般的声音，那个总是阻止他做某事的声音，却在整个庭审过程中没有阻止苏格拉底。究其原因只能是：死亡在大众眼中是不好的事情，对苏格拉底来说却是好事。为什么是好事呢？因为死亡要么意味着死者不存在了，没有感觉了；要么意味着灵魂从一个地方到了另一个地方，在另一个地方会遇到很多真正优秀的人，甚至在那里他可以继续审查遇到的每一个人，看看谁真正具有智慧——那不仅仅是幸福的，更是不朽的。

三、苏格拉底作为"哲学家"的罪

通过对《申辩》文本的重述，我们可以看到苏格拉底在《申辩》中展示了他作为哲学家的形象。哲学家的形象可以由两个方面组成。一方面是从苏格拉底作为哲学家的角度来看待哲学家与普通人的区别，并以此来树立哲学家的形象。另一方面则是从普通人的视角来看待苏格拉底作为一名哲学家，即在普通人眼中的哲学家的形象。后一方面在《申辩》中并没有得到直接的体现，而是通过间接的方式展示出来的。我们将把哲学家这两个方面的形象都加以解说。此外，这两种可能截然不同的形象是如何在《申辩》中有机统一起来的呢？我认为，可以从"罪"或者指控苏格拉底的"罪名"的角度切入。现在，让我们来看一看，从作为哲学家的苏格拉底的角度，如何看待哲学家与其他普通人之间的区别。

第一，苏格拉底称自己具有"凡人的智慧"，也因为具有了此种"智慧"，德尔斐神庙的祭司才会通过神谕说苏格拉底是最有智慧的人。此种"凡人的智慧"让苏格拉底认识到自己的"无知"，并且不自以为自己是有智慧的。当然，在这里所谓的苏格拉底是"无知"的，并非是说他什么也不知道，而是指他没有某些特定类型的知识，比如某些"定义"。同时"无知"强调了苏格拉底省察别人的方式，即让与苏格拉底对话的人自己去探索和发现真理，而不是单纯地指望苏格拉底直接地把真理教给他。那么相对于苏格拉底，普通人又如何呢？在苏格拉底眼中，他们并不认为自己是无知的；相反，他们每个人都认为自己是有智慧的，比如苏格拉底拜访的政治家、诗人和工匠。在他的眼中，这些人都自以为是，不知道自己其实是无知的。《申辩》的文本并没有告诉我们苏格拉底和他们谈话的具体内容,但是我们可以想象一下,为什么苏格拉底会认为他们都不具有知识。政治家可以为了讨好选民去欺骗大众,时常使用模糊不清、模棱两可的话语让自己永远"正确"。诗人则会产生某些幻觉,认为自己擅长背诵有关战争的诗篇,就可以在实际的战场上指挥千军万马,但其实诗人们不过是纸上谈兵而已。相比于政治家和诗人,工匠们在苏格拉底眼中是知道一些"美丽的事情"的;但是其实除了自己的手艺,在其他的事情上他们也并不具有智慧。何况,工匠们往往只是知道如何制作某些物件,却缺少对背后原理的兴趣,知其然而不知其所以然。

第二,苏格拉底认为"未经省察的人生是不值得过的",并一直坚持不懈地去省察每一个他遇到的人,看看他们是否意识到自己的无知,是否具有美德。一旦苏格拉底发现他们自以为是,就责备他们,讽刺他们。苏格拉底一生都过着"爱智慧"的生活,让自己变得智慧,具有美德,让自己的灵魂处于最好的状态,并且把过这样的生活当作神对他的安排。那些普通人却优先关心金钱与地位,优先关心那些身外之物。

第三,苏格拉底省察大众,只是私下行为,是从私人领域去帮助整个城邦,因为城邦终究是由人构成的,这就决定了苏格拉底并不愿意从事职业的政治。而且他耳边时常出现所谓的"灵明般的声音",这个声音也阻止他从事政治,担任公职。普通人则不同,他们热衷于政治,总想着从政治上攫取名誉与金钱。苏格拉底甚至在《申辩》中明确谈及,如果他试图从事政治的话,早就死了,凡是试图阻止城邦中不正义的人都活不了(31d—e)。

第四,尽管苏格拉底不愿意从事政治,也不愿意担任公职,但是当面对着可能带来危险甚至死亡的不正义事件时,他并不畏惧压力,而是坚持自己的原则,做正义的事情。即便在法庭上,面对着可能被判处死刑的压力,苏格拉底也没有屈服,没有把妻子和孩子带上法庭,向审判团乞求活命,而是坚持认定自己无罪,宁愿用申辩的方式去死,也不愿乞求讨好大众而活。这也与普通人不同。大众面对危险和死亡的压力，往往想到的是放弃原则、苟且偷生，正义与真理是他们随时可以放弃的东西。

第五，苏格拉底能够直面死亡的一个重要原因是他并不认为死亡就是一件坏事，而是认为死亡会让他的灵魂去往永恒之地。在那里，他可以继续省察别人，从事神安排给他的任务，这是一种幸福。而在普通人的眼里，死亡是极为可怕的一件事情，死亡意味着虚无，意味着在俗世生活中得到的一切都会失去。

总之，苏格拉底通过对照他的生活方式与大众生活方式，塑造了哲学家的形象：哲学家是"爱智慧"的，认识到自己无知的，不惧死亡的，以省察别人是否具有美德与智慧为生的，不屈服任何压力、只关心自己的美德与灵魂是否处于最好状态的人。

那么反过来，哲学家在大众眼中又是什么样的形象呢？在《申辩》的一开始，苏格拉底就谈到了大众对他的误解与污蔑。大众说他是个智者，是关心天上事务、研究地底下事情，把弱的论证变成强的论证的学究。他们认定苏格拉底不信神，并把自己的这一套教给别人以牟利。这就是上法庭之前苏格拉底在大众中的形象。当然，这里的大众并不包括那些苏格拉底的追随者们。虽然苏格拉底用了《申辩》中的三个讲演试图消除此种误会和污蔑，但是从最后的庭审结果和投票结果来看，苏格拉底并没有成功，而是被判处了死刑。

苏格拉底在《申辩》中除了为控诉自己的罪名辩护之外，他主要的目的是劝说大众按照美德和真理的要求去生活，让自己的灵魂处于最好的状态，而不要关心金钱与名誉等身外之物。简言之，就是希望大众按照哲学的要求去生活。一个可能的原因是苏格拉底认定哲学对大众是有用的，是有好处的，是生活必需的。然而，作为大众一部分的陪审员们在《申辩》中并不是"沉默的大众"，而是会表达自己意见的群体。虽然在整个

《申辩》中,除了麦勒图斯和苏格拉底有间断的对答之外,其余文本都是苏格拉底的独白,然而苏格拉底也让陪审员们不要因为惊讶而用叫喊打断他的讲演(17c—d)。另外在其他三处,苏格拉底都一再地让雅典人不要叫喊(20e、21a及30c)。也就是说,在苏格拉底的讲演过程中,他一共四次让在场的雅典人不要叫喊打断他。这就表明,在场的雅典人在苏格拉底讲演过程中表达了自己的意见,而且是反对苏格拉底的意见。从在场雅典人叫喊与最后他们投票的结果来看,苏格拉底作为哲学家认定"哲学应该是生活之必需"的观点遭到了大众的否定。《申辩》并没有记述雅典人在苏格拉底做了申辩之后具体的所思所想,但是显然他们并不认同"哲学是生活的必需"这一观点。这可以用一个具体的例子来说明。假设如下场景:我正在办公室里,外面走廊的火警报警器响了。作为普通人,我立即需要了解:是外面着火了,从而引发了报警器呢,还是外面没着火,由于别的什么原因触发了报警器呢?可是,"外面着火了吗?"这一问题,其实可能导向一个哲学问题:火是独立于我们的心灵而存在的实体吗?对这个哲学问题的回答最终决定着对前一个问题的回应。对于某些哲学家来说,"外面着火了吗?"这句话里的"外面"这个词是指房间外还是心灵之外?如果火依赖于我们的心灵而存在,那么我无须担心警报,因为即便着火了,它也不会对我造成伤害。但是如果火是独立存在的实体,那么我必须要去弄清楚到底有没有着火,否则我可能会死。然而,我想任何一个普通人在听到火警警报时都不会去思考那个哲学问题,而是止步于警报是真的还是假的这个问题。因此,哲学问题在此情景中是无关紧要的问题。也就是说,在类似的生活情景中,哲学是不需要在场的,也就是无用的、非必需的。而此情景和与此类似的需要决断的情景构成了大众绝大部分的生活场景。因此,如果不是被苏格拉底的哲学吸引,大众很难在短短的三个讲演中赞同苏格拉底"哲学是生活的必需"的观点。"未经省察的人生是不值得过的"对大众来说也过于遥远。

由此造成的苏格拉底的悲剧,也是哲学家的"原罪"。在大众眼中,作为哲学家的苏格拉底既离他们很远又离他们很近。"很远"是说苏格拉底关心的东西并不是大众所关心的,而"很近"是说苏格拉底围绕在大众身边,时刻想要揭示他们在哲学意义上的无知以及他们努力追求的无意义,想回避苏格拉底的省察是不可能之事。既然消解不了问题本身,那么就解决提出问题的人好了。于是,苏格拉底被推上法庭,判处死刑。

现在,让我们来看看那些指控苏格拉底的罪名。苏格拉底成功地反驳那些指控了吗?本讲将聚焦于苏格拉底在宗教方面的罪名。宗教方面的指控由两部分构成,也即指控苏格拉底不信奉城邦所信奉的神,同时信奉新的灵明。这立即会招来疑问,为什么会指控苏格拉底信奉新的灵明,而不是简单地指控他信奉新的神呢?接下来的疑问是,指控苏格拉底信奉新的灵明,那这个新的灵明又是什么呢?纵观《申辩》全文,苏格拉底确实两次提及对他自己而言,存在着一种灵明般事物(31d、40a),那么苏格拉底提及的这个灵明般的事物是否就是指控中所说的那个他所信奉的新的灵明?如果答案是肯定的,那么他的申辩到底是否有效,他是不是陷入了自相矛盾?如果答案是否定的,那么这个对苏格拉底行为有决定性影响的灵明般事物与指控中的灵明又有什么区别呢?

在这里并不需要完整重复苏格拉底对自己不敬神的具体反驳。他的辩护策略可以总结如下:首先他质问麦勒图斯指控他不敬神到底是什么意思,是他相信神,只是不相信雅典所信奉的神呢,还是他根本就是一个无神论者。麦勒图斯回应说,他认为苏格拉底完全不信神,也即他是个无神论者(26c)。苏格拉底立即指出麦勒图斯自相矛盾,理由是:如果他根本不信神,那么他又如何被指控"不信神"又同时"引入新的灵明"呢?苏格拉底说:"有任何人会相信灵明的活动,但却不相信灵明(存在)吗?"所以,"如果我相信灵明般的事物,我必然不可避免地相信灵明的存在"(27c)。接着,苏格拉底又指出,"灵明或者是神或者是神的后代"(27d)。他论证道,如果他相信灵明的存在,那么他没有理由不相信作为灵明父亲的神的存在:"于是因为我相信灵明(的存在),正如你承认的,如果灵明是神,这就是为什么我说你所说的就是谜语和笑话,正如你说我不信神,然后又说我信(神),因为我相信灵明(的存在)。另一方面,如果灵明是神的后代,就像它们被说成是神和仙女或者其他母亲(所生)的后代。那么一个人怎么能相信神的后代存在,却不相信神(的存在)?"(27d)从苏格拉底的辩护中,我们可以看到:他信奉灵明的存在。

从苏格拉底信奉灵明的存在这一点出发,下面让我们来分析苏格拉底不敬神的罪名及其辩护策略。先来复述一下对苏格拉底不敬神的指控:"不信奉城邦所信奉的神,而是信奉别的新的灵明。"(24b—c)这项指控既清楚,又不清楚。清楚的是指控很明确,认定苏格拉底不信奉应该信奉的神,而代之以新的灵明。不清楚的是,新的灵明到底指的是什么并没有提及,尽管苏格拉底在后文中暗示说新的灵明就是灵明般的事物,也即那个神圣的声音。此外,不信奉城邦所信奉的神也不是很清楚。按照语境来说,并不需要讲清楚雅典人所信奉的神有哪些,因为所有雅典人都清楚。但是正是因为当时雅典所信奉的是多个神,这就存在一个问题:苏格拉底是完全不信奉雅典所信奉的神呢,还是他只信奉一部分雅典的神呢?这一点就指控来说是不清楚的。

再来看看苏格拉底对其不敬神的反驳。正如上文所指出的,对苏格拉底的指控过于简单,存在不清楚的地方。故而苏格拉底首先要求指控人麦勒图斯明确对他的指控。苏格拉底说:"我不能肯定是否你的意思是:我传授并且承认许多神——因此我自己确实相信有许多神存在,并且我自己不是一个完全的无神论者,我并非因此而犯了错误,而是我不信奉我们城邦所信奉的神,却信奉别的城邦信奉的神。这就是对我的指控,我信奉别的神。或者是否你的意思是:我根本不信神,这也是我传授给别人的。"(26c)这一段很复杂,苏格拉底在这一段质问中就他不敬神的指控一共能分析出以下三个分支:

(X)信奉雅典所信奉的神;
(Y)引入新神;
(Z)无神论。

他给了麦勒图斯两个选项:(1)他信神,只是他信奉的神不是雅典所信奉的神,而是别的城邦信奉的神;(2)他是无神论者。选项(1)就是(X)的否定加上(Y);选项(2)就是(Z)。令人吃惊的是,麦勒图斯居然选了(2),即认为苏格拉底是无神论者:"我的意思就是你根本不信神。"这个回答显然和他对苏格拉底的指控不相符——指控所说的是苏格拉底给出的是选项(1),而非选项(2);于是麦勒图斯立即陷入自相矛盾。这也是苏格拉底自我辩护所采用的策略。麦勒图斯为什么会做出这样的反应,在原文中并无交代,因而不为人所知。但是很明显可以看出,苏格拉底添加了一些原指控中所没有的东西。原来对苏格拉底的指控很简单,并没有提及无神论的问题,然而苏格拉底却自己添加了无神论的选项。上文提到,原指控有不清楚的地方,比如没有交代苏格拉底是否只是不信奉雅典所信奉的一部分的神,而非不信奉全部的神。也许麦勒图斯是想表达苏格拉底不信奉雅典所信奉的全部的神,但却被苏格拉底绕口令般的语言困住了。不管怎么样,苏格拉底对其不敬神的指控所做出的辩护根本没有触及指控本身,因而无效。他既没有证明自己信奉雅典所信奉的神,也没有证明自己并不信奉其他城邦所信奉的神。他的辩护仅仅证明了自己是信神的。此外,苏格拉底在别处做的辩护也说明了他的狡猾。如上文所述,在辩词中,他分析出来的三个分支中的(Y)被简单等同于他信奉其他城邦的神。可是实际上(Y)又可以划分为两种情况:(Y1)信奉其他城邦的神;(Y2)信奉自己所立的神或灵明,或者说他自己重新解释和定义的神或灵明。

我们先来考虑(Y)只意味着(Y1)会存在几种情况。(1)苏格拉底既信奉雅典的神,又信奉其他城邦的神;(2)苏格拉底信奉雅典的神,但是不信奉其他城邦的神;(3)苏格拉底不信奉雅典的神,但是信奉其他城邦的神;(4)苏格拉底既不信奉雅典的神,也不信奉其他城邦的神,也即无神论。可见,即便在苏格拉底自己给出的三个分支之下,可能的情况也比他在《申辩》中给出的情况要多,要复杂。同时,他给出的辩护也最多只是否定了(4),但是其他情况并未触及。

我们再分析一下,(Y1)和(Y2)都有可能的话,会存在几种情况。(1)信奉雅典的神,又信奉其他城邦的神,也信奉自己的神;(2)信奉雅典的神,又信奉其他城邦的神,但是不信奉自己的神;(3)信奉雅典的神,也信奉自己的神,不信奉其他城邦的神;(4)信奉其他城邦的神,也信奉自己的神,但是不信奉雅典的神;(5)信奉雅典的神,但不信奉其他城邦的神,也不信奉自己的神;(6)既不信奉雅典的神,也不信奉其他城邦的神,但是信奉自己的神;(7)不信奉雅典的神,也不信奉自己的神,但是信奉其他城邦的神;(8)既不信奉雅典的神,也不信奉其他城邦的神,也不信奉自己的神。考虑到前面讲的,苏格拉底确实信奉自己所特有的灵明或神。为了给自己辩护,他应该考虑以上所有情况,然而可惜的是,他回避了。

单就苏格拉底在宗教方面的罪名来看,指控苏格拉底不信奉雅典所信奉的神并不是重点,对其引入新的灵明的指控才是重中之重。理由很简单:在《申辩》中,苏格拉底根本没有提及自己是否信奉雅典所信奉的神,也没有针对这项指控做出自己的辩护,反而他多次强调自己信奉"灵明"和"灵明般的事物"。从整个《申辩》看,苏格拉底提及了两种不同形式的灵明:一个是实体性的,作为神或者神之后代而存在;另一个则是私有的,某种神圣的灵明般的声音或者警示。这两种灵明无疑都是控告方所指涉的"新的灵明"。

在苏格拉底的申辩中,尤其是在为自己不敬神控告所做的辩护中,他给出的两个选项,即有神论或者无神论,并没有涵盖他应该做出辩护的所有情况。如此糟糕的论证却因为控告者之一的麦勒图斯的愚蠢回应而表面上做到了自圆其说。最可能的情况应该是:苏格拉底既非如他的对手所宣称的是无神论者,也不信奉雅典和其他城邦所信奉的神,而实际上是他坚信自己所立的神。

现在,让我们做一个小结。在《申辩》中,苏格拉底通过区分自己和普通雅典人树立了哲学家的形象,但是又由于他对于指控他的罪名没有给出很好的辩护,自己被判处死刑。当然,作为一名哲学家,苏格拉底并不像常人那样害怕死亡。在《申辩》的最后,苏格拉底说道:"现在到了分别的时刻,我去死,你们继续活,但是哪一个更好,只有神知道。"(42a)

推荐阅读书目:

柏拉图:《游叙弗伦 苏格拉底的申辩 克力同》,严群译,商务印书馆,2007年。
莱波维兹:《苏格拉底的反讽答辩》,蒋明磊译,华东师范大学出版社,2015年。
柏拉图:《柏拉图对话集》,王太庆译,商务印书馆,2004年。
柏拉图:《苏格拉底的申辩》,吴飞译疏,华夏出版社,2017年。
叶秀山:《苏格拉底及其哲学思想》,人民出版社,1986年。

John Burnet ed., *Plato: Euthyphro, Apology of Socrates, Crito*, Oxford: Oxford University Press, 1924.

T. C. Brickhouse and N. D. Smith, *Routledge Philosophy Guidebook to Plato and the Trial of Socrates*, New York: Routledge, 2004.

C. J. Rowe, *Plato and the Art of Philosophical Writing*, Cambridge: Cambridge University Press, 2007.

M. C. Stokes, *Plato: Apology*, Warminster: Aris & Phillips, 1997.

E. de Strycker, *Plato's Apology of Socrates*, Leiden, New York, Koln, Brill, 1994.

第三讲
明智的美德:《卡尔米德》

彭 磊

一、时间和人物

本篇对话开头第一句话——"昨天傍晚,我们离开军营,从波提岱亚回来"——表明苏格拉底是参加完波提岱亚(Potidaea)的战斗回到雅典。这场战斗是伯罗奔尼撒战争的前奏,发生在公元前429年,当时苏格拉底近40岁。

对话地点是在雅典的一座摔跤场。年轻人们聚在摔跤场里,一边锻炼身体,一边聊天。苏格拉底经常出入摔跤场,为的是找到灵魂高贵的年轻人与之对话。对话就是苏格拉底的哲学生活。

对话的另外两个主人公分别是卡尔米德和克里提阿。卡尔米德出自雅典的名门望族,是柏拉图的亲舅舅。克里提阿则是卡尔米德的堂哥和监护人,也是柏拉图的表舅。在这场对话中,卡尔米德接近18岁,克里提阿大概30岁。两人后来的命运众所周知。在20多年后,雅典在伯罗奔尼撒战争中战败。公元前404年,三十僭主推翻朽坏的雅典民主,建立了寡头制(俗称"三十人僭政")。这场政变的头目便是克里提阿,卡尔米德也是成员之一。三十僭主的统治只维持了六个月,便被复辟的民主派推翻。公元前399年,苏格拉底被雅典判处死刑。

这场对话带给我们这样的疑问:克里提阿和卡尔米德日后的僭主命运、苏格拉底之死,是否与这场对话有关?在对话中,卡尔米德、克里提阿和苏格拉底三人有怎样的关系呢?对话中说,克里提阿之前与苏格拉底经常腻在一起,他从苏格拉底那里学到了很多东西,比如他很熟悉苏格拉底对话的方式,也把苏格拉底著名的哲学口号"做自己的事""认识你自己""关于知识的知识"等挂在嘴边。苏格拉底外出打仗多年,克里提阿就成了摔跤场里的头儿,同时也是哲学领袖,成了雅典的哲学代言人。但他完全不理解苏格拉底哲学的精神,"认识你自己"对于他只是一句口号,他没有践履苏格拉底的哲学。克里提阿把他学歪了的东西教给了卡尔米德,因为他是卡尔米德的监护人。卡尔米德也很崇拜这位堂哥,觉得他有智慧。可以设想,苏格拉底从外地回来,发现自己的哲学受到了歪曲,而且这些歪曲的理解还毒害了许多年轻人,那么他一定要正本清源,当着摔跤场众人的面,与克里提阿好好辩一番。

二、对话主题的引入

对话主题是sophrosyne,即对身体性快乐的节制(参考《理想国》中的定义:服从统治者,在跟饮酒、性爱和食肉有关的快乐上统治自己)。苏格拉底离开雅典很久,他到摔跤场中首先问:哲学现今是个什么状况,还有哪些年轻人,其中是不是有一些在智慧或美或两方面已经变得出类拔萃(153d)。苏格拉底最初的问题关乎雅典的年轻人,关乎哲学、智慧和美。但克里提阿回答说,当今被认为最美的人是他堂弟卡尔米德,紧接着又夸卡尔米德爱智慧,很会作诗。苏格拉底让他把卡尔米德叫来认识认识。克里提阿说没问题,可卡尔米德最近说自己身体不舒服,克里提阿不跟苏格拉底商量,就强行给苏格拉底安排了一个角色:医生。

等卡尔米德来了,苏格拉底假扮医生,说身体上有毛病都表明灵魂有问题,他有一种咒语能治疗卡尔米德的灵魂,它们能使卡尔米德的灵魂中产生"明智"(这是对话中第一次出现"明智",含义不明,理解为健康或智慧更为恰当)。克里提阿对苏格拉底的说法不满,说卡尔米德不仅长得美,而且是当今同辈人中最明智无比的,其他各个方面也比别人强。面对克里提阿的袒护和阻挠,苏格拉底也顺势把卡尔米德夸了一通,最后问卡尔米德:你认为自己已经足够明智,还是欠缺明智?问题指向了卡尔米德的自我认识:你认为自己的灵魂足够健康还是不够健康?

卡尔米德有些为难,他说既然克里提阿和许多人都夸他明智,他就不能说自己不明智,不然就是表明他们在说谎;要是他说自己明智并赞美他自己,他会不好意思,所以他无法回答苏格拉底的问题。卡尔米德的自我认识实际被别人对他的认识笼罩着,外界对他的赞美替代了他对自己的认识。苏格拉底提议:"我们"共同探讨"你"是否拥有明智,如果你拥有明智的话,你一定能说说明智是什么。问题就从"卡尔米德是否拥有明智"转向"明智是什么",苏格拉底试图借此帮助卡尔米德认识自己。主题性的讨论由此开始。

三、对明智的探讨

苏格拉底对明智的探讨分为两个部分,即与卡尔米德的讨论和与克里提阿的讨论。卡尔米德先后给出了三个定义。

1. 明智就是一种沉静(沉着、安静),也就是中规中矩的得体行为(sophrosyne 的通常含义),比如卡尔米德刚才的回答就是一种沉静。苏格拉底马上说,这是"他们的说法",不是"你自己的"。他接着把沉静与慢、吃力、笨拙联系起来,举例说写字写得快比写得沉静美,回忆和背诵得快比沉静美,所以明智不是一种沉静,因为明智是某种美的东西。

2. 苏格拉底就提醒卡尔米德"往自己里面瞧",勇敢地说说"明智对你显得是什么"。在苏格拉底的鼓励下,卡尔米德非常勇敢地审视了自己,说明智就是羞耻心。卡尔米德的确具有羞耻心,前面苏格拉底问他是否认为自己明智时,他曾经脸红起来。卡尔米德需要经过苏格拉底的激发才能抛开他人的意见,自己来审视自己。但苏格拉底要卡尔米德更进一步,他提出明智不仅是美的,还是好的,但是《奥德赛》里说"对于一个乞讨者,羞耻心不是好的",这表明羞耻心既不好又好,所以它不是明智。卡尔米德需要抛掉羞耻心,更勇敢地认识自己。

3. 卡尔米德说,他曾听人说过,明智就是做自己的事,请苏格拉底来探讨一下这个人说的对不对。苏格拉底一听就猜到这话是克里提阿说的,因为"做自己的事"也是他常常挂在嘴边的说法。但苏格拉底并没有说明智不是"做自己的事",而是说这句话是个谜语,不是它字面上的意思,不是说一个人只织自己的衣服、做自己的鞋,不管别人。他就问卡尔米德是否知道这句话的意思。卡尔米德说不知道,然后把目光转向克里提阿,请克里提阿出场。

克里提阿上场时有些恼火,他觉得自己把卡尔米德捧上了天,结果卡尔米德表现不好,有损自己的名声。卡尔米德是他的一个"作品",夸赞卡尔米德就是变相夸赞自己。克里提阿自负、骄傲,卡尔米德谦逊、矜持;相比于卡尔米德,克里提阿难缠得多。后面的讨论中,卡尔米德就没有再说话,克里提阿完全代替了他。克里提阿也先后给出了三个定义。

1. 在苏格拉底的引导之下,克里提阿澄清了"做自己的事"的含义。他对三个希腊语词"劳作""做""制作"进行了语义辨析,提出"做"就是"做美且有益的事","美且有益的事"就是"自己的事",有益的就是自己的,有害的就是他人的。照这么说,明智就是做对自己有利的事,而且只有有利的事才是自己的事,克里提阿由此引导出一种极其利己主义的价值观。苏格拉底总结说,你认为明智就是做好事,即做对自己好的事。这是整个对话的第四个定义,实际从"做自己的事"演变而来。"好"就是"利益"。不过,苏格拉底提出,一个做了对自己有利的事的人可能并没有认识到自己做了对自己有利的事,他在行为上是明智的,在认识上却是愚蠢的。比如医生给病人治病,给自己带来了益处,但医生也许并不知道自己什么时候能给自己带来益处,什么时候带来害处。一个人虽然做得明智,而且人也明智,却没有认识到自己明智。他的行为是盲目的,因为他对自身的行为缺乏自我认识或反思。

2. 克里提阿断然否定这一可能。他收回"做自己的事""做好事"这一定义,提出明智就是认识自己,这是整场对话的第五个定义,已经接近苏格拉底哲学的核心。但我们会发现,克里提阿仅仅是在口头上提出这一定义,他在行为上并没有"认识自己",他并不拥有真正的自我认识。

3. 苏格拉底提出,既然明智是认识自己,它就是某种关于自己的知识。那么,我们得确定这种知识跟其他知识的区别。首先,这种知识属于理论性的知识,不属于生产性的知识,我们凭借它不能获得具体的产物,比如医术能获得健康,盖房子的知识能获得房子。其次,其他知识都是关于别的东西而非它们自身的知识,比如算术是关于奇数和偶数的知识,而不是关于算术的知识,唯独明智是关于其他知识的知识,也是关于它自身的知识。

苏格拉底概括说,明智是关于知识的知识,那么它是否也是关于非知识的知识?克里提阿表示同意。具有这样一种明智的人就能知道自己知道什么、不知道什么,也能审查别人知道什么和不知道什么。苏格拉底提出,我们首先考察这种明智是否可能,然后考察这种明智是否有益处。

四、关于知识的知识

明智是一种知识,是关于它自身和其他知识的知识,也是关于非知识的知识。这种知识是否可能存在呢?苏格拉底采用类比法来进行论证。是否有一种看,看的不是任何颜色,而是看它自身和其他"看",同样也看各种"不看"?是否有一种听,不是听任何声音,而是听它自身和其他"听",同样也听各种"不听"?苏格拉底举了十几个例子,大多数是不可能存在的。最后他说自己不能确定是否有一种关于知识的知识。但他愿意相信明智是有益的和好的,所以他就与克里提阿做了妥协,先承认关于知识的知识可能产生,以后再探讨是不是这么回事。现在来探讨这种关于知识的知识是否有益。

为什么拥有关于知识的知识,就更能知道一个人知道什么和不知道什么?苏格拉底将"关于知识的知识"从一种内容无所不包的知识还原为一种没有内容的、抽象的知识论本体意义上的知识。他提出,关于知识的知识只能区分这个是知识,那个不是知识;它并不能区分这个是医术,那个是政治术,因为医术是关于健康的知识,政治术是关于正义的知识。所以,即便拥有了关于知识的知识,也只能知道一个人知道和不知道,而不能知道一个人知道什么和不知道什么。比如明智的人只能判定医生有某种知识,但这种知识具体是关于什么的知识,则必须通过医术去判定。由此来看,明智就没有什么大的益处。明智只能帮助人在学习别的知识时学得更容易,能帮助人就自己所学的知识更恰当地审查别人。它只是一个辅助性的知识。但苏格拉底也想象了一下,如果明智是最开始所说的"关于所有知识和非知识的知识",我们就能安排真正具有知识的人来承担各种工作,我们就不会受到欺骗,一个真正有智慧的城邦就能建立起来。苏格拉底承认遵照知识来做事才会做得好和幸福,但是遵照什么知识呢?"关于知识的知识"被证明只是一个空洞的概念。苏格拉底逼问克里提阿,他认为到底遵照什么知识才能使人幸福?克里提阿回答说,是关于好和坏的知识。但克里提阿说的好和坏并非道德上的善恶,而是跟他之前所说的"做好事"一样,指对个人有利或有害的事。

苏格拉底总结说,他们把明智定义为关于知识的知识,但他们的讨论表明,这样一种知识不可能存在,而且这样一种知识也没什么益处。对话表明,克里提阿虽然口口声声说"认识自己",但他并不了解这句话的内涵,他把明智理解为一种抽象的知识,却从未思考这种知识是否可能,是否有什么益处。他缺乏自我认识。我们同时也看到,苏格拉底并不能够就一切知识审查别人知道什么和不知道什么,而只是就某些特定的知识审查自己和他人。但这并不是因为他拥有了这些特定的知识,比如因为他知道什么是正义、什么是勇敢等等,而是因为他拥有了"关于自己的知识",即自我认识。凭借这种自我认识,苏格拉底既践行认识自己,也帮助他人认识自己知道什么和不知道什么。

五、结语

对话结尾回到卡尔米德是否拥有明智的问题。苏格拉底再次问卡尔米德是否认为自己拥有明智。结果令人失望。卡尔米德依旧并不知道自己是否拥有明智,同时他又说自己非常需要那能产生明智的咒语。现在他准备和克里提阿一同强制苏格拉底念诵咒语,这预示着三十僭主对苏格拉底的强制。

首先,这篇对话的意图是为苏格拉底辩护。因为对苏格拉底"败坏青年"的指控主要是指他败坏阿尔喀比亚德和克里提阿,而对话表明克里提阿的败坏并不是苏格拉底的罪过,而是因为他僭主式的心性,譬如自大、专断、虚荣。其次,对话通过讨论明智来展现苏格拉底的明智,苏格拉底的明智并不是停留在认识层面,并非口头上"认识自己",而是知行合一,实践自我认识。最后,对话生动地展现了苏格拉底哲学的形式。克里提阿把苏格拉底的哲学教条化,又把某些说法教给卡尔米德。苏格拉底与他们的对话某种意义上是苏格拉底的自我对话,包孕着苏格拉底哲学的精髓。

推荐阅读书目:

彭磊:《苏格拉底的明智:〈卡尔米德〉绎读》,华夏出版社,2015年。

郎佩特:《哲学如何成为苏格拉底式的》,戴晓光、彭磊等译,华夏出版社,2015年。

Seth Benardete, "On Interpreting Plato's Charmides", in *The Argument of the Action*, Chicago: The University of Chicago Press, 2000, pp. 231-256.

Christopher Bruell, "Socratic Politics and Self-Knowledge: An Interpretation of Plato's Charmides", *Interpretation* Vol. 6, No. 3, 1977, pp. 141-203.

Francis Coolidge, "The Relation of Philosophy to Sophrosune: Zalmoxian Medicine in Plato's Charmides", *Ancient Philosophy*, Vol. 13, 1993, pp. 23-36.

Drew Hyland, *The Virtue of Philosophy*, Athens: Ohio University Press, 1981.

Andrew Reece, "Drama, Narrative, and Socratic Eros in Plato's Charmides", *Interpretation*, Vol. 26, No. 1, 1998, pp. 65-76.

Walter T. Schmid, *Plato's Charmides and the Socratic Ideal of Rationality*, Albany: State University of New York Press, 1998.

Paul Stern, "Tyranny and Self-Knowledge: Critias and Socrates in Plato's Charmides", *The American Political Science Review*, Vol. 93(2): 399-412, 1999.

T. G. Tuckey, *Plato's Charmides*, Cambridge: Cambridge University Press, 1951.

第四讲
友谊与正义:《吕西斯》

陈郑双

一、对话的人物与时间

人物

苏格拉底

希波泰勒斯:青年人,克特西普斯的朋友,吕西斯的追求者

克特西普斯:青年人,希波泰勒斯的朋友,美涅克塞努斯的表哥

吕西斯:大男孩,德莫克拉特的长子,美涅克塞努斯的朋友

美涅克塞努斯:大男孩,吕西斯之友,克特西普斯的表弟

时间

《吕西斯》的对话发生在赫尔墨阿节(Hermaia)。在文本中,并没有一开始就给出确切的时间,而是在对话进行的中段,由对话人物希波泰勒斯提及方知。

赫尔墨阿节即花月节(Anthesteria)的第三天(2月13日)。花月节举行于古希腊阿提卡历的第8月11至13日,对应现代历法的2月11至13

日。主要祭祀狄奥尼索斯神。这三天分别命名为开坛日(Pithoigia)、酒盅日(Choes)、瓦钵日(Chytroi)。其中酒盅日是节日高潮,众人饮酒狂欢,种种放浪不羁。到第三日,则向赫尔墨斯神献祭,祈求驱恶辟邪,净化种种罪行。雅典法律禁止青年人与男孩在运动场上混在一起,避免发生猥亵事件,但在赫尔墨阿节这一禁忌松弛了。

希腊语中吕西斯(λύσις)一词的含义如下:1.解脱、解放、释放,(被囚者的)赎出、赎罪;2.(困难的)解放,(悲剧布局中的)解,离婚;3.解脱的方法(或力量)。[①]

古希腊语中"友爱"(Philos 或 Philia,Φίλος)的含义范围比今天的友爱范围要更广,包括恋人、朋友、兄弟、亲族,乃至父/母子之间的情谊。其动词义为喜爱、喜欢,区别于爱欲(Eros)所具有的欲爱意味。在《吕西斯》中,柏拉图笔下的苏格拉底充分利用了该词词义的含混。Φίλος 的含义如下:1.(被动态)被爱的,亲爱的;2.(名词)爱人,朋友,盟友;3.可爱的,令人喜爱的;4.我的;5.(诗中做主动义)喜爱的,友好的,亲切的。[②]

二、交友与友爱

这次我们要谈的柏拉图作品是《吕西斯》。

我最早读到《吕西斯》,大概是在2008年。当时看的是辽宁教育出版社于1998年出版的,由戴子钦先生翻译的《柏拉图〈对话〉七篇》。这七篇包括《莱西斯》(即《吕西斯》)、《拉克斯》、《普罗塔戈拉》、《梅尼克齐努斯》(即《美涅克塞努斯》)、《蒂迈欧》、《克里蒂亚》、《克立托封》。篇幅都

[①] 参见罗念生、水建馥编:《古希腊语汉语词典》,商务印书馆,2004年,第515—516页。
[②] 参见罗念生、水建馥编:《古希腊语汉语词典》,第961页。

不长，基本都属于短篇或中篇。戴先生在后记里说，这些对话早在20世纪60年代初就已经译出了，但因为"文化大革命"就没有出版，幸运的是译稿保存下来了。后来到90年代末，有机会出版了。

这本书的第一篇对话就是《吕西斯》。公元1世纪时，罗马帝国的皇帝是提比略（奥古斯都，屋大维的养子）。皇帝的私人顾问、文法学家忒拉绪洛斯将柏拉图的对话进行系统的编纂，并给每个对话都加了一个副标题，以表明对话的主题内容，比如《理想国》是关于正义，《会饮》是关于向善。只有《苏格拉底的申辩》例外，这篇对话没有加副标题。而《吕西斯》的副标题，是论友爱。在我看完戴先生翻译的这本书后，我就想，为什么要把《吕西斯》摆在这本书的第一篇呢？我认为戴先生应该是很看重"友爱"这个主题，心里对此是有很多感想的。后来，我在网上搜索戴先生的相关信息并了解到，戴先生大概生于20个世纪二三十年代，1949年前后在上海银行界任职，后来转到兰州任教，再后来又回到上海，在上海译文出版社工作。80年代后出版了好几本译著，其中读者比较熟知的，可能是《吉本自传》。另外还有《伊丽莎白女王与埃塞克斯伯爵》《携驴旅行记》等。他去世于2007年3月，也就是我看到这本书的前一年。读书的过程中，这样的缘分很难得，所以我在这里多说两句，缅怀这位前辈、翻译家。

《吕西斯》作为柏拉图所撰写的哲学对话作品，采取的是以苏格拉底为第一人称视角进行讲述的戏剧形式。也就是说，苏格拉底似乎是在给某个听众讲述一个他所经历的故事。而我们作为这篇对话的读者，自然就会把自己代入听众的角色，感觉就像是苏格拉底在给我们讲故事。而且我们还能够"听到"苏格拉底讲出他自己当时的感受，这些是剧中人物都不知道的，这使得我们跟苏格拉底的关系，比剧中的人物还要更为亲密。在柏拉图的作品中，与此类似的还有《理想国》《卡尔米德》《情敌》。

那么，苏格拉底究竟讲的是个什么故事呢？我们姑且就按苏格拉底

第四讲 友谊与正义:《吕西斯》 59

所讲的,做一个简单的复述。《吕西斯》一开篇,苏格拉底直接就说,他从阿卡德米出来,在城外沿着紧靠城墙的一条路径直前往吕克昂,似乎行色匆匆的样子。阿卡德米就是后世柏拉图学园所在地,当时应是个运动场,在雅典城西北。而吕克昂,也就是后来亚里士多德学园所在地,当时也是个运动场,却在雅典城东南。如果真要径直去的话,应该是从城中穿过,走一条直线。但苏格拉底偏偏是绕着走。他为什么要绕着走呢?他没说。

接着,苏格拉底在路上就碰到了两个青年人,一个叫希波泰勒斯,一个叫克特西普斯。还有其他一些青年。希波泰勒斯就跟苏格拉底搭茬,问他去哪儿。苏格拉底说从阿卡德米来,直接去吕克昂。希波泰勒斯又说,要么来我们这里吧,我们这里有意思。苏格拉底于是问,你们这里有什么意思?希波泰勒斯说这里有个摔跤学校,他们在其中锻炼、聊天,还有不少长得漂亮的小伙子。他就邀请苏格拉底一起进去。显然他在诱惑苏格拉底,因为他话中说到两点,其一是聊天谈话,其二是美少年;他认为苏格拉底对此感兴趣,肯定会上套儿。

可能按照希波泰勒斯设想的台词,苏格拉底这时应该忙不迭地接话说:好啊好啊,我们进去。可没想到,苏格拉底却反问了一句:我想知道我进去了能得到什么好处?你说的那个美少年是谁啊?希波泰勒斯这下就接不上话了。他说:这个,我们意见不统一啊!这其实就是敷衍了一下,既没说具体什么好处,也没说究竟是谁。苏格拉底于是接着又问:你们意见不统一可以,但你认为谁最美呢?没想到希波泰勒斯这下竟然脸红了。于是苏格拉底就接着说:你不用说了,你肯定是喜欢上他了,我苏格拉底没什么其他能耐,唯独被神赐予了一种特别的能力,能够快速地看出爱人和他所爱的对象。这时,那个克特西普斯插话了:希波泰勒斯你怎么脸红了?你平常不是整天都把吕西斯的名字挂在嘴上念来念去吗?你不但念个没完,还用你那个破嗓子给他唱情歌,真是要命,这个时候你倒害臊不敢说了。苏格拉底接着说:哦,是叫吕西斯吗? 我以前没听过呢。可见"吕西斯"这个名字应该算是希波泰勒斯他们小圈子里的秘密,虽然圈里人知道,外人却不一定知道。可苏格拉底一"忽悠",克特西普斯就忍不住把这个名字给说出来了。

苏格拉底接着问吕西斯究竟是谁。克特西普斯说是德莫克拉托斯家的长公子。苏格拉底说:哇,希波泰勒斯,你这个对象不错呀。来吧,给我说说,你都跟他唱的什么情歌。希波泰勒斯这个时候生气了,他不肯跟苏格拉底说,他说克特西普斯不是都听我唱烦了嘛,你让克特西普斯说去。克特西普斯就复述了希波泰勒斯写给吕西斯的情歌,其体裁类似于传统的颂歌,主要是歌颂吕西斯家族的辉煌业绩之类。苏格拉底听完就说:希波泰勒斯,你唱这个不对啊,你这是还没有赢得胜利之前就开始庆祝呀。希波泰勒斯问苏格拉底什么意思。苏格拉底说,如果你已经把吕西斯追到手了,唱颂歌还说得过去;你现在还没追到手,就唱颂歌,万一失手了,不反过来说明你损失很大吗? 并且,去吹捧你追求的对象,让他变得更加自大,不是更难追到手吗? 这就好比高明的猎手应该用言辞去迷惑猎物,而不是刺激猎物,你说对不对? 希波泰勒斯一听,赶紧就问:那你说我该怎么办呢? 应该怎么去跟吕西斯聊天,才能追到他呢? 苏格拉底说:这个不容易,但有个办法,你把吕西斯叫来,我跟他演示一下,你在旁边看着,这样你不就学会了? 希波泰勒斯说,可以呀,你看今天刚好是赫尔墨阿节,我们一起进这个摔跤学校,只要我们坐在一起聊天,吕西斯自己就会走过来,因为他特别喜欢听人聊天讨论问题。万一他不过来,我们还可以让克特西普斯的表弟美涅克塞努斯去把吕西斯叫过来。因为美涅克塞努斯跟吕西斯关系很好。苏格拉底说,可以。

大家可能看出来这里有些不对劲了。谈对象哪有去找真人来演练的呢,苏格拉底要真练成了,吕西斯不就被他追到手了吗?希波泰勒斯还等着苏格拉底去演示如何以言辞俘获人心,没想到苏格拉底刚才这一套就已经把他给俘获了。柏拉图对话的研究专家伯纳德特曾说,在《吕西斯》中,苏格拉底的形象最为不堪。为什么?因为这些言行,似乎坐实了雅典城邦对他的指控——腐蚀年轻人。你去追求美少年,本就不是什么能上台面的事情,你还教人去追,更是可恨之极。柏拉图为什么要这么写呢?苏格拉底到底要干什么呢?

说着,苏格拉底、希波泰勒斯、克特西普斯一行人就进了这个摔跤学校,看到了这个吕西斯,不过没有跟他打招呼,而是走进了更衣室,在那里坐着聊天。吕西斯也看到了他们在聊天,想过来,但又没走过来。首先走过来的倒是美涅克塞努斯,也就是克特西普斯的表弟,他是吕西斯的好朋友。吕西斯看到他过去了,这才跟着过来了。希波泰勒斯可能以前追求方式不妥,让吕西斯觉得讨厌,所以他就躲在几个人后面站着。柏拉图写得很有意思,把这种小儿女的心思写得很生动。苏格拉底接着就开始聊了,他先跟两个大男孩一起聊一会儿,气氛还不错。不过这时外面有人来找美涅克塞努斯,说让他去参加一个祭祀活动,所以他就先走开了。这时就只剩下吕西斯一个人了。苏格拉底之前不是跟希波泰勒斯他们说,要进来展示一下聊天技术嘛,这就正是一个非常好的机会了。所以接下来苏格拉底与吕西斯的谈话,不管谈的内容是什么,在希波泰勒斯、克特西普斯他们看来,都只是苏格拉底演示如何蛊惑人心的技艺。但是鉴于在此之前,苏格拉底就已经把希波泰勒斯、克特西普斯给"忽悠"了,所以这两位搞不清楚苏格拉底的真实目的。那么,苏格拉底真是要蛊惑吕西斯吗?或者是将计就计,还有更进一步的目的呢?

苏格拉底于是就跟吕西斯开始聊天。他说:吕西斯啊,你应该很幸福吧,你爸爸妈妈这么爱你。吕西斯说:是啊。苏格拉底说:一个人如果不能干他想干的事情,是否幸福呢?吕西斯说:应该不算幸福吧。苏格拉底说:那么你爸妈是不是让你随便干你喜欢干的事情呢?比方说,驾驭你爸爸的战车。吕西斯说:那可不行,有专门的车夫。苏格拉底问:那你妈妈的纺车呢?吕西斯答:那我也不能碰。苏格拉底问:那你自己应该可以管自己吧。吕西斯答:还是不行,他们给我安排了几个保姆。苏格拉底就说:啊,竟然让奴隶管着你呀!(当时管孩子的保姆也都是家里年纪稍大一点的家奴。)你爸妈为什么不让你幸福呢?吕西斯说:这是因为我没长大嘛!苏格拉底说:我觉得不是这样。比如说,你会写字,你可以随便写。你会弹琴,你可以随便弹。他们都不会管你。所以呢,不是因为你没长大,而是因为你不知道。只要你各种知识都明白了,他们就会把一切东西都交给你管了。吕西斯说:好像是这样。苏格拉底接着说:只要你了解的知识够多,不但希腊的事情归你管,全世界的事情你都可以做主呢。因为这个事情只有你明白,别人不明白呀,对吧?吕西斯说:没错。苏格拉底说:那么你说,在那些我们不知道的事情上,我们也就没什么用,有人愿意来跟我们做朋友吗?吕西斯说应该没有。苏格拉底接着就说:所以如果学了足够多的知识,变得足够聪明有用,那所有人都会跟我们做朋友。不然,连爹妈都不一定喜欢你。那么你说,一个人如果还没有到这个程度,他能骄傲吗?吕西斯说:不能。苏格拉底说:一个人如果还需要有个老师教着、管着,你说他现在已经把所有事情都弄明白了吗?吕西斯说:没有。苏格拉底说:那么你现在应该还是有老师教的吧,所以还是不能太骄傲了吧。吕西斯说:你说的没错。

在柏拉图的笔下,苏格拉底说他差点在此出糗,因为他这时瞟了一眼希波泰勒斯,想跟他显摆一下,告诉他就应该这么跟吕西斯说话。但是他想到希波泰勒斯可能并不愿让吕西斯发现他,就生生忍住了。恰好这个时候,美涅克塞努斯又回来了。吕西斯悄悄地跟苏格拉底说:你能不能把刚才跟我说的,也跟美涅克塞努斯说说呀,也给他一点教训嘛。苏格拉底说:那有难度啊,因为美涅克塞努斯是克特西普斯的学生,而克特西普斯可是那些诡辩家、智术师的高徒啊;不过既然你开口了嘛,我试着跟他说说。

苏格拉底接着说了一段很经典很有名的话。他说:美涅克塞努斯啊,我从小就有个特别的爱好,就像很多人都有自己喜欢的东西那样。有的人喜欢马,有的人喜欢狗,有的人喜欢钱,还有人喜欢荣誉。而我呢,只希望得到一位朋友。名利非我所欲,我就是这样一个爱友者(Φιλητέος)。我虽然一直在追求,但都不知道究竟什么是朋友。我看到你跟吕西斯这么小就成了好朋友,感到很惊讶,所以有个问题想请教一下你。你说,当一个人喜欢上另外一个人,究竟哪个人变成了朋友呢?是主动喜欢的那个,还是被喜欢的那个呢?美涅克塞努斯说:只要一个人喜欢另一个,那就相互都会成为朋友。苏格拉底说:可是也有这种情况,被喜欢的那个并不喜欢主动的那个啊,甚至还会恨呢?美涅克塞努斯就说:那就应该是相互喜欢的,才能相互是朋友。苏格拉底说:这么说来,那么就没什么爱马的人爱狗的人了。他们自以为是马和狗的朋友,马和狗不一定喜欢他们呀,对吧。爱智慧也是如此啊,如果智慧不喜欢爱智慧者,那也做不了朋友。不过,即使孩子因不理解而恨父母,父母也还是喜欢他们的,所以被喜欢的那个才真是朋友吧。美涅克塞努斯也同意了这个说法。

苏格拉底接着说:如果这样的话,那么很多人就被其敌人所爱,被其朋友所恨了。美涅克塞努斯说:是啊。苏格拉底说:如果主动爱的不是朋友,被爱的也不是,爱着又被爱的也不是,那就没什么是朋友了?美涅克塞努斯说:是啊,我看也是没了。美涅克塞努斯好像觉得这无关紧要:没朋友就没有好了,没啥关系嘛。他对于谈话的内容并不关心,他关心的只是争论的输赢。从某种意义上,这种态度也有点像一种单向度的爱欲或友爱:只要我主动去谈朋友,只有能不能得手的区别,至于对方什么感受、什么态度,都不需要考虑。可见欲望与技术似乎有天然的亲缘性。但吕西斯却是在乎的。平常,吕西斯可能都说不过美涅克塞努斯,所以他才请苏格拉底去治治这个桀骜不驯的小伙伴。他本是请苏格拉底出手打压美涅克塞努斯,谈到这里,美涅克塞努斯似乎也确实被打压了。不过吕西斯此时更关心他们聊的话题:如果根本没什么是朋友,这对于他来说是不能接受的。这其实也可以说明,其实吕西斯也是一个爱友之人。美涅克塞努斯不在乎,吕西斯很在乎,所以吕西斯情不自禁就插话了,他觉得是不是讨论的方向搞错了。他一插话,好像又感觉到了自己的失态,所以又脸红了。

在《吕西斯》这篇对话中,柏拉图笔下的苏格拉底很欣赏吕西斯的这次脸红。因为这种脸红,反映的是某种忘我的状态,而这种忘我,或许是抵达真实自我的必然途径。他开始关心真正应该关心的东西。所以接下来苏格拉底就跟吕西斯展开了谈话。苏格拉底引用了诗人的话,说神使得相似者接近相似者,那么相似者是不是朋友呢?吕西斯表示不能肯定。苏格拉底接着说,好人跟好人相似,当然是朋友,但坏人与坏人也相似,肯定不是朋友。那么只有好人才是好人的朋友,坏人既不可能是坏人的朋友,也不可能是好人的朋友。所以,答案就是,好人就是朋友。吕西斯表示完全同意。

不过苏格拉底又提出一个问题。他说如果相似者是朋友,那么相似者能否给对方带来什么益处呢?如果他们不能给对方带来益处,他们怎么会彼此喜欢、彼此看重呢?并且,如果好人是朋友,而真正的好人是完全自足的,就不会有什么需要,那他还要朋友干什么呢?吕西斯此时无言以对了。这个"相似者为友"的看法,可以对比此前苏格拉底与吕西斯的谈话。父子之间当然是相似的,那么作为儿子,吕西斯能给父亲什么呢?而如果父亲已经是自足的,那么他对吕西斯的爱又是怎么回事呢?这些都是吕西斯之前未曾想过的。接着苏格拉底又提出另外一个说法,他说如果相似者不是朋友,那么可能相反者才是朋友。他还引了赫西俄德的诗,"陶工与陶工为敌,歌手与歌手作对"。而相反者恰恰因为相互需要,而成为朋友,比如说,干涸渴望潮湿等。美涅克塞努斯来接话说,好像真是这样。但苏格拉底却说,如果相反者为友,那么难道好人和坏人会成朋友吗?显然是不可能的。谈到此处,两个大男孩都无话可说了。不过,美涅克塞努斯似乎也开始关心对话的内容了。

接下来,苏格拉底就提出了他的第一个关于朋友的观点。苏格拉底说存在三种事物:好的、坏的、既不好也不坏的。以身体为例,身体是既不好也不坏的。因为坏(也就是某种疾病的出现,并且这种坏并没有使身体完全变坏),在其变坏之前,它追求好,也就是医术,想与医术做朋友。他又说,已经拥有智慧的人,就是好的,他不会热爱智慧。完全无知的也不会爱智慧。而真正爱智慧的人,是既不坏也不好的,因为意识到自身出现了某种无知,才会去追求智慧。苏格拉底说,这样就可以断言,无论是在灵魂还是身体方面,既不好也不坏者会因为坏的出现,而成为"好"的朋友。吕西斯和美涅克塞努斯都完全同意,苏格拉底也觉得很高兴,说自己就像猎手一样,对自己的猎物感到满意。但这时他却又说:吕西斯和美涅克塞努斯啊,我们可能完全搞错了,这只是一场幻梦啊!这里的猎物一说,似乎有双重含义:其一是说获得了一个大家都满意的答案;其二可能也表明,两个大男孩,都被他一举搞定了。吕西斯自不必说,此时的美涅克塞努斯也被深深地吸引进入话题了,他不再是满不在乎的旁观者了。但更有意思的是,此时的苏格拉底,显得似乎也忘我了。他也被自己的话题吸引,他觉得自己提出的这个定义不对,他不满意,他还要往前推进。

他说,如果既不好也不坏的身体,因为疾病,为了健康的目的,才和医药技艺做朋友,那么健康也应该是朋友吧,那么又是因为什么样的目的,才和健康做朋友呢?以此类推,那个最后最高的目的又是什么呢?是不是因为存在这样所谓"第一朋友",才使得其他一切东西都变得亲切友爱呢?苏格拉底为此举了一个很惊悚的例子。他说,如果一个父亲很爱其孩子,而他孩子不小心喝了毒芹汁,他又认为酒可以解毒,那他会不会将酒乃至盛酒的容器都当作朋友呢?如此看来,这些东西之所以被当作朋友,都是其孩子的缘故。同样,人们喜爱金钱,也是因为其后还有更高的目的。因此真正的朋友乃是这个所谓的"第一朋友"。然而,这个最高的"第一朋友",却不再有更高的目的,既然它没有更高的目的,它自身就因不能当作手段而成为朋友。

苏格拉底继续说,那么我们珍爱、重视"第一朋友"的原因又在哪里呢?如果坏不能起什么影响作用,似乎既不好也不坏的我们,就不需要以好为朋友。而正是因为坏的介入,既不好也不坏的我们才将好作为朋友。这么一来,这个最高的"第一朋友"之所以存在,反倒是因为"坏"了。如果孩子不是因为不小心喝了毒芹汁,平常爸妈可能还会觉得他吊儿郎当有些讨厌呢,正是因为面临死亡的威胁,保全其生命才成为第一目的。所以当我们举出一个价值序列的时候,难道最高价值的存在根基是绝对恶的存在吗?最高价值本身难道没有价值吗?

说到这里,问题已经推进到较深的层面了。人们似乎总是有所欠缺才会去有所追求,那么这种欠缺是不是这种追求的根本动力,并且是追求某个目标的根本原因呢?同时,这种欠缺,是不是就必然是某种坏呢?苏格拉底举例说道,比如饥饿,相对于饱足就是一种欠缺,但它不一定是坏。苏格拉底因此认为,存在着某种既不好也不坏的欲望,它并不是因为坏的介入才去追求好,而是因为本身有所欠缺,才去追求自己所欠缺的,从而成为所欠缺之物的朋友。这里可以联想到两种情况。一种是城邦或政治社会,人们将死亡或横死当作坏,因为这种坏的存在,生存或享受生活就成了最高目的。所谓最高价值,其根基是某种否定性的东西。而另一种则是爱智慧的生活,因自知无知,感受到自身的欠缺,所以有着对智慧的热爱。智慧的价值并不以追求者的欠缺为前提条件,而是说智慧本身就是其价值的根基所在。显然这两种价值观是有区别的。

大家也许注意到,以上这一大段都并不好笑。因为随着问题的深入,参与者都不由自主地严肃起来。似乎所有人都忘记了,苏格拉底是答应了希波泰勒斯,进来向他展示如何跟心爱的对象聊天的。这本来似乎应该是一场表演,但大家都被绕进去了。苏格拉底是不是自己也被绕进去了呢? 柏拉图有没有被绕进去呢? 根据后面的剧情来看,他们俩还是十分清醒的。因为如果希波泰勒斯或克特西普斯忽然感受到这种严肃中的荒诞,这个表面上的表演就玩砸了。所以此时苏格拉底面临的问题是,如何让严肃的气氛缓和起来,让表面上的表演继续下去。接着苏格拉底说,如果欠缺之物是所欲求的对象,这欠缺之物应该是本来就属于我们,但被剥夺取走的东西。吕西斯和美涅克塞努斯都表示同意。苏格拉底说,所以我们友爱并渴求的对象本来就是属于我们的,所以朋友是相互属于彼此的。这样的大白话,吕西斯和美涅克塞努斯都听懂了,他们也表示完全同意。苏格拉底又说,那么他们灵魂的特性也应该是相互属于彼此的吧。关于这一点,美涅克塞努斯是同意的,但吕西斯却不搭话了。他还是不太喜欢美涅克塞努斯争强好胜的性格吧。苏格拉底又说,我们自然会去喜爱那些属于彼此的朋友,只要我们的感情是真挚的,必然也会被我们所爱的人接受吧! 美涅克塞努斯和吕西斯对此都只是勉强同意,他们彼此的感情确实是真挚的,但性格未必相合,平时可能经常闹别扭,只是因为年纪小，裂痕还不太明显。但在一旁的希波泰勒斯听到苏格拉底这么说，却高兴得眉飞色舞，好像苏格拉底为他希波泰勒斯的情爱做了强力的证明一样。有了这样一句话，前面表演险些玩砸的事情，似乎也就以替代性的方式解决了。

不过苏格拉底并没有就此止步，而是又开启了追问。他说，那么我们说朋友"相互属于"是什么意思呢？是不是就是相似呢？如果是相似的话，那前面我们已经论证了，相似者是不可能成为朋友的呀！那就只能说，"属于"并非"相似"。大家对此也表示同意。苏格拉底接着区分了两种属于：一种是"好"属于每一个人，而"坏"与所有人都格格不入；另一种是，好属于好，坏属于坏，既不好也不坏也是如此。吕西斯和美涅克塞努斯认为是第二种情况。这样的话又回到了相似者为友，似乎还是不行。于是苏格拉底在此总结道，这样的话，那我们讨论过的任何情况都不能说明到底朋友是什么了。实际上苏格拉底漏掉了一种可能，也是大男孩们没有选择的那种可能：好属于每个人，而坏与任何人都格格不入。如果将无知看作一种坏，那么消除这种无知的可能性在每个人身上都存在，所以可以说好属于每一个人。但是大多数人不将无知当作坏，而是看作一种既不好也不坏的状态，因此就与善好无缘了。

谈话到此似乎又陷入了僵局，心高气傲的小朋友虽然已经陷入困惑，但还是不能理解什么叫自知无知。所以苏格拉底说，他打算跟年纪大一点的人继续讨论。因为年纪大的，可能具有更多一点自我意识，能应付更抽象的思维。但恰好这个时候，吕西斯和美涅克塞努斯的监护人，也就是那些家奴充任的保姆出现了，男孩的兄弟们也来了，他们叫男孩们回家。苏格拉底他们本来想阻止，但发现对方可能因为过花月节喝了不少酒，所以只能退让，大家就此散伙了。

《吕西斯》这个结尾好像有些让人看不懂，到底什么是朋友呢？似乎还没有结论。那么希波泰勒斯事后有没有再跟苏格拉底讨教谈话的技巧呢？也不知道。从全剧的剧情来推测，希波泰勒斯和克特西普斯似乎就是有意要把苏格拉底引到那个摔跤学校去的，所以他们在半路截道。他们的目的，或者希波泰勒斯的目的，似乎是利用苏格拉底善于聊天这一特点，来吸引吕西斯，让吕西斯能够主动走过来，而不会嫌弃他。而苏格拉底似乎也明白希波泰勒斯这点小伎俩，于是将计就计。那么他这样做的目的是什么呢？有研究者认为，苏格拉底正是知道，在赫尔墨阿节这天，青年人和男孩子会混杂在一起，男孩们的身体甚至灵魂都面临着好色之徒的威胁，所以他才急匆匆地赶过去，看似傻乎乎，实则将计就计，用美好的言辞和谈话，来保护这些涉世未深的男孩们，当然也希望对青年人有所刺激。在散伙的时候，他还说了一个看上去搞笑的笑话。他说：吕西斯和美涅克塞努斯啊，我们自认为彼此是朋友，但连什么是朋友都搞不清呀，这不是很搞笑吗？对于那些并不关心谈话的内容，或者将所有谈话都当作打辩论赛的人来说，这当然很搞笑。搞了半天没结果嘛。但是对于真正关心问题本身的人来说，只要他真如苏格拉底在对话中对吕西斯所吩咐的那样，回去以后再好好地把整个谈话内容想一想，那么他就肯定能从回忆中得到有益的收获。

三、补记

苏格拉底与两位少年人对话中的论证，也可以尝试从四因说和潜能说视角来看待。最开始苏格拉底与美涅克塞努斯讨论所说的单向度的欲爱，可看作某种通常意义上的动力因；而所谓相似者或相反者互为朋友，可看作质料因的分析；而后来借由"既不好也不坏"提出的分析，则可看作目的因的分析。但"朋友"或"友爱"的形式因是什么呢？在谈话的最后部分，他们谈到了"好属于好、坏属于坏、既不好也不坏属于既不好也不坏"这一问题，这近似形式因的讨论。又因其不能很好解决友爱之形式的问题，才引出了所谓"友爱是因人有所欠缺而对好的欲望，有欠缺者则是'好'之朋友（追求者）"。这里融合了质料因、目的因和动力因，而一个人的欠缺似乎并非"坏"，这就可以用潜能与实现学说予以解释。

苏格拉底与吕西斯的私人性的谈话的外壳是苏格拉底俘获人心的高超技术之展示，其内容则是苏格拉底近乎夸张地强调知识或技术的无所不能。这说明，知识或技术，似乎始终是某种"自欺欺人"，只有"自知无知"或"忘我"才能近于叩问真实。

推荐阅读书目：

柏拉图：《柏拉图〈对话〉七篇》，戴子钦译，辽宁教育出版社，1998年。
包利民：《古典政治哲学史论》，人民出版社，2010年。
刘小枫、陈少明主编：《经典与解释8：苏格拉底问题》，华夏出版社，2005年。
M. W. 布伦戴尔：《扶友损敌》，包利民等译，生活·读书·新知三联书店，2009年。
施特劳斯等：《回归古典政治哲学——施特劳斯通信集》，朱雁冰、何鸿藻译，华夏出版社，2006年。
Terry Penner, Christopher Rowe, *Plato's Lysis*, Cambridge: Cambridge University Press, 2005.
David Bolotin, *Plato's Dialogue on Friendship: An Interpretation of the Lysis with a New Translation*, Ithaca: Cornell University Press, 1979.
Seth Benardete, *The Argument of the Action: Essays on Greek Poetry and Philosophy*,

Chicago: The University of Chicago Press, 2000.

Lorraine Smithe Pangle, *Aristotle and the Philosophy of Friendship*, Cambridge: Cambridge University Press, 2003.

Mary P. Nichols, "Friendship and Community in Plato's Lysis", *The Review of Politics*, Vol. 68, 2006, pp. 1-19.

第五讲
哲人与智者:《普罗塔戈拉》
娄　林

"是否该把你的灵魂交托给外邦人?"

——题记

一、作为智术师的普罗塔戈拉

柏拉图的对话作品风格多样,主题不一,各篇特征不可以一言概之。不过,即便在这些绚烂的作品里,《普罗塔戈拉》中戏剧、哲学、神话与诗歌交融为一体的程度,也实属罕见。就此而论,或可称其为仅次于《理想国》的巨作。著名古典学家维拉莫维茨写道:

> 在《普罗塔戈拉》这篇对话中,青年柏拉图完成了自己的大手笔之作,在这部作品旁边,那两部短小作品(《伊翁》和《希琵阿斯后篇》)简直就消失得无踪无影。以后的很长时间里,柏拉图都没有过这样的大手笔,直到他的写作再达极境。某种意义上可以说,柏拉图

已经取得的这一成功,他以后再也没有达到过。①

　　这部对话充满关乎德性与哲学的论辩、神话,还有诗歌解读,几乎是一个完整的希腊思想世界。这篇对话极受关注还有一个内在的原因:对话中同名主人公普罗塔戈拉是第一位智术师(学界也译为"智者",此处从严群先生译名),也时常被称为最伟大的一位。对于智术师的关注,在柏拉图的哲学作品当中具有突出的地位,因为这关系到哲学所真正追求的东西是否可能的问题,一个对哲学与西方文明品性生死攸关的关键问题。与此相对应的,则是尼采在他的哲学中对学者问题的关注。② 概而言之,如果智术师式的知识追求取代了哲学追求,在柏拉图看来,一则哲学就丢失了本质的深度;其次,知识人就丧失了其品格;再者,智术师的道德教育将导致整个社会精神品质的降低。在柏拉图看来,智术师代表了一种具有真正腐蚀性的知识形式。因此,柏拉图不但在许多对话里安排智术师角色,比如《理想国》里的忒拉绪马霍斯,还有专门以《智术师》为名的对话,以及以具体的智术师为代表的对话,比如《普罗塔戈拉》《高尔吉亚》和两篇《希琵阿斯》等,着力于清理智术师的"哲学"。《普罗塔戈拉》呈现了一个关于智术师的关键问题:(美德)知识的传授。

　　对话的同名人物普罗塔戈拉在历史上实有其人。③ 在《普罗塔戈拉》对话开始,他毫无遮拦地说,自己是第一位公开宣称自己是智术师的智术师(317b4—5)。而在《普罗塔戈拉》最后一部分,普罗塔戈拉几乎想要放

---

① Ulrich von Wilamowitz-Moellendorff, *Platon*, Erster Band, Berlin: Weidmannsche Buchhandlung, 1920, s. 140.
② Joel E. Mann and Getty L. Lustila, "A Model Sophist: Nietzsche on Protagoras and Thucydides", *Journal of Nietzsche Studies*, Vol. 42, No. 1, 2011, pp. 51-72. 论文认为尼采视普罗塔戈拉和智术师为自己的楷模,这恐怕是很大的误解。
③ 夏帕:《普罗塔戈拉与逻各斯》,卓新贤译,吉林出版集团有限责任公司,2014 年,尤参第 195—220 页。另参第欧根尼·拉尔修:《名哲言行录》,9.52。

弃与苏格拉底的对话时,由于众人的压力,他不得不勉强支撑。这部分一开始,苏格拉底就说普罗塔戈拉是一位优秀的智慧者,并且重复了普罗塔戈拉对自己身份的界定:"在所有希腊人面前称自己是智术师……还第一个想到为此收取学费。"(348c5—349a5)这首尾两次身份的指涉似乎希望读者明白,普罗塔戈拉是真正的智术师,但智术师从普罗塔戈拉口中的褒义变成了苏格拉底的贬义。① 因此,理解《普罗塔戈拉》这部对话,首先需要明白智术师这一重要的希腊知识现象。根据著名的柏拉图学者布里松教授的总结,智术师有三个基本特征。②

首先,外邦人的身份。普罗塔戈拉来自另一座城邦阿伯德拉(309c5),他来到雅典,传授他的知识。外邦人的身份非常重要,因为无论柏拉图还是亚里士多德,他们的理想城邦总体上都是封闭的。外邦人属于他自己的城邦,而非他客居旅行之邦。所以,在对话里,普罗塔戈拉一开始就声称自己可以让人具有政治德性。但是柏拉图在《蒂迈欧》中明确说过,正由于智术师们在各个城邦游走,所以他们不具备实际政治的能力(19e),也就是与城邦缺乏本真的关联。

其次,职业化,即收取钱财进行教育。苏格拉底向普罗塔戈拉介绍希波克拉底的时候,说"这希波克拉底是本地人,阿波罗多洛斯的儿子,出自一个大户的殷实人家"(316b5),似乎挑明了智术师"唯财是举"的特征。他们看中的更可能是财富,而非智慧或美德的传授。

最后,智术师主要教授修辞术或演说术。这一点在对话中也屡有反映,但是,我们需要注意的是,普罗塔戈拉称自己教授的是德性,尤其是政治德性、政治技艺,但是就呈现形式来说,根本上就是修辞术。

这三个特征面临一个根本问题:一座怎样的城邦会将自己城邦的教

---

① 波普尔在《开放的社会及其敌人》第一卷中认为这是柏拉图对智术师不公平的攻击。
② 吕克·布里松:《柏拉图哲学导论》,黄唯婷译,北京大学出版社,2018年,第35—36页。

育交给外邦人,交给以赚钱为目的而教授修辞术的教师? 这正是柏拉图设计《普罗塔戈拉》对话场景时间的缘由。这次普罗塔戈拉到雅典通常被认为在公元前 430 年以后,但具体的年份则有许多争议。① 这是普罗塔戈拉第二次到雅典,这年苏格拉底 38 岁,自认"年纪还轻"(324c),普罗塔戈拉则 54 岁或以上,自称可以在年龄上做对方的父亲(317c)。这正是雅典民主的兴盛时刻。这就是说,智术师运动看似是纯粹的学术或者思想运动,但其实有其相关的基本政治处境。

在这个背景下,我们回到《普罗塔戈拉》的文本内容,来理解这部对话中对智术师的两个基本描述:首先是当时人对智术师的基本理解;其次是普罗塔戈拉本人的描述。虽然今天有很多学者为智术师翻案,认为这是古希腊的一场重要思想运动,②但是文本里有两个细节需要我们注意。

当希波克拉底急切地找到苏格拉底,希望他带自己去向普罗塔戈拉求教时,苏格拉底首先和他有段对话。这一小节对话能够透露出苏格拉底后来为什么会和普罗塔戈拉对话,但此处我们留意一下苏格拉底的一个疑问:"你去找普罗塔戈拉,为的是让自己成为什么呢?"柏拉图笔法非常微妙,希波克拉底脸一下子红了——当时已经天光熹微,他脸红清楚可见:"我是要成为一个智术师。"(312a)他为什么脸红呢? 似乎成为智术师是一件让人羞耻的事情。苏格拉底紧接着说:"你让希腊人(Ἕλληνας)

---

① 参见 J. S. Morrison, "The Place of Protagoras in Athenian Public Life", *CQ*, Vol. 35, No. 1/2, 1941, p. 2; J. S. Morrison, "The Origins of Plato's Philosopher-Statesman", *CQ*, Vol. 8, No. 3/4, 1958, p. 203; David Wolfsdorf, "The Dramatic Date of Plato's 'Protagoras'", *Rheinisches Museum für Philologie*, Neue Folge, 140. Bd., H. 3/4, 1997, pp. 223-230。前者的立论主要基于阿忒纳乌斯(Athenaeus,5.218b),后者则强烈批评了莫里森根据的论据;另参 John Walsh, "The Dramatic Dates of Plato's Protagoras and the Lesson of Arete", *CQ*, Vol. 34, No. 1, 1984, pp. 101-106。沃尔什认为,柏拉图的戏剧安排未必是真实的普罗塔戈拉来访雅典的时间,而是综合了两次来访,以更好地突出剧情。
② 参见 G. B. Kerferd, *The Sophistic Movement*, Cambridge: Cambridge University Press, 1981; 夏帕:《普罗塔戈拉与逻各斯》。

看到你是个智术师,你不会感到羞耻吗?"希波克拉底回答说:"怎么不会呢?"《高尔吉亚》(520a)里面,卡利克勒斯说起智术师,简直就像是在说一帮流氓。智术师似乎是不道德的。下一个细节更加清楚:苏格拉底带着希波克拉底,来到普罗塔戈拉所在的卡里阿斯家,但看门人不想理睬他们,"烦得不行",并且嘟囔着说:"嘻,又是些个智术师!"(314d)这迫使苏格拉底说出"我们不是智术师"之后他才放行。看门人是非常普通的世俗之人,他持有常人持有的多数意见。在他们看来,忙于各种言辞辩论的智术师非常烦人,令他们很不耐烦。这就能够解释希波克拉底为什么脸红——成为智术师并不让人荣耀。这个细节还有一个非常关键的地方:对于门房或者普通日常生活中人来说,其实并没有能力区分哲人和智术师,在他们看来苏格拉底和普罗塔戈拉没有什么区别。这构成了阿里斯托芬《云》的基础——当然,这是另外的话题了。

但让我们困惑的是,为什么希波克拉底一方面觉得羞愧,另一方面又要急匆匆地要向智术师学习呢?这一点通过普罗塔戈拉自己的讲述可以看到缘由。普罗塔戈拉说有两种智术师。一种教年轻人"算术,以及天文、几何、音乐",也就是各种技艺。普罗塔戈拉介绍这种智术师时,"瞟了希琵阿斯一眼"——这说明智术师内部其实也有差异。而普罗塔戈拉自己这种类型的智术师教育的是"学习目的是善于持家,即如何非常能干地管理自己的家,懂得城邦事务,如何在城邦事务上非常有能耐地办事、说话"(319a)。普罗塔戈拉认为自己是智术师中最好的教师,教的不是一般技艺,而是最重要的政治德性。我们还是会疑惑,一个外邦人怎么可能会热切关注其他城邦的事务呢?除非政治德性成为客观的可传授的知识。政治德性只有等同于政治技艺,这才是可传授的。这就是说,希波克拉底被智术师的以"美德教育"之名启蒙或者蛊惑了。而《普罗塔戈拉》这部对话就是对这种智术师启蒙的反启蒙,或者重新启蒙。

二、对话情节梳理及深入

《普罗塔戈拉》的剧情结构在柏拉图的对话里罕见地复杂,一般被称为叙述体。对话首先有一个序曲。苏格拉底在路上遇见一个朋友,本来他拿阿尔喀比亚德和苏格拉底的关系打趣,但苏格拉底主动提到普罗塔戈拉,勾起了这个朋友的兴致,他要求苏格拉底跟他说说具体的情况。整个对话是苏格拉底对朋友讲述他与普罗塔戈拉的交锋,即所谓叙述体。

苏格拉底之所以要去与普罗塔戈拉交谈,或者交锋,并非自己的缘故,而是由于希波克拉底。在他与普罗塔戈拉的正式交谈之前,还有一段他与希波克拉底的交谈。我们可以称这一段为前言,因为它交代了希波克拉底追求普罗塔戈拉的知识之热切。不过这种热切却是一种未经审查的热切,对此苏格拉底提出了非常严肃的问题:

> 你是准备把自己的灵魂托付给一位你称为智术师的人照看吧。不过,我实在很好奇,你是否知道,这世上的智术师究竟是什么呢。要是你压根儿不知道,那你就既不知道自己在将灵魂托付给谁,也不知道你正要做的事情是好还是坏。(312c)

对话中第一个提到灵魂的是苏格拉底,灵魂正是他不懈关注的所在。这里也展示了这部对话最为关键的问题:年轻人应该把灵魂托付给谁?这段序曲带来另一个情节上的解释困难,希波克拉底可直接去找普罗塔戈拉,他为什么要让苏格拉底带他去呢?进一步说,为什么他不直接与普罗塔戈拉交谈而是让苏格拉底与之交谈呢?这首先是因为他既没有与普罗塔戈拉交谈的能力,也不知道身边这位苏格拉底其实远比普罗塔戈拉智慧。但从苏格拉底的方面来说,正如有的解释者所言,《普罗塔戈拉》这部对话就是苏格拉底为了保护希波克拉底这样的好学青年,而不得不与普罗塔戈拉展开交锋。

在普罗塔戈拉炫耀般地展示那段著名的创世政治神话之前,苏格拉底其实也有一段颇长的说辞。普罗塔戈拉号称自己对希波克拉底的教育是一种政治人的教育:"如何在治邦者方面最有能耐地行事和说话。"(319a)苏格拉底则将这个回答整理为两点:一是这种教育内容抽象言之即"治邦术"(τὴν πολιτικὴν τέχνην);二是它"许诺造就好的城邦民(ἀγαθοὺς πολίτας)"。随后苏格拉底以一个长篇叙述回击了普罗塔戈拉,虽然言辞颇为委婉(319a6—320c)。苏格拉底尖锐的问题有二:首先,雅典人认为,治邦术不可教,因为民主制度下的雅典,任何人都可以就任何政治事务建言;其次,苏格拉底以伯里克勒斯为例,表明雅典人以为,德性也不可以传授。此处与普罗塔戈拉的初次交锋,正对应了最后一场苏格拉底认为美德可教的虚拟对话。普罗塔戈拉的神话正是为此而作。

普罗塔戈拉的创世神话,也是一种文明起源论。在这个虚构的神话故事中,人只是动物中的一种。施特劳斯说,这其实正是后来霍布斯政治哲学的出发点:人与人之间的狼的战争。普罗米修斯盗来火种,将智慧给予人类,这种智慧首先是自我保存的智慧(321d4)。但是这种自我保存的智慧无法形成城邦,于是,宙斯命令赫尔墨斯让每一个人都分有"羞耻和正义"。这就是说,根据普罗塔戈拉的说法,城邦的诞生和城邦的统治术都依赖这两种德性,他回应了苏格拉底的第一个问题:为什么所有雅典人都可以对城邦治理发表自己的建言。每个人都可以建言,是由于每个人都分有神所给予的先验德性能力,这种先验能力保证了教育治邦术的可能。普罗塔戈拉讲述了一个理性神话,为雅典民主政制提供了一种神圣的根据或者理性根基。因此,普罗塔戈拉很得意地两次提到苏格拉底的名字(322d5、323a4)。但是,这个神话并没有解决苏格拉底所提的第二个问题,而普罗塔戈拉故意转向论证的方式。这里的转向或许是普罗塔戈拉故意的炫耀,虽然他先前说以讲故事的方式,但他同样可以以论证形式解决第二个问题:德性可教。这个德性论证正是以神话为前提。和前面宙斯分配正义一样,"我们中间没有谁在正义方面没份儿,否则就不算世人中的一员"(323c1)——这仍然是一种先验平等论。普罗塔戈拉得到这个结论的前提是:每个人都不会让自己显得不义,这是一种日常的政治生活感觉。普罗塔戈拉从日常政治生活感觉中抽象出先验要素,随即又进一步申述这种日常感觉:先验的德性形式并不能够自动充实具体的德性,而是必须通过教育和培养。[①] 普罗塔戈拉的论证是,天生的丑陋或者病弱,这些并不会引起人们的惩罚。但是如果不具备治邦者的德性,人们就会对此生气并且惩罚,因为人们知道,这种德性是可学的。普罗塔戈拉引入一个重要的论题:惩罚。[②] 一方面,惩罚是由于先验的正义形式;另一方面,现实的惩罚又是为了让人未来不再行不义。惩罚就是一种教育,是德性养成的基本形式之一。而且,这是一种所有人的普遍人性,而非仅仅属于雅典人(324c)。普罗塔戈拉在理论上回应了苏格拉底的第二个问题。但他没有就此结束,最后回答了苏格拉底发问中的事实论据:为什么民主领袖伯里克利无法教育自己的孩子?这时候,普罗塔戈拉再次提到苏格拉底的名字,[③]并重复了一句很不友好的话,让苏格拉底"动动脑子想想",并且着意强调:"我将不再给你讲故事,而是讲论述(λόγον)。"

[①] 这也是现代启蒙的基本逻辑。
[②] 参见 R. F. Stalley, "Punishment in Plato's 'Protagoras'", *Phronesis*, Vol. 40, No. 1, 1995, pp. 1–19.
[③] 这段讲辞中,普罗塔戈拉一共8次提到苏格拉底的名字,似乎这在很大程度上只针对苏格拉底而发。尤其是其中至少4次的意味都带有一种训诫语气。

(324d5)随后的论述某种程度上重复了之前的故事和论证,并直指德性可教的关键。

倘若城邦存在,则必然有一种与城邦相关的东西存在,即德性。而这种东西必然是每个人分有之物——无论德性有多少类型,正义、节制或者虔敬,都可以抽象为一个东西(τὸ ἕν),即德性本身(ἕν αὐτὸ)。这是学习和教育(通过惩罚)的前提存在。其后的论述基本上是教育的过程和内容(语文课、音乐等),即便个人教育完成之后,城邦还是会进行强制礼法的教育(326c5)——目前为止,我们都可以视之为重复。随后,普罗塔戈拉终于面对为什么优秀父亲会有冥顽不灵的儿子的例证。

普罗塔戈拉将治邦术比喻为吹箫的技艺,以说明这一点。这个论证的关键在于,好吹箫手的儿子可能比较糟糕,但问题不在这里,而是"吹箫手毕竟比根本不懂吹箫的外行在行"(327c4)。因此,"一个在礼法和人世中长大的人,无论你以为多么不义,他本身还是正义的"(327c5)。普罗塔戈拉尤其将这种技艺比喻为希腊语的学习,似乎人人都可以说希腊语,但只有希腊语教师教得更好。随后普罗塔戈拉称自己就是这样更好的教师,这位教师认为,那些顽劣的儿子或许并非不可教,"他们还有希望,毕竟还年轻嘛"(328d1)。

普罗塔戈拉的神话、论证以及最后的论述是这次长篇发言的三个部分,其主旨前后相续,层次井然。[①] 但是,苏格拉底首先却不是向普罗塔戈

[①] 普罗塔戈拉的整个论证过程有一个基本矛盾,他或者视而不见,或者出于民主制的背景而故意含混:每个人都分有的德性形式,为什么在每个人身上所充实的内容有所不同?假如人是德性的质料,人的德性不同的差异是如何导致的?这种差异才令惩罚和教育必须存在。换言之,对于普罗塔戈拉的论证来说,先验德性形式的存在只是证明德性教育的可能性,却不能证明其必然性:为什么人的具体德性能力存在差异?普罗塔戈拉偶尔提到"天生的或者偶然的丑"(323c5),提到"碰巧生来就有极好的吹箫天赋"(327b5),这些是否也暗示了天生或偶然的德性质料差异?也就是人天性的差(转下页)

拉回应，而是瞟了一眼希波克拉底。这意味着普罗塔戈拉这些话对苏格拉底其实无效，但很可能会对希波克拉底产生蛊惑。他可能会由于智术师们像"被敲响的铜盆响个不停"的长篇说辞而被蛊惑——这是苏格拉底对普罗塔戈拉这段讲辞的第一个判断。让我们吃惊的是，苏格拉底对普罗塔戈拉洋洋洒洒的谈论几乎毫不在意，他只对普罗塔戈拉提出一个问题：德性究竟是一个东西，其各个部分是正义、节制和虔敬，还是说它本身是同一个东西，但有不同的名称？他要求普罗塔戈拉"以论证准确地向我呈现"（διελθέ μοι ἀκριβῶς τῷ λόγῳ, 329c5）①这个追问是整篇对话的关键转折，整个儿引导了对话的新方向。

苏格拉底以脸和面部器官为喻，并且也获得普罗塔戈拉的同意：德性有多种，并且每一种能力不同。苏格拉底将正义这种德性首先定义为行为："正义就是做某件事情，或者不做某件事情。"正义就像正义的人那样，做正义的事情。随后也如此定义虔敬，虔敬也是像虔诚者那样做虔敬的事情。我们很容易就会发现，苏格拉底的德性探究立足于具体的人，立足于具体的行为。

但是，由于德性每个部分不同，那么正义与虔敬就不同。稍做推断，就会得出"正义是做不虔敬的事情""虔敬是做不正义的事情"之类荒谬的结论，这个说法当然有些极端。普罗塔戈拉从"相似性"角度入手：有些相同的东西被称为相同是不对的，而那些有某些不相同的东西叫作不相同，也是不对的，即便它们之间只有一点相同之处（331e）。苏格拉底没有纠结于普罗塔戈拉的抽象描述，而是"觉得奇怪"。他所奇怪的，近乎一种

（接上页）异？可是，这种差异反而取消先验形式上的平等论证。因此，在他着意对苏格拉底讲述的第三次论证里，他对此略而不谈，而是用相对主义论调调和了这个问题：完全不懂吹箫的外行—蹩脚的吹箫手—好吹箫手；用程度问题取代了本质问题。

① "准确"性的表达，是苏格拉底辩证法中的关键内容，参见"准确概念意义上的医生"（《理想国》341c、342d）。

道德本能:正义和虔敬行为之间的不相同就只有一点吗？普罗塔戈拉无法自圆其说,苏格拉底也没有追究,而是转向节制和智慧的德性,但他首先谈论了"不节制"。苏格拉底与普罗塔戈拉确立了一个原则:一个东西有且只有一个相反的东西(332d)。苏格拉底一方面在继续谈论德性问题;另一方面,则是暗中回应此前的"相似性"问题——是与非的判断不是相似性的相对主义可以模糊的。没节制当然是与节制相反,但普罗塔戈拉一开始就说,没节制与智慧相反(332a5),这就与他们确立的原则冲突。这也导致节制与智慧具有很强的相同之处,甚至就是一回事;同理,正义与虔敬也是一回事。

苏格拉底看起来已经部分地驳斥了普罗塔戈拉的德性为多的说法。但普罗塔戈拉轻蔑地将此称为"多数人的看法",以此为借口不想继续讨论,只不过终究碍于情势,不得不继续进行对话。苏格拉底将问题转向尖锐的矛盾:节制就是善思,善思也可能是做不义的事情做得很好;由于善思,这样做不义的事情就可以做得很漂亮,就是好。从这里开始就非常荒谬了:不正义可以是一种好。开始生气的普罗塔戈拉展开了一段关于什么是好的相对主义言论:一个东西的好非常复杂,五花八门,对不同的人、不同的情况,好是不同的,也就是相对的(334b5)。苏格拉底逼出了普罗塔戈拉"相似性"说法背后的相对主义原则。

普罗塔戈拉的说法获得人群的喝彩——这是对话以来的首次喝彩,也正是智术师的长处所在。但是,苏格拉底依旧没有理睬他的回答,还是要求回到"简短的回答"这种对话方式上来。[①] 短暂的中断以后,普罗塔戈拉接受了一种新的对话方式:改成由普罗塔戈拉提问,苏格拉底回答。

[①] 简短回答的关键不在于简短本身,而在于辩证法和对"什么是什么"的理念探究。这是与智术师的演说术教育截然相反的灵魂教育。这也是苏格拉底为什么反复要求普罗塔戈拉回到简短回答上来的根本原因。

但显然,普罗塔戈拉不会提问,他只是把问题转向了教育和诗歌,指出西蒙尼德斯诗歌中的一个矛盾:先是说成为好男子很难,然后又批评皮塔科斯"是一个高贵者很难"的说法(339a—d)。本质上,这里没有任何提问,他是在告诉苏格拉底一个诗歌矛盾。但是,普罗塔戈拉为什么要提这个矛盾呢?他仍旧在为自己的相对主义辩护。如果说教育就是透彻理解诗人的诗歌——理解诗歌中传达的德性,可是,诗人们之间常常是矛盾的,甚至同一个诗人常常前后矛盾。正是这个缘故,普罗塔戈拉再次获得众人的喝彩——这是他第二次获得喝彩。而苏格拉底"好像挨了拳击手一拳"(339e),这固然是夸张之辞,但似乎意味着普通听者此刻的感受。因为苏格拉底随后才指向了真正的话题:如何解诗。

从整篇《普罗塔戈拉》来看,这段解释的篇幅很长,但和德性主题的讨论似乎关系不紧。维拉莫维茨的解读就完全没有解释这一节,似乎柏拉图写了很长的一段废话。我们需要注意苏格拉底本人在这段解诗结束之后的说法:

> 我觉得,聚在一起谈论作诗,简直就像不怎么样的人和常人们的饮酒场合。……凡在饮酒者是高尚贤人的场合,由于在场之人都受过教育,你就不会看到吹箫女、舞女或抚琴女;对他们来说,相互聚在一起就足够啦,用不着这些无聊、瞎闹的东西,只用属于自己的声音,一个一个轮着讲……我,尤其你应该仿效,让诗人到一边去,咱们相互谈自己的东西,以这种方式验证真理和我们自己的东西。(347c—348a5)

这完全否定了谈论诗歌话题在增进智慧方面的意义。苏格拉底似乎在说,普罗塔戈拉建议的谈诗话题完全没有必要。但悖谬的是,苏格拉底毕竟也跟随普罗塔戈拉，有一段不短的解诗说辞。不过，我们仔细看就会发现，苏格拉底区分了两种诗歌。一种是拉刻岱蒙人的智慧和言辞："抛出简洁、凝练、值得思考的语句，像个厉害的投枪手。"（342e）因此，有一些人——尽管很少——领悟到拉刻岱蒙的生活方式是热爱智慧，这些人就是传统的希腊七贤。希腊七贤以简洁易记的言辞为智慧，和拉刻岱蒙人一样。① 西蒙尼德斯诗中所引的匹塔科斯，就是七贤之一。西蒙尼德斯诗歌的总体意图处处在反驳匹塔科斯之言，苏格拉底反复强调这一点（344b5、345c5、345d1）。这个强调隐含了一种对比：匹塔科斯的哲言简练，而西蒙尼德斯的长篇诗歌却如智术师的演说，冗长而且蛊惑人心。而其中蕴含的相对主义的庸俗情调自然也暗示了普罗塔戈拉长篇说辞的庸俗本性。人不可能不低劣，高贵之人也会变得低劣，"成为高贵者虽难却有可能，是高贵者却没有可能"（344e5）。

苏格拉底最后总结，西蒙尼德斯这首诗的主旨就是好人终归会成为低劣的人。这其实就是我们现代人最熟悉的"人性说"。西蒙尼德斯绝不想成为"方方面面无可指责的人"，而只接受"中不溜的东西"（346d）。苏格拉底说完，没有人群的喝彩，只有希琵阿斯的赞扬，这位老智术师的解释欲望被勾起来了，不过阿尔喀比亚德粗暴地打断了他，要求苏格拉底和普罗塔戈拉继续他们的问答。很显然，中间中断后开始的问答对谈到目前为止并没有真正实行。

苏格拉底在重新进入问答之前，有一段似乎篇幅不算短的奉承普罗塔戈拉的言辞：普罗塔戈拉是最优秀的适合探究德性的对话者，而且能够造就优秀的人。但苏格拉底引用了荷马而不是西蒙尼德斯来说明，交谈或者对话才是探究，才能解决自己的困惑（348c5）。这就不是奉承，而是

---

① 苏格拉底式的哲学起源说。

苏格拉底辩证法的关键。

三、灵魂与德性

苏格拉底和普罗塔戈拉重新回到德性问题的讨论。在苏格拉底复述此前的讨论要点之后,普罗塔戈拉这一次修正了此前的说法——这意味着他含蓄地承认了此前的说法有漏洞。他认为前四种德性即正义、虔敬、智慧和节制具有整体性,但是勇敢与这四种很不相同:"世人中多数人极不正义、不虔敬、不节制、没学识,却极为出众地勇敢。"(349d)[①]苏格拉底没有随着普罗塔戈拉关注几种德性的分类和差异,而是要首先弄清楚什么是勇敢。苏格拉底在勇敢是否是胆大、是否是美、是否是智慧等几个方面追问,于是很快又引发普罗塔戈拉的一段长论和对苏格拉底辩证法的讽刺(350c5—351b)。在这段话里,普罗塔戈拉着力论证的是:勇敢者胆大,但胆大者却未必勇敢;胆大来自技艺,而勇敢则来自天性和滋养得好的灵魂。

普罗塔戈拉无意中触及希波克拉底一开始苏格拉底交谈的关键问题:灵魂如何滋养得好(312b5—c5、313a—b)?所以苏格拉底抓住最后一点,转而发问:什么是活得好,活得好是不是就是快乐地生活?普罗塔戈拉并不清楚苏格拉底追问的关键,还以为是一种问答演练。因此,为了避免应对苏格拉底过于精确的问题时可能导致的漏洞,普罗塔戈拉给出了一个看似很全面的回答:有些快乐好,有些快乐坏,有些快乐不好不坏。

[①] 这里暗含了一个根本的矛盾,普罗塔戈拉的神话和讲述,都在重复一个基本问题:人人都分有宙斯赋予的(或者先验的)正义和节制(323a),"我们中没有谁在正义方面没份,否则就不算世人中的一员"(323c)。看起来普罗塔戈拉似乎完全放弃了此前的观点,而只是着眼于勇敢这个德性。

但苏格拉底说,他想追问的是,"快乐本身"是不是好的东西。因为只有理解了这个问题,才能指引灵魂的追求问题。而苏格拉底和普罗塔戈拉的问答,以他和普罗塔戈拉共同面对世人的疑问而出现。整个讨论过程都是苏格拉底和普罗塔戈拉作为一方,与共同和虚拟的世人代表进行讨论;这意味着他们并非单纯在讨论德性的理论问题,而是探讨多数人对知识和德性的看法。这才是"好与坏""快乐与苦恼"区分的关键。这个苏格拉底虚构而现实中必然存在的多数人的形象,是以美德为主题的对话中隐匿却最关键的在场者。可是,倘若不是苏格拉底的智慧,这个必然存在的在场者通常在美德谈话中缺席。

苏格拉底说,世人通常以为,人们即便有知识,也不会被知识所引导,而是受血气、快乐等激情的引导(352b5);那么,普罗塔戈拉是否与这些普通的世人不同,以为知识是美的,应该用知识济世救民?普罗塔戈拉同意这一点,并且强调,知识和智慧是人世间最强有力的东西,否认这一点令人羞耻。作为智术师,他当然坚持知识最有力——但机运和偶然知识也可以克服吗?

苏格拉底进一步说,虽然普罗塔戈拉说得好而且真实,可是世间常人并不听这样的知识论劝告。他们就算认识到最好的事情,也常常无力为之。原因在于他们总是被快乐征服。当苏格拉底尝试和普罗塔戈拉一起同这位虚拟的世人代表对话时,普罗塔戈拉对此却不屑一顾。[①] 普罗塔戈拉所言,是启蒙者最为深刻的悖论,他们自诩民众的教师,却从未真正尊重民众。苏格拉底正色回答说:

就寻求勇敢、寻求德性的各个部分以及相互关系而言,多数人的

[①] "世人说的其他不正确的事情多着呢"(352e);"我们干吗要去探究多数世人的这个意见?他们不过随便说说?"(353a)

意见对我们毕竟有所意味。(353b)

本质上来说,德性不是一个知识论的问题,而是一个关乎德性追求者的问题,是和世人生存息息相关的问题。同样是在这个关键时刻,苏格拉底再次强调,对话"由我来引导"。苏格拉底引导的德性讨论,必然是与世人的政治生活相关,这是一种当仁不让的美德。

世人以为,快乐即好,痛苦即坏,为了得到更大的快乐,人可以忍受一些痛苦。反之亦然。为了说得更加清楚,苏格拉底随即开始做概念的厘清,或者说做一个抽象性的工作,将这些情形用两对概念各自表达:好与坏、快乐与苦恼。这样再回到起初的问题:一个人认识到事情是坏的,却仍然去做,是因为他被好(最开始被称为"快乐")征服——但是,这时如果有一个肆心的人(当然也就是大胆的人),他就会发现疑点:认识到事情坏却仍然去做,这当然是好东西不足以战胜坏的东西,也就是说,以更大的坏取代了较小的好。这样,苏格拉底就引入了普罗塔戈拉式的"衡量术":无论是好与坏,还是快乐与苦恼,善于衡量的世人,不过就是将它们放在一起做一番衡量,然后选择更多的快乐或者好。普罗塔戈拉同意这种衡量术。

这时候,世人和普罗塔戈拉的矛盾似乎消除了。起初,世人和普罗塔戈拉的差异在于:前者即便有了某种知识,也仍旧屈服于激情;后者则以为人应该受到知识的统治。而现在,世人也同意衡量术即知识,二者之间在认识上的矛盾不再存在。那么,很显然,世人要克服那种被快乐征服的无知状态,就应该以智术师为师,因为他们已经有了一个共同的知识前提。

对话到达最后的环节,苏格拉底指向了普罗塔戈拉关于勇敢之辞的矛盾。普罗塔戈拉认为勇敢与其他四种德性非常不同,人们可能不虔敬、不正义、不节制、不智慧,却非常勇敢。基于与其他几位智术师所承认的共同基础:没有人愿意追求恐惧之事。以战争为例,上战场是美的,也是好的。根据前面的看法,懦夫就是认识不到这种美好,所以不愿意去追求美的、好的、快乐的事情。懦夫就是对可怕的事情无学识而成为懦夫——但是这显然与普罗塔戈拉起初说有些世人无知却勇敢矛盾了,所以他"不再愿意点头,也不吭声"(360d5)。苏格拉底也显得很不友好,强迫普罗塔戈拉当面承认自己的说法是不可能的(360e5)。

但随后苏格拉底似乎给对话做了一个总结(360e5—361d5)。他说自己所有的追问,只是为了了解与德性相关的事情是怎么回事,德性本身究竟是什么。他再次虚拟了普通世人的看法:他不懂得苏格拉底和普罗塔戈拉的差异,但他还是能够知道他们之间交谈结论的荒诞:关于德性可教与否,苏格拉底和普罗塔戈拉竟然各自来到了与自己相反的对方立场。苏格拉底似乎是想表明,到目前为止,都只是关于德性讨论的前言。他甚至希望随后真正进入德性是什么的讨论,再仔细考虑德性是否可教:"我会极为快乐地同你一起彻底探究这些事情。"但这是真话还是反讽呢?普罗塔戈拉简单奉承了一下苏格拉底,便以还有其他事情为借口中止了对话。至少,在对话情节上,关于德性的对话是普罗塔戈拉主动中止的。

但这不是《普罗塔戈拉》的结尾。《普罗塔戈拉》的结尾是"我们就离开了"(326a)。"我们"指的是苏格拉底和希波克拉底,苏格拉底带着希波克拉底一起离开了。这是一个非常温暖的结尾,苏格拉底尽到了自己的政治和道德责任:对希波克拉底的责任——"要与父兄一起商量"(313a—b),能不能把灵魂交托给外邦人;对对话开始的友伴的责任——"同我们的长辈们一起看清楚",什么样的知识应该装进自己的灵魂(314b)。但是,对话开始的友伴,却没有对这个结局发出一言,似乎听完苏格拉底漫长的讲述,他不能赞一词。

推荐阅读书目:

柏拉图著,施特劳斯疏:《普罗塔戈拉》,刘小枫译,华夏出版社,2019 年。

柯费尔德:《智者运动》,刘开会、徐名驹译,兰州大学出版社,1996 年。

刘小枫编:《谁来教育老师:〈普罗塔戈拉〉发微》,蒋鹏译,李向利校,华夏出版社,2015 年。

乌戈·齐柳利:《柏拉图最精巧的敌人:普罗塔哥拉与相对主义的挑战》,文学平译,中国人民大学出版社,2012 年。

夏帕:《普罗塔戈拉与逻各斯:希腊哲学与修辞研究》,卓新贤译,吉林出版集团有限责任公司,2014 年。

朗佩特:《哲学如何成为苏格拉底式的:柏拉图〈普罗塔戈拉〉〈卡尔米德〉以及〈王制〉绎读》,华夏出版社,2015 年。

Plato, *Protagoras*, translated by Stanley Lombard and Karen Bell, Indianapolis: Hackett Publishing, 1992.

Plato, *Protagoras*, translated by C. C. W. Taylor, Oxford: Clarendon Press, 1991.

The Greek Sophists, translated by John M. Dillon, London, New York: Penguin, 2003.

Robert C. Bartlett, *Sophistry and Political Philosophy: Protagoras' Challenge to Socrates*, Chicago: The University of Chicago Press, 2016.

第六讲
修辞、正义与幸福:《高尔吉亚》导论

何博超

在柏拉图对话中,《高尔吉亚》的篇幅仅次于《法义》《理想国》《蒂迈欧》。它的结构精妙而奇特,戏剧式的情节在早期对话里尤为突出。其文本中交织着眼花缭乱的辩证与修辞,而最迷人的,也许就是结尾著名的审判灵魂的神话。值得注意的是,后世的霍布斯与尼采的学说(自然状态与奴隶道德)都在对话里预演,代言者就是苏格拉底遇到过的最为棘手的敌人卡里克勒斯(Callicles)。从思想上,《高尔吉亚》也是柏拉图的核心对话之一,它引出了持续至今的"修辞术与哲学之争"——从政治角度来说,这也即民主政治家与哲人王之战。

一、题目与主题

对话的题目以高尔吉亚(Γοργίας)这个人物命名,这个名字在柏拉图的对话中很常见;而同样不意外的是,此人又是一位智者,还是最有分量的一位——他被认为是智者之父。尽管这一身份可以商榷(似乎被人"强加"),而且按一些说法,他也是哲学家,因其师从恩培多克勒,但他至少

（在对话中也承认）应算作修辞家或修辞教师（ῥήτωρ），并且几乎成了雄辩和文采的代表。① 由于在当时民主制的环境中，修辞术（演说术）是至关重要的技能，而且比哲学更容易教授，有着强大的实用价值，故而高尔吉亚的社会号召力与名望是哲学家难以企及的，如伯里克利、修昔底德、安提丰、吕西阿斯、阿伽通、阿尔喀比亚德、克里提阿、伊索克拉底、希波克拉底、吕克弗荣、安提斯泰尼都被记载为或是他的门生，或受其深刻影响；因为演说的成就，人们还为其铸造金像，竖立在德尔菲神庙。这样，对话的焦点理应集中在这门与柏拉图哲学有着截然差异，但其范围、目的、功能颇为可疑的"技艺"上。如果否定掉这门技艺建立的可能性，如果能揭示它的危害，那么更科学、更健康的哲学或许可以取代它在政治文化中的地位。

所以，并不惊讶，在第欧根尼·拉尔修的《名哲言行录·柏拉图传》目录中，《高尔吉亚》恰恰有一个副标题"论修辞术"（περρὶ ῥητορικῆς）——同时被注明为"反驳性的"（ἀνατρεπτικός）。这表明，修辞术就是对话的主题，它还会受到辩驳。这必定要围绕着它的合法性展开。

当然，柏拉图不会仅仅讨论一门技艺的标准性，修辞术牵引出了一些更为关键的主题。（1）正义，修辞术是否能知道善恶、美丑、正义和不正义，这归结到修辞术与正义的关系问题（459d—460c）。（2）幸福，"知道还是不知道：谁幸福，谁不幸福"（472c—d）。就如奥林匹奥多罗斯在《〈高尔吉亚〉评注》中认为的，对话的目标（σκοπός）是"谈论那些在'（心灵）政治的'②幸福上对我们有益的伦理原则（始基）"。（3）品格和追求，"一个人应该成为什

---

① 按照一种词源解释，中古法语 gorgias 和英语的 gorgeous 都源于他的名字，因其演说风格华丽。这种说法虽然牵强附会，但也正因他在辞藻方面的特色，才使人有此联想。
② 这里的πολιτική是类比的说法，指灵魂如同国家一样，具有某种内在的πολιτεία，因此所强调的不是有些学者理解的社会政治，而是个体心灵。参见 R. Jackson, K. Lycos & H. Tarrant, *Olympiodorus: Commentary on Plato's Gorgias*, Translated with Full Notes, Leiden: Brill, 1998, pp. 30, 57—58。不过，与奥氏的看法不同，《高尔吉亚》的幸福虽然事关个人，但也关乎城邦。

么样的人,追求什么并且到什么程度"(487e—488a)。(4)生活,"应该以什么样的方式生活"(500c,ὅντινα χρὴ τρόπον ζῆν),是在议会上演说、练习修辞术、从事政治,还是过一种哲学生活;公共性的活动与个人的沉思产生尖锐的冲突。这里又开启了一个延续后世的恒久问题:修辞术与哲学之争,抑或意见(δόξα,似,假象)与真理(ἀλήθεια,是,本质)之争。

这样,对话的主题首先是修辞术,而之后,鉴于其功能与使用环境,它又必然联系了心灵与政治,由此引向了正义、德性、生活选择、哲学和幸福。这些问题都依靠"修辞术"统一在一起。综合来讲,《高尔吉亚》的核心问题就是:在一个看重演说的民主制社会中,什么是属于一个人或一个城邦的真正的正义与幸福?它能否靠"道德中立"的修辞术获得?如果不能,哲学可以仰赖吗?

二、创作时间与情节时空

创作时间上,《高尔吉亚》属于第一组对话,很可能晚于《申辩》《普罗塔戈拉》《克里同》《希琵阿斯前篇》《游叙弗伦》《拉刻斯》《欧绪德谟》;与《美诺》和《美涅克塞努斯》时间较近,有可能早于它们。由于《美涅克塞努斯》的年代很容易确定,因而《高尔吉亚》的日期在公元前387—前385年之间,而且是柏拉图去往西西里归来之后。[1]

情节时间上对话的年代不易确定,因为文本中糅合了诸多事件,发生时间不一。但可以认为,对话肯定发生于公元前429年伯里克利去世后(503c提及他新近离世)或者公元前427年高尔吉亚第一次访问雅典后。

---

[1] 参见 E. R. Dodds, *Plato: Gorgias, A Revised Text with Introduction and Commentary*, Oxford: Clarendon Press, 1959, pp. 18-30。

对话中涉及的最晚事件是公元前406年阿吉纽西(Ἀργινούσαι)战役后的将军受审案,苏格拉底也参加了庭审,文本称之为"去年"(473e),因而也可以认为,对话时间设定在公元前405年。但其他可能性依然存在。至于对话的具体时间是在白天还是晚上发生,并不清楚。

地点或是在卡里克勒斯的家中,或是在其他露天的封闭场所,如健身馆等。如果是屋里,在当时的条件下,空间通常狭小,只能容纳20多人,且环境潮湿,光线微亮(对话也没有提及这一点),因而按某种理解,对话的场景有可能象征了洞穴或冥府。[1] 需要注意,关于空间的转换,读者要自行想象,对话仅使用了简单而颇有意味的"里面"来描述。

三、对话人物

对话中,苏格拉底与凯瑞丰算一方,但凯瑞丰的立场与苏格拉底并不相同。另一方是三位修辞家。苏格拉底独自与他们展开论辩,这三人是同一种思想或主张的代表,合力对抗苏格拉底及其哲学;珀洛斯与卡里克勒斯其实就是高尔吉亚的继承者,故标题以后者为名。除了五位对话者之外,屋中还有一些听众(τῶν ἔνδον ὄντων, 447c),因此环境类似一个封闭的演说场。[2]

---

[1] 李致远:《修辞与正义——〈高尔吉亚〉绎读》,中山大学博士学位论文,2009年,第34—35页。G. K. Plochmann & F. E. Robinson, *A Friendly Companion to Plato's Gorgias*, Carbondale: Southern Illinois University Press, 1988, p.7.

[2] 关于对话人物,参见 E. R. Dodds, *Plato: Gorgias, A Revised Text with Introduction and Commentary*, pp.6-17; S. Hornblower, A. Spawforth, E. Eidinow, *The Oxford Classical Dictionary* (The Fourth Edition), Oxford: Oxford University Press, 2012; M. Ballif and M. G. Moran, *Classical Rhetorics and Rhetoricians: Critical Studies and Sources*, Westport, CT: Praeger Publishers, 2005.

在对话中,苏格拉底坚定地追求哲学生活,采取严格的定义方法,这与《申辩》和《克里同》中的立场相似。本篇涉及审判(如 521e)与死亡的部分,也影射了苏格拉底的受审。虽然他明确反对修辞术(对话后面部分有所改变),主张对谈(διαλέγεσθαι,联系辩证法),但他也展现了修辞的能力,尤其是最后的寓言和神话;而在《申辩》中,他也是作为演说家展示了这种才华。在后来的《斐德若》中,苏格拉底再次讨论修辞术,表示了更积极的态度,回应了这里。

凯瑞丰(Χαιρεφῶν,公元前 5 世纪[①]),他是雅典人,属于斯斐托斯区,民主派人士,苏格拉底的挚友和学生,也是高尔吉亚的朋友。公元前 403 年被三十僭主流放,同年返回,在苏格拉底受审前去世。柏拉图的《申辩》里,苏格拉底提及了他的故去,称他咨询德尔菲神庙,神谕的结果是,没有人比苏格拉底更有智慧(21a)。《卡尔米德》中,他作为次要人物出场,欢迎波提戴亚战役后归来的苏格拉底。在柏拉图作品里,他的性格被描绘为狂热而冲动。阿里斯托芬的喜剧《云》《马蜂》《鸟》对他多有嘲讽。《云》中,他与苏格拉底开设了骗人的学校,暗示他的样子半死不活(ἡμιθνής,行 503);《鸟》里,因其叫声,得绰号蝙蝠。色诺芬《回忆苏格拉底》中,他被认为是苏格拉底真正的朋友;苏格拉底还调解他与弟弟凯瑞克拉底(Χαιρεκράτης)的失和。《苏达辞书》(Suda)称其曾有著作,但今已失传。

高尔吉亚(约公元前 485—前 3 世纪 80 年代[②])的名字,意为可怕的,凶猛的。他是莱昂蒂尼(位于西西里岛东南,今意大利的伦蒂尼)人,父亲名为卡尔曼提德斯(Χαρμαντιδης),兄弟是医师希罗狄刻斯(Ἡρόδικος,不是《普罗塔戈拉》提到的那位更著名者)。公元前 427

[①] 亦有精确的说法:公元前 467—前 401/399 年等。
[②] 亦有精确的说法:公元前 483—前 375 年。

年，他代表城邦第一次出使雅典，寻求保护，反对叙拉古。凭借口才给人们留下深刻的印象，从而将起源西西里的修辞技巧传入这里。一年之后，高尔吉亚常居住在雅典以及色萨里的拉里萨。他还参加过泛希腊集会、皮提亚赛会和奥林匹克运动会的演说。据传，他曾师从受毕达哥拉斯派影响的恩培多克勒；也师从叙拉古的克拉克斯和提西阿斯，这三位都被视为修辞术的创立者。他最后去世于拉里萨，享寿105岁。对话虚构了高尔吉亚的"第二次"访问雅典，此时他已高龄。对话中，柏拉图将之塑造得并没有真实的高尔吉亚那么出色。

高尔吉亚的主要贡献在于对修辞术手法和理论的发扬与创新。手法上，以诗入文，将格律文的手段用于散文，追求谐音，押韵；将公共性散文转为文艺性散文，创作文体混融的演说；发掘各种辞格和程式：吊诡法、夸大、断隔句、入题法、一气呵成法、无连接词等；好用新异词，如生僻词和外来词；在布局和句式上也有发明；擅长使用"可能性"论证。理论上，他研究了语言修辞对情感的心理促动，影响了亚里士多德。

高尔吉亚的著作大多散佚。除残篇之外，保存至今的完整作品为两篇演说词：《海伦颂》和《为帕拉墨德辩护》。《海伦颂》通过药喻，指出了语言影响情感的巨大作用。仅存残篇的《葬礼辞》对这一类别的演说做出了较大革新，很可能影响了柏拉图的《美涅克塞努斯》。最为重要的哲学著作《论无，或论不存在、论不是者》，由其他作家讲述而间接保存：它从感觉论入手反驳了巴门尼德的存在论，消解了存在在指称上的实在性，其中有些观点，是休谟怀疑论的先声。

高尔吉亚的哲学观点集中于对感知、语言、思想、行动、情感的讨论。(1)感觉论：人类对现实的接触依靠感知，而不是思维；人只能通过感知领会外物，无法知道外物的本质，只能知道自己的感觉。(2)意见论:感觉是多变的,人难以知道真理,只能获得意见性的相对的真,这是不严格的知识;人无法绝对认清过去、现在和将来;人依靠情感等非理性的作用来让其他人相信"真",从而建构"真"。(3)反存在论:存在不是真正的谓词,可以被消除,因而可以取消形而上学。(4)语言中心论:修辞逻各斯是无所不在和普遍的;对立而且高于哲学的逻各斯(论证和逻辑)。

珀洛斯(Πῶλος)的名字意为马驹,对话发生时恰好年轻,苏格拉底将这一点与他的名字联系起来(463e)。他是西西里阿克拉加斯(即今日意大利的阿格里真托)人,高尔吉亚的学生。对话中指出(462b),虽然他年纪不大,但已经创作修辞手册(τέχνη),这有可能是《苏达辞书》记录的《论措辞》,即亚里士多德《修辞术》第三卷的主题。《斐德若》(267b—c)提及了他发明的新的修辞技巧。珀洛斯格外迷信修辞术的强大力量,轻视道德,很能代表当时雅典青年的心态。

卡里克勒斯(Καλλικλῆς)的名字或许意为美名。这个人物仅见于本篇对话。由于他的男性爱人德墨斯(481d;也见《马蜂》,行98)是柏拉图继父普利拉姆珀斯(Πυριλάμπης)的儿子,因此他不可能是虚构的人物,但有可能是其他人的化身。对话中可以看出,他年轻而且富有,颇有口才。其政治观点并不倾向民主而偏寡头,对一般民众极为鄙视。他也不是智者:他明确轻视智者,说他们是"无价值的"(ἀξίων,520a);他没有声称美德可教;他主张自然高于礼法(νομός),这更贴近贵族立场,也让后人将之与霍布斯联系起来;他反对假象,追求真实的、由强力代表的正义,从而区别于忒拉绪马霍斯。这些立场都源自高尔吉亚的教诲,他其实就是年轻版的后者。卡里克勒斯是苏格拉底(与柏拉图)遇到的最为强劲的对手,但在辩论中,彼此都有获益。按照多兹(E. R. Dodds)和耶格尔(W. Jaeger)的看法,柏拉图对他颇为同情和惋惜,他就是一个"没有实现出的柏拉图","深埋于《理想国》的根基之下"。① 由于他的观点接近后世的尼采,那么可以说,苏格拉底和柏拉图恰恰与这位讨厌他们的哲学家,进行了一场跨越时空的虚拟的交锋。

四、重要校勘本、译本、评注与阐释作品（一般按出版年代排序）

关于《高尔吉亚》的文献,伽迪亚的书目汇编应为研究者必备：P. Gardeya, *Platons Gorgias: Interpretation und Bibliographie*, Würzburg: Königshausen & Neumann, 2007。②

古希腊文文本：目前公认最为精到、难以超越的校勘本,当数多兹的牛津版,该版还配有导论和详尽评注。另洛布丛书本也可使用,配有兰姆（W. R. M. Lamb）的英译,较为方便。

英译本：

1. 较早的可靠译本出自古典学大师寇普,他本人也对亚里士多德《修辞术》做过全面评注,对于修辞和演说问题,精研颇深：E. M. Cope, *Plato's Gorgias: Literally Translated, with an Introductory Essay, Containing a Summary of the Argument*, Cambridge: Deighton, Bell, and Company, 1864。

2. 尼科尔斯本,该本翻译较为通俗流畅,但注释不多：J. H. Nichols,

---

① 参见 E. R. Dodds, *Plato: Gorgias, A Revised Text with Introduction and Commentary*, p. 14, 引了耶格尔的理解。
② 参见 E. R. Dodds, *Plato: Gorgias, A Revised Text with Introduction and Commentary*, pp. 34—66; 李致远：《修辞与正义——〈高尔吉亚〉绎读》,中山大学博士学位论文,2009 年,第 18—21、342—350 页。此处只选择容易获得和利用的资料,同时补充一些这两位学者未曾提及的新出作品。凡重点文献,完整信息见文后书目。

"*Gorgias*" and "*Phaedrus*": *Rhetoric, Philosophy, and Politics*, Ithaca: Cornell University Press, 2014。

3. 剑桥政治思想丛书本,斯科菲尔德(Schofield)编注,译文来自格里菲斯(Griffith),该本较新,注释简明,配有人物介绍和文本分析。

4. 较新的译本来自萨克斯,2009 年出版,2012 年修订,该本还配有亚里士多德《修辞术》译本,译文流畅可读,但有一些错误:J. Sachs, *Plato: Gorgias and Aristotle: Rhetoric*, Indianapolis: Hackett Publishing, 2012。

德译本:值得推荐的是达尔芬(Dalfen)译本,除译文外,还有长篇评注。该本也是研究《高尔吉亚》的必读作品。

法译本:较新的为 2016 年出版的马尔尚(Marchand)和蓬雄(Ponchon)本,其中也收入高尔吉亚的《海伦颂》。

意译本:阿多尔诺(Francesco Adorno)译本,译笔颇佳,收入古代哲学家詹南托尼主编的第一部意大利语《柏拉图全集》,该全集后不断再版:G. Giannantoni ed., *Platone, Opere*, 2 vols, Bari: Laterza, 1967。[1]

中译本:

1. 选本:《高尔吉亚》中与伦理思想有关的部分内容,曾收入周辅成主编《西方伦理学名著选辑》(1996 年),由佳冰、关文运译自乔伊特(Jowett)英译本。

2. 已刊本:王晓朝译本(后出修订本),李明等译本。汉语世界最新、最完备的译本为李致远博士的《修辞与正义——柏拉图〈高尔吉亚〉译述》。该本以其博士论文为基础,作者精研数年,用力甚勤,汇集各家注解。

3. 未刊和将出本:熊林教授的译本也值得期待,将收入他独立完成的《柏拉图全集》(中希对照本)。另有达魏译本,未刊。

---

[1] 菲利普斯对该部全集写有书评,参见 E. D. Phillips, "Tutto Platone", *The Classical Review*, Vol. 20, No. 3, 1970。

日译本：日译文在概念译法和句意理解上，颇多可取之处。

1. 加来彰俊訳,『プラトン全集〈9〉ゴルギアス・メノン』,岩波書店,1974。

2. 藤沢令夫訳,『ソクラテスの弁明・クリトン・ゴルギアス』,中央公論新社,2002。

研究本：除了上述提及的带有注释的作品外，较早的详注本还有洛奇注本，该本评注精良，非常可用。普罗赫曼等人的指南翔实精细，几乎囊括所有细节。奥林匹奥多罗斯的评注有杰克逊等人的英译本，翻译相当出色。研究作品里，斯托弗、伯纳德特、塔诺博尔斯基和沃迪的四本专著最值得参考。

1. G. Lodge, *Plato: Gorgias*, Boston: Ginn and Company, 1890.

2. I. Dilman, *Morality and the Inner Life: A Study in Plato's Gorgias*, London: Macmillan Press, 1979.

3. G. K. Plochmann & F. E. Robinson, *A Friendly Companion to Plato's Gorgias*, Carbondale: Southern Illinois University Press, 1988.

4. R. Jackson, K. Lycos & H. Tarrant, *Olympiodorus: Commentary on Plato's Gorgias, Translated with Full Notes*, Leiden: Brill, 1998.

5. R. Wardy, *The Birth of Rhetoric: Gorgias, Plato and their Successors*, Routledge, 2005. 中译本为译林出版社 2015 年版。

6. D. Stauffer, *The Unity of Plato's "Gorgias": Rhetoric, Justice, and the Philosophic Life*, Cambridge: Cambridge University Press, 2006. 中译本为华夏出版社 2020 年版。

7. S. Benardete, *The Rhetoric of Morality and Philosophy: Plato's Gorgias and Phaedrus*, Chicago: The University of Chicago Press, 2009.

8. C. H. Tarnopolsky, *Prudes, Perverts, and Tyrants: Plato's Gorgias and*

the Politics of Shame, Princeton: Princeton University Press, 2010.

著名政治哲学家列奥·施特劳斯一生开设过三次《高尔吉亚》讲座：1957年在芝加哥大学，1963年在芝加哥大学（中译本为华东师范大学出版社2017年版），1973年在圣约翰学院。讲座文稿可以在芝加哥大学施特劳斯研究中心官网下载：http://leostrausstranscripts.uchicago.edu/

高尔吉亚有关文献：重要者如布赫海姆整理的高尔吉亚残篇集，配有导论、校勘和德译文，以及多纳蒂最新整理校勘的《海伦颂》。

1. T. Buchheim, *Gorgias von Leontinoi. Reden, Fragmente and Testimonien*, Hamburg: Felix Meiner Verlag, 1989.

2. H.-J. Newiger, *Untersuchungen zu Gorgias' Schrift über das Nichtseiende*, Berlin: Walter de Gruyter, 1973.

3. S. P. Consigny, *Gorgias, Sophist and Artist*, Columbia, SC: University of South Carolina Press, 2001.

4. B. McComiskey, *Gorgias and the New Sophistic Rhetoric*, Carbondale: Southern Illinois University Press, 2002.

5. F. Donadi, *Gorgias, Helenae encomium* (Bibliotheca scriptorum Graecorum et Romanorum Teubneriana, Berlin: Walter de Gruyter, 2016.

五、重要问题

1. 修辞术作为技艺具有合法性与普遍性吗？
2. 修辞逻各斯（展示、炫示、表演、煽情）同哲学逻各斯（对谈、论辩、逻辑、论证）如何对立与斗争？两者有可能和解吗？
3. 正义的确立依靠能力（知识与科学），还是权力（威力和强力）？

4. 真的正义为何是幸福的根源?
5. 快乐是善吗? 政治立足于快乐,还是善?
6. 在自然和礼法上,苏格拉底与卡里克勒斯的理解有何不同?
7. 在对待民众上,民主政治家与哲人王有什么区别?
8. 主张对谈的苏格拉底为何也使用修辞?
9. 应该如何建构真的修辞术?

六、结构

在开场(447a—c 的)之后,《高尔吉亚》连续分为三个对话阶段,苏格拉底与三位"所谓的智者"展开论辩,篇幅逐渐增多。这样的动态结构在柏拉图对话中相当少见(类似的还有《理想国》第一卷);它的形式如同三幕戏剧或三部曲,其运动过程并不是线性的,而是螺旋式的:三位人物依次继承前一位的对话和话题。[1] 个别学者(泰勒)认为对话的结构安排较为做作,体现了柏拉图的不成熟,这样的看法并不正确。在三阶段中,修辞术与幸福这两个主题恰好彼此交织,贯穿全篇,示意图与结构如下[2]:

---

[1] 参见 E. R. Dodds, *Plato: Gorgias, A Revised Text with Introduction and Commentary*, p. 5。
[2] 多兹发现了两个主题的交织,他列出了与之有关的部分,这里补充了全篇的内容,示意图来自伯纳德特。参见 E. R. Dodds, *Plato: Gorgias, A Revised Text with Introduction and Commentary*, p. 3; S. Benardete, *The Rhetoric of Morality and Philosophy: Plato's Gorgias and Phaedrus*, Chicago: The University of Chicago Press, 2009, p. 2; M. Schofield & T. Griffith, *Plato: Gorgias, Menexenus, Protagoras*, Cambridge: Cambridge University Press, 2009, pp. 4-5。

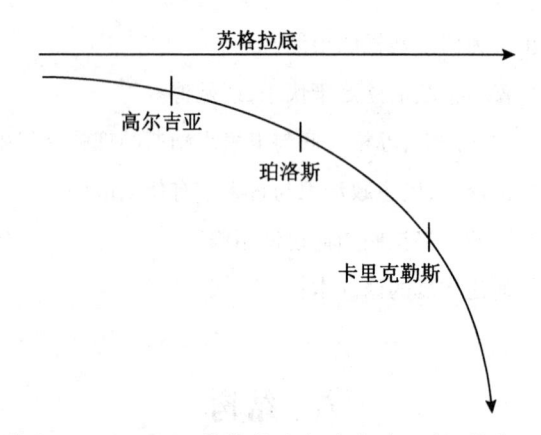

```
        苏格拉底
  ——————————————————→
    |
  高尔吉亚
       |
      珀洛斯
           |
         卡里克勒斯
                ↓
```

第一阶段(447c—461b),苏格拉底与高尔吉亚的对话。

447c—449c　间接对话,引入修辞术作为主题

449c—461b　直接对话,对修辞术的定义和研讨

449a—451a　定义修辞术 I:演说

451a—453a　定义修辞术 II:说服的权能,即处理最好最大的人事

453a—455a　定义修辞术 III:说服的功能

455a—457c　定义修辞术 IV:普遍性与道德中立

457c—458e　插曲:哲学辩证术的性质

458e—459c　研讨修辞术 I:说服缺乏知识

459c—461b　研讨修辞术 II:有关正义和不正义的知识

第二阶段(461b—481b),苏格拉底与珀洛斯的对话。

461b—466a　修辞术

461b—463a　苏格拉底论修辞术 I:作为假技艺的奉承术

463b—466a　苏格拉底论修辞术 II:奉承术种种

466a—480a　幸福

466a—468e　苏格拉底论权力 I:演说家和僭主的权力最小

468e—471c　苏格拉底论权力 II:正义是幸福的保障

471d—472c　插曲:修辞术与辩证术
472d—476a　证明I:行不义比受不义更糟
476a—480a　证明II:逃脱惩罚比受到惩罚更糟
480a—481b　苏格拉底论修辞术III:修辞术的正用就是大义灭亲,让敌人不受惩罚

第三阶段(481b—527c),苏格拉底与卡里克勒斯的对话。

481b—482c　修辞术对峙哲学:两位爱者,爱哲学与爱民众
482c—486d　幸福与修辞术
482c—484c　卡里克勒斯论权力
484c—486d　修辞术对峙哲学:卡里克勒斯回应苏格拉底
486d—500a　幸福
486d—488b　插曲:卡里克勒斯是试金石;苏格拉底讲述如何选择生活方式
488b—491d　研判卡里克勒斯的主张:谁是更强更优的人
491d—492e　卡里克勒斯的主张:权力用来满足个人欲望
492e—494e　苏格拉底的批评I:漏水罐喻
495a—497d　苏格拉底的批评II:证明,快乐和痛苦可以共存于一人身上
497d—499b　苏格拉底的批评III:证明,就快乐而言,勇敢与胆怯、智慧与愚蠢没有分别
499b—500a　卡里克勒斯放弃快乐主义。
500a—503d　区分好坏修辞术I:否定奉承术
503d—515b　幸福
503d—505b　区分好坏修辞术II:灵魂的秩序、节制与正义
505b—506c　插曲:卡里克勒斯退出对话

506c—509a 苏格拉底演讲:幸福来自节制和正义。
509b—509c 论权力 I:真正的自保是让自己不要行不义
509c—511a 论权力 II:最方便的自保是与现存制度保持一致
511a—513c 修辞术:演说家只以自保为目的,所以奉承
513c—515b 论政治学 I:检验政治家的真正标准:如何改善邦民?
515b—521a 修辞术
515b—519a 论政治学 II:四位雅典著名政治家没有提升邦民,从而导致失败
519b—521a 论政治学 III:政治家与智者
521a—526d 幸福
521a—522e 论政治学 IV:苏格拉底是雅典唯一真正的政治家,不靠奉承术
523a—524a 神话 I:灵魂审判
524a—525d 神话 II:惩罚有利于灵魂
525c—526d 神话 III:政治家和僭主们的下场
526d—527e 修辞术与幸福哲学家的幸福;引导卡里克勒斯

七、情节概述

(一)开场相遇(447a—c)

苏格拉底与凯瑞丰从市场前来(他们之前做过什么,值得猜测),已经错过高尔吉亚的演说盛宴(ἑορτή)。凯瑞丰与高尔吉亚是朋友,打算说服后者补上一场。卡里克勒斯提及了"战与斗"(πολέμου καὶ μάχης,447a),预示了修辞术与哲学的交锋。苏格拉底得到许可,可以先问问题,再听

演讲。

(二) 与高尔吉亚对话(447c—461b)

1. 间接对话(447c—448c) 对话首先间接进行,凯瑞丰和苏格拉底进去。凯瑞丰负责传话。苏格拉底果然问出奇怪的问题:高尔吉亚是何人(ὅστις ἐστίν,447d),这是哲学式的下定义问法。高尔吉亚劳累,珀洛斯代答,他的方式是展示性的演讲。苏格拉底不满,想要跟高尔吉亚对谈(哲学方式),谈论其所教授的东西是什么,后者接话。

2. 直接对话(448d—457c) 在 448d, 出现了 τὴν καλουμένην ῥητορικὴν [所谓的修辞术],按一些学者的考证,这里是希腊文献中第一次出现 ῥητορική 一词,有可能是柏拉图自造的。从 449c 开始,苏格拉底和高尔吉亚正式对"修辞术"的定义展开讨论:它是不是一种技艺或知识? 如果是,它的领域是什么? 在 449e,高尔吉亚首先主张,修辞术与言辞(λόγος)相关(比较《海伦颂》[13]中对言辞普遍性的主张);在 451d,他又主张,修辞术处理的是"人事中的最大者和最好者"。这样,修辞术就具有了跨学科的普适性。在理论层面,它不像算术、医术、几何等知识一样关乎某一类言辞,它相关言辞本身;这样的普适性让修辞术在实践"目的"上也具有了至高无上的地位:它似乎包含了健康、美貌、财富三种至善,同时也囊括了医术、健身术、商业三个行业(451e—452c)。原因就是,修辞术的至善是最高的,"它既是人之自由的原因,同时也是在每一个自己的城邦中统治他人的原因"(452d)。根本上,这样的统治归因于"修辞术是说服的创造者"(πειθοῦς δημιουργός ἐστιν ἡ ῥητορική, 453a),它"能用演说在法庭上说服审判官,在五百人议事会说服议事官,在公民大会上说服大会民众,在其他所有与政治有关的集会上说服其成员"(452e)。

正是这两个主张受到了苏格拉底的攻击,因为修辞术的普遍性对哲学形成了威胁:它有可能取代哲学,成为唯一的、与一般人事相关、超越各个学科、在理论和实践上使人受益的技艺或知识。在453a,高尔吉亚正式为修辞术提供了有史以来的第一个定义,它是制作说服的技艺。在454e,说服又与正义联系在一起,它的能力和危险也渐渐显露。在455e—456a,它在政治家手中有着重要的作用(此处提到的政治要人,他们的命运后面会谈及)。但在456c—457b,修辞术道德中立。

3. 插曲(457c—458e) 苏格拉底插说了辩证法(辩证术)的性质。他的目的尚未达到,但为高尔吉亚留出了退场的机会,毕竟,他的论辩不仅仅是为了争口舌之快。后者最终还是继续。

4. 对话继续(458e—461b) 在459c,高尔吉亚面临着一个选项:对于善恶、美丑、正义和不正义,修辞家并没有实际的知识。他没有选择,而是承认,他可以给学生教授这样的知识(460a)。这就违背了"道德中立",得出了吊诡的结论(460c):学会修辞术的人,不会自愿做出不正义的事情。对话自然就结束了。

(三)与珀洛斯对话(461b—481b)

1. 论修辞术(461b—466a) 珀洛斯因为年轻,勇敢接过话题。他指出,高尔吉亚之所以没有选择那个选项是因为知耻。"羞耻"贯穿全篇,苏格拉底其实使用了修辞术的情感套路(亚里士多德在《修辞术》第二卷就讨论了羞耻情感)。珀洛斯的道德感更弱,他自认为可以不知耻地继续战斗,尽管最后事与愿违。为了避免他炫耀自己的口才,从462b开始,他在苏格拉底的引导下(这里暗示了雅典言论自由的环境)担任提问者,说出了修辞家很少发问的"是什么"。

(1)修辞术是取悦的经验(462b) 苏格拉底开始回答,提到了珀洛斯的"手册"(也是技艺一词,同时反讽他没有技艺)。但他认为修辞术只是经验(ἐμπειρία)——亚里士多德《修辞术》首卷首章驳斥了这种认为修辞术没有技艺性的看法——而且"产生喜悦和快乐",意为修辞术致力于外部的非理性的感官效果。但在《斐德若》(273e—274a),苏格拉底转而认为修辞术可以取悦,不过对象是高贵优秀的主人(神),而不是奴隶伙伴(凡人)。

(2) 几种技艺和伪技艺的比较(462d—465e) 为了贬低修辞术,苏格拉底将它与一些更为低端的技术并列起来。他建立了一套比例,"健身术/装扮术"="医术/厨艺"="立法/智术"="司法/修辞术"。前两组关涉"身体",后两组关涉"灵魂"。其中分子为真技艺和知识,分母都是似真的。各个分子或各个分母的关系都是"ἀντίστροφος"[相对]。这样,修辞术就与厨艺"相对应";前者仅仅是灵魂中的厨艺,是奉承术(κολακευτική,464c)。

(3) 注意ἀντίστροφος一词 亚里士多德《修辞术》开篇第一句话,就用该词形容辩证术与修辞术的关系。这正是为了回应此处,也是回应伊索克拉底《互换辞》(182)。在苏格拉底这里,修辞与对谈或辩证(διαλέγεσθαι)对立,修辞术不配等同于哲学性的辩证法。而亚里士多德看到了修辞术与辩证术的相通,他明确反对柏拉图,试图提升修辞术到相关真而非似真的层面。而在伊索克拉底那里,身体方面的"锻炼术和健身术",以及灵魂上的"哲学",构成了城邦全部的要务,它们的关系也是"ἀντίστροφοι"。由此,他也反驳柏拉图,建立了一个"身体/健身术"="灵魂/修辞术"的比例关系,提升了修辞术。

2. 论权力和威力(466a—471c)

(1) 论修辞家没有太大的权力(466a—468e) 问题转换到权力(δύναμις)。该词的歧义引出两个互相斗争、试图统一彼此的立场:珀洛斯的修辞术"威力"以及产生的"权力"与苏格拉底的哲学"能力"。前者是压制他人的威力,甚或暴力;后者是看出正义和真理的潜能。在定义修辞术时,亚里士多德指出它是"能力",这是呼应苏格拉底,反对此处的"权力"(但尼采将亚氏的"能力"译为Kraft)以及《海伦颂》中的作为δυνατῆς[主宰或有力量者]的言辞。珀洛斯认为修辞威力让修辞家高贵；苏格拉底则认为他们只是掌握了最小的权力。逻辑如下(467c—468e)：

p1 所有行动都追求善目的。

p2 所有善目的都是借助手段，如果手段是必要的。

p3 如果 x 相信，手段 m 达到善目的，那么 x 就相信 m 是善的，并且追求。

p4 m 或是善的，或是恶的。

p5 如果 m 是恶的。

c x 追求恶。

无论 x 是否自愿追求恶，只要按照珀洛斯的设定，他总是选择 m。那么，他都是没有权力的，而且权力最小。如果权力大，他会主动地选择值得追求的善，也不会被动地选择恶。

(2) 论幸福来自正义(468e—471c) 珀洛斯坚持不正义的 m 是值得羡慕的，即 x 相信为善的 m 是值得追求的；x 越能追求，就越有权力。问题转向了"受不义"和"行不义"的优劣。苏格拉底引入持刀人的例子(496d)：x 选择 m 时，会受到惩罚。除非 x 的权力最大，可以逃脱惩罚，拥有居吉斯的指环——至少也如珀洛斯列举的阿基劳斯(Ἀρχέλαος, 470d)和波斯王(470e)。

3. 论不义(472d—479e) 一段插曲之后，讨论继续：作恶比受恶更糟；作恶如果不受惩罚，会更糟。从 474c 开始，两人继续对谈辩证。焦点在于美丑与善恶的区分。珀洛斯认为行不义比受不义要丑，但更善。苏格拉底要证明，丑的东西也是恶的。在 477e，苏格拉底论证了行不义者接受惩罚，会治疗灵魂，因此受益更大，会得到幸福。

4. 修辞术的用途(480a—481b) 苏格拉底认为修辞术仍有用途，但很怪异:惩罚友人亲人,使之灵魂健康;让敌人逃脱惩罚,令其灵魂恶化。这里反讽修辞术不分善恶地扶友损敌。抛开反讽,苏格拉底也认为修辞术可以正用(504d),只要它让人相信真的正义,由此,上述怪异的情况就可以解决。

(四)与卡里克勒斯对话(481b—527c)

1. 修辞术与哲学对峙(481b—482c) 最终的、最艰难的交锋开始。在481d,苏格拉底指出,他和卡里克勒斯是两位爱者(ἐρῶντε):他爱哲学(还有阿尔喀比亚德);后者爱民众(双关德墨斯),代表修辞术。此处呼应开头的斗争。

2. 自然与礼法的区分,强者与弱者的对抗(482c—484c) 卡里克勒斯重提羞耻。珀洛斯也受其影响,发现了羞耻的根源。如果他不再知耻,他会带来最强劲的反抗。他采取演讲的方式,划分了自然与礼法,指出苏格拉底有意混淆两者(482e)。按自然,丑与恶统一,受不义比行不义要丑;按礼法,丑与恶分离,行不义比受不义要丑。他的主张(483b)是尼采的源头:礼法由弱者和多数人制定。自然的正义与礼法的正义相反:前者是强权即正义;后者是我弱我有理。注意483d的薛西斯的例子;483e的狮子喻:对比《法义》707a,《理想国》588e、590a—b、620b 说埃阿斯选择狮子般的来生;484b引品达的诗句,对比《法义》714e—715a。

3. 修辞术与哲学再次对峙(484c—486d) 卡里克勒斯认为哲学只是青年人玩的,成熟以后应该参与政治,学习修辞术。他认为苏格拉底不关心城邦的事务,他相信哲学无法保护自己,这暗示了后者的受审。他在委婉地规劝,因为他对苏格拉底还是友好的(485e);他还肯定了哲学让年轻人自由(485c)。注意他对欧里庇得斯的引用(485e、486b),柏拉图通过他引入了诗人,后面恰恰也讨论了戏剧与诗术。

4. 真金与试金石(486d—488b) 苏格拉底开始演说,他承认卡里克勒斯是试金石,这其实为了表明自己的灵魂是金制的(486d)。在487a,他认为卡里克勒斯有三种品质:知识(ἐπιστήμη)、亲和(εὔνοια)和率直(παρρησία)。①苏格拉底不认为卡里克勒斯有德性(下面说他不知耻)、有很高的权力、爱国(他其实蔑视民众),但承认他有知识,尽管是反讽;夸他率直是为了让他不再知耻,说出更多的实话,而且,率直是自由表达,而非正确表达。其实最重要的品质在于,他努力做到不要太精(487d),以免有苏格拉底的下场。

5. 谁是更强更优的人(488b—491d)　回到之前的话题,焦点在于善一词的几个比较级的界定上。苏格拉底主张,无论按自然还是按礼法,行不义者都是丑恶的,因为他都不是更强的人。他坚持将事实与价值统一。他先定义"更强"指身体:指出确立礼法的多数人,在自然上更强,由此他们设立的正义也在礼法和习惯上更强,而且这样的正义人人等额(τὸ ἴσον)。他们才是更美更善。

在489c,卡里克勒斯及时地将"更强"(τὸ κρεῖττον)转为模糊的"更好"(τὸ βέλτιον),他要证明,少数人比一群奴隶会更强(联系尼采)。在489e,苏格拉底顺着他说,那就是"更明智"(φρονιμώτερος)。伊索克拉底《互换辞》182指出修辞术的目的就是让灵魂如此;亚里士多德伦理学的核心也是培养实践智慧(φρόνησις),但含义各不相同。卡里克勒斯强调指城邦事务(τὰ τῆς πόλεως πράγματα)方面的明智(491b)。分歧产生:是统治自己和节制欲望,还是统治他人、满足自己的最大欲望。在491e,卡

---

① 比较以下几处。亚里士多德《修辞术》(1378a8—9)中,好的演说家有三种特征:明智(实践智慧,理智德性)、德性(道德德性)和亲和(即令听众亲和,是类似友爱的情感)。《伯罗奔尼撒战争史》(2.60.5—6)中,伯利克里总结自己的三个品性:知道和传达应知之事,爱城邦,不受金钱控制。亚里士多德《政治学》(VIII.9)中,政治家的三个特征:爱政制,统治的最大能力(δύναμιν μεγίστην),与政制相关的德性和正义。《回忆苏格拉底》(1.2.52)中,苏格拉底的罪名:知道并且能够传达正确之事,德性,"不亲和";第一点看起来相同于伯里克利,但实则有别。

里克勒斯坦诚地宣明自己的观点,他认为羞耻源于无能,鼓吹王政、僭主和寡头政制(显然他不是民主派),说节制和正义是丑恶的;奢侈、放纵与自由(τρυφή καὶ ἀκολασία καὶ ἐλευθερία,492c)就是美德和幸福(很现代的观点)。

6. 苏格拉底的三个批评(492e—499b)　三次批评的目标都是否认节制和正义不是美德,否认它们仅仅是石头和死尸的幸福;反驳善就是快乐。按照柏拉图灵魂三分,理智对其他两个部分(狮子和多头兽)展开了斗争。批评之一:493a—b 的漏水罐喻,其中提及了冥府;494b 的石鸰喻(χαραδριός);494d—e 的不雅的挠痒痒与娈童喻(κίναιδος),苏格拉底以不知耻来挑逗卡里克勒斯,令其感到羞耻。批评之二(495a—497d):善不同于快乐,因为快乐与痛苦可以并存于一个人身上,而善与恶不会如此。批评之三(497d—499b):善不同于快乐,因为智慧勇敢之人与愚蠢胆怯之人可以有同等的快乐和痛苦,快乐是道德中立的。卡里克勒斯放弃快乐主义,承认:快乐有善有恶,需要专家才能区分。这样的专家就是掌握真正修辞技艺的人。

7. 好与坏的修辞术(500a—502d)　苏格拉底给好的修辞术留出余地。亚里士多德对修辞术的建构受到此处的影响(他也用了含义相同的医术喻):好的修辞术像医术,除了治病,还考察治疗对象的本性和实践的原因,给出其中每件事情的道理,即医其病,知其理。理在健康这个外物之先;知其理,就不会凭经验随意地追求健康。把这里的健康换成说服,就可以知道什么是好的修辞术。在 501d—502d,苏格拉底考察了一些给人快乐的诗乐形式,这里影响了亚里士多德的《诗学》。

8. 好与坏的修辞术,四位雅典政治家(502d—503d)　继续考察修辞术。在 503a,民主制下的演说都是坏的,除非它们提升民众的灵魂(如《斐德若》的修辞术),卡里克勒斯举不出有哪位演说家可以做到这一点,我们后面会知道,还是有一位的,他用唯一一次公共演说,让自己进入冥府。但有四位不健在的,可以一提(503c):泰米斯特克勒斯、喀蒙、米提阿德和伯里克利(提到了他新近去世,意味深长)。在 503d—505b,四位人物都不能给民众的灵魂带来安排和秩序、习惯和礼法(504d)。苏格拉底的礼法是他理解的自然秩序,否定了卡里克勒斯的自然状态。

9. 论节制与正义(506c—509a)　卡里克勒斯的愤怒退出也许是苏格拉底想要的,后者可以开始自己的演说,而非继续辩证对谈。他先论述了美德在于节制。然后证明了节制的人可以兼有其他的美德,这样就会得到幸福。之后(507c—508c),他论述,没有道德的人,不会有友爱,无法融入共同体(κοινωνία)。天地神人靠共同体、友爱、秩序性、节制和正义结合在一起,这个整体就是寰宇秩序(κόσμος);几何式平等(ἡ ἰσότης ἡ γεωμετρική)发挥着作用。

10. 论权力(509b—511a)　苏格拉底反驳卡里克勒斯前面提出的反驳:正义者不会幸福。他主张,真正的自我保护是让自己不要行不义,还有避免受不义。为了做到这一点,还需要某种权力和技艺(510a):哲学、政治学、伦理学,以及好的修辞术——也正是亚里士多德修辞术的用途。另有最方便的自保方法就是与现存政制同流。

11. 论修辞术(511a—513c)　政治家只能通过奉承的修辞术在民主制城邦里自保。苏格拉底批评了卡里克勒斯将生活降低为自保的说法(联系后世的霍布斯以及他对修辞术的关注)。513b 提及了政治家将修辞术等同于政治术。亚里士多德在《尼各马可伦理学》1181a15 也这样批评了智者。

12. 论政治学(513c—522e)　政治学不是迎合民众的修辞术—政治术。它要提升民众的灵魂,就像医术一样,这才是卡里克勒斯未曾达到的、衡量真政治学的标准。515b—519a,苏格拉底考察前述的四位政治人物:他们并未改善而是败坏了民众的心智,因此不是真正的政治家,但他们对民众也没有奉承。516a,苏格拉底把民众比作牲畜,把政治家比作牧人(ἐπιμελητὴς)——在阿拉伯语中,政治(سياسة)的词根سوس就表示驾驭和驯服兽类(如马),引申为控制和引导——卡里克勒斯应该爱听这样的比喻。517a,提及了真正的修辞术。

因此,政治家不是奴仆(διάκονος),他要让欲望转向,而非听之任之,同时,邦民接受说服和在强迫下,达到了他们将会变得更好的地步(517b)。显然,真修辞术可以起到说服的作用,但如果口说不行,还可以动手强制。

苏格拉底前面提过他与卡里克勒斯都是爱者。在 519a,他将后者比作自己的爱人,然后反而对其加以规劝:他的下场可能与那四位政治家一样,并不比将会主动赴死的苏格拉底好多少,甚至可能更差。当然无论如何,大家都会去冥府碰头,再看谁来世幸福。

在 519b,重提前面的比例关系,用教授美德的智术继续贬低假修辞术。卡里克勒斯不爱智者(520a),但崇拜这样的政治家,就仍然是智者,而且更低。实际上,很多政治家都是智者或其学生:雅典民主制就是智者和畜群的政权?

在 521a,卡里克勒斯反过来又规劝苏格拉底,后者自己提到了处死(521b),这都为结尾的神话做准备。521d 似乎是一个高峰,苏格拉底全无顾忌地说:在当时人中,只有他在践行政治事务;他也是唯一从事"真政治学"的人,对于后一点,为了避免绝对,他还是补充说,是跟少数雅典人一起。这样的政治学必然要借助真修辞术,而不是奉承修辞术。

13. 最后的神话(523a—527a)　苏格拉底在生前讲死后(比较《斐多》)。神话(μῦθος)的来源也许是毕达哥拉斯派、俄耳甫斯教或之前的信仰,其部分细节在品达和埃斯库罗斯的作品中也能看到。神话说明了,生前的正义和不正义决定了死后的去向(幸福岛还是塔塔罗斯)。过去,人们活着受审,审判官也是活人,灵魂可以凭衣服(暗示修辞术)遮蔽,用假证人来作伪。为此,宙斯下令,必须死后由死人审判,灵魂要赤裸受审。于是,宙斯派三个儿子弥诺斯、拉达曼托斯和埃阿科斯,在三岔路交口的绿草地上进行裁决。苏格拉底进一步解释,生前作恶的人,灵魂上会有疤痕,这可以作为审判的依据。而法庭判案的原则与苏格拉底之前所说一致,惩前毖后,治病救人。但还有一些人,无药可救,就是君王和政治家(525d)。而哲学家必定会去幸福岛。苏格拉底吓唬年轻的卡里克勒斯,就像个老妪(γραῦς,527a)。

14. 总结(527a—e) 最终,苏格拉底乐观地认为,应该这样使用修辞术,使之朝向永恒正义(527c)。这种对正义和真理的信心与亚里士多德在《修辞术》中一致。他正在凭借哲学式的修辞引诱或挽救卡里克勒斯,让他以后能得到难以置信的真正的幸福,就像他曾经成功地引导了安提斯泰尼一样。

八、总结:《高尔吉亚》之后

《高尔吉亚》开启了修辞术与哲学的争锋,后者对前者的压制贯穿至今。但哲学家也意识到了这门技艺的重要性。在本篇对话中,苏格拉底已经设想了真修辞术;而《斐德若》里,柏拉图彻底改变态度(他本来就是修辞大师),试图用哲学改造修辞术,使之提升灵魂。这一任务被亚里士多德接下,尽管他没有强调将灵魂提至何种高度。《修辞术》前两卷确立了较为完整的体系,使修辞术成为一门科学性的、不再制作说服的"理论技艺",但其中也保留了大量可以使用的话术。他的处理也回应了开启另一思路的伊索克拉底(智者或哲学家),后者在自述《互换辞》中将哲学理解为修辞术,强调它的教育功能以及使用的时机(καιρός)。连同高尔吉亚对修辞术的理解,希腊人奠定了几种建构修辞术的模式。后世的西塞罗、昆体良、阿尔法拉比、阿维森纳、阿威罗伊、罗吉尔·培根、霍布斯、亚当·斯密、尼采、海德格尔、列奥·施特劳斯、布鲁门伯克、肯尼思·伯克、佩雷尔曼(Chaïm Perelman)、保罗·德·曼都沿着他们的路线,对修辞术展开了不断的重构和复兴。

曾经,安提斯泰尼被人问到,要把自己的儿子教育成什么样子,他说"若他要跟众神一起生活,那就当哲学家,要是跟人,就当修辞家"[1]。哲学家应该追求超越性的真理,但他只要还在人世生活,话语的技艺似乎必不可少。更何况,对真理的追求,可能同样需要修辞术,否则,他们将无法取悦众神(《斐德若》273e—274a)。

推荐阅读书目:

李致远:《修辞与正义——〈高尔吉亚〉绎读》(含《高尔吉亚》译注),中山大学博士论文(指导教师:刘小枫教授),2009年。

柏拉图:《高尔吉亚篇》(中英双语版),李明、明鑫、张坤坤译,外语教学与研究出版社,2011年。

柏拉图:《柏拉图全集3》(增订版),王晓朝译,人民出版社,2015年。

列奥·施特劳斯:《修辞、政治与哲学:柏拉图〈高尔吉亚〉讲疏(1963年)》,斯托弗

---

[1] 有两处记载了这句话,用词基本一致,此处取斯托拜乌(Stobaeus)的记录。S. Prince, *Antisthenes of Athens: Texts, Translations, and Commentary*, Ann Arbor: University of Michigan Press, 2015, p. 563.

整理,李致远译,华东师范大学出版社,2017年。

李致远:《修辞与正义——柏拉图〈高尔吉亚〉译述》,四川人民出版社,2021年。

柏拉图:《柏拉图全集·高尔吉亚》(古希腊文—中文对照本),熊林译,商务印书馆,将出。

罗伯特·沃迪:《修辞术的诞生》,何博超译,译林出版社,2015年。

W. R. M. Lamb, *Plato: Lysis. Symposium. Gorgias* (Loeb Classical Library), Cambridge, MA: Harvard University Press, 1925, reprinted in 1932.

E. R. Dodds, *Plato: Gorgias, A Revised Text with Introduction and Commentary*, Oxford: Clarendon Press, 1959.

J. Dalfen, *Platon Werke, Übersetzung und Kommentar, Band VI 3 Gorgias*, Göttingen: Vandenhoeck & Ruprecht, 2004.

D. Stauffer, *The Unity of Plato's " Gorgias": Rhetoric, Justice, and the Philosophic Life*, Cambridge: Cambridge University Press, 2006.

S. Benardete, *The Rhetoric of Morality and Philosophy: Plato's Gorgias and Phaedrus*, Chicago: The University of Chicago Press, 2009.

M. Schofield & T. Griffith, *Plato: Gorgias, Menexenus, Protagoras*, Cambridge: Cambridge University Press, 2009.

S. Marchand & P. Ponchon, *Gorgias de Platon, suivi d'Éloge d'Hélène de Gorgias, traduction, introduction et notes*, Paris: Les Belles Lettres, 2016.

第七讲
美事艰难:《希琵阿斯前篇》

王江涛

一、《希琵阿斯前篇》与希琵阿斯

《希琵阿斯前篇》(以下简称《希前》)在柏拉图35篇对话中属于比较偏冷门的一篇,甚至有学者(比如托马斯·潘戈[Thomas Pangle])称之为"被遗忘的柏拉图对话"。幸运的是,在中文学界,《希前》并未被遗忘,而且还具有一定的知名度。这全归功于朱光潜先生。

1954年,朱光潜先生在上海出版《柏拉图文艺对话集》,移译了包括《希前》(朱译作《大希庇阿斯篇》)在内的7篇对话,《希前》有了首个中译本。朱光潜先生在附录中的"《大希庇阿斯篇》题解"谈道:"虽然不成熟,这篇对话却仍是美学的重要文献。它是西方第一篇有系统地讨论美的著作,后来美学上许多重要思潮都伏源于此。"

καλός[美]是一个十分常见的希腊文,它的含义十分丰富,既可以表示外表好看,也可以表示道德品质很高尚。柏拉图在每一篇对话中都使用到καλός这个词,但《希前》却是唯一一篇专门谈论"美"的对话,而且这篇对话的副标题就是"论美"。对话的主体由6次关于"美"的定义组成，希琵阿斯3次，苏格拉底3次；希琵阿斯先后将美界定为"美的少女、黄金和某种死后有人送终的生活方式"，苏格拉底则把美界定为"合适、有用和快乐"。出于这个理由，朱光潜先生把它从诸多"被遗忘的柏拉图对话"中"拯救"出来；也正是出于这个理由，朱光潜先生删掉了交代对话时代背景的"开场部分"，对此他还专门做过解释：对话的开场部分只不过是"希庇阿斯自夸的几段大话而已，算不得美的正题"，故而不值得翻译。可是，如果缺少开场部分，剩下的主体部分则让人摸不着头脑，因为它无非是在罗列"美"的定义，而且还是失败的定义，根本不像朱光潜先生宣称的那样"有系统"。可见，一看到《希前》中有讨论美的现象，就不假思索地把它当作美学著作，似乎算不上打开《希前》的正确方式。尼采同样十分看重柏拉图对话中的审美现象，但他并不致力于把这些审美现象概括为柏拉图的美学思想，相反，尼采希望借助这些审美现象，重新思考苏格拉底问题。所谓苏格拉底问题，简单说，即什么样的生活方式才是值得过的，以及过这样的生活将面临什么样的现实处境。我们在阅读《希前》的过程中，切不可以为自己在阅读一篇美学论文，而应当把它看作一篇利用审美现象反映苏格拉底问题的文献。所以，我们首先需要考虑的便是被朱光潜先生删掉的开场部分。苏格拉底说：

　　希琵阿斯，才貌双全之士，自从你上回莅临雅典，咱们好久未见了吧！（281a）

　　这是《希前》的第一句话，"希琵阿斯"是这句话的第一个词。这句话表明，对话始于一次多年后的重逢，而且这不是苏格拉底与希琵阿斯第一次见面，但我们无法确定，这次重逢是有约在先还是不期而遇。可以确定的是，《希前》是苏格拉底主动寻求与希琵阿斯交谈的对话。当希琵阿斯几次表现出不耐烦、意欲终止讨论时，苏格拉底及时劝服了他，使对话顺利进行下去（295a、297e）。这使我们不得不追问：希琵阿斯是谁？苏格拉底凭什么要选他作为谈论美的对象？

希琵阿斯大约生活在公元前460—前380年，这段时间也是古希腊智术师最活跃的时期。希琵阿斯出生在厄里斯（Ἦλις）。这座城邦位于伯罗奔尼撒半岛的西北部，著名的奥林匹亚山就在厄里斯境内，奥林匹亚赛会也通常由厄里斯人举办。与大多数智术师的境遇相似，希琵阿斯本人的作品大都亡佚，几乎没有流传下来。现存关于他的记载，主要来自柏拉图的三篇对话《普罗塔戈拉》、《希琵阿斯前篇》和《希琵阿斯后篇》（以下简称《希后》），以及色诺芬《回忆苏格拉底》中的一段文字。在色诺芬笔下，希琵阿斯显得是一位关心正义的人；在《普罗塔戈拉》中，苏格拉底告诉我们，希琵阿斯擅长天文学，甚至对抒情诗也颇有研究（315c、347b）。在《希后》中，苏格拉底更是大肆夸奖了一番希琵阿斯的博学多艺：

> 有一回，我听你在自吹自擂，你自己仔仔细细地讲述了让人羡慕的大智慧，就在市场里的柜台边。你曾经说过，有一次去奥林匹亚，你全身的穿戴都是自己的杰作：你第一个杰作是一枚戒指——因为你是从此开始讲的，因为你懂得雕刻种种戒指。印章是你的另一杰作，还有刮子和油瓶，都是你亲自打造出来的。然后是靴子，你曾说是你亲自切皮制作而成，以及你织的外衣和里衬，至于所有人都觉得最不可思议同时也是最伟大智慧的典范是，当时你曾说你系在里衬上的腰带，堪比奢侈的波斯货，竟也是你编成的。除此之外，你说你还会作诗、叙事诗、肃剧、酒神祭以及各式各样以散文风格构思而成的讲辞。关于接下来这些技艺，有别于我刚才谈到的那些知识，比如

格律、谐音、炼字,还有许多其他的东西,正如我似乎记得的。对了,我差点忘记那似乎也算是一门技艺的记忆术,你把它当作你的拿手绝活,我想我还漏掉了许多其他的东西。(368b—e)

这些描述重点反映出希琵阿斯的两大特征:第一,博学多艺;第二,希琵阿斯很美,不过他的美不是指他长得好看,主要体现在他的穿着打扮上(苏格拉底专门提到他那漂亮的靴子等),以及他的言辞(擅长作诗,还会当众演讲)。这两大特征恰好对应苏格拉底对他的描述——才貌双全(直译"美且智慧")。苏格拉底问希琵阿斯"为何好久不来雅典了",希琵阿斯解释道:

因为没有闲暇噢,苏格拉底。毕竟,厄里斯每当需要与某个城邦打交道时,它总是在它的城邦民中首先来找我,选我做使节,认为我最擅长评判和传达每一座城邦的言辞。故我屡次出使别的城邦,其中出使最频繁、事务最繁杂,也最重要的莫过于拉刻岱蒙。这也是为什么,正如你所问的,我不常来这边这些地方。(281a—b)

原来,希琵阿斯担任了厄里斯的外交使节,常常因公出访斯巴达等城邦,而斯巴达当时与雅典是敌对关系,出于这个不便说出口的理由,他自战争爆发以来就不曾来过雅典。然而,希腊世界的"国际形势"瞬息万变,厄里斯决定改变与雅典的外交关系,便委派希琵阿斯出访雅典。

厄里斯派遣使节访问雅典,这个情节为我们判断对话的戏剧时间提供了线索——《希琵阿斯前篇》发生在公元前420年。这一年,伯罗奔尼撒战争正好进行到一个转折性的历史时刻。根据史家修昔底德记载,斯巴达本来是希腊世界的领袖,但在对抗波斯人的战争中,由于他们在政治制度方面的保守倾向，逐步让出了希腊世界的领导权。而雅典在领导诸城邦抗击波斯的过程中，实力扶摇直上。势力的扩张与利益的诉求引发了斯巴达的恐惧。终于，公元前431年，爆发了给希腊世界带来空前苦难的伯罗奔尼撒战争。这场希腊人之间的内战持续了27年（公元前431—前404年）：战争的前10年，双方互有胜负，斯巴达陆军在陆上称雄，雅典海军在海中称霸，谁也无法取得决定性的优势。公元前423年，斯巴达和雅典的领袖均在安菲波利斯战役中阵亡，双方迫不得已议和罢兵，于公元前421年缔结了《尼西阿斯和约》。和约虽然签订了，但雅典的政策一直摇摆不定，主战派与主和派之间的路线斗争十分激烈，随着雅典与斯巴达关系的恶化，以阿尔喀比亚德为代表的主战派的势力趁机抬头。公元前420年春天，阿尔喀比亚德希望联合阿尔戈斯，以及斯巴达的两个盟友曼提尼亚、厄里斯，企图孤立斯巴达。希琵阿斯这次来雅典，想必是受到阿尔喀比亚德的邀请。可以设想，在苏格拉底与希琵阿斯交谈的背后，是阿尔喀比亚德与希琵阿斯磋商的外交会议。

在阿尔喀比亚德的精心策划下，雅典等四城邦很快便成立反斯巴达同盟。同年夏天，厄里斯率先发难——禁止斯巴达人参加奥林匹亚赛会。可见，柏拉图把讨论美的时代背景设定在阿尔喀比亚德登上历史舞台的这次外交会议，绝非偶然。从表面上看，这是一个奇怪的设定，因为阿尔喀比亚德在这次外交会议上欺骗了斯巴达使节，让他们在雅典公民大会上说谎。如此卑鄙的行为很难称得上美，虽然阿尔喀比亚德会这样为自己辩解：统治是一个人可以承担的最美好的事业，而帝国则是这一事业最伟大的表现形态。但我们能说，柏拉图笔下的苏格拉底乃至柏拉图本人也认可政治统治是最美好的事业吗？况且，阿尔喀比亚德的行动非但未能给雅典带来美好，反而将雅典置于最丑陋的境地：战争失败、失去自由、连最起码的安全都不保。这场关于美的对话发生在根本不美的处境之中。事实上，主题与背景的张力正是柏拉图对话的惯用设定：苏格拉底曾在《拉刻斯》中与一位战败的将军谈论勇气；在《游叙弗伦》中与控告父亲的儿子谈论虔敬；在《卡尔米德》中与未来的僭主谈论节制。这样看来，苏格拉底与希琵阿斯在一个根本不美的历史时刻谈论美也不足为奇。

让我们回到对话。希琵阿斯说他来雅典纯粹是为了公务——是为了"评判和传达雅典的意见"。那么，苏格拉底如何评价这一说法呢？他说：

> 这倒是，希琵阿斯哦，成为一位聪明而又圆满的男子汉还真得如此。因为你在个人方面，精于从年轻人那里获得许多钱财，而且你的帮助大于所得；在公共方面，你又精于为你自己的城邦效力，一个人若不想被看扁，想在众人中受欢迎，就必须如此。但是，希琵阿斯，到底是什么原因呢，那些古人，据说在智慧方面名气很大，比如匹塔科斯和庇阿斯，米利都的泰勒斯那帮人，以及之后一直到阿那克萨戈拉的那群人——他们中的全部或大多数都显得远离政治事务？（281b—c）

这段话引出了开场的主题，苏格拉底比较了新派智术师与老派智者的智慧，他甚至专门为智术师下了一个定义，这样一个人得兼顾公私两方面：一方面，他得为自己的私人利益着想，通过帮助年轻人赚取钱财（他是如何帮助他们的却没有交代）；另一方面，他得使他的城邦得到好处，为公共利益着想（至于他怎么做，还是没有交代，但作为报答，他收获了名声）。希琵阿斯假设当代的智术师们可以做到两者兼顾，因为智慧一直在进步。古人之所以做不到两者兼顾是因为他们不够审慎，而不够审慎的标志在于远离政治。苏格拉底赞同希琵阿斯的说法，并举了高尔吉亚和普罗狄科的例子。然而，如果仔细考察苏格拉底举例的那些古人及其事迹，不难发现，古代的老派智者中诸如匹塔科斯、庇阿斯根本没有忽略城邦的公共利益；而像阿那克萨戈拉、泰勒斯也没有忽略自己的私人利益，除非我们把私人利益等同于赚更多的钱。相比之下，新派智术师则利用他们的知识（主要是修辞术），在公共事务中赚取名声，在私人事务中赚取金钱。于是智慧便依靠赚钱的数量来衡量。由此可见，苏格拉底的这番夸奖十分可疑。

希琵阿斯对苏格拉底的这番夸奖并不满意，不是因为他看穿了苏格拉底在明褒暗贬，而是因为苏格拉底没有拿希琵阿斯举例来论证新派智术师的智慧。他不服气地表示，自己比任何两位智术师加起来赚的钱还要多。苏格拉底同意他的论断，但随即话锋一转：

聪明人的标志正在于赚最多的钱。这些事就到此为止吧。告诉我，在你所去的城邦中，你从哪里赚的钱最多？很明显嘛，不就是从拉刻岱蒙吗，你去得最频繁的那个城邦？（283b）

《希前》的主题是"智慧"与"美"。关于智慧的讨论"到此为止"之后，我们期待对话即将进入正题——关于"美"的定义。可实际上，苏格拉底并未就此打住话头，他反而紧抓钱的话题不放，又旁生出一段希琵阿斯在斯巴达的遭遇，直到弄清了整个事件的来龙去脉，苏格拉底才真正打住了话头（286c）。朱光潜所谓"开场的几段自夸的话"按内容明显可以分成两部分：围绕希琵阿斯的雅典之旅展开的序曲部分（281a—283b），以及围绕希琵阿斯的斯巴达之旅展开的插曲部分（283b—286c）。希琵阿斯在斯巴达所经历的这段插曲是柏拉图对话中唯一记叙智术师在雅典之外活动的文字。它证明，希琵阿斯的智慧不能总是变现成金钱，从而以希琵阿斯的智慧观对希琵阿斯的智慧提出了质疑。

为什么擅长赚钱的希琵阿斯在斯巴达分文未赚呢？据他自己辩解，因为斯巴达的礼法不允许外邦人教育他们的子女，因为他们崇尚德性（283e—284a）。希琵阿斯已经证明他是一位教授知识的好老师，那么，他也是一位能够教授德性的好老师吗？

希琵阿斯自称他虽然没赚到钱，却收获了斯巴达人的掌声。因为他编织了一段特洛伊战争结束后的故事，教育斯巴达的青年们什么是美好的追求（kala epitēdeumata），以及如何通过这些追求获得荣誉。他对苏格拉底说三天后，他会在雅典再次讲演这个题目，并邀请苏格拉底一同前往。苏格拉底爽快地接受了希琵阿斯的邀请，并答应他一定会按时赴约。同时，苏格拉底反过来请求希琵阿斯，希望希琵阿斯助他一臂之力：

请回答我一个小小的问题，正好与此相关，既然你碰巧（εἰςκαλὸν）提醒了我。因为最近有个家伙（τις），最好的人儿啊，在辩论中打倒了我，让我无言以对。当时，我正批评某些东西丑，赞扬某些东西美，他是这样问的，态度非常嚣张。"告诉我，苏格拉底呀，"他说，"你是从哪儿知道什么样的东西是美的，什么样的东西是丑的？来吧，你说得出什么是美（τὸκαλὸν）吗？"（286c）

从这段话中，我们观察到两点："什么是美？"是由"什么是美的追求？"激发的。另外，《希前》不是严格意义上的二人对话。因为，苏格拉底口中的"某人"也参与到界定美的过程中。一开始，他显得是一个不招人喜爱的提问者，不但粗俗下流（288d4），而且令人讨厌（290e4），不过有时候，他又像是同情苏格拉底，时不时提出一个建议，使讨论顺利进行下去；之后，他又成为"索弗戎尼斯库斯的儿子"（298b），最后成了苏格拉底的"近亲"，跟他"生活在同一屋檐下"（304d）。直至对话结束，我们才明白,原来苏格拉底口中的"某人"不是别人,正是苏格拉底自己。所以,尽管这篇对话发生在希琵阿斯和苏格拉底两人之间,但它并不是严格意义上的一问一答,而是以苏格拉底做居间者(in-betweener)的三人对谈——苏格拉底一边以"某人"的口吻挑战希琵阿斯,一边用希琵阿斯的定义回答"某人"的问题。

二、"美"的六种定义

苏 他会说:"厄里斯的异邦人呀,是不是由于正义,正义的人们才是正义的?"回答他,希琵阿斯,假设是那人在提问。

希 我将回答是由于正义。

苏 "存在这么一种东西,叫作正义,对吧?"

希 当然。

苏 "难道不是由于智慧,有智慧的人们才是智慧的吗?而且,难道不是由于善,所有善的东西才是善的吗?"

希 怎么会不呢?

苏 "由于这些东西的存在,这些事物才如此;不大可能是因为它们不存在。"

希 当然是由于它们存在。

苏 "那么,所有美的事物不也是因为美才是美的吗?"

希 是的,是因为美。

苏 "因为它是某种存在的东西吗?"

希 是存在的东西;要不然呢?

苏 "快告诉我,异邦人呀,"他会说,"什么是这个美?"(287c—d)

希琵阿斯与"某人"的这番对话为接下来的定义设立了两个条件：第一，美是存在着的实体；第二，美是美的事物的原因。存在和原因这两个属性规定了希琵阿斯乃至苏格拉底定义的方向。

希琵阿斯对苏格拉底说："这家伙不是想搞清楚什么东西是美的（καλόν）吗？"苏格拉底提醒他，"某人"追问的是美（τοκαλόν）。希琵阿斯不认为"美的"和"美"之间有什么区别。他不顾苏格拉底的提醒，给出了一个自认为不会遭到反驳的定义（定义一）：美的少女即美（παρθένος καλὴ καλόν）。希琵阿斯混淆了"美"和"美的"，仿佛他分不清具体的东西和抽象的东西，这让他的答案显得漏洞百出："某人"问的是那种奠定一切美的事物的基础是什么，希琵阿斯却只给出了一个美的事物，显然犯了以偏概全的错误。另外，美既是被定义的对象，又是被定义的内容，这就犯了循环论证的逻辑错误。不过，对话者提出的第一个定义犯了以偏概全的错误，这在柏拉图对话中并不奇怪。

奇怪的反而是，苏格拉底没有抓住以偏概全或循环论证这两点不放，反而以狗的名义起誓，表扬希琵阿斯的回答不但美（καλῶς），而且令人赞赏（εὐδόξως）。这说明美的少女虽然是一个糟糕的定义，但不妨碍它揭示出某种真实。反驳定义一的人是"某人"，他的反驳分两个步骤。首先，他依次列举了美的牝马、美的竖琴以及美的陶钵作为反例，驳斥美的少女的说法。然后，苏格拉底引用赫拉克利特的说法为希琵阿斯的定义辩护——"最美的猴子与人的族类相比也丑"（289a），以此证明最美的陶钵与少女相比也是丑的。"某人"同样援引赫拉克利特——"最有智慧的人与神相比，在智慧、美丽和所有其他方面，都显得不过是只猴子"（289b），他以同样的逻辑，证明最美的少女与神相比也是丑的，从而推翻了这个定义。就算如此，我们也不能把神界定为美，因为神的美使得美的少女以及其他一切美的事物都显得丑。神不仅不是美的事物之所以美的原因，反

而成了美的事物显得丑的原因。显然,美应当是某种使美的事物显得美的东西。按照"某人"的说法,这种美

> 本身有这么一种属性,其他所有事物只有经过它的点缀(κοσμεῖται),才会显得美,只要附着(προσγένηται)上那个样子(εἶδος)。

听罢"某人"的提示,希琵阿斯"恍然大悟",他发现整个寻求美本身的工作变得前所未有的容易,而且自信将提供一个"某人"无法反驳的定义:

> 那么,苏格拉底,如果这就是他所寻求的,那么回答他什么是美,就是所有事物中最容易的,美整饬所有其他的东西,任何东西一旦经它(αὐτῷ)附着其上,都显得美。这家伙太过幼稚,他根本不了解关于美的物品。因为如果你告诉他,他所问的美不是别的,就是黄金,他定会无话可说,无法着手反驳你。因为我们都知道,任何东西一旦镶上这玩意儿,纵然先前显得丑,一经黄金点缀,立马显得美了。(289d—e)

这一次,苏格拉底没再称赞希琵阿斯的答案,而是坦率地告诉他,"某人"不仅不会接受这回答,反而会嘲笑黄金即美的定义(定义二)。"某人"这一回依然举了一个反例,他问希琵阿斯,难道斐迪阿斯是一位蹩脚的雕像师吗?斐迪阿斯是当时古希腊世界的雕像师,著名的雅典娜女神像即出自他手。人人都同意雅典娜女神像是美的典范,所以斐迪阿斯知道什么是美,他是关于美的权威。可是,女神像身上明明贴满了黄金作为

她的铠甲,"某人"的例子会不会选错了?

"某人"补充说道,斐迪阿斯"在雕刻雅典娜神像时,没有用黄金来造她的眼,她的脸,她的脚,或她的手。若黄金必然显得是最美的话,就非用黄金不可"(290b)。斐迪阿斯用象牙制作雅典娜的身体,用大理石制作雅典娜的眼睛,因为象牙的皮肤和大理石的眼睛比黄金的皮肤和眼睛显得更加逼真,从而显得更美。可见,衡量美丑的标准不取决于有没有用黄金进行点缀,而是取决于模仿得像不像。"像不像"意味着,"某人"选择雅典娜女神像为论据,其背后的逻辑是将美等同于逼真,越是接近真实的雕像越美。美即真实,越是逼真的雕像越美。

针对女神像的反例,希琵阿斯被迫修正他的定义:只要用象牙制作雅典娜的躯体,以及用大理石制作雅典娜的眼睛更相得益彰,那么象牙和大理石也可以是美的。于是,希琵阿斯得出结论:"凡是对于每件事物合适的东西,就是造就(ποιεῖ)每件事物美的东西。"(290d5)他没注意到,"某人"的说法跟他的说法有着细微的差别:"合适造就事物,使其显得(ποιεῖ φαίνεσθαι)美。"无论如何,只要他们抛弃定义二,把美界定为"合适",探究美的追求便大功告成了。就在这时,"某人"不合时宜地提到了希琵阿斯厌恶的陶钵:金勺和木勺哪一个更适合装满陶钵的汤肴?

这个不合适的问题使希琵阿斯再次大发雷霆,但在苏格拉底的逼问下,他不得不承认,木勺比金勺更合适。因为,无论木勺多么粗糙,由于它导热性差,不会烫手,总是成为制作汤勺的首选。相比之下,金勺无论制作得多么精致,由于导热性强,总是会给人们用餐带来麻烦。当希琵阿斯被迫承认木勺更美的时候,他的意思其实是木勺更加实用,而不是认为木勺比金勺更加美观。定义二失败了。虽然黄金不是美,但在推翻定义二的过程中暗示了"美是合适"和"美是有用"的可能性,这成为后来苏格拉底的定义。

一开始，希琵阿斯把美界定为美的少女。苏格拉底以诸神为反例，驳斥希琵阿斯，因为跟神相比，再美的少女也显得丑。可是，尽管少女的定义一被神驳倒了，神也无法成为美的定义，因为任何东西与神相比，都会显得丑。神非但不是美的原因，反而是丑的原因，这显然不是苏格拉底他们所寻求的美。于是，希琵阿斯开始重新认识美。这样的美不仅仅是美的事物，而且还是这么一种东西：其他所有事物，一经美的修饰，在它的点缀下就会显得美（289d5）。希琵阿斯断言，美就是黄金。然而，苏格拉底用女神像和汤勺二例证明，即便是黄金，当它不合适时，也会显得丑。希琵阿斯的前两次定义都失败了，苏格拉底总是能找出反例，证明它们在某些情况下会显得丑。因此，接下来的定义三，希琵阿斯以自己的学识做担保，这定义在任何情况下都不会显得丑，准确地说，"在任何时候，任何地方，对任何人来说都不会显得丑"（291d）。这一具有普遍有效性的定义被希琵阿斯表述为：

无论何时，无论何地，对于每一位男子汉（ἀνδρί）而言，最美的是富裕，健康，深受希腊人爱戴，长命到老，父母死后替他们风光下葬，自己死后由子女替自己举行漂亮而隆重的葬礼。（291d—e）

希琵阿斯发现，美在人（少女）或物（黄金）那里都缺乏真正的基础。他开始怀疑，美就像正义，没有自然的依据，只有礼法的依据。他凭借自己的学识"洞悉"到这一点，因此，在接下来的定义中，希琵阿斯决定不再依托知识，而是纯然凭靠意见。于是，定义三便呈现为基于希腊人礼法的定义，因为构成定义三的几个要素中，"受希腊人爱戴"处于居中的位置。定义三描述了一种在希琵阿斯眼中最美的生活方式，这种生活方式强调"死得光荣"——如果将定义三的修饰成分通通略去，只保留句子的主干，那么定义三可以简化为"最美的是,死后由子女安葬自己"。定义三将美与人的完整一生联系在一起。希琵阿斯虽然提到了希腊人看重的葬礼,但死亡的意义被葬礼的外在形式所掩盖了,更没有考虑到死亡背后的德性问题。希琵阿斯对德性保持沉默,这意味着在他眼里,最美的生活没有德性的位置,最美的生活是由一些外在的好处构成,与内在的善无关。

出于上述原因,苏格拉底以略带反讽的遗憾口吻告诉希琵阿斯,定义三不但没能打倒"某人",反而将遭到"某人"大大的嘲笑。不仅如此,苏格拉底甚至断言:"要是他碰巧有根棍子,甚至有可能动手鞭打我一顿。"从定义一的"赞赏",到定义二的"嘲笑",再到定义三的"鞭打",希琵阿斯的定义显得越来越糟糕。为什么说定义三会招致"一顿鞭打"呢?"某人"用了两个比喻来回答:

> 我来告诉你,就用刚才那种方式,我来模仿那人,以免我朝你讲那人对我讲过的那些不三不四、唐突冒昧的话。听好了,"告诉我,"他说,"苏格拉底呀,你认为是遭受了不义的鞭打吗,当你答非所问时,犹如唱酒神颂跑调了一般?""这从何说起?"我说。"从何说起?"他说,"你难道不记得我的问题了吗?我问的是美本身,它附着在任何一件事物上,都使那一事物成为美的,不管它是一块石头、一截木头、一个凡人、一位天神还是所有的行为和所有的知识。至于我嘛,好家伙呀,问的是美本身,我说得清清楚楚,明明白白,而你坐在我身旁,就像一块石头,而且是石磨上的(石头),既没有耳朵,也没有脑子。"我感到害怕,于是就说出了下述的话,你不会不高兴吧,希琵阿斯?"可希琵阿斯说这就是美;我问他的方式与你如出一辙,它对所有事物都是美的,永远都是。"那你怎么说?你不会不高兴吧,如果我这样说?(292c—d)

酒神颂是赞美神,尤其是狄俄尼索斯的抒情诗。"某人"形容定义三是酒神颂唱跑了调,无异于说定义三偏离了酒神颂敬神的基调,犯了不敬神之罪。问题在于,希琵阿斯的定义连"神"字都没提,"不敬神"一说又从何谈起呢?

定义三由男子汉(ἀνδρί)、富裕(πλουτοῦντι)、健康(ὑγιαίνοντι)、敬重(τιμωμένῳ)、终老(ἀφικομένῳ)、安葬(περιστείλαντι)父母以及被安葬(ταφῆναι)这七个要素组成。"某人"对前五个要素避而不谈,而把矛头直接对准后两点:安葬父母和让子女安葬自己。这等于规定,死亡是美的必要条件。他直接问希琵阿斯,难道对于阿喀琉斯、埃阿科斯,以及其他诸神后裔,甚至诸神自己,美也是如此吗?(292e—293a)阿喀琉斯是海洋女神忒提斯(Thetis)和凡人佩琉斯(Peleus)所生。他的母亲是不死的神灵,阿喀琉斯永远不可能安葬他的母亲。同样,阿喀琉斯的祖父埃阿科斯(Aeacus)是宙斯之子,他也不可能安葬宙斯。凡是诸神的后裔,都不可能安葬不死的诸神,而诸神自己是不死的,诸神的父母自然也不死,他们既不可能安葬自己的父母,又不可能被自己的子女安葬。

为了避免不敬神所带来的风险,希琵阿斯只好承认,定义三不包括诸神在内。同时,它对坦塔劳斯(Ταντάλος)、达儿达诺路斯(Δαρδάνος)和策托斯(Ζήθος)这些诸神的子女来说是丑的;而对于佩罗普斯(Πέλοπος)和那些双亲不是诸神的人而言,则是美的。这样,定义三跟前两次定义一样,对有些人而言是美的,对另一些人来说则是丑的。希琵阿斯在不敬神与再次犯下相对主义的错误之间进退维谷,最终导致了定义三的失败。

纵观希琵阿斯的三个定义,他总是把美界定为某种特定的存在物,始终无法摆脱意见的影响,这揭示出希琵阿斯灵魂的固有品质:重视大众意见胜过真理。他就像石磨上的石头。这个比喻暗示,希琵阿斯不停地围着意见转圈。他们永远停留在意见的圈子内,被礼法和习俗束缚起来,无法抽身而退踏上寻求真理之路。希琵阿斯像沉醉于美中一样沉醉在意见之中,缺乏清醒的反思能力,没机会触及美的自然本质。"自然"一词直到下一个定义才在对话中首次出现。

希琵阿斯三次界定美的尝试均告失败。就在这时,"某人"不再打算任由苏格拉底和希琵阿斯这样继续下去,他亲自提出了一个全新的定义:

> "古灵精怪的苏格拉底呀,"他说,"别再用这种方式给出上述那些答案了,因为它们太过幼稚,太容易被驳倒了。考虑一下下述答案。在你看来,它是否是美的,这正好是我们从你的回答中挑出来的。当时,我们说,当黄金对某些事物是合适的时候就是美的,不合适时就不美;任何事物只要对他物合适,都是如此。因此考虑一下,合适以及合适本身的自然,是否才恰恰是美。"我的确在任何情形下都习惯于同意上述观点——因为我无话可说——可在你看来,合适真的是美吗?(293e)

在所有六次定义中,定义四所占的篇幅最短,但这并不意味着定义四的分量最轻。恰恰相反,定义四展现出了一些非同寻常的特征:第一,定义四是由苏格拉底转述的"某人"的定义,这也是唯一由"某人"提出的定义;第二,经过连续三次失败,希琵阿斯不再像之前那么自负;第三,定义四是所有定义中唯一没有被驳倒的定义。按照"某人"的标准,定义四从未遭到嘲笑;按照苏格拉底的说法,它没有被我们打倒,而是"从我们手里溜走了"(294e)。

其实,早在定义二中,希琵阿斯和苏格拉底已经达成共识:"只要是对于每件事物是合适的,那么它就使每件事物美。"(290d)差别仅仅在于,"某人"特意强调了"合适本身的自然"。这是"自然"(φύσις)一词首次出现在对话中。"自然"的提出将成为一个标志,标志着探究方式的转向:因为哲人关注事物的真理,而不是事物的意见;他关注事物的样式,而不是事物的名称;他关注事物的本质,而不是事物的表象。"某人"特意强调"合适本身的自然",很可能是为了与表面上的合适区分开。这似乎是美的问题最难以捉摸的地方:美在表象层面产生意义,如果脱离了表象,我们还有可能认识"美本身的自然"吗?

因此,苏格拉底决定仔细考虑"合适"这个定义,他问希琵阿斯:"当合适在场时,它使每一个被合适附着的事物显得(φαίνεσθαι)美,还是使其是(εἶναι)美的,还是两者皆否?"从句型上看,这是一个选择疑问句,苏格拉底向希琵阿斯发问的选择疑问句一共有三种情况:(1)在表面上显得美;(2)实际上是美的;(3)两者皆否。不过,这三种情况并未穷尽所有的可能性,因为第三种情况暗示了第四种情况——"既显得美,又是美",而三、四两种情况反过来使得第一种情况容易被理解为"合适使事物外表显得美,但实际上不美",第二种情况容易被理解为"合适造就事物实际上的美,但在外表上显得不美"。

希琵阿斯直接选择了第一项——合适使事物在表面上显得美。他还特意举了一个例子予以说明:一个人无论长得有多丑,只要他披上合适的衣裳,再搭配上合适的鞋子,也会显得美。用我们的话说,"人靠衣装,佛靠金装"。这个例子暴露出希琵阿斯心里的真实想法,从而又绕回到定义二,证实了之前认为美是黄金的看法——雅典娜女神像之所以显得美,正是因为她披上了黄金的衣裳。希琵阿斯嘴上虽然被说服了,心里却没有。可见,希琵阿斯对苏格拉底的交谈技巧具有相当程度的免疫力,不会轻易改变自己的看法。

对于希琵阿斯的回答,苏格拉底评价道:"如果合适确实使事物的外表显得比实际更美,那合适就是一种关于美的欺骗,也就不是我们所寻求的了。"显然,苏格拉底不认同"合适使事物的外表比实际更美"的说法,但也没断定这种说法是错误的。完全存在这一可能:使事物的外表显得美的合适也是一种美,只不过不是苏格拉底所寻求的那一种美而已。他接着问希琵阿斯:

> 那我们会同意下面这一点么,希琵阿斯?就其存在而言,所有美的事物,不但包括美的制度和美的生活方式,而且还被誉为对每个人来说总是既是美的又显得美,还是同意完全与之相反的观点。美的事物不为人所认识,它们自身是所有事物中最有争议和冲突的,于私对每个人如此,于公对诸城邦亦如此?(294c—d)

美不可能既使事物是美的,又使其显得美。如果合适是美,那么合适肯定不能使事物既是美的,又显得美。苏格拉底逼迫希琵阿斯从表象和实在中做出非此即彼的选择,合适要么使事物是美的,要么使其显得美。希琵阿斯选择了表象——合适使事物显得美。苏格拉底一再强调,他寻求的是"什么是美",言下之意,"显得美"与他们寻求的答案无关。合适与美擦肩而过。希琵阿斯开始觉得,苏格拉底这种理解方式非常荒谬。

关于"合适"的讨论本来是一个绝佳的机会,可以终结关于美的追问,可是苏格拉底却让到手的"美"溜走了。对于这样的结局,希琵阿斯显得很不满意,他以宙斯的名义表示,这种情况十分反常(ἀτόπως)。更加反常的是,"某人"在提出定义四之后便失去踪影,直到定义六被苏格拉底提出之后,他才重新出现。所以,定义五实现了真正意义上苏格拉底与希琵阿斯的独处,这也是唯一不受"某人"干预的定义。"某人"的"离场"使得苏格拉底的发言不再具有攻击性,而经过"某人"的敲打,希琵阿斯也不再吹嘘,他承认自己感到困惑,这显示出希琵阿斯渴望参与到探究之中的意愿。这似乎重新点燃了苏格拉底的希望:这一次,"美"还会逃出他们的掌心吗?

定义五把美界定为有用(το χρήσιμον),任何人、事、物,只要它是有用的,就是美的。

> 我曾说过,我们称双眼是美的,说的不是那些看起来就是如此,却没有能力观看的双眼,而是说那些具有能力的,并且能用于观看的眼睛,难道不是吗?(295c)

在此之前,苏格拉底的确曾以眼睛为例来论证什么是美。当时,希琵阿斯把美界定为黄金。为了反驳希琵阿斯,苏格拉底以斐迪阿斯的雅典娜女神像为例,反驳说,斐迪阿斯并没有用黄金造雅典娜神像的眼睛,而是用的大理石。希琵阿斯被迫承认,大理石比黄金更为合适,由此埋下的伏笔引出了定义四。然而,苏格拉底在当下的说法与之前大相径庭:眼睛是否是美的,取决于视力的好坏,而非眼睛的质料。这样,苏格拉底不动声色地否定了之前的论断,无论是黄金材质的眼睛抑或大理石材质的眼睛,它们都是丑的,因为它们根本看不见东西。换言之,眼睛之美不在于它们是否看起来好看,而在于看不看得见东西。因为衡量美的标准在于事物的功用,美的眼睛必须首先是有用的眼睛,即看得见、看得清事物;反之,只要眼睛缺乏观看的视力,无疑都是丑的。然而,事物通常会有许多种用处,每一种用处都会产生相应的效果。效果有好有坏,坏的效果纵然有用,也不能算作美。

为了论证美即功用,苏格拉底一口气列举了数十个例子,试图穷尽所有美的事物:人的身体;骏马、公鸡和鹌鹑三种动物;器具,包括陆上的器具和海上的器具,演奏音乐的乐器和其他器具,但仅举了海上器具的例子——货船和战舰;各种习惯和礼法。苏格拉底按照事物各自的生成方式,把这些美的事物分作三类:第一类事物是自然生长而成的(πέφυκεν);第二类是人工制造的(εἴργασται);第三类是约定或制定(κεῖται)而成的,即习惯和礼法。这三种划分方式分别对应的是自然、技艺和约定。

虽然美是功用,但并非所有的功用都是美的。因此,定义必须被修正,美是产生好效果的功用,即美是益处。这样美就成了善的原因。由于原因不同于结果,因此美不同于善,这一结果无论对苏格拉底还是希琵阿斯来说,都不可接受。

在定义五结尾,他们二人不停地以宙斯之名发誓,以表他们拒绝这一结论的决心。如果美不是善,而智慧又是美,那么智慧就不是善了,这对苏格拉底和希琵阿斯来说无论如何都不可接受。于是,定义五就在频繁的起誓声中失败了。总的来说,定义五是所有定义中论证最抽象的定义,论证过程不加丝毫修饰,仿佛故意要跟美的表象拉开距离。甚至可以说,定义五毫无美感或魅力可言。

定义五是所有定义中论证最抽象的定义,也是唯一囊括所有美的事物的定义:自然物、人造物以及习俗物。可是,定义五的论证毫无美感可言。苏格拉底与希琵阿斯不是在证明几何命题,苏格拉底希望以美的方式发现美(295c),他们难以接受毫无美感的论证。即便苏格拉底与希琵阿斯能够接受这一反讽的结果,他们也接受不了美不是善的结论。在这样的背景下,苏格拉底提出了他的最后一个定义。

定义五失败后,希琵阿斯和苏格拉底频频以宙斯的名义起誓,说这是他们最不满意的一个定义。不过,不满意归不满意,但他们由始至终都没说定义五是最不真实的定义。苏格拉底在《会饮》中回忆到第俄提玛(Diotima)的教诲"爱欲就是在美中孕育善"。换言之,在爱欲的作用下,美可以是善的原因。但是,《希琵阿斯前篇》是一篇抽离了爱欲的对话,"爱欲"一词从未在对话中出现。在这特定背景下说美不是善,很容易让人误以为美与善毫不相干。

定义六把美界定为通过听觉和视觉而来的快乐,或者说是悦耳的和悦目的快乐(297e5)。苏格拉底列举了若干悦目和悦耳的事物,并证明这些事物都是美的。可这一定义会遭到来自两方面的挑战:一、美的事业和美的礼法是否也属于悦目的和悦耳的快乐?二、从其他感觉而来的快乐为什么不算作美?苏格拉底勉强应付了这两个问题,但重新登场的"某人"并未就此善罢甘休。他抓住苏格拉底定义中的连词进行精准打击,指出"悦目的和悦耳的快乐"不等于"悦目的或悦耳的快乐",并就美的"共同性"提出质疑。希琵阿斯无法正确理解"和"与"或"字面背后的差异,这是由他对"共同性"的认识的局限所造成的:属于二者共有的性质一定为各自所分有。苏格拉底则认为,二者共有的性质不必然等同于各自所分有的性质。苏格拉底在最后的论证迫使希琵阿斯承认他所不愿意接受的结论,同时也宣告了定义六的破产。苏格拉底与希琵阿斯企图通过修改定义的方式挽救定义六,可如此一来又重新走回定义五的老路上。这样,界定美的最后一次尝试也失败了。

定义六的失败导致一个严重的后果——希琵阿斯发怒了。他对苏格拉底讨论方式的不满终于爆发了:

可是,苏格拉底啊,你认为这一切算是什么?无非是些支离破碎的咬文嚼字,如我所说,被割成一小块一小块的。然而,不但美而且价值连城的是,在法庭、在议事会上或对着其他某个执政官,既好且美地发表一篇演说。这篇演说不仅有说服力,而且可以得到不是最少的,而是最多的奖赏;不但可以捍卫自己,甚至可以捍卫自己的财产和朋友们。这才是值得我们下功夫的事业,扔掉那些细枝末节,不

要胡说八道，以免显得很不懂事。(304a—b)

希琵阿斯的勃然大怒，打破了一直以来相对友好的谈话气氛，它释放出一个强烈的信号，预示着对话很可能就此结束。我们不知道，如果希琵阿斯按捺住性子，苏格拉底和希琵阿斯会不会坚持不懈地探究美的定义。我们更不知道，如果定义的尝试一直持续下去，屡败屡战的他们最终能否发现美。我们只知道，苏格拉底似乎放弃了探究美的打算，他甚至不打算正面回应希琵阿斯的批评，而是以无可奈何的腔调诉说着自己的委屈：

> 这事儿就发生在了我身上，一如我所说，既被你们责备，又被他辱骂。尽管如此，我却必须忍受所有这些事情；但愿我不会无所受益。所以在我看来，希琵阿斯，我从和你们双方的切磋中受益匪浅；因为，那句古谚"美事艰难"，我好像明白了。(304e)

这六次失败的定义告诉我们，美是一种很复杂的现象，很难用某个单一的概念进行概括。那么，应当如何看待《希前》的失败呢？大致有三点。

首先，这样的失败在柏拉图对话中是常态。实际上，专门有一个词用来形容这一类对话——无解的对话（aporetic dialogue）。柏拉图对话有两类：有解的对话（dogmatic dialogue）与无解的对话（aporetic dialogue）。前者为他们讨论的问题提供了答案，而后者则没有提供答案。《希琵阿斯前篇》是无解的对话，苏格拉底与希琵阿斯先后六次尝试界定"什么是美"，最终还是功亏一篑。大多数定义型对话都属于无解的对话，它们共同呈现出一副滑稽可笑的苏格拉底的形象：以智慧著称的苏格拉底总是在与别人对话，尝试定义"勇敢"或者"明智"，结果一次也没有成功。苏格拉底似乎从来没有从这些失败中吸取教训。柏拉图不厌其烦地呈现失败的苏格拉底,要么希望我们学习苏格拉底这种锲而不舍的品质;要么说明苏格拉底是一个反应迟钝的学生,而这种迟钝值得我们学习。很明显,这两种可能性都不太大,最为合理的解释是,苏格拉底对这些定义的关切不过是表面上的,所谓的失败也只是表面上的。我们必须透过这些表面上的关切去发现深层次的、更值得关切的东西,才能从表面上的失败中获得真正的教诲。如果无解的对话也能传递真正的教诲,那有解的对话传递的是什么样的教诲呢?带着这样的眼光重新审视有解的对话,我们会发现,它们所提供的答案未必令人完全信服,这些答案甚至会增加破解问题的难度。可以说,问题的紧迫性而非重要性很大程度上决定了一篇对话是有解的还是无解的。比如,《理想国》提供了关于正义的明确回答。正义涉及诸多政治问题,而政治问题往往具有紧迫性,对政治问题的解答不允许推迟,就算是论据不够充分,也必须立刻回答。相比之下,《拉刻斯》关于"勇气"的讨论虽然也没有结果,但这不妨碍回答《拉刻斯》最初提出的问题——武装格斗技是否对年轻人有益,值得他们学习(181c)?关于"勇气"的问题虽然比关于"武装格斗"的问题更重要,但不及后者紧迫,故而不予回答也不要紧。在《希前》中,最重要的问题或许是"什么是美",但促使苏格拉底追问美的原初问题是"什么是美的追求"。显然,回答这个问题更为紧迫,而希琵阿斯早已为该问题准备好了长篇的演说。关于美的讨论并不紧迫,而紧迫的问题已经做好了充分的准备。这或许可以解释,为什么《希前》是无解的对话。

其次,希琵阿斯虽然为"什么是美的追求"准备了答案,但不意味着他的回答就是正确的。三天后,当希琵阿斯讲完了"什么是美的追求"之后,他与苏格拉底又进行了一场公开的对话。这一次,对话的主题是"阿喀琉斯与奥德修斯谁更优秀"。也就是说,他们通过分析荷马笔下的两个人物,思考谁的追求才是美的。在《希琵阿斯后篇》中,希琵阿斯的观点再次遭到苏格拉底的批判。

最后，我们不要忘记，苏格拉底并非在《希前》中一无所获，他通过这六次失败的尝试，明白了一个古人的教诲——美事艰难。这句古谚据说出自古代的智者梭伦。

希琵阿斯曾以无比确定的口吻断言政治的追求更美，因为远离政治事务是不审慎的表现。这是序曲的结论。可随后的插曲部分立即否定了序曲的结论。希琵阿斯在斯巴达的经历表明，政治追求不仅不美，而且显得十分可笑。这样我们似乎可以心安理得地接受老派智者的立场——远离政治的哲学思考才是更美的事业。可是，希琵阿斯并非政治家的典型代表，我们不要忘记，在希琵阿斯与苏格拉底交谈的背后，隐藏着希琵阿斯与阿尔喀比亚德的交谈。希琵阿斯的追求可笑，不代表阿尔喀比亚德的追求可笑，更不代表政治事务本身可笑。希琵阿斯的事业之所以显得可笑，是因为他的事业里包含着赚钱的低俗欲望。相比之下，阿尔喀比亚德的事业完全由争强好胜、追求第一的欲望激发，从而显得更加高贵。当阿尔喀比亚德以更理直气壮的口气、更高昂的姿态展示政治事业的美时，我们更不能轻易对这场争论盖棺定论。

如果说希琵阿斯出使雅典的政治事务反映了政治事业的低俗状况，那阿尔喀比亚德远征西西里的政治事务则反映出政治事业的高贵状况。希琵阿斯的政治事业低于苏格拉底的哲学事业，不等于说阿尔喀比亚德的政治事业同样低于苏格拉底的哲学事业。从"远离政治"到"美事艰难"，《希前》分别在较低层面和较高层面提出了哲学事业与政治事业孰优孰劣的争论，这篇对话解决了较低层面的争论，却仅仅暗示了较高层面的争论，便戛然而止。

《希前》提到了苏格拉底的父亲以及他父亲的技艺——雕像术。据说，苏格拉底子承父业，成为一名雕刻的石匠，但苏格拉底式的哲学绝非源于雕像术,更像苏格拉底母亲的技艺——助产术。苏格拉底的母亲是一位助产士,而苏格拉底自己也经常自比为灵魂的助产士:每当有人孕育出一个想法时,苏格拉底就会帮助他把他的想法生育出来。实际上,柏拉图对话呈现的景象是,苏格拉底打掉的想法比接生的想法更多。这表明哲学教育是世间最为艰难的事业;在打掉许多虚假哲人的同时,苏格拉底接生出了柏拉图,这也表明哲学教育是世间最美好的事业,同时也是世间最艰辛的事业。

推荐阅读书目:

柏拉图:《柏拉图文艺对话集》,朱光潜译,人民文学出版社,2008年。

王江涛:《美事艰难》,上海人民出版社,2018年。

Seth Benardete, *The Being of the Beautiful*, Chicago: The University of Chicago Press, 1984.

Drew Hyland, *Plato and the Question of Beauty*, Bloomington: Indiana University Press, 2008.

第八讲
灵魂与死亡:《斐多》

张 源

《斐多》是柏拉图对话中最重要的篇目之一,也是本人最心爱的篇章之一。《斐多》的重要之处首先在于,它是柏拉图笔下的苏格拉底一生中最后一次对话,也是柏拉图35篇对话中记录、描述的苏格拉底一生中参与的四次大型对话暨智识界大聚会当中的最后一次。这四次大聚会,与哲人苏格拉底一生的起落以及雅典帝国的沉浮是密切联系在一起的。

一、《斐多》在柏拉图对话中的位置

这四次大型对话、智识界大聚会分别是:《普罗塔戈拉》《理想国》《会饮》《斐多》。它们都属于结构比较复杂的复述型对话,即除了对话本身,还有一个事后加以复述的框架结构。柏拉图的35篇对话,有4篇是由苏格拉底本人复述的,在这里列出的四次大型对话里就占了2篇,可见其地位的重要性。

第一次大聚会是《普罗塔戈拉》,发生于公元前433或前432年,地点在雅典首富卡里阿斯家中。与二三子间的对话不同,这场对话的在场者约有几十人(对话中提到现场还有几个外邦访问团体),其中具名的人物有20位之多,发言者除了苏格拉底之外,还有当世三大智者普罗塔戈拉、希琵阿斯、普罗狄科,参与对话者还有雅典首富、豪宅主人卡里阿斯,以及政坛未来的领袖人物阿尔喀比亚德与克里提阿。

在场聆听者也非等闲之辈,包括此后雅典文艺界代表阿伽通,医药界代表厄里克希马库斯,军界代表阿德曼图斯,政界的寡头派代表安德隆(Andron),其余在场的年轻人也都出身名门:包括雅典"第一公民"伯里克利的两个儿子和卡尔米德与斐德若等贵族青年,此外还有外邦学术界代表安提谟鲁以及来自厄里斯等各邦的文化访问团体。在《普罗塔戈拉》篇中出现的主要人物,此后还会在柏拉图系列对话中陆续出现。

这篇对话的重要人物普罗塔戈拉是外邦第一大智者,此时年近六旬,正处于智识巅峰,对话的核心人物苏格拉底是雅典本地崛起的智识界新王者,当年36岁,春秋正盛。这是成熟时期的苏格拉底在柏拉图对话中的第一次亮相,当时的雅典帝国正处于伯里克利统治下的黄金时代——苏格拉底与雅典正一同处于鼎盛之年。顺便一提,我们经常会看到鼎盛年(ἀκμή)这个说法,其本意是指鲜花盛开的时期,代指成年男子取得自身巅峰成就的年代,或事物的巅峰时期。一般人取得巅峰成就,大概总要到三四十岁的时候,那便是他全面盛开的时刻。

柏拉图对话中记录或描写的第二次大聚会是《理想国》,从对话中所暗示的最早戏剧时间,即公元前429年6月的本迪斯女神(Bendis)庆典,到最晚戏剧时间,公元前399年5月,时间跨度长达30年,几乎覆盖了整个伯罗奔尼撒战争(公元前431年—前404年),直至苏格拉底之死(公元前399年)。对话发生的地点是在比雷埃夫斯港——雅典最重要的军事基地(随着伯罗奔尼撒战争的爆发,对话的地点从雅典城内转移到了军事重镇),具体的地点是当地富豪波勒玛库斯家中。《理想国》和《普罗塔戈拉》一样,是人物众多的大型对话,其中包括雅典本地人、外邦来客,此外还有侨民,对话中的豪宅主人波勒玛库斯一家就是侨民,地位比外邦人高,又比雅典本地人要低一些。

《理想国》中的人物跨越了几个时代,如豪宅主人波勒玛库斯的父亲克法洛斯在对话开始时已是一位老人(328e),苏格拉底当时40岁,而对话在后来(第六卷)提到的苏格拉底的学生忒阿格斯在第一卷开始的时候(公元前429年)才刚刚出生。柏拉图让老人克法劳斯在第一卷退场,除了对话情节的需要,也是解决时间错置问题的一种必要的技术手段。在克法劳斯退场之后,苏格拉底成了在场发言者当中最年长的人,向他挑战的外邦智者忒拉绪马霍斯则大致是当年向普罗塔戈拉挑战的苏格拉底的年纪。我们看到,此时智者与哲学家已经互换了攻守位置。

苏格拉底当年成功挑战了普罗塔戈拉,现在又成功应对了外邦年轻一代智者忒拉绪马霍斯的挑战,此后苏格拉底的权威形象一直保持到整部对话结束。《理想国》是一部跨越30年的大剧,时间从公元前429年伯里克利之死到公元前399年苏格拉底之死,这30年我们称之为"苏格拉底时代"。在这个时代,苏格拉底成为雅典帝国实际上的灵魂人物,而雅典帝国则经历了从全盛走向衰败的整个过程。

公元前433年卡里阿斯家的那场聚会是帝国全盛时期的大聚会。17年后,也就是公元前416年2月,亲历过当年那场传奇对谈的雅典人,再次聚集在悲剧家阿伽通家中。这便是柏拉图笔下的第三次大聚会《会饮》。会饮的由头是庆祝阿伽通的第一部悲剧获奖,此时苏格拉底已经53岁,17年前那些崭露头角的青年才俊已纷纷进入盛年。如今是阿尔喀比亚德在掌控着帝国,然而此时苏格拉底与阿尔喀比亚德的旧爱已成往事,后者如同脱缰的野马,带领雅典一路狂歌宴饮进入了新的时代。

就在这场会饮之后,公元前416年春天,雅典帝国无端占领弥罗斯城,坚信神意与正义的弥罗斯人英勇抵抗,结果惨遭屠城。以这一事件为标志,帝国王道尽失。次年夏天,雅典在利益诱使下远征西西里,于公元前413年9月全军覆没。柏拉图对话所描述的这第三次大聚会,就发生在帝国命运之轮即将转向倾覆的前夕。

那场聚会之后,转眼16年过去(公元前400年),雅典帝国已经覆灭,后人仍念念不忘、辗转复述当年苏格拉底参加会饮时的情形。随着雅典帝国命运沉浮,当年参加过那场对话的人物都已风流云散:斐德若受到亵渎秘仪的指控,流亡外邦、家产充公;他的爱友厄里克希马库斯下落不明,聚会的主角阿伽通与爱友泡赛尼阿斯双双出走雅典,投奔马其顿宫廷而去;阿尔喀比亚德流亡小亚细亚,惨死异乡。当初的7个对话者生死暌违,天各一方;那场会饮或者说雅典帝国的最后狂欢,成为绝响。

当年一起参与了《普罗塔戈拉》篇对话的还有克里提阿斯与他的堂弟卡尔米德,两人后来成为三十僭主领袖,因此身败名裂,在穆尼契亚战场一同被杀。发生《理想国》那场对话的豪宅家主波勒玛库斯,就是因为在三十僭主统治期间与克里提阿有染,惨遭砍头之刑,家产被抄没,富豪之家,一朝倾覆。

柏拉图笔下的盛世清谈,可以说隐藏着雅典各大家族的命运浮沉。这让我们忆起荷马史诗《伊利亚特》第六卷,格劳刻斯对狄俄墨德斯说:"何必问我的家世?人生代代,如秋叶飘零。"柏拉图的戏剧对话就是在不动声色之中,书写了雅典帝国一代代杰出人物的秋叶飘零。

在《会饮》(公元前416年)之后,下一场堪与17年前《普罗塔戈拉》那场盛会(公元前433/432年)相比拟的大聚会,要再等17年方可见到(公元前399年)——第四次大聚会《斐多》中的对话情节。此时帝国已逝,人物飘零。具有象征意义的是,此时智识界大聚会的地点不再是豪门府邸,而是关押苏格拉底的死囚牢。我们看到,伯里克利治下的黄金时代过去之后的30年中,苏格拉底在雅典统治阶层、知识阶层、贵族世家及其子弟当中有着广泛的影响,他已经成为雅典帝国实际上的灵魂人物。而在《斐多》这篇以死亡与灵魂为主题的对话中,柏拉图讲述了苏格拉底之死,以及雅典人如何处死了自己城邦的灵魂人物。

苏格拉底所开创的道德哲学此后发展出十个派别,如学园派、厄里斯派、犬儒派、昔勒尼派、墨伽拉派、逍遥派、斯多亚派与伊壁鸠鲁派等。这种情况好比中国战国时期孔墨之后儒分为八:有子张之儒,有子思之儒,有颜氏之儒,有孟氏之儒等。总之这八儒都是出于孔子,而学园派等十派都出于苏格拉底。

苏格拉底死后,他的学生纷纷离开雅典,雅典成了诸神离弃的神殿。其中柏拉图出走雅典,开始了长达12年的远游;色诺芬去了斯巴达;斐多回到家乡厄里斯,建立厄里斯学派;安提斯泰尼也在雅典城外建立了学园,此后发展为犬儒学派。据说就是这位安提斯提尼此后为老师苏格拉底报了仇:曾有外邦使团因为仰慕苏格拉底到访雅典,那时他们还不知道苏格拉底的死讯,安提斯泰尼故意把这些人引到苏格拉底的控诉者那里,并说这些人比苏格拉底更有智慧,到访者因此愤慨不已,而雅典人深感悔恨,将起诉苏格拉底的麦勒图斯、安禄图斯与卢孔或处死,或流放。据说在安禄图斯流亡外邦途中,当地人听说苏格拉底被处死的消息,将安禄图斯乱石打死。

相比雅典帝国的覆灭,苏格拉底的死是雅典自毁长城的更大悲剧。《斐多》这篇讨论死亡与灵魂的对话,记载了苏格拉底70年人生的最后一天,这也是雅典帝国在覆灭之后真正魂飞魄散的时刻。

二、《斐多》篇为何以"斐多"为题

柏拉图对话35篇,有27篇以对话中的关键人物为题,《斐多》即属于其中之一。不过,斐多乍一看去似乎并非本篇对话的关键人物。《斐多》篇中的人物,包括狱卒、克里同的奴隶等共有23人,其中比较重要的人物有美涅克塞努斯,他在柏拉图对话中出现过3次,分别以少年、青年、中年3个阶段的形象出现。柏拉图有一篇地位特殊的对话《美涅克塞努斯》便是以他的名字为题。在场者还有美涅克塞努斯的表亲克特西普斯,他也多次出现在柏拉图的对话中。此外,我们还看到了苏格拉底热烈的追随者阿波罗多洛斯,这个人物也很特殊——他可是讲述《会饮》的那个人。接下来克里同这个人物自然非常重要,柏拉图的《克里同》记载了他与苏格拉底的伟大友谊。在场者还有赫墨吉尼斯,他是《克拉底鲁》中苏格拉底的对话者,以及厄庇吉尼斯和埃斯基涅,他们在《申辩》中也出现过。在场者还有著名的安提斯泰尼,犬儒学派的创始人,我们此前曾提到过他为老师复仇的轶事。以上都是雅典本地人士。

接下来,来自忒拜的西米阿斯与刻贝才是本篇苏格拉底真正的对话者。西米阿斯与刻贝的家乡是毕达哥拉斯派的避难地,而这一派的核心学说之一就是灵魂转世说。毕达哥拉斯自己据说就是经过了五世轮转,在第五世成为毕达哥拉斯的。从而,在这篇关于灵魂与死亡的对话中,来自忒拜的这两位朋友可以说是苏格拉底最合适的对话对象。在场者中还有来自墨伽拉的几位朋友,其中欧几里得正是墨伽拉派的创立者。

顺便提及,柏拉图在对话中挑选谈话对象是非常考究的,主要分为两种情况。

第一种，用通俗的话讲是"对手强我更强"的类型：比如在讨论修辞术的对话中，苏格拉底轻松战胜了大修辞家高尔吉亚；在讲论诗艺的对话中，苏格拉底像磁石一样迷惑住了颂诗人伊翁；在讨论何为勇敢的对话中，苏格拉底得到了身经百战的将军拉刻斯与尼基阿斯的由衷赞赏；在副标题为"智者"的《普罗塔戈拉》中，不消说苏格拉底力克当世第一大智者普罗塔戈拉。

第二种，是"缺什么补什么"的类型：比如在《卡尔米德》中，谈论节制是由于对话者不知节制；在《美诺》中，讲论美德是出于对方无德等等。苏格拉底的这一形象或许是经过了柏拉图的艺术加工，这样的人物不禁令人兴叹：悠悠苍天，此何人哉！因此苏格拉底之死才会给人的心灵带来巨大的冲击，我们会追问：这样的人怎么会被处死？并由这样一个卓越人物的死来追问死亡问题本身。

现在我们回到斐多这个人物。斐多在柏拉图对话中只出现过一次，即在本篇中。不过他并未承担与苏格拉底对话的任务，实际上他在现场只讲了几句话，即89a—90d寥寥数行，居然就成了这一篇的题名人物，看上去不免有些奇怪。

我们先来看看斐多的身世：厄里斯人，出身贵族，城邦沦陷时成为俘虏。第欧根尼·拉尔修在《名哲言行录》中说他"被囚禁在一间臭名昭著的屋子里"。这话讲得遮遮掩掩，到底想表达什么意思呢？德国学者利奇德在《古希腊风化史》中一语道破：原来斐多是被关在了妓院中，被迫做了男妓。斐多好比耶稣门徒中的最卑微者，抹大拉的玛利亚——这位玛利亚据说是一个妓女。近来关于玛利亚的妓女身份时有翻案文章，但两个故事的核心要义是一致的：无论你是何出身、是何身份，有过怎样不堪的过往与遭遇，苏格拉底与耶稣关爱的始终是你的灵魂。这也是这篇以灵魂为主题的对话的中心义涵。正是由于苏格拉底的爱，斐多身为男妓，尔后竟投身哲学、开山立派（厄里斯学派），成长为一代哲宗。

斐多坐在苏格拉底脚边仰望着老师，苏格拉底俯身轻抚斐多的头发，这是《斐多》中最动人的一幕。苏格拉底让斐多不要为他剪去头发，这是希腊人哀悼至亲的礼仪。苏格拉底将斐多比作赫拉克勒斯，而斐多说：你才是赫拉克勒斯啊，而我是伊俄拉俄斯（《斐多》89bc）。这句话是什么意思呢？伊俄拉俄斯是大英雄赫拉克勒斯的子侄与战友，英雄赫拉克勒斯历经磨难，最后身中剧毒，不堪忍受痛苦与耻辱自杀而死，由此结束了他在人间的苦难，升上奥林波斯山成为不朽的天神。因此他成了神话传说中第一个高贵的自杀者，也是第一个主动结束生命后获得不朽的人。

此后伊俄拉俄斯冒死保护英雄的后人，最终为赫拉克勒斯复仇并还之以正义。而斐多在苏格拉底死后离开雅典，把他的故事带到了费琉斯地区——此地与忒拜关系密切，既属于毕达哥拉斯派共同体，同时又属于斯巴达的势力范围。由斐多来讲述苏格拉底的故事，其意义非同小可：斐多之于苏格拉底，好比哈姆雷特的挚友赫拉叙之于王子哈姆雷特，当哈姆雷特中毒即将死去（赫拉克勒斯、苏格拉底、哈姆雷特都是中毒而死），他的挚友赫拉叙意欲自杀殉友，哈姆雷特制止他的理由是：在这冷酷的人间，讲述我的故事！（In this harsh world/To tell my story！）阿咯琉斯面对命运抉择最终选择了死亡，奥德修斯放弃女神许给他的永生，选择回到有死的人世，回到故乡伊萨卡，正是因为在古人看来，默默终老、无人讲述自己的故事，是比死亡本身还要可怕的事情。

斐多此后回到家乡厄里斯，创立了厄里斯学派，而厄里斯与费琉斯同属斯巴达势力范围——《斐多》篇的注疏者格迪斯（W. D. Geddes）提醒我们，苏格拉底所抚弄的斐多的长发显然就是斯巴达发式。斐多建立厄里斯学派，这代表了雅典文化对斯巴达所主导的伯罗奔尼撒地区的征服，而这是公元前4世纪希腊的一个显著特征。正如大力神的战友与子侄伊俄拉俄斯（Iolaus）那样，后死者完成了对至亲好友应尽的义务，记载苏格拉底之死的篇章当之无愧名曰《斐多》。

三、《斐多》开篇的寓意

对话开篇，费琉斯人艾奇克拉底询问斐多苏格拉底死时的情形，因而斐多有机会向外乡人（同时也向读者）解释雅典人人都知道的风俗，此即关于忒修斯圣船的风俗，亦即柏拉图这篇对话的背景。忒修斯圣船是雅典神话国王忒修斯去克里特解救14个童男童女时所乘坐的船。当时雅典人向阿波罗许愿，如若成功便年年派使者到提洛岛朝圣。船出使期间，城里应该是圣洁的，不得处决死囚，因此苏格拉底在这艘船返回时才被处死。

这个开篇意味深长，蕴含了双重父子关系。第一重是雅典神话国王忒修斯与雅典。忒修斯神话在雅典国家神话中享有特殊的地位，忒修斯不但出现在雅典多部悲剧中，甚至在希波战争初期还出现了这样的传说：在马拉松平原上那场生死攸关的战斗中，很多士兵亲眼看到了忒修斯的英灵全身披挂、带头率领他们向着蛮族冲锋（普鲁塔克：《忒修斯传》）。忒修斯神话正是随着雅典帝国的兴起而复兴，此后他的故事不断出现在各个悲剧与传说中，神话国王忒修斯获得了近似雅典国父这样的地位。

第二重是苏格拉底与雅典之精神性的父子关系。以《游叙弗伦》篇为例，柏拉图的叙事当中存在着双重反讽：游叙弗伦据说拥有关于神圣事物的知识，最懂得什么是虔敬。然而当苏格拉底询问他何为虔敬的时候，他却表现出对此一无所知——具有讽刺意味的是，该篇对话的副标题正是论神圣。再进一步来说，维护父亲的尊严与权力，乃是城邦之法（nomos）

的根基，号称懂得何为神圣的游叙弗伦，在法庭与苏格拉底相遇，恰恰是来起诉自己父亲的。有意思的是，他对自己行为的后果浑然不觉，却偏偏能够意识到起诉苏格拉底的人是在从根本上伤害城邦，从而将苏格拉底比作了"神圣的城邦之父"。《斐多》篇的注释者格迪斯最早看出，《斐多》开头敬奉忒修斯一幕，便是在将苏格拉底与雅典圣王忒修斯相比。

我们再来回看苏格拉底关爱过的那些青年：从柏拉图、阿尔喀比亚德、卡尔米德、泰阿泰德，再到斐多，他们都是在战争中失去了父亲的孩子们。难怪在苏格拉底即将饮下毒酒的那一刻，他亲手培养起来的哲人们、那些惯以理性自持的哲人们再也克制不住自己的情感，悲痛欲绝，失声痛哭。用斐多的话来说："我们觉得他就像是我们的父亲，一旦失去了他，我们从此以后都成为孤儿了。"《斐多》这篇对话始于神话国父忒修斯，这是雅典兴盛的开端，而终结于苏格拉底之死，以雅典弑父、亲手杀死自己真正的父亲为其最终结局。

四、三联剧"苏格拉底之死"（《申辩》《克里同》《斐多》）解读

哲人加缪曾说："真正严肃的哲学问题只有一个，那就是自杀。判断人生是否值得度过，这本身就是在回答哲学的根本问题。……正如尼采所说，真正值得尊敬的哲人，是践行自己哲学的人，从而回答问题至关重要，因为回答先于决定性的行动本身。"曾有一位哲人，在采取"决定性的行动"之先，回答了哲学的这一根本问题，并以生命践行了自己的哲学，这个人就是苏格拉底。尼采断言：世界历史上最伟大的两次司法谋杀（Justizmord，指苏格拉底与耶稣的审判）都是隐蔽的自杀；苏格拉底渴望

死亡,他迫使雅典人判处了他死刑。苏格拉底之死,使哲学本身变得真正严肃起来,也使自杀成为真正严肃的哲学问题。

哲人苏格拉底在死之前,曾向不同的受众做过三次申辩。第一次,面向雅典公众,苏格拉底公然蔑视城邦的法律习俗,迫使公民大众判处了自己死刑;第二次,在执行死刑的前一天,面对同区老友克里同,苏格拉底又表示尊重城邦的法律习俗,迫使老友放弃了营救自己的计划;第三次,在生命的最后一天,面对圈中私人同道,苏格拉底超越城邦的法律习俗,向这一哲人群体提出并回答了哲学的根本问题,最后将生命祭献给了自己的哲学信念。

在柏拉图的《申辩》中,苏格拉底在公民大会对原告所做的第一项反驳,居然不是关于"不信神",也非"败坏青年",而是否认自己"能言善辩"。(相较之下,色诺芬笔下的苏格拉底在公民大会的申辩,则是直接从反驳"不信神"以及"败坏青年"的控诉开始的。)苏格拉底向大众严肃指出:原告说我是个能言善辩的人,让大家小心不要受到我的愚弄,这是他们连篇假话中尤其使我感到惊讶一个谎言,说这话的人真是厚颜无耻,因为接下来这种话很快就会遭到事实的驳斥,我会向大家证明自己绝不是个能言善辩的人,(《申辩》17a—b)。

这真是一个无解的悖论:如果苏格拉底不是个能言善辩的人,他就不能在申辩中驳倒对方,那么我们就不得不判定原告"苏格拉底是个能言善辩的人"之说法成立;如果苏格拉底证明了自己不是个能言善辩的人,从而在申辩中驳倒了对方,这将恰恰说明他的确是个能言善辩的人。据苏格拉底自己说,这是他"活了70年,第一次上法庭","对这个地方的辞令完全陌生",但显然公民大会的民众对他的辞令才是陌生的,因为他一来就为庄严的庭审预先安装了一个 bug(程序漏洞),而听众却对其中的问题浑然未觉。

苏格拉底向大家保证，自己所讲的"全都是真话"，确实如此——他在法庭上坚决不肯用修辞愚弄群众，傲然用不加修饰的语言向大众宣讲真理。而接下来事态的发展，正如苏格拉底向大家预告的那样，事实证明他似乎真的不是一个能言善辩的人——他的申辩是如此糟糕，以至于把自己逼上了绝路。民众像被苏格拉底牵着鼻子似的投票表决，他们在判决苏格拉底死刑的同时，实际上等于判定原告在说谎。就这样，苏格拉底公然蔑视城邦的法律习俗：一方面固然在于他不屑像其他人那样用修辞愚弄民众；另一方面还在于他用最高的修辞——真话——愚弄了民众。

以上是苏格拉底为自己所做的第一次申辩。柏拉图引人注目地以这一事件作为本篇标题：35 篇柏拉图对话，只有 2 篇以事件为题，其一是《会饮》，另一则是《申辩》。苏格拉底曾自嘲缺乏长篇演说与左右大众的能力(《普罗塔戈拉》335c,《高尔吉亚》474ab)；有学者信以为真，认为苏格拉底在宴饮与法庭上便是如此[1]。然而在《会饮》中，柏拉图实际上正是让苏格拉底以长篇演说技压群雄，那么在《申辩》中情况则如何？如果苏格拉底想活下去，那么他的申辩就失败了；如果他想死，他的申辩便获得了成功，或许这正是他有生以来最成功的一篇演说词。

与苏格拉底同区的老友克里同，对这场申辩的结果感到痛苦而困惑。在苏格拉底行刑的前一天，克里同彻夜无眠，在拂晓前潜入狱中营救老友，却发现苏格拉底本人浑若无事、沉睡正酣。克里同不忍打扰老友安眠，就坐在床边看着他，等他醒来。有研究者认为，这表明克里同"嫉妒苏格拉底将生死置之度外"，"有意拖延时间，直至延误了时机"[2]。这种阐释或许有其道理，但同时也反映出阐释者猥琐的心灵：他不能理解什么是

---

[1] 参见罗森:《柏拉图的〈会饮〉》，杨俊杰译，华东师范大学出版社，2011 年。
[2] 参见普拉克:《法的统治的神话基础》，载柏拉图:《米诺斯》，林志猛译，华夏出版社，2010 年。

毕生的友谊。

苏格拉底醒来，见此情景心中感动，于是他为老友耐心开解，为自己的行为做了第二次申辩："在我行动之前，说服你很重要。我不想采取违反你意愿的行为。"(《克里同》48e)令人大感意外的是，苏格拉底在第一次申辩中公然蔑视城邦法律习俗，在第二次申辩中却宣称要尊重城邦法律习俗。——话说克里同是什么人？他是雅典富豪，城邦中坚。换言之，他的根本利益与城邦紧密捆绑，本应是城邦法律习俗的代表。《克里同》的疏证者维斯(Roslyn Weiss)问得好：如果克里同不是苏格拉底的朋友和同区的伙伴，那么他会在苏格拉底的审判中投上怎样的一票？

无论如何，苏格拉底的这位老友，为了友情正在行不法之事：他已经花钱疏通狱卒，潜入狱中，接下来要营救朋友、送往外邦。本应代表城邦法律的人现在要说服苏格拉底置法律于不顾；而曾经蔑视城邦法律的人反过来开始劝说克里同要尊重城邦之法。在与克里同对话的中间，苏格拉底甚至忽然成了城邦法律的化身，向自己——"苏格拉底"发出威严的质询，并要求对方无条件服从——那副咄咄逼人的样子，像极了42年前上演的悲剧《安提戈涅》(公元前441年)中代表城邦法律的克瑞翁。

结果苏格拉底所扮演的那个"苏格拉底"在城邦法律的逼问下唯有拜服："我亲爱的朋友克里同，我向你保证，我仿佛真的听到了这些话，……你还有什么不同意见，说出来吧！""不，苏格拉底，我无话可说。"(《克里同》54d)就这样，苏格拉底代替克里同担任城邦法律的代言人并驳倒了自己；面对苏格拉底的雄辩滔滔(别忘了苏格拉底可是由于"不善辩论"而身陷囹圄的)，克里同除了放弃不法行为(营救计划)别无他法。

以上是苏格拉底的第二次申辩。苏格拉底的两次申辩充满了反讽意味,可以说是他修辞技艺的巅峰展示:第一次他站在城邦法律习俗的对立面,让公民大会根据城邦法律判处了自己死刑,实际上用输掉辩论来赢得了辩论;第二次他又站在城邦法律习俗一面,代表城邦法律判处了自己死刑,再次用输掉辩论来赢得了辩论。要让苏格拉底代表城邦法律讲出那样一篇虚虚实实的说辞来,非克里同而不办。柏拉图因之提醒我们注意此篇对话的对象,名之曰《克里同》。克里同是苏格拉底最不愿意伤害的人之一,《克里同》则是柏拉图笔下锋芒逼人的苏格拉底最温柔的一次对话。不少研究者以该篇为依据实打实地论证苏格拉底的"法律观"或"义务观"(《克里同》的副标题为"论义务"),恐怕也和"我亲爱的朋友克里同"一样,君子被"欺之以方"了。

在苏格拉底70年生命的最后一天,他的挚友与门徒相伴来到狱中,一起陪他走完人生最后一程。面对同道知己,苏格拉底为自己,也为哲学做了第三次申辩:"好吧,让我向你们做一次更能令人信服的申辩,胜过我向公民大会所做的。"(《斐多》63b)此前我们看到,苏格拉底面对不同受众,当机说法收发随心,无论如何总能掌控局面达到目的,他的辩论技艺已臻化境,神乎其神。这第三次申辩,他将要展示怎样的言辞与技艺?苏格拉底没有让我们失望。

我们在这里没有看到辞令,也没有察觉到反讽,几乎没有发现任何技巧,结果当然更无所谓输赢。面对自己的知心人,苏格拉底抛去一切面具,在生命的最后时刻向他们吐露真理、袒露灵魂;无论如何高超的修辞,都不若此刻的诚恳与真挚打动人心。苏格拉底给予了同道友人"应得之份",或者说,给予了他们的友情以正义:此刻得到苏格拉底友谊的认证,足令在场的哲人们快慰平生。我们因此能够理解,为什么苏格拉底的门徒(在世人看来最不当笑的场合)几次发出会心微笑,紧接着他们又意识到即将永远失去这样一位朋友,不禁悲从中来;人们"一会儿笑,一会儿哭","悲欣交集"。

在《斐多》篇中,苏格拉底一来就很自然地谈到自己的自杀(61bc,可见苏格拉底的自杀,似乎并不像尼采所说的那样"隐蔽"),在场者显然对此心照不宣。紧接着苏格拉底自己又说"自杀是不合法的"(61c),这立刻引发了哲人们的兴趣:这场关于生死与灵魂的哲学对话,便从探讨自杀的合法性问题而始。来自外邦底比斯的友人刻贝与西米阿斯因之质询苏格拉底:既然自杀不合法,那么你何以为此?(62d—63a)

此时苏格拉底给出了下面这番著名的回答:学习哲学就是学习死亡。死亡是灵魂摆脱肉体、获得真理的唯一入口,哲人的任务便是将灵魂从肉体中解脱出来。真正的哲人向死而生,死亡于他而言乃是乐事,岂足惧哉?(64a—68b)不仅如此,正是由于面对了死亡,哲人成为真正的英雄:为了追求智慧,他们无惧于死亡,此之谓勇敢;不受生之欲望的驱使,此之谓节制;而唯有智慧,才能让人拥有真正的勇敢、节制、正义,即真正的美德/卓越(Arete)(68b—69b)。

在"苏格拉底之死"三部曲中,我们发现,苏格拉底的言说和存在方式焕然一新,不再是"苏格拉底式的":他不再进行拆解与自我拆解,转而代之以斩钉截铁的铿锵立言。经过苏格拉底为哲学和哲人所做的正面辩护,曾经英雄独具的德性如今成了哲人特有的美德。对柏拉图来说,为信仰献身的哲人是他那个时代真正的英雄,苏格拉底则是时代英雄中的卓越者。如果像施特劳斯所说,"柏拉图的全部对话乃是一座苏格拉底生命的丰碑",那么《斐多》便是这座丰碑的拱顶石。随着这块拱顶石落下,我们现在才可以真正开始对本篇对话进行较为深入的讨论。

推荐阅读书目:

柏拉图:《〈费多篇〉〈米诺篇〉译注》,徐学庸译,北京大学出版社,2015年。
柏拉图:《斐多》,杨绛译注,生活·读书·新知三联书店,2012年。
奥林匹奥多罗:《苏格拉底的命相——〈斐多〉义疏》,宋志润译,华东师范大学出版社,2010年。
A. E. 泰勒:《柏拉图:生平及其著作》,谢随知等译,山东人民出版社,1996年。
伯格:《柏拉图式的迷宫——〈斐多〉义疏》,戴晓光译,华夏出版社,2015年。
丹豪瑟:《尼采眼中的苏格拉底》,田立年译,华夏出版社,2013年。
顾丽玲:《苏格拉底的敬神——柏拉图〈游叙弗伦〉疏解》,复旦大学出版社,2013年。

W. D. Geddes, *The Phaedo of Plato*, London: Williams & Norgate, 1863.

John Burnet, *Plato's Phaedo*, Oxford: Clarendon Press, 1911.

R. Hackforth, *Plato's Phaedo*, Cambridge: Cambridge University Press, 1955.

David Gallop, *Plato's Phaedo*, Oxford: Oxford University Press, 1977.

David Bostock, *Plato's Phaedo*, Oxford: Oxford University Press, 1986.

Peter J. Ahrensdorf, *The Death of Socrates and the Life of Philosophy: An Interpretation of Plato's Phaedo*, New York: State University of New York Press, 1995.

Debra Nails, *The People of Plato: A Prosopography of Plato and Other Socratics*, Indianapolis/Cambridge: Hackett Publishing Company, Inc., 2002.

第九讲
爱的阶梯:《会饮》

陈斯一

《会饮》是柏拉图最有名的对话之一,对它的解读角度有很多。《会饮》探讨的主题是爱欲。爱欲是古希腊文化的一个核心概念,其折射出的人性现象也深受古希腊哲学家重视。柏拉图的《会饮》给出了七篇对爱欲的赞词,这些赞词从不同的角度对爱欲进行了赞美。其中最独特的是最后一篇:阿尔喀比亚德对爱欲的赞词。阿尔喀比亚德是在所有人讲完了各自对爱欲的赞美之后突然闯进会饮现场的,而且他赞美的不是爱欲,而是苏格拉底。阿尔喀比亚德最后对苏格拉底的赞美构成了整篇对话的结局。为什么柏拉图要如此安排?要理解这篇对话,这是一个很重要的问题。

《会饮》可以理解为柏拉图为苏格拉底写的一篇辩护词。雅典处死苏格拉底前给了他一系列罪名,其中最实质性的罪名是败坏青年,具体而言,这个青年指的就是阿尔喀比亚德。阿尔喀比亚德煽动雅典人发动了西西里远征,中途却叛逃,直接导致了远征的失败,间接导致了雅典帝国的衰落。因为这层关系,苏格拉底受到了牵连,最终被处死。而《会饮》实际上是柏拉图提供的他对于苏格拉底和阿尔喀比亚德之关系的理解。这份辩护比表面看上去要复杂,因为柏拉图没有简单地判定对错,而是在一个很深刻的层面揭示了一场爱欲的悲剧。本文将从对阿尔喀比亚德的分析出发,结合《会饮》中的赞词,从阿尔喀比亚德和苏格拉底之间的关系着眼,解读这篇对话的哲学和政治意涵。

一、阿尔喀比亚德的爱欲与背叛

《会饮》通常被认为是柏拉图在公元前385—前370年之间写的,但更受人关注的是这篇对话的戏剧时间,也就是它所描述的会饮这件事情到底发生在何时。

会饮有一个明确的发生场合——阿伽通的家里。为了庆祝自己获得了悲剧竞赛的第一名,阿伽通举办了这样一场宴会。这实际上是在公元前416年发生的,而这个年份之所以重要,是因为在接下来的一年(公元前415年)发生了一场对于雅典的历史,甚至于对整个古希腊的历史都至关重要的战役——西西里远征。这场战役是阿尔喀比亚德发起的,但是他在中途叛变雅典,投奔了斯巴达,直接导致雅典在西西里远征中惨败。这甚至可以说是整场伯罗奔尼撒战争的转折点,在一定程度上决定了整个古希腊政治文明的命运。

这场战役与爱欲有何关系?"爱欲与政治"这个宏大的主题与"苏格拉底和阿尔喀比亚德之间的私人关系",这二者之间又有何关系?

(一)西西里远征

伯罗奔尼撒战争是雅典同盟与斯巴达同盟之间的一场希腊世界的内战。战争打到公元前415年,双方处于僵持阶段。雅典试图开辟第二战场,将目光集中在了西西里。西西里距离雅典很远,是伯罗奔尼撒的大后方,而雅典势力范围在爱琴海。跨越遥远的战略距离对于雅典来说是一个巨大挑战,这也使得雅典远征西西里的决心一直不太坚定。当时,西西里半岛上的一个小城邦赛杰斯塔向雅典求助。西西里最大的城邦是叙拉古。为了制衡叙拉古的力量,雅典和西西里很多其他的小城邦都有联络,小城邦发生问题时也会向雅典求助。这时候,雅典内部就是否要援助这一问题产生了分歧。

雅典人分为两派:主战派和主和派。阿尔喀比亚德与一位叫作尼基阿斯的将军分别为两派代表。阿尔喀比亚德主张派60艘不带重装步兵的战舰前去援助,尼基阿斯则极力反对,两人便展开了辩论。最终公民大会赞同了阿尔喀比亚德的建议,雅典便开启了西西里远征。可以看到,尽管阿尔喀比亚德是西西里远征的发动者,但是他最初的建议是比较审慎的——60艘不带重装步兵的战舰,不打登陆战,目的只在于威慑对方。

然而,历史似乎与雅典开了一个玩笑。发现自己无法劝说雅典人的尼基阿斯,在宣布西西里远征的第二天又发表演说,故意渲染远征的任务难度,希望借此让雅典人撤回远征的指令。他告诉雅典人,远征西西里至少要100艘船以上,并且还要大量的步兵才能取得成功。可是尼基阿斯严重低估了雅典人作战的决心。他说完之后,雅典人非但没有打消远征的念头,公民大会反而同意派遣100艘船和大量重装步兵。如此一来,远征的规模就因为尼基阿斯的建议扩大了,而战争一旦失败,也将给雅典带来重大损失。

(二)雅典的错误和阿尔喀比亚德的叛逃

阿尔喀比亚德其实是一位优秀的军事家,他在战略上有很强的野心,但在战术上是审慎而明智的,所谓胆大心细。"60艘不带步兵的战舰",这样的规模具备一定的威慑力量,但如果作战失败,损失也可以接受。然而,历史却让他孤注一掷地发动远征,无形中让他扛起了雅典成败的责任。

为何一开始犹豫不决的雅典人,在阿尔喀比亚德的煽动下能够产生如此强烈的作战决心呢?这与阿尔喀比亚德这个人有关。他拥有极强的激情和感染力,善于把他的激情灌输给听众。他在第一次和尼基阿斯辩论的时候就已经把雅典的激情调动起来了,修昔底德用"雅典对于西西里的爱欲"来形容雅典的远征欲望。最终,正是处于这种状态的雅典人接受了尼基阿斯本来为了吓退他们而提出的计划。这是阿尔喀比亚德的性情导致的雅典人所犯的第一个错误。

雅典人犯的第二个错误在于选任了三个人作为远征的将领。在决定发动这场大规模远征之后,雅典选派了三位将领:年老的主和派将领尼基阿斯、年轻的主战派将领阿尔喀比亚德以及中立的那莫库斯,以期他们相互制衡。事实上,这是个完全错误的决策。远征本就是冒进的战略,既然采纳,就要相信制定这个战略的人。阿尔喀比亚德是胆大心细的,但是雅典一方面被他的激情和爱欲所感染,另一方面又不完全信任他。派遣三个将领使得战术上很难协调一致,也为阿尔喀比亚德的叛逃埋下了伏笔(如果阿尔喀比亚德是唯一的统帅,他还会放弃远征而叛逃吗?我们不得而知)。

除了上述两个错误之外,在舰队出发之后,雅典还犯了一个最为致命的错误:阿尔喀比亚德的政敌故意损毁了城内的赫尔墨斯像,污蔑说是阿尔喀比亚德所为,而雅典人竟然相信了这一陷害,临时召回正在率军远征的阿尔喀比亚德。阿尔喀比亚德很聪明,他知道一旦回去接受审判,一定凶多吉少。因为如果雅典人哪怕对他有一点点的信任,也绝对不会在这种局面下召回他。阿尔喀比亚德做了一个果断而惊人的决定——他直接叛逃去了斯巴达。不仅如此,他还把雅典的作战计划透露给了斯巴达人,这让雅典在西西里远征中的主力舰队及步兵遭到重创,几乎全军覆没。西西里远征的失败是整场战争的转折点,自此雅典的优势一去不复返。

尽管此后凭借自身的韧性又苦撑了十年,但雅典最终还是输掉了伯罗奔尼撒战争。

在具体的历史进程中,战争失败的责任并不全在阿尔喀比亚德,雅典公民大会要负很大的责任。但在雅典人看来,提出远征的是他,叛变的也是他,所以战后雅典认为阿尔喀比亚德才是整个雅典的罪人,而后来对于苏格拉底的审判也与此有着密切的关系。

在修昔底德笔下,阿尔喀比亚德是一个典型的雅典人,但这样的一个代表了雅典文化以及精神的人怎么会背叛雅典呢?同样的情势放到今天,这种叛逃可能会被视为一件可被理解的事——他为了避免不公正的审判需要自我保存。但这件事是发生在雅典城邦,在古希腊文化背景下,一般雅典人的心态是"每一个人都要为了城邦而生活,如果脱离了城邦,生活将没有意义"。甚至可以说,几乎没有一个希腊人能够在脱离自己母邦的情况下找到生活的意义。不仅如此,阿尔喀比亚德的野心和激情,更使得他需要一个政治共同体的归属才能够得到满足。阿尔喀比亚德的这种叛逃需要解释。

(三)反社会的社会性

根据普鲁塔克的记载,阿尔喀比亚德最重要的两个特征是多变与好胜。多变主要体现在阿尔喀比亚德的经历上。普鲁塔克提到,他一生经历了各种各样的事件,在雅典、斯巴达、波斯都生活过,且在每个地方都能迅速成为当地公认最优秀的人。这种普世的、强大的适应力,在当时是很少见的。好胜在阿尔喀比亚德这些变化背后一以贯之的,他渴望胜利,一定要在任何事情上争当第一。这样的好胜心在古希腊语中有一个特别的词可用来形容,中文一般翻译成"血气"或者"意气"。这个词表达的是非常具有希腊特色的一种情感,指的是一个人争强好胜背后的激情,此外还有对于荣誉的重视,不接受任何羞辱。荷马史诗里的很多英雄都有这个特征,阿喀琉斯就是这样。普鲁塔克记载了阿尔喀比亚德小时候的一个故事,鲜明体现了他身上的血气。阿尔喀比亚德小时候和别人摔跤,当他处于下风,即将被对方摔倒的时候,为了不输掉比赛,他就作弊狠狠咬了对方一口;对方松手了,他也因此没有输。这时对手很愤怒地谴责他:"你怎么咬人呢,像女人一样?"阿尔喀比亚德回答道:"我是咬了你,但是并不是像女人一样,而是像狮子一样。"阿尔喀比亚德从小就具有超出常人的血气和好胜心。

回到他的叛变。我们看到,阿尔喀比亚德具备极强的适应力,他在任何一个地方都能成为当地最优秀的人,会自觉努力地迎合当地的标准,学会当地的生活方式和价值体系。在这种适应力背后隐藏着一个悖谬的人性现象:表面上看阿尔喀比亚德是非常自由的,他不受特定的城邦和习俗传统的束缚,能够游走于不同的政治共同体和不同的生活方式之间,但实际上,他的自我价值又极端依赖于他所在的环境,依赖于别人对他的认可。如果一个人生命的激情大部分投入胜过别人的斗争,那么他的生命意义就离不开别人,离不开被他征服的人。阿尔喀比亚德无法成为一个在哲学的意义上真正自足的人,这也是苏格拉底无论怎么教导他都教不好的根本原因。

阿尔喀比亚德身上集中体现了一种康德所谓的"反社会的社会性":一方面他希望超越于整个社会;另一方面这种超越又需要社会的注视才能体现出它的价值。同时,这种"反社会的社会性"虽然摆脱了特定社会的归属,但是它毕竟表现为对于荣誉的追求。荣誉的价值是极其依赖于对特定共同体的归属感的,它需要由人所归属的集体来赋予——敌人给的荣誉是没有意义的。对于阿尔喀比亚德来说,他的荣誉感极其强烈,但是这种荣誉感经历了一种普遍化的转化。他需要一个社会,需要通过他者的注视来展现自己的卓越,然而他所追求的又是一个没有面孔的、具有普遍性的他者和社会,他需要这样的他者和社会来认可自己的卓越。

阿尔喀比亚德的适应能力中蕴含着一种非常危险的普遍性。这种普遍性并非苏格拉底所追求的、超越个别性世界的纵向普遍性,而是停留在个别性世界之中、横向摆脱具体个别性的普遍性。真正的哲学家追求不属于任何城邦的普遍真理,在这方面苏格拉底是典范。但是,作为一个公民,苏格拉底从来没有离开过雅典,甚至在雅典判他死刑之后,他也拒绝了越狱的机会,选择服从城邦法律的判决。哲学上对于普遍性的追求和政治上对于个别城邦的归属,在苏格拉底的身上奇妙地结合在一起。稍显抽象地说,阿尔喀比亚德和苏格拉底身上的普遍性和个别性的错位,正是这两个人不能够真正在一起的根本原因,也是造就他们之间的爱欲悲剧的根本原因。

二、城邦视野中的爱欲

回到《会饮》文本。在正式进入宴会场景之前,这篇对话的开头描述了另一个戏剧场景——会饮发生多年之后,有些人还在打听当年的事。阿波罗多洛斯为了回应一个无名对话者的打听,开始了对当时场景的讲述,并且表示,会饮发生时他还是个孩子,他也只是将别人所说的记录下来,只不过他找苏格拉底验证过部分内容。也就是说,《会饮》的叙述是经过多次倒手的,这让这份叙述的真实性变得扑朔迷离。柏拉图故意如此安排,给《会饮》关于爱欲的探讨蒙上一层神秘的面纱。

会饮发生在悲剧诗人阿伽通的家里。他正举办宴会庆祝自己刚刚获奖,席间提议在喝酒的时候聊些什么,有人说来赞美爱神,每个人都发表了自己的看法,于是就有了《会饮》文本中呈现的几篇赞词。前两篇极具政治色彩,代表着雅典人对于爱欲以及爱欲关系的相对传统、流行的看法,但他们之间也有一定的区别。

(一) 爱欲与城邦

第一篇赞词由斐德若提出。爱神和人的幸福是息息相关的,人过幸福生活的前提在于厌恶丑恶、追求美好,只有爱欲能够让人做到这一点。对于年轻人来说,最高的幸福是有一个爱自己的爱人——爱者;而对于爱者来说,最高的幸福莫过于找到一个适合自己去爱的年轻人——被爱者。所以斐德若一开始讲的就是幸福、"厌恶丑恶,爱慕美好"以及这些与爱者、被爱者之间的爱欲关系的关联。他所讲的爱欲关系是古希腊社会流行的一种特殊的同性恋关系。这种同性恋并不是两个同性之间平等的情欲和爱情关系,而是带着很强的等级色彩,是一种不对等的政治关系。在这种关系中,爱者通常是年长的成熟男子,在城邦中有一定的地位和权力,在理想的情况下是有德性的。被爱者往往是未获得公民权的少年,没有德性、政治地位和权力。那么,这样的同性之爱为什么和"厌恶丑恶、追求美好"以及幸福生活有本质的关系呢? 我们稍后会谈这种不平等关系的政治教育意义。斐德若给出的答案是:爱欲和荣辱之别有着密切关系,爱欲关系能让人特别强烈地感觉到羞耻。不是说这种欲望是一种羞耻,而是说爱者与被爱者在这种关系里会因为自己做出任何不光彩的行为感到极度羞耻,因为人们总是希望在爱人面前表现出最好的一面,因而爱欲促使人追求荣誉。斐德若认为,如果一个军队是由爱者和被爱者组成的,那么这个军队一定是最勇敢的。他的讲辞描绘了一个典型的耻感共同体——由具有羞耻感的人们所构成的追求荣誉的共同体,这也是城邦政治赖以存在的基础。

不过,第一篇赞词并没有从爱欲自身的逻辑出发赞美爱欲,而是更多地考虑爱欲所导致的政治后果,而且是城邦政治生活最基本的、与自我保存有关的战争层面。这是传统希腊人对于爱欲以及政治的基本看法。爱欲背后是一个羞耻和荣誉的问题，而对羞耻和荣誉的区分把人类爱欲的自然能量导入政治生活，其中最起码的是导入城邦的自我保存。

（二）爱欲与政治教育

泡赛尼阿斯的第二篇赞词对第一篇做了补充，他也是从城邦政治出发，对爱欲本身做了一个区分。泡赛尼阿斯将爱神分为天上的爱神和凡间的爱神，两位爱神分别对应于两种爱欲：美好的爱欲与丑陋的爱欲。接着，他进一步对异性恋和同性恋做了区分：凡间的爱就是异性恋，专注于身体，是丑陋的；天上的爱则是带来美好的、专注于灵魂的爱欲，也就是同性恋。不同的城邦对同性恋有不同的态度，有些城邦是禁止的，有些是鼓励的，还有些是宽容的。泡赛尼阿斯谈到这些区分，同时也说，爱欲本身无所谓美丑好坏，关键在于爱的方式，同性恋是更高的爱的方式。

那么，爱者与被爱者要怎么结合在一起，才是以美好的方式满足爱欲呢？泡赛尼阿斯认为，爱者追求的是被爱者的年轻俊美的身体，而被爱者则是追求爱者的德性、能力与智慧。这实际上是一种爱者对被爱者进行教育的关系，而爱者从这种关系中换取被爱者的身体。这是符合传统希腊文化对爱欲关系的理解的。爱者对于被爱者是有情欲的，但被爱者对于爱者却不应该有情欲。也就是说，爱者追求被爱者是追求情欲的满足，而被爱者接受爱者更多则是出于考虑对方的德性和地位是否能够带领自己顺利进入政治生活。这不是一种丑陋的交易，而是城邦政治教育的一种方式。在古希腊社会，即使是在雅典，当时也没有一种系统的公共教育机制。斯巴达有公共教育，但是太过严酷，以培养好战的勇敢为核心，不培养文雅的德性。在没有公共教育的情况下，所有人接受基本的家庭教育之后，为了成年后投入城邦的公共生活中去，就会采用爱欲的方式来接受教育。

在雅典民主化的阶段以及帝国时期，有大量的智者来到雅典提供高等教育，教授的主要是修辞术，这是一种新兴的教育方式。但是在许多雅典人看来，这是一种教育的败坏——外邦人用修辞术的技巧败坏了公民。传统方式下，雅典少年接受的高等教育是同性恋形式的爱欲教育。少年成长过程中需要寻找一个能够带领他的爱者，少年会跟随他，观察他，学习他的手腕、他的明智、他的人格魅力以及如何处理政治关系等，这些学习都需要建立在一种非常亲密的关系之基础上，无法由公共教育或者智者的修辞教育来实现。这体现了一种需要人格化力量发挥作用的政治形式。这种面对面的、强调私人关系和人格品质的政治组织方式必然要求教育本身带有强烈的人格色彩以及亲密关系。除此之外，古希腊城邦更强调男人间的共同体生活，认为男人应该走出家庭走向政治，而女性应该待在家里。这种在男女关系问题上极度不平等的政治文化也更倾向于利用男人之间的亲密关系来构建政治教育环节。

泡赛尼阿斯的发言试图解释爱欲的政治教育功能。但是他的理解有一个漏洞，这个漏洞忠实地还原了存在于希腊文化内部的巨大悖谬。一开始他区分了天上的爱欲与凡间的爱欲，分别对应于灵魂的爱欲和身体的爱欲。同性恋关系中等级高的一方是有德性的成年人，等级低的一方是未成年的少年，然而，在他们的关系中，真正追求德性的人是后者，前者追求的是情欲的满足。这样一来，教育者的爱欲动机就比被教育者更加低下了。在这种情况下，教育者真的能够把德性教给被教育者吗？实际上，被教育者会认为，教育者所有的地位、德性、智慧及权力都是一种手段，特别是德性，只不过是用来满足自己欲望的工具。人最终的追求不是德性，而是欲望的满足。而被教育者"学会"了德性之后，也会利用自己的德性去寻找自己的被教育者，也就是满足自己情欲的下一代少年。这是潜藏在古希腊政治教育关系背后的爱欲逻辑。通过这种逻辑进入城邦政治生活的人,不一定对德性存有真正的敬意。这或许也是柏拉图必须重新解释爱欲的根本原因,他对爱欲的理解试图超越同性恋教育机制所代表的传统城邦文化,克服其弊病。

三、爱之根据——人的不完整本性

《会饮》的几篇赞词从内容上看并不是平缓上升的,在前两位结束他们的赞美之后,一位医生从自然视角阐述了他对爱欲的理解,这里出现了第一个低潮。之后喜剧诗人阿里斯托芬讲述了一个神话故事,正式迎来了第一个高潮。而在由苏格拉底带来第二个高潮之前,阿伽通的发言也比较空洞,可算作第二个低潮。阿里斯托芬和苏格拉底的两篇赞词非常重要,如果说整篇对话存在柏拉图自己的观点,那么应该从这两个人的赞词中寻找,或者说,柏拉图的观点是这两者观点的一种调和与综合。

(一)自然视角的爱欲解释

第三篇赞词的作者厄里克希马库斯是一位医生,与前两位不同,他从一个纯粹自然的视角解释了爱欲。

他认为爱欲是存在于人的身体和整个自然中的一种力量。身体爱好健康的东西,协调各个部分的元素,使它们"相亲相爱",这就是爱带来的健康。音乐的艺术是声音和节奏之间的爱,不同声音与节奏的和谐得到音乐。四季的推移也充满了爱,各种自然要素相互协调作用,才能风调雨顺。祭祀与占卜也充满了爱,它体现了人和神之间恰当的关系。他还将这些爱区分为节制的和不节制的爱:身体方面不节制的爱就导致疾病;音乐中不节制的爱就导致噪音;季节的推移当中节制的爱让生物繁殖生长,不节制的爱则导致自然灾害;祭祀和占卜中节制的爱使人和神形成友好的关系,不节制的爱则会破坏这种关系。

厄里克希马库斯代表了典型的自然哲学家的形象,他站在自然视角下对爱欲的解读显得有些空泛。古希腊时期人们对医学和自然哲学的理解是贯通的,尽管这是一个富有智慧和洞察力的视野,但在爱欲问题上,从这个角度出发去解读并不合适。因为爱欲是一种非常人性的现象,而厄里克希马库斯代表的自然哲学视野倾向于站在自然整体的层面看待一切事物,这种角度认为人与世间万物没有区别,人与自然事物一样遵从自然法则。这无法解释极具人性特点的爱欲。

苏格拉底在《斐多》中宣称,自己早年也喜欢这种自然哲学,但他后来发现自己并不适合这种研究,所以有一个"次航"的转向,这才转入了对于理念的探讨以及对善的追求。次航的实质是从自然哲学转向了政治哲学,这一转向的契机在于苏格拉底读了阿那克萨戈拉作品。阿那克萨戈拉认为自然本原在于努斯,努斯对善的追求是自然的本原。但是苏格拉底很快发现,阿那克萨戈拉并没有从努斯和善的角度出发解释世间万物,他的解释依然是传统的物质论。苏格拉底不满足于此,所以失望之后他开启了自己的次航。

次航的意象取自奥德修斯的故事。奥德修斯在漂泊的过程中曾到过一个岛屿,在岛上受到了很好的对待,岛的主人送给他了一个有魔法的口袋,口袋一打开就会吹顺风,十天之内会让他回到家乡。但奥德修斯的手下因为好奇而打开了口袋,有魔法的口袋为此生气,吹出了逆风,导致他们的首航失败。后来他们去找岛屿的主人求助,主人拒绝帮忙,这时候奥德修斯不得不开启了次航。所以和首航相比,次航更加困难,它并不是一种逍遥的航行,没有自然的融洽配合,而是需要借助人力。这样的一种迫不得已的航行才称为次航。

自然哲学是出于对自然的好奇和惊异所做的一种逍遥的探究,是一种对知识的享受和对真理的追求。政治哲学则是出于对善的持守,这种对善的追求背后实际上存在一种恶的压力。政治哲学是在恶的面前保护这个善,这可以看作人处于一个迫不得已而为之的境遇下的动机。因此,苏格拉底在所有对话中都表现出了一种很强的政治关切,这是其次航的体现。而这一个层面,正是厄里克希马库斯的爱欲赞辞所缺乏的。

(二)爱欲与"另一半"

在医生略显跑题的赞词之后,《会饮》迎来了第一个高潮——喜剧诗人阿里斯托芬的赞词。如果算上最后阿尔喀比亚德的赞词,《会饮》实际上由七篇赞词构成,而阿里斯托芬的第四篇正是处于最中间的位置,可见其重要性。

阿里斯托芬首先从一个自然的视角,而不是城邦政治的视角来分析爱欲。然而,和医生不同,阿里斯托芬的自然视角集中于"人的自然"或者人性。他从一个神话开始:远古时的人都是圆球人,每个人有两张脸、两双眼睛、四只手、四只脚;相当于一个圆球人就是由两个人组成的,他认为这才是人原初的完整的形象。阿里斯托芬还通过划分等级,区分了三种圆球人:一是由两个都是男人构成的"男人",属于太阳神;二是由两个都是女人构成的"女人",属于大地神;三是由一个男人和一个女人构成的"阴阳人",属于月亮神。

圆球人的力量强大,并且很骄傲,想要"上升"到天域与神比高低。这里的用词与后面苏格拉底讲爱的阶梯的时候用的"上升"一词是一样的,苏格拉底认为对爱的追求需要去攀爬爱的阶梯,达到"上升"。但对于阿里斯托芬来说,人的悲剧就在于这种"上升",这是一种骄傲,人如果想与神比高低,就会遭到神的惩罚。在这里可以看到,他们二者的观点是针锋相对的。

阿里斯托芬继续谈道,神惩罚人类的方式就是将人剖成两半,从此阴阳人绝迹了,所有人都只剩下原初的一半。所有人都产生了想要恢复原初的整全状态的欲望,这种恢复整全的欲望就叫作爱欲。要如何恢复整全呢? 找到自己的另一半与他/她重新结合在一起。这种欲望之强烈,以至于被劈成两半的人刚刚分开就立即拥抱在一起,然后不吃不喝,一直到饿死。宙斯为了防止人们被饿死,就将人的生殖器从后背挪到了前面,如此一来,人在相互拥抱的时候能够同时获得强烈的性欲的满足。这能暂时缓解追求原初整全的欲望,人们可以在拥抱之后继续进行各自的生活。这个细节是非常重要的,它证明人原初的爱欲与性欲没有关系,因为在宙斯挪动生殖器之前人就有爱欲,这是一种单纯地想恢复原初整全状态的欲望。

不过,阿里斯托芬并不排斥身体的情欲,他其实结合了斐德若和泡赛尼阿斯两个人赞词的不同侧面。斐索斯的赞词不强调性欲,更强调羞耻感。这种羞耻感背后更深的人性基础是每个人自我感觉不完整,对他人的认可有一种需要,试图在他人面前证明自身,至少不能在他人面前,尤其是爱人面前丢脸。斐德若重视人与人之间单纯的相互需要,这一人性基础通过阿里斯托芬的赞词才以一种更深刻的方式被揭示出来。而巴萨尼亚赞词的核心环节则是情欲,他讲爱者与被爱者之间的教育关系。爱者用德性去交换对方的身体,以此满足自己的欲望。阿里斯托芬用一则神话将这二者的观点结合,那究竟什么是他所谓的爱欲呢?

柏拉图用一个很精彩的说法来描述阿里斯托芬讲的爱欲:被劈成两半的人渴望同另一半彼此交织,"长到一起去"。好比一棵植物被砍之后产生了一个伤口,它要弥合这个伤口,想要回到原初的自然状态。这并非两个拥有独立自我的人要在一起,而是神话中原初属于一体但被劈成两半的半人想要恢复整全。他们会承认自己只是完整事物的碎片,不会把自己当成一个自我渴望着另一个自我的独立个体。两个半人被分开的距离实际上是一种伤口,这个伤口是需要弥合的。这种弥合伤口的欲望其实是最根本的政治欲望。

阿里斯托芬接着谈到了政治。三种圆球人中,由两个男人构成的圆球人是最高贵的,他们长大之后会从事严肃的政治活动。不过,这篇赞词的政治性并不表现在这里,而恰恰表现在前面对于"长到一起去"的这种人性欲望的剖析。所谓的政治或者人的社会性,正是因为人永远都是不自足的,自我永远需要他者。无论是斐德若的赞词还是泡赛尼阿斯的,其背后的最深刻的人性根基都在于人的不完整性,以及人对于一种完整本性的欲望。阿里斯托芬的赞词以单纯而强有力的方式揭露出这一点。

最后,阿里斯托芬点明了他所谓的爱欲到底是什么。他总结道:"我们应该赞美爱,因为在我们现在的处境中,爱给予我们最大的帮助,引领我们追求属己之物。"每一个半人都认为自己有一个天然的归属,这也是人去爱一个东西的根据。"属己"背后是根本的归属感,这是政治生活基本的人性前提,而这也正是阿尔喀比亚德身上缺乏的。

四、苏格拉底的爱的阶梯

前面也提到,阿里斯托芬和苏格拉底的观点是针锋相对的。对于阿里斯托芬的"属己"概念,苏格拉底回应道:"先前有人说,我们爱的都是属己的,他说的不对,我们爱的都是好的,我们都一定会追求一个好的东西,属己的不一定会爱,比如自己的手臂如果感染了,你宁愿截肢也不会要它,你会爱一个好的东西。"阿里斯托芬的属己概念在哲学上与善好对立,因为属己不一定是善好的,而对于属己的瓦解也是苏格拉底要讲的哲学爱欲的第一步骤。

阿里斯托芬之后、苏格拉底之前,《会饮》出现了继厄里克希马库斯之后的又一个低潮——阿伽通的第五篇赞词。阿伽通把一切美好的东西都赋予了爱欲。他说爱欲是最年轻的、最娇美的,是最幸福的。除此之外爱欲还有四大德性:正义、勇敢、节制、智慧。爱欲还是一切艺术的源泉,它平息了诸神的仇恨与战争,带来了一切美好。总之,阿伽通将一切褒义词都加在爱欲身上。至此,柏拉图刻画了这样一个悲剧诗人的形象:他极尽修辞,擅于运用华丽辞藻,用各种各样迎合大众的赞美作诗,夺得了竞赛冠军。但仔细揣摩之下,他的赞词并无什么实质的内容。紧接着,苏格拉底就开始了对他的批评。

(一)爱欲介于缺乏与完满之间

苏格拉底反驳阿伽通道:"你把这些都赋予了爱欲之后,人还为什么去爱呢?"如果一个人拥有了一切,他还会去爱吗?爱欲应该是一个居间的角色,是在满足与缺乏之间的。

苏格拉底说曾经一个叫作第俄提玛的女祭司(这个人在历史上并不可考,很可能是柏拉图杜撰的)教给了他关于爱欲的秘密。女祭司告诉他,爱欲在缺乏和满足之间。如果完全完满,人不会去爱,因为不缺乏任何东西;但如果人完全缺乏,也不会去爱,因为他连爱的能力都缺乏。因此爱欲是一种中间状态。

为了说明这一点,苏格拉底举了智慧与无知的例子:如果一个人完全智慧,他就不会去爱智慧;而如果他完全无知的话,他就会连自己无知都不知道——无知的人的典型特征是自以为有智慧,所以他也不会去爱智慧。而介于智慧与无知之间的状态,则是知道自己没有智慧,但又真正爱智慧。这其实是苏格拉底对自己的刻画,他的典型特征就是具有无知之知。苏格拉底是热爱智慧的哲学家的代表,他对爱欲的赞词其实是对哲学的赞美,是对哲学爱欲的人性根据的挖掘,正如阿里斯托芬的赞词是对于政治爱欲的人性根据的挖掘。

(二)爱欲与不朽

苏格拉底进一步说,人们爱一个东西是因为它好,于是想要占有它,并且永远地拥有它。如此一来他就把爱与善好、不朽、永恒联系在了一起。但这隐藏了一个矛盾:人自身并不是一种永恒不朽的存在,然而当人们去爱的时候,总是会想到永恒或者永远,例如"我永远爱你"这类经典的表白。人是有朽的,但爱的力量恰恰表现在,人会用自己有朽的生命去追求不朽。

苏格拉底如何解释这个不朽呢?他认为爱的一种最直接的目标是生育,而生育就是追求不朽。他又将生育分为身体的生育与灵魂的生育。身体的生育是指生出后代,这样虽然个体会消亡,但种族会因为繁殖而不朽。灵魂的生育则是指相爱的人们彼此结合之后,灵魂生育出德性的后代,这相当于功业的不朽。苏格拉底利用了善好与不朽的关系,把爱欲的问题导向了生育,解释人类的繁衍和文化的传承,但这还不是爱欲最深的奥秘。苏格拉底提出,爱欲还有一个更深的奥秘——爱的阶梯。

(三)爱的阶梯——从个别性到普遍性的"上升"

"爱的阶梯"被认为是《会饮》最重要的一个高潮。

与阿里斯托芬反对"上升"不同,苏格拉底认为,爱应该是一种"上升",这从根本上是因为,爱的对象是美的东西。就生育而言,爱一个美的身体更容易生出身体的后代,爱一个美的灵魂则更容易生出灵魂的后代。爱对于美的追求,最终就体现为攀爬美的阶梯。最低的等级是爱个别身体之美,但仅此是不够的,要从爱一个身体扩展到爱两个身体、再到爱多个身体,这样才能发现身体之为身体的美到底指的是什么。所以爱的阶梯的第一步,在身体之美的层面,正是从个别性到普遍性的一种上升。虽然苏格拉底并没有说爱的阶梯一定得从身体之美开始,但是第一个阶梯是不能够被错过的。许多人将柏拉图式的爱理解为精神之爱,这是一种误解,柏拉图并不排斥身体的爱欲,身体的爱欲是爱的阶梯的首要环节。

然而,爱身体之美的普遍性是在要求人纵欲吗?这并不是苏格拉底的本意。他所讲的从个体上升到普遍的身体之美,实际上是为灵魂之美做铺垫。只有学会爱普遍的美才能超越身体上升到灵魂的美,因为灵魂是更加普遍的东西。而灵魂内部又有不同的层级,有道德的美、法律的美、知识的美、科学的美等等,这整个过程是一个从个别到普遍不断爬升的过程,而阶梯的顶点是美本身,是美的形式或者理念,是最普遍的美。之所以它是最普遍的,是因为一切美的东西都被它统摄,一切美的东西都要模仿它、分有它,这也是通常对柏拉图理念论的理解,即理念是一种完美的模型,所有可感的事物都是对它的分有或者模仿,所以理念是最普遍的东西。苏格拉底提出的爱的阶梯印证了爱欲在缺乏和满足之间,而作为智慧(在柏拉图看来,最高的智慧就是对于理念的认知)的追求者,哲学家的生活就是做这样一种从缺乏到满足、从个别到普遍的爬升,这样的一种生活势必要求人摆脱对于个别性的归属,追求普遍的真理。

五、爱的悲剧

在苏格拉底的赞词中,我们对于爱欲的理解已经到了一个哲学上的最高点,其中的观念也符合柏拉图的哲学体系。但这个时候,醉醺醺的阿尔喀比亚德突然闯入会饮的现场,举止张扬且出言不逊。他也要参加对于爱欲的赞美,但是他却没有赞美爱欲,而是赞美苏格拉底,讲述了他和苏格拉底之间的爱欲之事。阿尔喀比亚德和苏格拉底曾经是爱者与被爱者的关系,但此时他们已经分开了。阿尔喀比亚德讲述了最初他们是如何交往的,通篇带着既赞美又抱怨的复杂情感,而《会饮》实际上交代了他们关系的最终结局。

(一) 阿尔喀比亚德与个体之爱

在爱者与被爱者的关系中,爱者一般是成熟的年长者,被爱者则是少年。但在阿尔喀比亚德和苏格拉底的关系中,爱者与被爱者发生了颠倒:作为贵族后代在城邦中有政治地位的、俊美年轻的阿尔喀比亚德对年老的、贫穷的、没有任何政治地位的苏格拉底展开了追求。少年阿尔喀比亚德认为,尽管苏格拉底又穷又老,但是他的内心是一块金子。并不是所有人都能够看到苏格拉底金子般的内心,就此而言,阿尔喀比亚德的灵魂是很高贵的,他是一个天资优秀的人。阿尔喀比亚德爱上了苏格拉底并且热切地追求他,邀请苏格拉底去家里吃饭,并且让他晚上和自己同床休息。这些都是充满暗示的,但让阿尔喀比亚德失望的是,两人之间并没有任何事发生。

为什么阿尔喀比亚德急切地想要和苏格拉底发生关系呢?是因为他对苏格拉底有非常强的性欲吗?不是,他爱的是苏格拉底的德性,但是在他的爱欲中,真正起作用的欲望是一种归属的欲望,他是希望和苏格拉底建立一种非常个人化、非常私密的相互归属的关系。他对苏格拉底的情感,更贴近阿里斯托芬讲的,人和自己的另一半想要"长到一起去"的欲望。这种爱欲注定是个体与个体之间的,因此,阿尔喀比亚德不能够接受从个体性到普遍性的上升。也就是说,阿尔喀比亚德无法做到爱的阶梯的第一步,他拒绝从爱一个身体到爱多个身体的这种跨越。

(二) 苏格拉底与普遍之爱

以现代人的角度来看,少年阿尔喀比亚德是懂得爱的,他对于爱情是忠实的,他爱的是个体。这种爱一方面贴近阿里斯托芬的爱,另一方面也贴近现代理解的浪漫爱情应有的一种相互忠贞的归属。但这种爱恰恰是苏格拉底排斥的。苏格拉底所爱的不是个体,他希望摆脱这种个别性,并且向着普遍性上升。因此,当阿尔喀比亚德试图用全希腊最美的身体交换全希腊最高的智慧时,苏格拉底回应说:"智慧不是这样教的,而且智慧的价值远远高于身体的价值。"苏格拉底认为人追求智慧的方式就是攀爬爱的阶梯,这可以是两个人一起去实现的。两个个体对彼此的爱是第一步,但是两个人都要以此为出发点,在爬升的过程中逐渐摆脱彼此。越往上爬越孤独,上升到最高点时,对于美本身的观看和占有只能由每个人自己单独享有,这种至高的智慧无法分享。

（三）爱之悲剧的后果

苏格拉底所追求的,也是他希望教给阿尔喀比亚德的那种对于智慧的孤独享有是后者无法承受的。阿尔喀比亚德是一个政治激情很强的人,他需要他人和社会,而这种需求在苏格拉底这里遭遇了重大的挫折。阿尔喀比亚德从小就是城邦的宠儿,是许多人奉承和追求的对象。直到遇见苏格拉底,他才发现自己的局限性,在无法企及的苏格拉底的生活方式那里看到了自身严重的不自足和无能为力。不过,尽管受到了这样的挫折,阿尔喀比亚德并没有和苏格拉底一样转向哲学,一起爬升爱的阶梯,他并没有放弃注定不自足的政治生活,而是带着苏格拉底给他的影响,继续停留在了政治生活的世界之中。这时候的阿尔喀比亚德,一方面固守政治的追求——荣誉,社会的认可,战胜别人,无穷无尽地释放自己的野心,等等;另一方面,他似乎又确实接受了某种意义上的普遍性的洗礼,只是他所接受的普遍性并没有发生在一个纵向的生活方式的整体提升的模式中,而是发生在一个横向的同一种生活方式的无限扩展的模式中。在爱的阶梯中,普遍性对个别性的超越,最终要求人摆脱俗常的政治生活,走向独善其身的哲学生活。但拒绝了哲学的阿尔喀比亚德却获得了一种政治生活内部的普遍性，摆脱了对于具体政治对象的归属。这是他能够背叛雅典，能够在任何一个共同体当中如鱼得水，表现出极强的适应能力的根本原因。

苏格拉底是真正能够上升到普遍性高度的人，但正是这种彻底的上升，才不会破坏对于个别性的归属。在身体的爱欲方面，苏格拉底从来没有纵欲，他和雅典的多位青少年保持着纯粹的师生关系，没有发生过任何身体关系。更重要的是，他对于雅典是非常忠诚的，他至死都不离开雅典，不违反雅典的法律。在苏格拉底身上，对自身有归属感的个别事物的忠诚与对普遍真理的追求是完美地融合在一起的，这种完美的融合才是哲学家为人性提供的真正典范。哲学家不会因为超越了政治就敌视或者轻视政治，甚至可以说正因为超越了政治，上升到一个更高的生活境界，才反过来更加认同和珍惜政治生活。哲学家被认为是接近神的人，但也正因为这种接近，他才更加清楚地看到人和神之间真正的差距。接近神的人不是有自足性幻想的人，而是对于人性的不自足有更加深刻认知的人，这样的人不仅会孜孜不倦地追求个体的纵向提升（这是哲学生活的动力），也会努力维护人和人之间的横向联结（这是政治生活的根据）。因此，虽然《会饮》中苏格拉底讲的是爱的阶梯，这似乎体现了对于智慧和真理的孤独追求，但是苏格拉底本身（无论是历史上的苏格拉底还是柏拉图笔下的苏格拉底）并不孤独，他所热衷的不是一个人沉思，而是与别人对话，这是更加丰满的一种人格形象。

反观阿尔喀比亚德，他将政治和哲学、个别性和普遍性的不同元素以一种病态的方式结合在一起，最终导致他失去了对于母邦雅典的归属感。在西西里远征前后的种种事变中，充斥着各种导致阿尔喀比亚德叛变的外在因素，但阿尔喀比亚德的人格特质仍然要为他自己的选择负主要责任。从微观的角度讲，西西里远征直接导致了雅典的衰落；而从宏观角度来说，雅典的失败对于整个希腊文明的影响是致命的。如果有哪个城邦可以统一希腊的话，比起有力量却没有野心的斯巴达，雅典统一希腊的可能性会更大。因此，雅典的失败使得希腊停留在了分裂的状态，而一个分裂的希腊是没有力量的，它迟早会被外族征服。雅典乃至整个古希腊的命运，可以追溯到西西里远征的失败，最终可以归结到阿尔喀比亚德身上。根据柏拉图在《会饮》中的诊断，他的叛变确实和苏格拉底有关系，但这并不是一个简单的败坏青年的问题，而是一场由于人的爱欲之复杂性所导致的悲剧。

《会饮》整篇对话的框架、场景安排以及戏剧时间的设定，都表达了柏拉图对于阿尔喀比亚德与苏格拉底之关系以及西西里远征失败之原因的哲学解释。而通过这种解释，柏拉图也间接地给出了他对于古希腊人性观以及古希腊政治文明命运的一份观察和分析。从这个角度来看，《会饮》这篇对话确实是永恒的经典，时至今日，我们依然可以从中汲取柏拉图对于人性普遍境遇的深刻洞见。这是古希腊哲学留给我们的宝贵遗产。

推荐阅读书目：

柏拉图：《柏拉图四书》，刘小枫编译，生活·读书·新知三联书店，2015年。
列奥·施特劳斯：《论柏拉图的〈会饮〉》，邱立波译，华夏出版社，2012年。
詹姆斯·莱舍等编：《爱之云梯：柏拉图〈会饮〉研究》，梁中和等译，中国人民大学出版社，2018年。
阿兰·布鲁姆：《爱的阶梯：柏拉图的〈会饮〉》，秦露译，华夏出版社，2017年。
斯提文·贝尔格：《爱欲与启蒙的迷醉：论柏拉图的〈会饮〉》，乔汀译，华夏出版社，

2016 年。

Stanley Rosen, *Plato's Symposium*, New Haven and London: Yale University Press, 1987.

Richard Hunter, *Plato's Symposium*, Oxford: Oxford University Press, 2004.

A. W. Price, *Love and Friendship in Plato and Aristotle*, Oxford: Clarendon Press, 1990.

Kevin Corrigan and Elena Glazov-Corrigan, *Plato's Dialectic at Play: Argument, Structure, and Myth in the Symposium*, University Park: Penn State University Press, 2005.

Paul W. Ludwig, *Eros and Polis: Desire and Community in Greek Political Theory*, Cambridge: Cambridge University Press, 2002.

第十讲
灵魂马车:《斐德若》

樊　黎

　　《斐德若》是柏拉图文学性最强、最精彩的对话之一,同时也是最令人困惑的对话之一。令人困惑的一个重要原因,是这篇对话同时处理了好些主题,包括美、爱欲、灵魂、修辞术、写作等等。无论我们如何理解诸多主题之间的关系,《斐德若》最令人印象深刻的是苏格拉底对"灵魂马车"的描述。柏拉图将他对人性的深刻洞察放在他的形而上学框架之中,全面勾勒了人类灵魂的起源、本性和目的。我们将以"灵魂马车"这一形象为切入点,带领大家一瞥柏拉图复杂而深刻的灵魂学说。

一、《斐德若》的论述任务

　　在柏拉图的众多对话当中,《斐德若》是一篇相当奇特的对话。为什么这么说呢?大部分的柏拉图对话都有一个相对明确的主题:比如《卡尔米德》的主题是节制,《斐多》的主题是灵魂不朽,《会饮》的主题是爱欲。即使像《理想国》这样的鸿篇巨制,尽管包含了许多重大的主题,但这些主题都被柏拉图十分巧妙地编织在了哲学讨论之中,让读者清晰地看到这些主题之间的实质关联。但是,《斐德若》这篇对话,虽然在柏拉图对话中仅仅是一部篇幅中等的对话,却包含了若干个重要的主题;更麻烦的是,这些主题之间究竟有什么实质性的关系,并不容易看出来。

《斐德若》的这种奇特性,首先反映在这篇对话的副标题上面。副标题是柏拉图对话传统中的较早确定下来的内容,反映了传统上对这篇对话主题的概括。例如《斐多》的副标题是"论灵魂不朽",《理想国》的副标题是"论正义",《会饮》的副标题是"论善",等等。但《斐德若》这篇对话的副标题却有不同的版本:有的副标题是"论美",有的是"论爱",还有的是"论灵魂"。可见早在古代传统中,《斐德若》这篇对话究竟是一篇关于什么的对话,就已经是一个莫衷一是的话题了。

《斐德若》主题的复杂性也反映在它的结构上:这是一篇整体结构很难把握的对话。对话缘起于苏格拉底和斐德若(这篇对话就是以这个人命名的)在雅典城外的戏剧性相遇,斐德若在欣赏演说家吕西阿斯的一篇近作,这篇演说词声称男孩应该接受不爱他的人的追求。这篇演说词又引发苏格拉底的两篇演说词与之竞赛。对话前半部分的主要内容就是这三篇关于选择伴侣的演说词。在这之后,苏格拉底和斐德若又展开了关于演说术或者叫修辞学的相当技术性的讨论,同时牵涉到辩证法,以及书写与口头交流的优劣问题。从对话的脉络上说,前半部分的三篇演说词是后半部分修辞术理论的范例。但是,任何真正阅读了文本的读者,都很难把这三篇演说词,尤其是其中的第三篇,也就是苏格拉底的第二篇演说词,仅仅当成某种理论的范例。这不仅是因为它的篇幅远远超出了一篇修辞术"范文"所需要的程度,而且因为这篇演说词当中触及了柏拉图对话的好些中心主题:理念、灵魂、爱欲、美、回忆、哲学生活等。柏拉图把上述主题编织进了一篇优美的、令人惊异的神话当中,以至于对大部分读者来说,这篇演说词当中包含的实质性内容,而不是这篇演说词体现的修辞技艺,成了它最有力量、最令人难忘的部分。尽管苏格拉底没有为这些主题提供详尽的论证,但在我看来,通过这些主题之间的相互勾连,这篇演说词呈现了柏拉图灵魂学说和伦理学的纲要。我想要同大家分享的,就是这篇演说词,尤其是其中对灵魂马车的描绘。

这篇演说词的缘起是这样的。我们之前提到,在《斐德若》的开头,斐德若这位青年正在欣赏演说家吕西阿斯的一篇演说词,演说词是以一位美少年的追求者的口吻写的。这位追求者试图说服美少年,正因为他不爱这位美少年,所以美少年应当接受他的追求。这个奇怪的说法吸引了斐德若。演说词列举了充满爱欲的追求者(有情人/爱者)的种种坏处,反衬没有爱欲的追求者的种种好处,令斐德若十分佩服演说词当中展现的修辞技艺。苏格拉底随即临场口占了一篇相同主题的演说词,更加精彩地展示了接受有情人的追求会给被爱者带来多大的伤害。就在两人准备回城之际,苏格拉底突然声称他的精灵阻止他这么做,因为他刚才冒犯了爱神。于是苏格拉底又作了另一篇演说词,用来为爱神翻案。这篇演说词要证明,爱欲这种疯狂是神给人送来的最大的福分。这就是我们将要讨论的演说词了。

这篇演说词既然要给爱欲翻案,就必须证明,爱欲不像前两篇演说词说的那样,是一件坏事。按照前两篇演说词的说法,爱欲是一件坏事,这是因为爱欲是一种与节制、清明相对的疯狂;节制、清明当然是好的,是人的美德,那么疯狂就是坏的。现在苏格拉底要反对这种说法。他声称,疯狂未必是坏的。不但如此,苏格拉底走得更远:他声称不节制在一些情况下可能比节制更好,因为所有好事情中最大的好事,是疯狂带来的。苏格拉底列举了几种神圣的疯狂作为佐证,包括预言家的出神、宗教秘仪的异象、诗人的灵感等等。在这些情形中,疯狂不但不是坏事,而且比清明和节制带来更大的好处。这就意味着,有些情形下,节制这种传统美德比不上不节制。这看起来是和我们熟悉的苏格拉底/柏拉图很不一样的看法。比如,在我们最熟悉的《理想国》这篇对话里,柏拉图笔下的苏格拉底谈到城邦和灵魂的四种美德,认为只有拥有这些美德包括节制,城邦才能治理得好,灵魂才能获得幸福。《斐德若》似乎发生一个颠倒。《斐德若》里的灵魂和道德学说似乎和《理想国》里针锋相对。有学者认为,这透露出柏拉图自身思想的一个变化。《斐德若》表明柏拉图大幅修正了他在《理想国》中的道德心理学。在此前的版本里面,柏拉图是一个伦理学的理性主义者,认为人类生活中的非理性因素,例如情感和欲望,是美好生活的阻碍;而在《斐德若》的新版本里面,柏拉图开始意识到了这些非理性因素的价值。这种解读并不是完全没有道理,但我个人并不这么看。我们要注意文本,苏格拉底不仅说某种疯狂是最好的东西,而且是某种神圣的东西。这并不是一个修辞性的说法。他列举的神圣疯狂的例子里面,都是跟神、跟某种超出人类的东西有实质性的关系,都包含了神圣的和人世的之间的对比。同样的,苏格拉底对爱欲这种疯狂的论述,最后也建立了这样一种对比:神圣的疯狂和凡人的节制或者清明。把疯狂和节制的对立理解为非理性和理性的对立,没有充分把握住苏格拉底赋予这个对立的规定。疯狂和节制的对立,不是放在心理学或者伦理学的视野中考察的,而是放在本体论的视野中考察的。疯狂与节制的对立指向了两个迥然不同的世界之间的对立:一个是凡人的世界,我们向来生活在其中的世界;另一个是神的世界,这个世界对我们而言一般是可望而不可即的。只有在一些特殊的情形下,我们才能和那个彼岸世界发生关系。疯狂就是这样一种通道。换句话说,在柏拉图的论述里,道德心理学背后是本体论的存在秩序。

二、灵魂之所是及其本性

苏格拉底的论述从灵魂开始：

> 首先，我们得通过观察灵魂的经历及其所为，搞清楚灵魂的自然本性的真实——无论神的还是人的灵魂。

需要注意，苏格拉底的灵魂论述并不是一开始就讨论人类灵魂，而是讨论一切灵魂。人类灵魂只是其中非常特殊的一类。灵魂首先是一种自然现象：我们注意到有些东西是活的、有生命的，表现在能够自己让自己运动起来；而另一些东西没有生命，需要别的东西推动，它才会动。这一区别让灵魂显露了出来。一个东西有灵魂，就是有生命，就是能够自己推动自己运动。因而，灵魂存在于那些能够自己推动自己的、有生命的东西当中，并且就是为其中自己推动自己的运动负责的东西。苏格拉底由此提炼出灵魂的存在：灵魂就是自己推动自己运动的东西。这一步的推论当然不是必然的。即使我们都承认，灵魂在一个有生命的东西内部推动它，让它能够自己运动起来，也不必然能够得出，灵魂就是一个自己推动自己的东西。比如，亚里士多德就不这么认为（相关的讨论见《物理学》257a25—258b9）。亚里士多德的意见我们可以先放在一边，重要的是理解，苏格拉底这里说的是什么意思。比如一个人在操场上跑步，这是自己推动自己运动，而苏格拉底认为，这种运动是由于人的灵魂从内部推动身体引起的。而灵魂之所以能够推动身体，是因为灵魂自己已经处在运动之中了。换句话说，是这个人的灵魂或者有这样一种跑步的意愿，或者认为跑步能够促进健康,或者在竞赛中寻求获得荣誉。总之,灵魂之所以能够推动身体,是因为灵魂自己不是不动的,而是在意愿、在判断、在欲求,甚至在愉悦、在恐惧、在关切等等。灵魂的这些运动,我们现在大体上会称为"心理活动"。正是这些"心理活动"引起了身体的运动。更重要的是,苏格拉底认为物质性的身体是不会自己推动自己的,因此身体的一切运动,源头都要追溯到灵魂那里。这样一来,灵魂的运动就不仅造成它所在的身体的运动,还通过这个身体的运动造成其他身体的运动。整个宇宙的运动,最终都必须追溯到自己能够推动自己的源头那里,也就是追溯到灵魂那里。作为自己推动自己运动的东西,灵魂就必然是整个宇宙中一切运动的源头。

苏格拉底对灵魂的论述,就是以这样一种自然哲学的方式开始的。接下来苏格拉底就引入了这篇演说词中最有力的一个意象,即灵魂马车。苏格拉底是这么说的:

> 接下来得说说灵魂的样子。不过,要说灵魂是什么样的,只得靠神力之助,而且描述起来会很长;好在,描述一下灵魂与什么相似,人还是力所能及,而且几句话就可以说完。我们不妨就用后一种方式来说。不妨将灵魂比作有翅膀的拉车的马和驾车人的合力。

显然,灵魂马车这个比喻试图把握灵魂作为运动本原的特征:马和驾车人的合力造成了马车的运动,正如灵魂造成身体的运动。苏格拉底接下来说,神的灵魂中,驾车人和马都是好的;而我们的灵魂中,一匹马好,一匹马不好。那么,这样一个比喻里面,驾车人和马究竟代表什么呢?对柏拉图的《理想国》熟悉的读者,可能立刻就会将灵魂马车当中的三个成分当作《理想国》当中所说的理性、意气和欲望。这种看法并不是全无道理,但在《斐德若》这里,灵魂马车中的三种成分是不是能够被等同于《理想国》当中灵魂的三个部分,我认为是不能。我们在后面会看到,《斐德若》对人类灵魂的分析同《理想国》的分析是不同的。在目前的语境中,灵魂被当作一种自然力量、一种自然运动的源头的语境中,驾车人和马有明确的指向。马有力量造成马车的运动,代表灵魂中能够同身体结合,造成身体的运动的成分。而驾车人本身并不能推动马车,但驾车人能够控制马拉车的方向,或者用苏格拉底的话说,驾车人的理智(nous)是灵魂马车的向导(《斐德若》247c7—8)。换句话说,驾车人代表灵魂中拥有理智的成分。理智不仅引导和规范着灵魂,而且也引导和规范着外在的物质世界的运动。如果说灵魂是宇宙中运动的源头,那么它的理智就是宇宙秩序的源头。在演说词优美的文字中,完美的具有理智的灵魂被描述为以宙斯为首的奥林波斯诸神,他们造成了天体的运动,一种有规则的圆周运动。

然而,《斐德若》当中的理智绝非只有这唯一角色。除了引导和规范自然,理智或者说具备理智的灵魂,还有另一种角色。这种角色是同苏格拉底接下来要描述的"天外区域"联系在一起的。苏格拉说,在可见的宇宙之外,还有一个诗人不可能知道的区域,被称为天穹之上或者之外的地方。这是一个什么地方呢?简而言之,天穹外和与之相对的天穹内是两个分离的存在区域,分别包含两种不同的存在者:天外是样式(可理知者,真实存在者),天内是自然存在物(可见者,"我们通常称为存在者的东西",参见《斐德若》247e1)。只有灵魂的理智能够观看天外区域当中的真实存在。这就是灵魂的第二种角色——天外存在的观看者。如果说第一种角色照看、规范自然秩序,第二种角色则超出了自然秩序之外,观看最高的存在。而且,按照苏格拉底的论述,前一种角色依赖于后一种角色,因为规范物体运动的能力依赖于对样式的观看(《斐德若》247d1—5,

参见 248b5—c1）。

这两种角色,分别对应着灵魂的两种不同的活动方式,希腊人称之为"做事"与"观看",也就是我们所谓的"实践"与"沉思"。这样一来,灵魂马车这个比喻就暴露出它的内在困难。因为,马拉车这一意象是为了比拟灵魂造成身体的运动,这背后是一个自然哲学的视角。在这一视角下宇宙之外并没有一个天外区域,在自然生成之外没有样式,在推动身体（自然物）之外灵魂没有其他与身体无关的活动。灵魂被锁定在自然生成链条的顶端,却无法从存在的阴影当中解放出来进入真正的光明（参见《斐德若》250b—c）。而灵魂依其本性最好的存在方式,却是与身体所在的存在区域分离。换句话说,灵魂马车最好无车可拉。当灵魂与身体在某种程度上分离的时候,灵魂中不再有两匹马的位置,因为这两匹马正是灵魂与身体结合的标志。灵魂中思考的部分（dianoia）不再是驾车人,而理智作为向导的意涵也将彻底改变:理智不再是通过灵魂这种自我推动者建立自然秩序,而是将灵魂导向更高的存在。苏格拉底在提出灵魂马车这一比喻的时候就对其做出了限定:这不是灵魂在神眼中精确的样子,而只是人对灵魂不精确的描绘（《斐德若》246a4—6）。这一限定的意义现在清楚了:人类灵魂的处境是与身体结合;灵魂马车仅仅是这一视角之下的灵魂形象。

以上是《斐德若》对一切灵魂的论述。那么人的灵魂呢?《斐德若》同时讲述了人类灵魂的起源。神的灵魂马车在天上,像天体一样有秩序地运行（或者说它们推动着天体运行）,最终到达天穹之上的存在区域,观看真正的存在。每一位神身后都跟着一群灵魂,它们由于不像神的灵魂那样是完美的,尽管也想像神一样上升到天外但难以做到。它们对存在的观看只有可怜的一瞥。当其中一些连这样可怜的一瞥都没能获得的时候,就会从天上落到地上,进入一个人类的躯体,成为人类的灵魂。

《斐德若》对人类灵魂起源的论述,有两个关键的地方。第一个关键的地方是完美和不完美的灵魂天性上的差别。人类灵魂属于不完美的灵魂,同神的灵魂相比,天性上就有缺陷。很自然地,在苏格拉底的论述中,灵魂的完美与缺陷从根本上说来自灵魂同真实存在的关系。按照《斐德若》(247b2、247d1—e4)的叙述,神的灵魂毫不费力就可以探出天外,将真实存在尽收眼底;而神的神性,就来自它们与真实存在的接触(249c6)。可以推测,灵魂之所以完美,是因为这些灵魂拥有完整的存在视野;而其他灵魂之所以不完美,则是由于它们的存在视野残缺而局限(248a1—b1)。这种局限来自灵魂本性的内在缺陷:神的灵魂马车中两匹马都是好的,而其他灵魂中则是好坏间杂(246a7—b4)。正是由于劣马会给驾车人造成麻烦,不完美的灵魂对存在的观看才是有局限的(参见248a4)。神的灵魂同其他不完美的灵魂之间的区别是注定的;它们之间是无法相互转化的。

　　但不完美的灵魂并不就等于是人类灵魂。人类灵魂是人类身体中的灵魂。尽管按照苏格拉底的叙述,人类灵魂来自天上,但严格说来,天上并没有人类灵魂:天上有完美的、神的灵魂,也有不完美的灵魂(即"[神的灵魂之外]其他灵魂",《斐德若》248a1、247b1—3)。人类灵魂则是由于一种特定的遭遇才出现的,这是人类灵魂起源的决定性时刻,也是论述中第二个关键的地方。一些不完美的灵魂继续留在天上,而另一些不完美的灵魂则落到地上,进入人类的身体,这才有了人的灵魂(248c2—e5)。同样是这些人的灵魂,在下一次转世中可能进入野兽的身体,成为野兽的灵魂(249b1—5)。由于在无尽的时间中,所有不完美的灵魂至少有一次会落到地上,进入人类的身体,因此在一种宽泛的意义上,我们可以将所有不完美的灵魂称为人类灵魂。这些灵魂要么过去,要么现在,要么将来总是会进入人类身体。但在严格意义上,人类灵魂仅仅指那些"现在"在人类身体之中的灵魂。

回到人类灵魂起源的关键时刻。一些不完美的灵魂之所以会落到地上,不是因为它们对存在的观看不充分、不完整。如果是这样,那么所有不完美的灵魂就应该都落到地上了,天上就只有神的灵魂了。这同《斐德若》的故事不符。那么,是什么导致了这些不完美的灵魂落入尘世,成为人类的灵魂呢?苏格拉底用一个所谓必然女神的法规来表达。按照这一条法规,只要灵魂能看见任何一点真实存在,它就不会失去羽翼而坠落。不完美灵魂看到的存在不完整,不但不是它坠落的原因,反而恰恰滋养着它的羽翼,让它不致坠落。而让灵魂坠落的原因则是完全看不到存在,彻底丧失了存在的视野。

因此,灵魂对存在的见识可能有三种状态:完全能够看到存在,能够看到一部分存在,完全看不到存在。只有完美的灵魂才能处在第一种状态;而所有不完美的灵魂只能看见一部分存在,而且有可能失去它们的存在视野;而在任何一刻,只有那些真的丧失了存在视野的灵魂才会落到地上,成为严格意义上的人类灵魂。因此所有的人类灵魂都曾经见识过存在;它们曾经的存在视野的大小,决定了当它们成为人类灵魂之后的生活形态。按照苏格拉底,这些生活形态一共有九种:曾见识过最多存在的灵魂自然被赋予了哲学家的生活,第二多的灵魂被赋予君王的生活,等等(《斐德若》248d2—e3)。过这九等生活的人类灵魂都曾见识过存在,即使是最低的僭主灵魂;而它们在成为人类灵魂之前的那一刻都失去了曾经的存在视野,即使是最高的哲学家灵魂。

因此,苏格拉底在神话中实际上对人性做了双重规定。人类灵魂就其内在品质而言是不完美的,这一不完美体现在它无法完整、充分地把握存在。但反过来说,不完美的灵魂同存在绝不是隔绝的,它一定曾经见过存在,具有部分地把握存在的能力。因此,宽泛意义上的人类灵魂规定了人性所能够达到的范围:它不能成为神,但可以接近神(homoiōsis theōi),接近神的意思就是,使神成为神的东西,人也能够分一杯羹。而现实的人性则是由严格意义上的人类灵魂所规定的。人的基本处境就在于人必然有一个身体;人的灵魂必然同一个人类身体绑在一起。同人类身体绑在一起的这个灵魂,尽管有能力把握存在,却注定在它成为人类灵魂的那一刻起,遗忘了它曾经见过的真实存在。现实的人性就是这种遗忘的后遗症。我们接下来就要看看苏格拉底对现实人性的刻画。

三、人类灵魂的起源

现实的人性起源于一场空中交通事故(《斐德若》248a6—b5)。苏格拉底是这么说的:

> 至于其余灵魂,尽管竭尽全力要跟随(神的灵魂)上升,却没能力(跟随),在天穹下一同打转,相互踩踏和冲撞,个个争先恐后。于是,就出现了喧嚷、对抗和拼死拼活——由于驾车人的劣性,许多灵魂被搞残了,折了翅羽。尽管付出许多艰辛,所有这些灵魂没能见识到存在就离开了,而后只能以表象/意见来滋养(trophē doxastē)。

失去了存在视野的灵魂会坠落到地上,是因为它们在相互冲撞中损坏了羽翼。没有了羽翼,灵魂就无法留在天上了。就灵魂同存在的关系而言,这一事故的后果是灵魂发生了一种"转向",这种转向同《理想国》当中洞穴里发生的"灵魂转向"正好相反。灵魂从真实存在那里转过身来,面向存在的阴影——也就是生灭不定的自然。这一转变如何改变了灵魂呢？

我们注意到，上述转变当中最重要的一个事件是灵魂之间爆发了一场争斗。每个灵魂都想上升，一亲存在的芳泽，以至于它们之间"争先恐后"（hetera prō tēs heteras,《斐德若》248a6—b1）。正是这样的争斗损坏了羽翼，导致了灵魂坠落。

如上面说过的，坠落的之前的灵魂能够观看存在，尽管能看到的非常有限。按照苏格拉底的描述，这些存在首先是智慧、正义、节制这些德性的样式。换句话说，是灵魂的善。当灵魂能够多少看到一些德性的样式的时候，它们是被这些灵魂的善所滋养的；而坠落之后的灵魂看不到关于灵魂之善的真相，就只能将在它看来是善的东西当作目标，换句话说，受关于善的意见引导。显然，这种关于善的意见（doxa）对关于善的知识的替代，就是苏格拉底所谓"受表象/意见滋养"（trophē doxastē）替代"受真实存在滋养"的转变。

需要注意的是，这种转变不仅仅是一种认知上的转变，而且伴随着灵魂"性格"的转变。原先，拥有存在视野的灵魂之间并不存在竞争关系；尽管要赢得存在视野的灵魂被苏格拉底称为"真正的奥林匹克赛会"的胜利者，但这场竞赛并不是同其他灵魂的对垒，而是灵魂对自身的胜利（《斐德若》256a7—b7）。这种胜利并没有名额限制，按苏格拉底的说法，诸神对它的跟随者并不嫉妒（247a7）。然而，一旦灵魂不再能看到真正的善，灵魂同自身的"真正的奥林匹克竞赛"就变成了霍布斯式的人与人之间的赛跑，参赛者的唯一目标就是超过他人（hetera prō tēs heteras）。灵魂对存在的爱欲让位于同其他灵魂竞争的欲望。苏格拉底的叙述中，灵魂对存在的爱欲就是它的羽翼，现在灵魂的羽翼折断了；灵魂之间的战争爆发了。

在这场战斗中，灵魂呈现出了一种新的特征，希腊人称之为意气

(thumos)。意气总是与在竞争中自我肯定的欲望相关，往往表现在愤怒这种情绪里面。柏拉图在《理想国》第四卷对灵魂有一个经典的分析，通过那个分析把意气确立为同理性和欲望并列的灵魂中的第三种成分。为了区分意气与欲望，苏格拉底举了一个例子，说到一个叫列昂提奥斯（Leontius，字面意思"狮子一样的人"）的人想要看苍白的尸体，同时对这种欲望感到羞耻和愤怒。主导这种愤怒的意气，就与欲望区分开了。为了区分意气和理性，苏格拉底以奥德修斯为例。奥德修斯乔装成乞丐回到家中后，看到求婚者的丑行十分愤怒，但他用理性压抑住了怒火。苏格拉底将其解释为理性压制了意气。然而，苏格拉底自己承认，他在《理想国》第四卷中对灵魂的分析有局限（435d）。如果对这两个例子进行深入分析的话就会发现，意气并不仅仅是灵魂内在冲突中的一方，而是整个灵魂的基调。从阿提卡喜剧的残篇我们得知，列昂提奥斯对苍白尸体的欲望来源于他对苍白、体弱的男孩的欲望。《斐德若》中苏格拉底的第一篇演说词恰好分析了这种欲望，认为这是一种支配、统治的欲望，因而这种欲望其实是意气的一种表现。而奥德修斯压抑愤怒的理性，当然更是在他复仇的意气主导之下。如果我们照通常的理解看苏格拉底引用《奥德赛》的那句诗（20.17）的话，显然，奥德修斯责备的 thumos，就是他的内心或者说他的灵魂——这是 thumos 一词在荷马史诗当中的通常用法。在一定程度上，荷马英雄的灵魂就是他的 thumos。这恰恰就是《斐德若》描写的灵魂之间的那场战争所呈现出来的对灵魂基本面貌的刻画。

　　《斐德若》中人类灵魂马车的三个成员当中，通常认为白马代表意气。但实际上，全部三个成员都表现出意气的特征。要看到这一点，我们只需要看看苏格拉底在演说词后半部分的生动描写。当美少年出现在眼前的时候，黑马要求靠近他，但白马和驾车人对黑马的无礼（paranoma）要求感到愤怒（254a7—b1），这是意气的典型特征。之后，当黑马多次催促威逼，但驾车人和白马不肯满足它的要求时，黑马反过来对另外两者软弱和缺乏男子气（deilia te kai anandreia）感到愤怒（254c5—d1）。这两种意气，尽管相互冲突，但都具备意气的共同特征：意气对真正的善是盲目的，驱使意气的是关于善的意见。前者关于善的意见来自法律（nomos）；法律教导什么是美好和正义，而意气可以接受法律的教导并保持住它的信念。这样意气就可以被引导到爱好荣誉、克制较低的欲望上面，这恰好就是苏格拉底对白马的描述（253d6—e1）。显然，对荣誉的极端热爱可能导致无法无天；但即使爱荣誉没有走向放肆（hybris），它也是人性向上提升的阻碍：如果驾车人和白马固执于法律教导的信念不肯退让，那么灵魂将不可能回忆起真实的善（与254b1—7描述的情形相反）。不过，这种情况几乎不可能发生。意气无时无刻不在遭受着低下欲望的撕扯（参见254b1—3）；仅靠信念不足以抵抗欲望的腐蚀，尤其这种信念是外在的，因而看起来更不真实，更不"自然"，因而在简单的反思面前显得像是习俗的虚构。在柏拉图对话里，格劳孔和卡里克勒斯代表的"大众"观点正是这种反思的结果。它们对正义及其起源的理解典型地代表了通过所谓的"自然"对习俗正义的解构。意气几乎必然败坏。

败坏的意气在《斐德若》中由黑马代表。在大多数解释中，黑马都被简单地当作《理想国》灵魂欲望部分的对应物。这种看法貌似有根据，因为在关于灵魂内部冲突的叙述中，黑马的确要求满足性的欲望。但如果我们仔细看苏格拉底对黑马的描述（253e1—5）就会发现，黑马从未被刻画为一种嗜欲：白马被称为"爱荣誉的"（253d6），但黑马并未被称为"爱美好身体的"；相反，黑马的基本特征毋宁说是不受控制的意气，它被称为"与放肆和自夸为伴"（hubreōs kai alazoneias hetairos，253e3）。黑马对性爱的要求更应被理解为一种僭主的专横，即意气被败坏的一种极端形式。盲目的意气既拒绝承认法律教导的善，又无法知道真正的善，因而屈从于欲望所认定的善。这种意气将敢于并有能力满足欲望认作勇敢和男子气概,因而胜过他人的意气表现为多得的贪欲(pleonexia)。如果我们认真反思的话,真正属于身体的欲望是很容易满足的:《理想国》(372a—d)里面描绘的第一个城邦,也是最简单的生活方式就能够满足这些必需的欲望,但这种欲望被完全满足的生活在那种意气看来恰恰不值一过。在《理想国》(372d)里面,这种生活被苏格拉底的对话者、以意气著称的格劳孔称为是猪的生活;在另一篇对话《高尔吉亚》(492e)里面,欲望完全满足的生活被比作石头和尸体。因为意气追求的不是欲望的单纯满足,而是在对欲望的无限追逐中肯定自我。只有通过意气,有限的身体欲望才可能转化成无限的贪欲。人性中对僭主式生活的渴望,与其说是欲望的不断引诱,不如说是意气的暗中鼓动。

就《斐德若》神话而言,柏拉图的人性配方似乎是这样的:意气是原材料,在其中加入关于善的各种意见调配。在意见的诸多来源当中,最强有力的当数与(严格意义上的)人类灵魂必然相伴随的人的身体:按照《斐多》(83c—d)当中的说法,除非哲学抓住了这个灵魂,否则它不由自主地就会把身体主张的当作真实的。这一人性中最大的恶(83c1—2)让柏拉图不厌其烦地告诫我们警惕身体及其欲望。但身体之所以能够把它的意见灌输给灵魂,不仅仅因为身体的快乐和痛苦比其他的意见都更有力量,而且首先是因为意气同真理隔绝,使灵魂成了一个意见的容器。作为人性原材料的意气,本身却是人从他最高的可能性跌落下来的标志。因此,如果哲学希望把灵魂提升(或返回)到它原本的最高境界,就需要摆脱无论是败坏的还是没有败坏的意气,或者更确切地说,把意气还原为灵魂的自然欲望,也就是灵魂对同它更为亲近的存在的欲望。这是柏拉图对哲学爱欲的最高礼赞。在这个过程中,灵魂不仅需要超越与意气结合的关于善的各种意见,而且需要从根本上超越意气带来的骄傲:被灵魂放弃的那些礼数和高雅的举止,正是灵魂曾经引以为傲的东西;失去骄傲的灵魂甚至愿意去做被认为是奴隶才去做的那些事(《斐德若》252a4—7;《会饮》203c—d)。

这种哲学的谦卑是否是另一种骄傲甚至放肆呢?阿尔喀比亚德显然是这么认为的。在《会饮》这篇对话里,阿尔喀比亚德就控诉过苏格拉底的骄傲:苏格拉底的骄傲就在于他对世人趋之若鹜的东西不屑一顾。尽管他对苏格拉底的看法包含了深刻的误解,但是很难说没有某种同样深刻的洞察。在一定程度上,柏拉图自己支持了阿尔喀比亚德的看法。他笔下的苏格拉底在刻画哲学天性的时候,把这种天性对真正存在的关切称为思想之"宏大"(megaloprepeia,《理想国》486a8、487a4、503c4),并且断定这样的人必然对人世的事情不屑一顾。无独有偶,亚里士多德将苏格拉底这位哲学家的代表看作"大度"(megalopsukhia)这一德性的典型之一:大度的人是那种自认为值得伟大的事物并且的确值得伟大事物的人(《尼各马可伦理学》1123b)。当哲学家的灵魂将我们生活的世界理解为存在的阴影的时候,他的确认为自己值得的是更伟大的东西——真正的存在。在某种意义上,哲学家认为这个世界配不上他。

然而哲学家并不是没有身体的牵绊的、天上的灵魂;哲学也并不能让哲学家的灵魂脱离身体,回到与存在的直接接触——这是哲学家的灵魂死后的奖赏,而不是此世的哲学生活(《斐德若》249a、256b)。灵魂对彼岸存在的向往,带给此世生活的是巨大的张力:灵魂被描述像一只鸟,渴望离开地面,却不能实现(249d)。柏拉图把这种生活的状态称为神圣的疯狂。它是神圣的,因为灵魂此时被神圣的事物——真正的存在——所占据;它是疯狂的,因为灵魂在这种状态中渴望彻底逃离这个它所生活的世界:不是设法安顿自身,也不是照料周遭的世界。这样一种逃离(或者说逃离的渴望),古代柏拉图主义传统称之为"与神相似"(homoiōsis theoi),被认为是人的根本目标。① 《理想国》(521c5—8)将这种对生活的根本改造生动地刻画为"灵魂的转向"。灵魂要么面向肉眼不可见、但对理智可见的样式,要么面向肉眼可见、但实际上只是真实存在之阴影的自然存在物。按照苏格拉底的描述,在两个区域之间,灵魂只有在真实存在,即样式那里才能得到真正的滋养,而只有被适当的"食物"所滋养的灵魂才能获得灵魂圆满的形态。换句话说,灵魂在它的存在性质上与样式更亲近。按照《斐多》(79d)的经典表述,当灵魂逗留于真实存在周围,它便结束了漫游。也就是说,真实存在才是灵魂的真正家园,灵魂通常所熟悉的自然世界,反而是灵魂的歧途。灵魂的转向不是让理智单独去进行哲学思考,而是彻底改变看待世界的眼光,从而从整体上改变人的生存状态:人类生活的自然根基——人伦关系、友爱情感、受尊重和受鄙夷的标准——现在只不过是一种意见而已,需要依据真正的的价值接受理性的审判。这是一种根本性的转变,海德格尔将其看作西方形而上学历史的关键时刻:

> 唯一的和首要的决定性事情,并非何种理念和何种价值被设定了,而是人们根本上是根据"理念"来解释现实,根本上是根据"价值"来衡量"世界"。②

---

① 参见 Alcinous, *The Handbook of Platonism*, 28.4;普罗提诺:《九章集》,I.2。
② 海德格尔:《柏拉图的真理学说》,《路标》,孙周兴译,商务印书馆,2014年,第275页。

推荐阅读书目:

柏拉图:《斐德若篇》,朱光潜译,商务印书馆,2018 年。

柏拉图:《柏拉图四书》,刘小枫编译,生活·读书·新知三联书店,2015 年。

纳斯鲍姆:《善的脆弱性》,徐向东、陆萌译,徐向东、陈玮修订,译林出版社,2018 年。

Seth Benardete, *The Rhetoric of Morality and Philosophy: Plato's* Gorgias *and* Phaedrus, Chicago: The University of Chicago Press, 1991.

G. R. F. Ferrari, *Listening to the Cicadas: A Study of Plato's* Phaedrus, Cambridge: Cambridge University Press, 1990.

第十一讲
洞穴中的光亮:《理想国》第一至四卷

刘 振

毫无疑问,对于整个西方哲学史和思想史而言,《理想国》都堪称一部根本经典,只有极少数作品能够与《理想国》相比。我想借助这一讲向大家介绍这部经典作品的基本思想。显然,当我说《理想国》有一个"基本思想"的时候,我预设的前提是:《理想国》是一个结构完整的整体,它有基本的主题和线索,这个主题和线索贯穿它的情节和论证;简单来说,柏拉图想通过《理想国》向我们表达一个基本关切。所以,这一讲的主要目的是尝试呈现《理想国》的基本关切。为了呈现这个基本关切,我主要介绍两个问题:一个是《理想国》探讨的主题;一个是这个主题如何贯穿在《理想国》的十卷书当中,这也就是《理想国》的思考线索。

柏拉图的《理想国》在西方思想史上不仅产生了极大的影响,也引出了许多理解角度。众多理解《理想国》的角度,当然会给我们带来很多启发。但是,它们同样会给我们带来很大的麻烦:今天我们应该从什么角度去理解这部经典,柏拉图通过《理想国》到底想向我们表达什么?具体来说,只要我们尝试理解《理想国》,我们马上就会遇到两个彼此相关的麻烦。第一个麻烦是,我们今天身处人文学科高度分化的精神处境之中,摆在我们面前的经常是从哲学、政治学、文学、心理学、教育学等不同角度出发的理解。这些理解当然不会没有启发，但它们经常会遮蔽柏拉图关心的问题。比如，我们会看到许多关于《理想国》"政治方案"的研究，这些研究大都以一般意义上的政治学关心的问题为切入点。但是，如果我们去看西塞罗的说法，西塞罗就说《理想国》真正关心的问题不是一个"政治方案"，而是"人类事务的限度"。我们今天不会有任何学科专门研究"人类事务的限度"，所以，如果我们从任何一个分支学科的问题框架去理解《理想国》，都很有可能错失柏拉图的问题意识和提问方式。第二个麻烦，某种意义上比第一个麻烦更棘手。刚才提到了西塞罗，可是我们同样可以问：西塞罗的理解是正确的理解吗？西塞罗有没有可能误解柏拉图呢？这个麻烦是思想史本身给我们造成的困难，这是一个"历史性的困难"——西方思想史层层堆积的思想传统，使我们从一开始就与柏拉图的关切和提问方式有隔阂。我们同样可以举一个例子，20世纪柏拉图研究的一个重要问题就是亚里士多德对柏拉图的理解。我们显然不能说亚里士多德没有能力理解柏拉图，如果亚里士多德没有，我们就更不可能有。但是，亚里士多德关切的问题与提问的方式，倒是很有可能跟柏拉图不同，这样一来，我们在亚里士多德这里就遇到了理解柏拉图的"历史性困难"。

通过这些麻烦和困难，我想说的是，我们或许只能以柏拉图的方式去理解柏拉图，不是从各种既定的前提出发去理解柏拉图，而是从苏格拉底的"无知"出发去接近柏拉图的关切和提问。所以，在理解柏拉图的时候，我们需要借助思想史的眼光，但最根本的依据仍然是柏拉图的文本。就《理想国》这部书来说，无论是西方还是中国学界，都有一个回到文本自身并且以此为依据理解它自身的主题和线索的趋势。当然，即使我们回到《理想国》的文本自身，我们仍然可能对它的主题和线索有不同的理解，但是，我们毕竟会有一个不断检验和修正我们的理解的依据。这使我们有可能接近柏拉图的关切。

如果我们回到《理想国》的文本自身,我们基本可以确定,《理想国》的主题不是一个实践性的政治方案——《治邦者》的主题也不是如此,更接近这个主题的是《法义》。那么,《理想国》的主题是什么呢?如果它关心的不是政治方案,它为什么要讨论政治问题呢?

我想从西方思想史的一个重要事件引出《理想国》的主题。西方思想史转入现代世界以后最重要的变化,可能就是我们所谓"后现代"思想的兴起,这种思想造成了我们今天的精神处境。一般认为,尼采对西方传统的批评是这个精神处境的开端。我们都熟悉《悲剧的诞生》中那个著名的说法,尼采说苏格拉底是世界历史的转折点和漩涡,因为苏格拉底在西方造成了一个"科学"(Wissenschaft)的传统。尼采还说,在希腊世界有一些高贵的青年狂热地追慕苏格拉底,柏拉图正是这些青年之一。我们都知道,苏格拉底本人"不立文字"。所以,真正在西方思想史上开创了一个新传统的是柏拉图,因为柏拉图不仅著书立说,还创办了学园。尼采把柏拉图开创的这个传统称为"柏拉图主义",而且很重要的一点是,在尼采看来,不仅西方的古代传统是"柏拉图主义",现代传统同样是"柏拉图主义"。所以,在尼采这里,"柏拉图主义"基本上就是西方的整个传统。

尼采所说的"柏拉图主义"的最基本的含义是理性主义。我们可以这样来表达它的意思:人的智慧在于认识每一个事物是什么,根据一般的理解,柏拉图对于这里的"是什么"做出了一个理念论的回答;柏拉图认为每一个事物的"所是"是它的理念,简单来说,柏拉图认为每一个事物的"本质"是它的理念。举个例子,人的本质是人的理念,正是人的这个理念使人成为一个人。不仅如此,这里同样重要的一点是,我们不可能通过感觉认识到理念,比如我们不可能通过视觉、嗅觉等认识人的理念,我们只能通过逻各斯去认识它。换句话说,我们只能通过言谈,尤其是相互言谈去认识它——相互言谈其实就是辩证术。因此，真正使我们把握到事物本质的不是感觉，而是思辨性的言谈，这个思辨性的言谈有一个指向，它指向一个事物的理念。那么，理念又是什么呢？根据一般的看法，柏拉图认为人的理念才是真正的人，它是人的范本，每一个具体的人都在一定程度上分有这个范本。所以，一个事物的理念就成了一个事物的范本，只有它才是这个事物的完善模型。这样一来，理念就包含了目的的含义，它是一个事物所应该朝向的一个完善的目的。

这样来看，"柏拉图主义"最基本的意思就是，只有通过理性——也就是言谈或者逻各斯——把握到的那个理念才是真实的事物，它是一个超越感觉的范本；同时，这个真实的理念是恒定不变的，是事物的完善和目的。因此，我们可以说，"柏拉图主义"看起来是一种理性主义的目的论，这是它最根本的含义，因为这是一个存在论层面的含义。

尼采在很多地方将"柏拉图主义"理解为这个存在论，也就是一种肯定超感觉理念的目的论。严格来看，柏拉图对这个存在论的表述其实是不清楚的。比如，这里的一个核心问题是：理念到底是不是一个独立实体？亚里士多德以批评柏拉图的方式加强了我们的一个印象：柏拉图主张理念是独立实体，它本身是一个"存在物"，而不仅仅是一个观念。这个问题后来成了哲学史的一个重大问题，引发了很多思想史上的事情。但是，它在柏拉图这里实际上是很模糊的。

无论如何，尼采对"柏拉图主义"的理解看起来是一种超感觉的、目的论的存在论。但是，这个理解让我们想到的问题是，为什么尼采认为它是西方的整个传统呢？两个最明显的困难是基督教和现代科学。尼采的回答是，基督教和现代科学在一个非常根本的层面也是"柏拉图主义"。因为，一方面，基督教也将超感觉事物置于感觉事物之上，比如说它最核心的上帝概念；另一方面，现代科学同样是理性的建构，它不是对自然自身的认识——尼采对现代科学的判断是有道理的,虽然17世纪逐渐成形的新科学打破了目的论的存在论,但是,笛卡尔和霍布斯给新自然学打造的理论基础,很明显具有理性建构的特征,所以尼采会说,现代自然学并没有全心全意"肯定自然"。

从思想史上看,笛卡尔和霍布斯在17世纪奠定的新哲学,已经对柏拉图构成了极其严峻的挑战。可以说,如果我们将柏拉图理解为我们刚才描述的"柏拉图主义",基本上从17世纪以后人们已经没有太大必要阅读柏拉图了。尼采就是在这个意义上看待"柏拉图主义"。而且,尼采还更进一步,因为他基本上把现代科学看作"柏拉图主义"的一个残余或者延伸,认为它延续了"柏拉图主义"用理性建构取代真实自然的精神取向;这就是我们刚才所谈的尼采开创的后现代精神。在尼采这里,西方的存在论达到了一个巨大的深渊,一旦他将现代科学揭示为一种建构,世界的理性秩序实际上就是不存在的。它既没有超感觉的本质,也没有理性的秩序。因此,我们可以暂时得出一个结论,西方的理性主义传统在这里掉进了深渊。在尼采之后不久,海德格尔进一步加强了我们对这个深渊的印象。在海德格尔这里,"存在"最终是一个说不清道不明的神秘的东西,我们总是在各种历史化的处境中跟它发生某种关系。至于我们会有什么样的历史处境,我们对"存在"会有什么样的理解,海德格尔说这都是"存在"带来的"命运"。"命运"这个说法实际上瓦解了理性主义,而且,重要的一点是,海德格尔同样认为"柏拉图主义"在柏拉图以后构成了西方存在论的源头,他认为这是一个导致西方思想走上岔路的源头。

这是我们今天阅读柏拉图以及《理想国》的基本处境,它看起来是一个巨大的困难。但是,就像我们刚才谈到的,思想史本身是一个既遮蔽又揭示的东西。尼采和海德格尔对"柏拉图主义"的批评,会引发我们重新思考柏拉图的关切和提问究竟是什么,也会让我们跟后世的柏拉图主义拉开距离。实际上,尼采对柏拉图的理解本身就是既遮蔽又揭示。如果我们去看晚近一些对尼采早期笔记和授课的研究,我们就会发现,尼采认为柏拉图本人不是"柏拉图主义者"。在早年的授课中,尼采曾经说过,柏拉图的本质特征并不是"柏拉图主义",柏拉图本人是一个很深刻的怀疑论者——苏格拉底意义上的怀疑论者;"柏拉图主义"是柏拉图为城邦生活准备的学说。尼采当然批评"柏拉图主义",这是因为他不认为"柏拉图主义"是真理,在他看来,既然"柏拉图主义"在现代以来已经掉进了深渊,当然就需要新的真理。但是,尼采说新真理的创造者是新的柏拉图。"新柏拉图"是尼采的原话,所以尼采的柏拉图形象具有两个方面:一个方面是一个哲学的、具有深刻怀疑精神的柏拉图;另一个方面是这个柏拉图为城邦创造的"柏拉图主义"。这样一来,柏拉图就具有哲学与政治两个层面,而且尼采认为前一个层面更根本。

其实,尼采的看法并不是新观点,中古阿拉伯哲学和犹太哲学的一些最重要的典范已经提出过这个观点了。比如,阿尔法拉比和迈蒙尼德接受的都不是柏拉图主义的柏拉图形象,他们对柏拉图的理解受到《理想国》的深刻影响;对我们今天的论题尤其重要的是,他们对《理想国》的理解盯住的正是哲学与城邦的关系。支配他们的一个基本问题是:如果一个人最高、最完善的生活是哲学生活,是探究真理的生活,那么这种生活与共同体的生活是什么关系?或者说,完善的个人与完善的城邦是什么关系?由此出发,我们可以提出的问题是:尼采与中古哲学传统对柏拉图的理解,是否可以成为照亮《理想国》的光束?进一步说,在"柏拉图主义"已经瓦解的时代,《理想国》是否依然包含永恒真理的亮光?

刚才的讨论是为了引出《理想国》的主题。《理想国》本身最明显的论题包含两个方面:政治与哲学。但是,从西塞罗的话我们可以想到,讨论政治不一定是为了提出政治方案,它可能是为了探究"人类事务的限度";同样,讨论哲学也不一定是为了提出一种存在论学说甚至教条。因此,我们可以说,《理想国》当然既讨论政治也讨论哲学;但问题在于它从什么角度,以什么方式来讨论,它关心的核心问题是什么。如果尼采与中古哲学传统的看法有道理,那么《理想国》的主题可能就是哲学与政治的关系。而且,柏拉图主要是把哲学与政治看作两种生活方式:哲学是理论生活,政治是实践生活。这两种生活是人类最基本的生活方式,所以,理论生活与实践生活的关系属于人类生活的基本问题,因而也是人类思想的基本问题——这个问题可能正是《理想国》的核心关切,或者说是《理想国》的主题。

那么,柏拉图是如何思考这个主题的呢?关于柏拉图对这个问题的思考,我们可以用分析观点的方式来谈,也可以用呈现的方式来谈:我们可以具体地看这个主题如何贯穿于《理想国》的论证和情节。所以,我这次想沿着《理想国》各个卷次讲过去,通过讨论各个卷次来看柏拉图如何思考他的主题。我们会更关心这个主题沿着哪些论证线索推进,以及全书的哪些"关节点"跟这个主题的关系。

《理想国》像一座完整的建筑,整个十卷书有一个完整的结构和连贯的线索,这是今天更多的人赞同的看法。虽然《理想国》全书涉及的论证非常多,但是它其实包含一些"关节点",把握这些"关节点"是理解它的关键。全书最直接的论题当然是"正义",我们可以提出这样一个问题:"正义"是什么意思?当人们思考"正义"的时候,应该思考的实质性问题是什么?实际上,我们发现整个《理想国》另一个最根本的概念是"善"或者"好",因此柏拉图在书中思考的实质性问题可能是这个"好"的问题。由此我们会发现,《理想国》的两个基本论题——哲学与政治——都与这个"好"有关。在柏拉图看来,人类最基本的"好"有两个:一个是个人的"好",另一个是共同体的"好"。用《理想国》的话说,人类最基本的"好"

是灵魂的完善和城邦的完善,这两者的最高形式分别是哲学的生活和完善的城邦。可是,灵魂的完善与城邦的完善并不是完全分离的,所以,柏拉图在《理想国》中思考的实质性问题很可能就是灵魂的完善与城邦的完善的关系,简单来说就是哲学与美好城邦的关系。显然,要思考这个问题,柏拉图必须同时向我们交代哲学与美好城邦本身是什么。这些问题就构成了整个《理想国》所围绕的主题和线索。

根据这个主题和线索,以及柏拉图在有些地方的明确提示,我们一般把《理想国》分为五个部分:分别是第一卷、第二至四卷、第五至七卷、第八至九卷、第十卷。我们现在就进入第一卷。

一、第一卷

整部《理想国》的第一个词是"我下到"(κατέβην),苏格拉底下到了比雷埃夫斯港,同行的还有格劳孔。关于这个"我下到",最著名的可能就是沃格林的解释了,沃格林关于这一个词的解释够出一本小书。沃格林的基本意思是,这个"下到"其实是下到灵魂深处。所以我们大致可以认为,《理想国》这个故事是从灵魂开始的,政治问题是后来引进来的,引进来以后就出现了灵魂与政治的关系的问题,但这个问题现在还没有出现。

苏格拉底本来打算去看看本迪斯女神节的宗教敬拜活动。他说,这里是头一次搞这样的活动,这是这个故事发生的一个历史时间线索。这个事情可能有很多寓意,一个跟我们直接相关的问题是:本迪斯女神是一个异邦神,不是雅典人自己的神,用学界的概念来说,雅典人有自己的"城邦宗教"(civic religions)。这个本迪斯节庆说明两个问题。第一个是雅典的宗教传统现在发生了很大的变化,或者说受到很大的冲击,既有的传统动摇了,或许它需要一个新的传统。第二个问题更重要一些,我们都记得苏格拉底后来被雅典城邦定罪的一个原因,就是说他引进新神,柏拉图在这里交代的这个背景,说明其实雅典本身就在引进新神。这个问题关系到柏拉图《理想国》的主题。有一种观点认为,《理想国》的主题就是为苏格拉底辩护,或者说为哲学的生活方式辩护——《理想国》是苏格拉底真正的"申辩"。这个观点跟我们刚才提出的主题是一致的。如果我们可以认为《理想国》的主题是哲学与政治的关系,那么柏拉图是站在哲学这一边的。显然,如果要为哲学申辩,柏拉图要给我们讲清楚哲学和政治各自是怎么回事,为什么哲学生活值得辩护。

这个大问题是随着全书的论证和情节逐步展开的,我们继续来看第一卷。苏格拉底和格劳孔碰巧撞上了波勒玛库斯和阿德曼图斯一行人,这帮人现在"强迫"苏格拉底留下来,波勒玛库斯要苏格拉底留下来,并没有说要"强迫"他谈哲学。最初的计划可能是去看一种很新奇的活动,骑在马上进行火炬接力。但是,苏格拉底真的留下来以后,看赛马的计划最后消失了,变成了一场超长的哲学谈话——苏格拉底的哲学取代了一场宗教节庆。

谈话的地点是波勒玛库斯家,苏格拉底一行人在那儿又碰到了吕西阿斯、欧绪德谟这些人。这时候,克法洛斯就出场了。正是在苏格拉底与克法洛斯的谈话中,正义的问题被提出来了。克法洛斯说正义就是说实话和归还欠别人的东西。而且他说,一个人之所以要做正义之人,是因为正义之人死后不会遭受惩罚——克法洛斯相信有诸神,也相信死后的惩罚。

苏格拉底对克法洛斯的质疑,构成了对话的一个转折。苏格拉底问他:如果你从一个朋友那借了武器,可是这个人疯掉了,你还应该把武器还给他吗?或者,你应该对一个疯子说实话吗?克法洛斯马上承认,他自己对正义的理解是有问题的。这时候,苏格拉底就提出了"正义的定义"(ὅρος...δικαιοσύνης)这个问题。第一卷此后的讨论,看起来都是围绕正义的定义或者正义是什么来谈的。但是,到第一卷结束,这个讨论并没有得出结论,"正义是什么"这个问题还在那。所以,有人认为《理想国》的第一卷可能原来是一篇独立的对话,可以算作"疑难对话"。这个看法没有充分的根据,更有道理的是相反的观点:第一卷是整个《理想国》的一个必要的部分,而且是很重要的一个部分。我们继续往下看,这一点就会逐渐呈现出来。

第一卷接下来的谈话,主要是苏格拉底跟波勒玛库斯、忒拉绪马霍斯的谈话。谈话的具体内容有很多有趣的地方,我们没办法在这里展开来分析,我们今天主要关心的问题是《理想国》整体上的主题和线索。波勒玛库斯接过了克法洛斯的说法,认为正义就是把你欠一个人的东西还给他,不同之处在于,克法洛斯认为这样做的理由是诸神和死后的惩罚,波勒玛库斯的根据则是诗人西蒙尼德斯的权威。《理想国》实际上在这里已经涉及宗教与诗人的论题,这是全书的一个重要问题。宗教与诗是紧密联系在一起的:一方面,诗的主要内容是讲故事,诗人自己关于诸神的故事影响人们的宗教观念;另一方面,城邦在塑造宗教观念的时候,也要依靠故事。因此,诗人的故事是宗教观念的一个重要来源。"诗与哲学之争"是《理想国》的一个重要论题。这个争执的一个焦点就是诗人与哲人对于宗教观念的主导权,进一步说,宗教问题总体上从属于道德政治问题,因此这个争执的一个焦点其实是道德政治观念的主导权问题。另一个焦点当然是真理问题或者存在论问题,苏格拉底目前还没有谈到这个问题。

我们现在可以说,克法洛斯父子主要受"意见"主导——无论这个意见源于宗教还是诗人。意见本身不一定没有意义,但意见不够完善,需要向真理上升。一个重要的问题是，不是所有人都能够从意见向真理上升，苏格拉底下降到人的灵魂，就是要考察这种上升的可能和限制：无论是哲学真理，还是完善的城邦，它们的地基都是人的灵魂。人的灵魂决定了这两者何以可能，或者何以不可能。苏格拉底对灵魂的理解，决定了他对完善城邦的看法，也决定了他与不同的人谈话的内容和方式；反过来说，当时在场的不同的人，必定也从苏格拉底那里"获得了"不同的教诲，我们今天同样如此。

克法洛斯对"正义的定义"这类问题没什么兴趣，很快退场做献祭去了。波勒玛库斯接过了克法洛斯的意见：正义就是把你欠一个人的东西还给他。这个定义很简单，甚至很难算是一个严格的定义，苏格拉底很快就让这个定义陷入了矛盾。苏格拉底说，如果我们把一个东西还给某个人，但这个人因为这个东西而受害，这可能就不正义了。波勒玛库斯在第一卷提出的这个定义是很不成功的，但苏格拉底围绕这个定义的讨论却很重要。就我们关心的主题来说，它的一个最重要的地方是提出了正义与好的关系。如果说正义的基本含义是恰当，那么我们可以这样表述苏格拉底的问题：恰当的东西应该是对于一个人好的东西，对正义或恰当的讨论应该着眼于好来进行。

波勒玛库斯承认了苏格拉底的一般原则，那就是正义的东西必须是好的，或者说，只有对于一个人好的东西，对于他才是正义的、恰当的。"好"这个问题出现以后，整个谈话的主题和线索开始慢慢浮现出来，尽管有个过程。苏格拉底接下来跟波勒玛库斯还有一些谈话，我们不在这里分析了，我们现在主要抓住正义与好的关系这个核心问题来看第一卷的发展。

苏格拉底跟波勒玛库斯还没有谈完，忒拉绪马库斯就坐不住了——柏拉图说他像野兽一样扑上来，连喊带吼地打断了谈话。第一卷余下的对话主要是苏格拉底跟忒拉绪马霍斯的对话。对话的结果是苏格拉底"驯服"了忒拉绪马霍斯，使他变得温和了。但是，这部分对话同样没有解决"正义的定义"这个问题。尽管如此，这部分对话明显在将对话向深入推进。

忒拉绪马霍斯的观点是：正义就是强者的利益。根据忒拉绪马霍斯的说法，强者就是城邦的统治者，所以他的意思是，统治者总是自私自利的，总是只为自己谋求好处。虽然苏格拉底"驯服"了忒拉绪马霍斯，但是，这里揭示出来的问题其实一直在第一卷之后的谈话中延续。我们至少可以在这里看到两个推动对话发展的重要问题。第一个问题是，苏格拉底提出了关于好的知识的问题。在整个《理想国》中，其实是忒拉绪马霍斯最早点题——在解释城邦的统治关系之时，他提出了 πολιτεία［政制］的问题。只不过，他的理解是城邦的统治者只追求自己的好。苏格拉底反驳说，即使认为统治者只追求自己的好，如果不知道什么是真正的好，正义的问题还是没解决。这个反驳实质上指向了一个根本问题：不管正义是谁的好，关于好的知识——或者，真正的而非虚假的好——都是根本前提。所以，《理想国》在这里已经隐含了哲学，尽管哲学正式出场是在第五卷。尤其重要的是，这里已经暗示了政制与哲学的某种关系：政制离开哲学不可能完善；政制需要理解真正的好，需要关于真正的好的知识，而这个知识正是《理想国》哲学认识的最高点。政制与哲学的这层关系，对于哲学当然是有利的，但哲学是不是能够获得关于最高善的知识，在整个《理想国》中是一个问题，这个问题会触及它的核心关切，我们逐步再来看。

这里推动对话发展的第二个问题跟忒拉绪马霍斯的观点的前提有关。我们可以这样表达这个前提：在忒拉绪马霍斯这里，正义要么是强者的好处，要么是弱者的好处。所以，好本身是有冲突的，一群人的好意味着另一群人受到损害。因此,在忒拉绪马霍斯承认应该寻找真正的好之后,柏拉图让这个对话发生了一个转折,从"正义是什么"这个问题转向了正义好不好的问题。忒拉绪马霍斯认为正义是不好的,因为正义的人总是吃亏的,苏格拉底用了三个小的论证反驳忒拉绪马霍斯。但是我们可以发现,这部分谈话其实还没有解决忒拉绪马霍斯的前提:好自身是有内在冲突的,不同的人的好是冲突的。

关于"正义是什么",第一卷的讨论没有得出结论,但是,就像我们刚才说的,第一卷是全书的一个非常重要的部分,它引出了全书一些最重要的论题。苏格拉底将正义与好紧密地联系起来,从而揭示了正义问题背后的实质性问题。整个正义问题的源头是人对好的追求,这样一来,好自身包含的问题和困难就成了正义的问题和困难。忒拉绪马霍斯相信,人与人的好是冲突的、不可协调的,忒拉绪马霍斯的挑战至少引出了《理想国》中的两个论证线索。一条线索是,证明好内在于灵魂之中;另一条线索是,证明并展示一种共同的好,这种好最终体现为一个完善的城邦共同体。可是,苏格拉底关于好的知识的说法已经预示了整个论证将要面临的一个巨大困难:无论是完善的灵魂,还是完善的城邦,最终都依赖于关于"善"本身的知识,换句话说,它们最终都需要哲学。苏格拉底相信,人之为人在于对善的追求。可是,这种追求本身面临巨大的困难,这种困难最终源于善自身。

我们可以说,《理想国》的主题是一个与人类同在的永恒问题:人的完善最终需要对善本身的洞见,最终需要哲学;如此一来,哲学看起来就成为人类最高的善。可是,哲学首先并且主要是个人灵魂对善的探究,它是否能够与共同体的善相容;人类的两种最基本的善——完善的灵魂与完善的城邦——是否相容;甚至在更根本的层面上,是否存在完善的灵魂和完善的城邦。这是人类思想的基本问题。

二、第二至四卷

作为《理想国》不可或缺的第一部分,第一卷已经初步将这个基本问题呈现在我们面前。我们继续看这个主题如何在全书中展开。《理想国》第二个部分一开始,两个重要的人物——格劳孔和阿德曼图斯——就延续了第一卷的问题。格劳孔和阿德曼图斯意识到,苏格拉底看起来是驯服了忒拉绪马库斯,但是,关于正义好不好的问题,苏格拉底并没有给出一个让人满意的说法。

格劳孔和阿德曼图斯要求苏格拉底证明正义本身就是好的。这看起来是帮忒拉绪马库斯挑战苏格拉底,实际上不是;因为,格劳孔和阿德曼图斯在天性上对美好事物有追求,他们希望苏格拉底能证明正义是好东西,他们相信这种证明对于他们的道德生活是有益的。另一方面,这对兄弟的天性也有明显的差异,一个重要的差异是,苏格拉底说格劳孔在所有事情上更"勇敢"(柏拉图经常在一个比较抽象的层面使用"勇敢"这个词)。简单来说,跟阿德曼图斯相比,格劳孔对某些事物的追求更强烈、更无拘无束——用柏拉图的话来说,格劳孔的爱欲更强烈,他具有哲学潜质,也可能成为僭主。关于这对兄弟的天性,我们没法展开分析,一个基本的要点是,苏格拉底在《理想国》中的论证针对这两者具有不同的意义,或者说,苏格拉底的论证具有不同的层面。阿德曼图斯和格劳孔可能各自基于自己的天性获得了不同的启发,这一点对于我们同样适用。

格劳孔和阿德曼图斯都要求苏格拉底证明正义本身是好的。这个要求延续了第一卷已经提出的问题:什么是真正的好。流俗的看法认为正义本身没有意义,真正好的东西是财富、名誉、权力这些东西。格劳孔和阿德曼图斯不赞同这种看法,他们对自己的生活有道德要求。但是,这种道德要求现在需要苏格拉底给予理性的支撑,需要苏格拉底来说道理。我们刚才说到,《理想国》的论证具有不同的层面,讨论和支持德性是其中一个层面,但不是最根本的层面。

格劳孔和阿德曼图斯的要求,引出了《理想国》中的一条线索。由于不能从正义的结果来说正义是好的,苏格拉底给出了一个"内在论"的论证。这个"内在论"的意思是说,正义的灵魂本身就是好的,不正义的灵魂本身就让人很痛苦,用今天的话说,正义具有内在价值。与此相关的是苏格拉底提出的"灵魂—城邦类比"。

苏格拉底没有直接回答格劳孔兄弟的问题,而是又回到"正义是什么"这个问题上。看起来是为了解决这个问题,苏格拉底提出了著名的"灵魂—城邦类比"。正如我们之前所说,理解《理想国》的关键是它的各个"关节点",第二卷的"灵魂—城邦类比"就是一个非常关键的"关节点"。关于这个类比,有大量的研究和讨论,就我们关心的主题来说,我们可以发现,这个类比最直接、最核心的变化是正式将城邦引进了讨论。

如果我们只看苏格拉底对这个类比的表述,它其实是很模糊的。苏格拉底的大意是说,人们在看不清小字的时候,要看更大的字。所以,为了看清灵魂的正义,我们要在言辞中(in logoi)建立一个城邦,因为城邦的正义是放大的正义。事实上,这个类比可能有很多模糊之处,问题很多。我们提出其中一个问题:城邦的正义跟灵魂的正义之间的关系,是小字跟大字的关系吗?如果是的话,这意味着城邦的正义跟灵魂的正义具有本质上的一致性,整个《理想国》的论证确实在这个类比之后引入了这个一致性。

苏格拉底由此引入的这个论证线索,我们可以称之为"同构论"。"同构论"的意思是,城邦跟灵魂的正义都是某种结构,这种结构对于两者是一致的。因此,正义其实就是一个恰当的结构:理性在最上面,统治最底下的欲望,血气在中间辅助理性。城邦的结构是这样,灵魂的结构也是这样,这个结构就是πολιτεία。在《理想国》中,苏格拉底同时针对城邦和灵魂用到πολιτεία这个词,这样一来,正义就是一个恰当的结构。我们刚才说到的"内在论",实际上主要就是靠这个结构来支撑的。

苏格拉底引入的第二个线索,就是城邦和灵魂之间的关系。苏格拉底通过"灵魂—城邦类比"引入的最明显、最重要的变化就是建立城邦,这是涉及全书主题的一个关键的变化,政治的论题这时候正式出场。即使我们认同灵魂与城邦有相同的结构,个人的善与城邦的善的关系仍然是一个问题。这个问题随着建立完善城邦的过程逐步展现出来,到哲学在第五卷正式出场以后,这个问题就向顶峰迈进了,这个顶峰上的问题就是哲学与城邦的关系。《理想国》的核心卷次——第五至七卷——就是对这个核心主题的思考。

上述两条线索是《理想国》第二卷以后的主要线索,即使不是全部的线索。那么,沿着这些线索,柏拉图如何接近核心问题呢?我们继续往下看。第二卷接下来就开始建立城邦。苏格拉底跟阿德曼图斯首先建立了一个城邦,这个城邦是非常简单的,也是非常简朴的,它主要是满足人的一些基本需要。这个城邦可以看作一个工匠的联合体或者工匠的城邦,这时候统治和被统治还没有出现。它没有政治制度,也不需要政治制度。阿德曼图斯觉得这个城邦挺好的,人们满足了基本需要,无忧无虑地生活。

这时候推动讨论向前发展的是格劳孔,格劳孔插话说这个城邦简直就是一个"猪的城邦"。格劳孔之所以对这个城邦不满意,主要原因是这个城邦太缺少美好事物——这个城邦也许是一个和平的城邦,没有太多烦恼,但它极度缺少美好的东西。于是,在格劳孔的"爱欲"推动下,第一个简朴的城邦就发展成了一个"奢侈的城邦",城邦里就开始出现很多超出基本需要的东西,比如奢侈的生活用品、金子等,也出现了诗人。"奢侈的城邦"是一个重要的变化,因为欲望到了这个阶段,世上的东西就不够分了,人们就开始相互争夺,所以就会出现战争。这样一来,城邦就需要政治制度了,城邦当中也出现了一个新的阶层,也就是战士阶层。这个战士阶层出现以后,城邦中就有了统治的关系。战士阶层统治工匠阶层,这样就形成了最初的 πολιτεία。苏格拉底就说,如果要让这个 πολιτεία 尽可能完善的话,有一件事情就特别重要了,这件事情就是教育。那么,从第二卷这个地方开始,苏格拉底就开始讨论教育的问题。这个关于教育的讨论一直延续到第三卷最后。

这个部分的讨论涉及很多内容,看起来有点庞杂。苏格拉底谈到了音乐教育和体育教育。在音乐的教育里,苏格拉底主要谈诗的问题,包括诗的内容,也就是它的言辞;还有诗的形式,比如模仿的问题——诗主要就是模仿,模仿诸神、英雄等,所以苏格拉底会谈到怎么模仿的问题,还有音乐的曲调等问题。这些是苏格拉底讨论的内容。苏格拉底讨论的内容虽然很多,但是整个这些讨论的线索还是非常清楚的。整个关于教育的这部分讨论,都是围绕一个核心线索展开的。这个线索就是,对战士的整个的教育,都要服从城邦的要求,也就是说,它都要服从于城邦的完善。而且,苏格拉底说,城邦的完善关键就是统治阶层的德性。所以,第二卷到第三卷的教育,它的核心原则就是培育灵魂的德性,音乐教育和体育教育都是这样。那么,为了培育战士阶层的德性,苏格拉底就对诗和宗教进行了改造,他要通过这个改造来培育勇敢、节制、虔敬等一系列德性。苏格拉底说,如果他们没有这些道德,城邦就要出大问题,离开了德性,法律也就没什么用了。

那么,经过了对教育的这一系列改造,尤其是对诗的改造,苏格拉底建立城邦的工作似乎就完成了。城邦现在有了一个 πολιτεία，这个 πολιτεία 基本上是按照贵族政制来设计的。到第三卷最后，苏格拉底就说，经过这些教育，战士当中就会出现一些特别优秀的人，这些人就可以来做城邦的统治者和护卫者了。所以，我们基本上可以说，这个城邦的 πολιτεία 就是一个"三分结构"，这就是我们前面提到的城邦结构的问题。

这个结构体现的是贵族政制的原则，当然我们知道，苏格拉底是在贵族政制这个词的原本的含义上来谈的，因为贵族政制的希腊文原意是最优秀的人统治。所以我们基本上可以把这个词翻译成"贤良政制"。苏格拉底这个贤良政制的结构现在就比较清楚了。贤良阶层、战士阶层、工匠阶层，从上到下形成一个结构。

谈到这个地方，《理想国》的讨论好像就可以结束了，如果它只是为了谈政治问题的话。但是，这个讨论不仅没有结束，反而变得更复杂。苏格拉底在后面就把政治和哲学的问题引向了更深入的方向了。这个更深入的讨论的一个关键起点，就是第三卷最后那个"高贵的谎言"。这个"高贵的谎言"其实非常有意思，因为苏格拉底刚刚对诗进行了一个很长的讨论，然后他马上就自己作诗，他用腓尼基人的传说编了一个故事。通过这个故事，《理想国》就很顺利地转到第四卷的讨论。这个故事的寓意可能是很丰富的，我们主要谈一个跟我们直接相关的核心问题：苏格拉底讲这个故事的主要意图是什么？

从表面上看，这个故事就是延续了第三卷前面的道德教育。但是，这个故事更深刻的层面，不是道德教育的问题，而是一个特别根本的问题。在前面的讨论当中，苏格拉底说，城邦如果要完善，护卫者的道德是很关键的，而这些道德都是服务于城邦的要求的。在这个故事当中，苏格拉底又把这个要求提高了，他又对护卫者提出了制度上的要求。这些制度上的要求是非常严苛的。比如，护卫者不能拥有私人财产，不能有自己的房子，他们要过得比所有人都节俭，只是从城邦那儿得到一些最基本的东西。

这样一来，在道德和制度两个方面，城邦对护卫者都提出了非常严苛的要求。苏格拉底说，这些要求是必不可少的，不管它有多严苛。因为，如果我们真的想建立一个完善的城邦，我们就必须这样做。这个做法的核心的原则就是尽最大可能消除私人的东西。苏格拉底说，只有这样，才能让护卫者真正为城邦服务；如果不这样做，私人性的东西肯定会一步步败坏护卫者，然后一步步扭曲城邦的法律，最后导致城邦彻底失败。

可是，苏格拉底的这些要求实际上提出了一个问题：护卫者凭什么要服从这么严苛的要求呢？这种服从其实需要一个很强的理由。苏格拉底对护卫者提出的所有要求，都需要理由。这个问题推到底，就是一个根本问题：城邦的完善究竟需要什么条件。苏格拉底在这里提出了这些条件——这些条件是非常苛刻的，到第四卷开头，苏格拉底甚至还在加码。在第三卷最后，苏格拉底说护卫者可以从城邦拿工资，到第四卷，连这个都没有了。更重要的是，苏格拉底很快就说，护卫者甚至不能有自己的家庭。苏格拉底好像不经意提了一下，说护卫者不能有自己的妻子和孩子（423e—424a）。这就是《理想国》中著名的"女人和孩子共有"的问题。这个问题到第五卷会爆发出来，引出很多关键的讨论。

总之，现在的问题就是，苏格拉底基本上要把所有私人的东西都取消掉，我们就会问：护卫者凭什么要这样做呢？在第四卷开头，阿德曼图斯就问苏格拉底：如果这样的话，护卫者的生活就没有任何幸福可言了。这个幸福的问题与好的问题紧密相关，所以，阿德曼图斯在这里提出了一个非常重要的问题：护卫者的生活到底好不好？阿德曼图斯似乎不能接受一个极端的情况，即为了城邦的完善，护卫者个人的好基本上全被取消了。

这个问题引出了《理想国》的一个关键的论证。苏格拉底在第四卷开头回答说:我们建立城邦不是为了某一群人的好,而是为了整体的好;所以,护卫者的生活是服从这个整体的好,这是美好城邦对他们的必然的要求。这个问题就跟我们讨论的核心问题有关系了,这个问题就是:完善的城邦的根本原则,是一个整体的好,这个整体的好要求个人服从它,这是政治的根本原则。第四卷提出这个整体的好,就进一步展现了全书的核心问题:个人的善与共同的善之间的关系。只不过,这时候哲学还没有出场,所以这个关系问题还没有走到顶峰,没有走到最高的层面。

无论如何,一旦苏格拉底把这个原则提出来,《理想国》的论证就到了一个很深的层面。因为,共同善的问题被挑明了,或者说,政治的一个根本原则出现了——这个原则就会成为思考哲学与政治的关系的一个关键支点。第四卷接下来的讨论,就是根据这个根本原则来谈的,苏格拉底根据这个原则提出美好城邦的三分结构。苏格拉底说,这个结构其实跟灵魂的结构是一样的,这就是我们前面说的"同构论",它指的是城邦应该有一个好的秩序或者结构。具体来说,这个结构同时体现在城邦和灵魂当中:城邦的最高层是统治者,苏格拉底也称之为参议和护卫的阶层,我们简称它护卫者,这个阶层对应于灵魂中的理性;中间是战士,他们辅助护卫者,这就像灵魂中的血气是辅助理性的;最底下是工匠阶层,对应于灵魂中的欲望。

第四卷将这个结构呈现出来以后,《理想国》的主要问题似乎就解决了,或者说,最初在第一卷和第二卷提出的那两个问题似乎就解决了。第一,关于正义是什么的问题,苏格拉底说正义就是这个恰当的结构,无论就城邦还是灵魂而言,其中的每个部分"各司其职"。第二,关于正义好不好的问题,灵魂和城邦的正义都是一个恰当的结构,所以,苏格拉底似乎已经回答了格劳孔和阿德曼图斯的问题,现在他可以说正义本身就是好的。苏格拉底说,最重要的事情就是一个人灵魂的结构。如果一个人有一个恰当的灵魂结构,那么他本身就是好的,而且是非常好的。如果一个人的灵魂结构出了问题(比如,完全由欲望主导),那么它的灵魂就是混乱的。这比任何事情都更悲惨,即使得到再多外在的东西也没用,因为有一个糟糕的灵魂结构时刻折磨着他。同样的道理也适用于城邦。

这就是我们前面说到的"内在论"论证。如果这个论证成立的话,第二卷的"城邦灵魂类比"好像意思也清楚了,苏格拉底先从城邦那里发现了一个正义的结构,然后用这个结构来看灵魂,从而看到了灵魂的正义。所以,《理想国》到第四卷好像就可以结束了,于是苏格拉底在第四卷尾声说,现在可以来看看几种不正义的情况了,然后他就准备谈四种不正义的城邦和灵魂。简单总结一下的话,我们似乎可以说,苏格拉底用一个理性主义的方案——理性在灵魂和城邦中占主导——同时解决了灵魂完善和城邦完善的问题,由于两者的关系现在还没有充分展开,正义的问题似乎也就解决了。

第十二讲
洞穴中的光亮：《理想国》第五至十卷

刘 振

一、第五至七卷

由于正义的问题看起来到第四卷结束就已经解决了，波勒玛库斯在第五卷开头就说：要不然我们就放苏格拉底走吧——可能他觉得这时候去看火炬赛马还来得及。但是，这个时候对话又出现了一个重要转折，阿德曼图斯说，现在不能放苏格拉底走，因为苏格拉底只是看起来把问题解决了，实际上最重要的问题根本就没解决。阿德曼图斯说苏格拉底"偷走了一段论证，为的是不去刨根问底"。苏格拉底偷走了什么论证呢？

阿德曼图斯提出了这样一个问题：苏格拉底没有把女人和孩子共有这个问题说清楚。这当然就包括苏格拉底怎么处理婚姻和家庭，怎么处理孩子的问题，孩子归谁所有，生出来以后怎么抚养——这些问题包含在"女人和孩子共有"这个问题之内。关于这个问题，苏格拉底在前面说，护卫者的所有东西基本上都要是共有的，这是一个好的城邦的必要条件。苏格拉底很快就揭示了阿德曼图斯这个问题的意义，这个问题关系到两个重要问题：第一，完善的城邦能不能实现，苏格拉底说这是"可不可行"的问题；第二，完善的城邦可不可欲的问题，或者说，这个城邦好不好、是否值得追求的问题。一旦把这个问题提出来，苏格拉底就说，你们不知道你们现在"唤起了多大的讨论的风暴"，而且他说，他其实是故意忽略了这些问题，因为这里会有太多的麻烦。

《理想国》第五至七卷的论证就围绕这个问题展开了。我们先看第二个问题：这个城邦好不好。苏格拉底说，大概没有人会怀疑这个城邦是好的。所以，整个这三卷的讨论都预设了一个前提：这个城邦一定是好的，需要讨论的只是如何实现它的问题——实现这个美好城邦，就是用一些很特殊的安排将城邦推向完善。但是，苏格拉底其实只是没有直接讨论这个城邦好不好的问题，他在很多地方都提示我们，这里是有极大疑问的。实际上，我们在那些将城邦推向完善的特殊安排中，就可以发现很多疑问。最初的共同善和三分结构的轮廓听起来是很好的，可是一旦具体实现起来，很多疑问和不可接受的东西就出现了。所以，苏格拉底其实在讨论"如何实现"的过程中，同时对我们提示了这个好不好的问题。

我们来看其中一个主要问题。美好城邦的可行性面临的基本困难是如何让护卫者放弃所有属于自己的东西，彻底为城邦的整体秩序服务——苏格拉底展示了这里所需要的一系列极其严格的条件。可是，人对属己事物的爱欲是人最基本的自然反应，用柏拉图的话说，这是人的自然。所以，美好城邦的建立最终面临一个根本问题：它可能是反自然的，或者说，它要彻底改造人的自然，把人的自然强行扭转到另一个方向。在第五卷中，苏格拉底谈到了整个改造的一系列手段，最终的手段就是哲学，《理想国》由此终于引入了哲学。但是，至关重要的是，这一系列改造似乎并不能解决问题；不仅如此，引入哲学似乎也是引入了一个新的问题，而不是一个解决方案。不过，哲学带来的问题正是全书的核心主题：

如果个人善和共同善根本上都需要哲学来实现，那么，就此对哲学进行理解也就是根本问题。

我们来看柏拉图如何引入和思考这个根本问题。苏格拉底对这个问题的讨论，依托于对如何实现美好城邦的讨论，为了理解其中的实质性问题，我们先回到第三卷结尾。苏格拉底在第三卷结尾提供了一个关于共同善的方案，也就是著名的"高贵的谎言"。他说，我们可以用一个谎言来让战士和护卫者相信，城邦是所有人共同的母亲，城邦中的所有人都是同胞；这样一来，他们就会彻底献身于共同善。但是，阿德曼图斯在第五卷开头的话表明，他不认为这个神话能解决问题，他觉得应该讨论一下究竟如何实现"女人和孩子共有"。这个问题的实质正是实现共同善的问题。于是，苏格拉底只能进入一个"讨论的风暴"，这个风暴一直延续到第七卷结束。

在第五卷，这个风暴体现为著名的"三个浪头"。第一个浪头是男女平等——主要是男女在接受教育和参与城邦事务上的平等，很多学者认为这个浪头是可以实现的。第二个浪头就不一样了，这个浪头的主要原则就是让护卫者做到女人和孩子共有，目的是让护卫者彻底放弃私人事物。它的理由在于，如果你没有私人事物，你才可能彻底为城邦共同善服务——这个共同善的框架就是那个三分结构的 πολιτεία。比如，如果护卫者没有家庭，他就不会把城邦的东西拿到自己家里；如果他没有孩子，他就不会为了自己的孩子做各种偏私的事，他不会扭曲城邦的法律，也不会让自己的孩子获得不应有的权力、利益；等等。这样一来，护卫者就会让优秀的人去统治，守住最好的 πολιτεία 以及以此为目的的城邦法律。

我们可以看到，在第二个浪头里，苏格拉底提出了一系列在我们看来可能根本不可能实现的安排。比如，他要严格地控制爱情，也就是控制爱欲；为了生育优秀的后代，他要严格控制婚姻和生育的时间；孩子生出来以后,要让孩子跟父母互相不认识对方,从而防止他们偏私,破坏城邦的共同善。诸如此类的安排,我们不去逐个看它们,重要的是其中的一个核心问题:苏格拉底提出的这些安排是极其苛刻的,如果说第一个浪头可能并不违反自然,第二个浪头其实在极大程度上是违背自然的,因为它几乎完全取消了人的自然爱欲,几乎完全取消了人的属己的事物——当然,苏格拉底说这是针对护卫者阶层,而不是针对工匠阶层。

可是,这些苛刻的安排还不够,到了473c这个地方,苏格拉底说城邦还需要最后一个变化。这时候第三个也是最大的浪头就出现了,这个浪头就是"哲人王"。这时候哲学终于出现了。苏格拉底就说了那段著名的话:除非"哲人们在城邦中成为王者,或者王者和掌权者真正地、充分地搞哲学",否则城邦中的恶就不会终止,人类的恶也不会终止。只有哲人的统治,才能让这个言辞中的城邦"见到太阳的光辉"。

《理想国》的故事走到这个地方,最核心的问题就出现了,尼采所说的"世界历史的转折点"也出现了。这个转折点究竟意味着什么呢?从表面上看,苏格拉底似乎相信这个哲人王的构想,说它是可能的(473c)。可是,苏格拉底马上又说,这个浪头"绝对要将我淹没在嘲笑和恶名之中"。所以,柏拉图其实并没有说他相信这个构想。整个第五至七卷的讨论都有一个基调:一方面,苏格拉底说哲人的统治是可能的;另一方面,苏格拉底又反复地强调这有多难。比如,苏格拉底探讨哲人的出现有多难,哲人掌握权力有多难,城邦对哲人多么不信任,再退一步说,即使哲人因为种种原因掌握了权力,他对城邦的改造也是极度困难的。我们可以通过苏格拉底在第六卷的两个说法来概括地看这里的困难有多大。

第一个说法是,苏格拉底说,要做到这些需要各种极为有利的条件撞到一起,苏格拉底用到了"神意"这个词。第二个说法是,他说从来没有在现实中看到过这样一个城邦。所以,即使这个构想不是绝对不可能的,我们也可以说它几乎是不可能的。那么,如果这个构想几乎是不可能的,柏拉图为什么还要谈它呢?这个问题就跟柏拉图的整体意图有关系了,就像我们前面讨论的,《理想国》的核心关切不是要提供一个实现完美政治的方案,而是要为苏格拉底的哲学生活辩护。这种辩护要求柏拉图在城邦面前证明哲学的正当性,柏拉图的辩护思路是证明哲学对于城邦的意义。一方面,从第五卷这个地方开始,柏拉图就把这个思路呈现出来了,他要证明城邦的完善离不开哲学,只有哲学才能让城邦走向完善;另一方面,正如苏格拉底在第六卷所说,如果哲人没能统治,或者,如果哲人即使统治了也没让城邦走向完善,那不是哲学的问题,而是城邦的问题,是城邦没有能够按哲学的要求做。但是,我们在这里应该提出一个最根本的问题:柏拉图在这里说的哲学是什么意思,苏格拉底不是一再强调自己无知吗?按照苏格拉底的说法,如果哲学就是一种探究的生活,那么这种探究的生活凭什么让城邦变得完善呢?

这个问题会带我们走到柏拉图哲学最根本的层面。《理想国》第五卷以后对哲学的理解其实有两条线索。一条线索是:哲人是有知识的,他甚至有关于整个世界秩序的知识,所以他是可以统治的。另一条线索是:哲人其实是无知的,他的生活是一个永远在探究的生活。这两条线索的矛盾,就构成了柏拉图的根本问题——哲学到底是知识还是无知。柏拉图在《理想国》当中的论证的一个非常重要的特点是,他在大部分时候把这个矛盾掩盖起来了;也就是说,他既说哲人是有知识的,又说哲学是探究的生活,而且同时利用这两点为哲学辩护。不过,柏拉图在有些地方揭示了这两者之间的矛盾。我们甚至可以说,这个矛盾既是理解柏拉图的一个核心问题,也是整个西方思想的一个核心问题。我们在这里不必做出一个结论,不妨将它作为一个敞开的问题,借助这个问题,我们或许可以更好地理解《理想国》。

我们现在结合这个问题来看第六卷和第七卷的内容。提出了哲人统治城邦的构想以后,苏格拉底就说,我们就要搞清楚什么是哲人。所以从第五卷最后开始,苏格拉底就说,哲人最大的特点就是他拥有关于理念的知识。苏格拉底谈得比较多的是美好的理念或者善的理念——善的理念不同于一个具体的善的东西,具体的善的东西是会消亡的,但是理念是恒定不变的。所以,哲学是跟理念紧密结合在一起的。由此出发,苏格拉底就开始为哲学辩护,这个辩护在第六卷就成了明确的主题。这个辩护的着眼点是哲人对于城邦完善的意义。我们刚才说到,这个辩护的关键是同时采用了两种对哲学的理解。苏格拉底的辩护主要是两点:第一点是围绕知识来谈的,他说只有哲人才是真正有知识的人;第二点是围绕德性来谈的,这时候他换了一个角度说,哲学这种探究的生活方式会让人具有节制、勇敢、正义等等德性,而这些德性正是城邦的统治者必须具备的德性。比如,如果一个人用他的全部生活来探究真理,他就对物质享受没什么欲望,所以他一定是节制的。这样一来,苏格拉底就从哲人的生活方式推出了统治者必须具备的各种德性。如果苏格拉底的论证成立,那么从知识和德性两个角度来看,哲人就是最好的统治者。

第六卷接下来就转入了知识论和本体论。在太阳喻和分线喻当中,苏格拉底基本上揭示了一个知识论和本体论框架。在分线喻中,苏格拉底就说,我们的知识从影像、自然物、数学对象,一直上升到理念,最后上升到善的理念。到了善的理念,知识就走到了最高处,只有获得了这个知识,我们才能最终认识到一个善的秩序(κόσμος)。而且,这个善的秩序,不仅仅是城邦的秩序,也是整个世界的秩序,城邦的秩序要根据这个秩序来理解。从这个意义上看,由于哲人认识到了整体秩序,他就能真正认识到城邦的秩序,从而依据这个真正美好的秩序统治城邦。

到了第七卷,苏格拉底再次谈到对护卫者的教育,这个教育现在就不仅是德性教育了,它的最高形式变成了哲学教育。苏格拉底就说,这个哲学教育的关键就是,让这些护卫者去认识善的理念,这样的话,他们就可以认识到整全的美好秩序,从而理解一个美好的城邦秩序,最后,他们就可以建立一个完善的城邦。如果这些说法能够成立的话,《理想国》最核心的问题似乎就解决了。因为,根据这样的论证,哲学跟城邦就是没有矛盾的。通过哲学的探究,使人获得了完善的知识,从而实现了灵魂的完善;同时,这个完善的知识将使人认识到完善的城邦秩序,并且最终通过哲学的教育和哲学的统治,实现这个完善的城邦秩序。所以,哲学将最终实现个人灵魂的善和城邦的共同善。

可是我们发现,在整个《理想国》通过哲学向顶峰迈进的时候,苏格拉底讲了一个洞穴的比喻。如果我们对比《理想国》核心卷次的三个比喻,洞穴喻的一个很重要的特点是它的两面性。苏格拉底在通过太阳喻和分线喻揭示知识论和本体论框架的时候,看起来是很确定的。但是,洞穴喻却让我们看到了哲学的上升自身的艰难,以及哲学与城邦的复杂关系。一方面,它好像是说哲人到洞穴外面获得了真理,然后回到洞穴,把真理带回城邦;可是另一方面,洞穴喻又深刻地揭示了这个过程的困难和矛盾,它让我们觉得,真理世界与洞穴世界的鸿沟似乎又是根本无法克服的。

结合这个洞穴喻,我们就可以来看《理想国》最根本的问题了。根据柏拉图的看法,城邦的完善需要护卫者彻底献身于城邦的共同善,可是,这种献身要求护卫者彻底放弃个人的东西,这就需要从根本上改变人的自然。在第六卷当中,苏格拉底说,这个完善的城邦需要我们将人的灵魂彻底清洗干净。所以柏拉图会让我们看到,完美城邦的那些条件几乎是对人的自然的彻底转变。这就意味着,人的自然对哲人改造城邦构成了一个自然的障碍,这个障碍即使不是绝对无法克服的,也是几乎无法克服的,即使是哲人的统治也不可能做到,因为哲学不能超越自然的限制。这也就意味着,只要人的自然没有发生根本的突变,洞穴世界与真理世界之间的鸿沟就是无法克服的。当然,这也许并不意味着在哲学上思考完善的城邦是没有意义的,这个完善的城邦会揭示现实城邦的缺陷和限度,也会揭示改善现实城邦的方向。但是,从根本来说,政治事务本身必然是有限度的,它不可能达到完善,它最多只能去接近完善。没有人能够将洞穴的世界转变为真理的世界。而就个人灵魂的完善而言,哲学是灵魂完善的最高形式。因为,人的完善的生活,要求人去思考真正的完善,所以它要求人去思考整全的完善秩序,在这个意义上,哲学生活是最完善的生活。

可是,柏拉图也深刻地认识到,在哲学的两种含义之间,存在一个深刻的矛盾。一方面,完善的生活要求哲人获得完善的知识,要求人认识到善的理念,认识到一个完善的秩序;可是另一方面,哲人在根本上又是无知的,哲人的生活在根本上只是一种探究的生活。这种探究的生活不等于完善的知识,它在根本上只是从黑暗的洞穴向光明世界上升。所以柏拉图告诉我们,哲人很可能并不具备完善洞穴世界所需要的知识。不仅如此,在向上攀登的过程中,哲人超出了城邦的视角,这就使哲人与城邦构成了深刻的冲突。就这个冲突来说,柏拉图相信,城邦的视角、洞穴中的世界本质上是极度有缺陷的。所以,尽管哲人没有完善的知识,哲人也应该尽可能远离洞穴的视角。从政治上说,出于延续哲学的考虑,哲人应该慎重对待城邦的视角,以免城邦对哲学产生敌意甚至毁灭哲学。哲人最多仅仅在自然允许的范围内改善城邦,而且在这种改善的同时,哲人要时刻避免自己完全落入城邦的视角。最终,柏拉图也许想告诉我们,从洞穴中攀升的行动本身就证明了哲学的正当性;哲学的最终意义,不在于是否已经获得了完善的知识,而在于一种超越人的局限、向着光明世界上升的行动。这种向着光明世界的上升,就其本身而言就是人的完善的生活,尽管哲人最终能够实现的也许只是对那个世界的惊鸿一瞥……

二、第八至九卷

柏拉图在《理想国》核心卷次的思考,可以说达到了动人心魄的程度。全书接下来的一个部分是第八卷和第九卷。苏格拉底在第八卷开头说,刚才的讨论拐进了一个"岔路"——这个岔路是由阿德曼图斯在第五卷开头的问题引出来的,整个讨论从城邦一直上升到哲学,甚至上升到光明世界的顶端。第八、九卷从哲学尤其是存在问题下降到了更低的视域,这个更低的视域主要是幸福的问题。苏格拉底在第九卷尾声提示我们,这个幸福问题其实就是第二卷提出的"正义好不好"的问题,或者说,它是后者的一个更具体、更基本的讨论方式——我们对正义的关切,绝大部分时候都体现为我们想知道正义的人是不是幸福。

第八卷看起来很有"政治学"味道,它对接第四卷最后的问题。当时苏格拉底好像谈完了美好城邦的结构,准备讨论四种不正义的政制。由于阿德曼图斯的不满,整个讨论拐进了城邦与哲学的关系问题,第五卷至七卷的讨论平息了阿德曼图斯的不满,或者说,平息了公民生活和道德生活对哲学的不满。"城邦视域"现在对哲学产生了好感,可以说,苏格拉底教育了城邦,城邦接受了苏格拉底的"申辩"。整个第八、九卷的讨论都是在这个地基上展开的,苏格拉底让阿德曼图斯和格劳孔接受了哲学对城邦和灵魂的统治,也就是说,第五卷至七卷的讨论巩固了理性的城邦结构和灵魂结构。同时,第八卷对各种政制的讨论,也接上了第二卷的"灵魂—城邦类比"。苏格拉底也明确提到了这个类比，他说，我们看城邦的正义是为了看灵魂的正义。所以，第八卷的"政治学"讨论的目的是讨论灵魂的正义，从而讨论灵魂的正义与幸福的关系。灵魂的正义就是理性主导的灵魂结构或者 πολιτεία，关于它是不是幸福，苏格拉底的结论是清楚的：正义的灵魂是幸福的，不正义的灵魂是不幸福的；哲人因为灵魂最正义而最幸福，僭主因为灵魂最不正义而最不幸福。

苏格拉底在第八卷讲述了一个美好城邦经过荣誉政制、寡头政制、民主政制、僭主政制逐步"衰落"的故事。苏格拉底借助各种政制的特征，描述相应的灵魂的特征。这个故事一直延续到第九卷前段，落脚点是关于僭政和僭主灵魂的讨论。在理解这个讨论的时候，有一个重要的线索：苏格拉底虽然在城邦与灵魂之间构建了一个平行的类比关系，但是他在开始这个讨论的时候特别强调，其实整个城邦变动的最深层原因是灵魂。所以，这部分讨论的底色更多的是灵魂论而不是政治学。我们可以说，对城邦必然衰落的这些描述，实际上是要让阿德曼图斯和格劳孔对政治保持更克制的认识，回到对灵魂的关切上来。那么，在这个延续到第九卷的灵魂论讨论中，苏格拉底很生动具体地描述了受不同灵魂要素主导的人的状况，尤其是僭主的状况，既让阿德曼图斯和格劳孔看到了正义灵魂的幸福，也清除了格劳孔过于"勇敢"的僭政激情。第九卷此后的讨论，对正义或者理性的灵魂又补充了两个证明，值得留意的是，这两个证明的分量是完全不一样的。第一个证明比较简单，苏格拉底说理性的灵魂更幸福，因为，理性的灵魂可以经验到更低的灵魂的各种快乐，但是后者没法经验到知识的快乐，所以前者是更幸福的。

更值得重视的是随后那个论证，因为，苏格拉底明确强调，事实上只有这个论证才是最有力的。苏格拉底说这个论证是从某个智慧之人那里听来的。他没有说这个智慧之人是谁——有可能是俄耳甫斯教或者毕达戈拉斯派的某个人——但是他说,这个论证是最有力、最关键的。当我们去看这段论证的时候,我们会发现它的根基又回到了存在问题。根据这个论证,理性的灵魂之所以是最幸福的,是因为理性能够认识到真实的存在。这样一来,整个灵魂论和幸福论的问题,又回到了哲学问题上。如果苏格拉底的说法不假,那么,《理想国》对幸福最重要的论证就又回到了存在论问题。当然,阿德曼图斯和格劳孔似乎相信苏格拉底的存在论,但是,这就回到了我们刚才讨论的问题:柏拉图究竟对哲学采取什么理解,他将哲学理解为探究的生活还是一种存在论,甚至是"柏拉图主义"的存在论?

三、第十卷

随着阿德曼图斯和格劳孔对苏格拉底的赞同,《理想国》的故事好像的确可以结束了。但是柏拉图觉得这个故事现在还不能结束,在第十卷里,他又回到了诗的问题,并且在整个《理想国》的结尾安排了一个很长的神话——俄尔神话。神话当然是诗,所以第十卷的主题又回到了诗,这就让我们想到一个问题:既然苏格拉底已经在第三卷用了很长时间讨论诗,为什么第十卷又要回到诗这个主题呢?柏拉图在第十卷回应了全书此前留下来的一个根本问题:无论是城邦还是个人,似乎都需要关于整全秩序的某种知识来支撑他们的生活。哲人能够提供这种这种知识吗?如果不能的话,谁来提供这种知识呢?

第十卷在论题上回到了诗的问题。我们会发现,这次回到诗的问题,也是对诗的一次改造。我们知道,苏格拉底在第三卷对诗的改造,主要着眼点是城邦的道德;第十卷的着眼点从大的原则来说跟第三卷有一致的地方，也就是说，要让荷马这些诗人服从于更好的目的。但是，第十卷的改造比第三卷更深刻。因为，苏格拉底现在要为人的生活提供一个彻底的支撑，这个支撑现在不能基于城邦的视角，这个视角现在是远远不够的。苏格拉底现在必须上升到一个整全的视角，或者说宇宙论的视角。苏格拉底要让所有人相信，从宇宙论的视角来看，正义的生活是有理由的。

从这个视角，我们可以来看第十卷的一个主要问题——理念论和诗的问题。第十卷从表面上看，是对诗的一个很严厉的批判，苏格拉底在这里又把理念问题提了出来，所以它看起来像是一个知识论的讨论。苏格拉底说，我们看到的事物其实有很多层面，他举了"床"的例子：最真实的"床"是"床"的理念，这是神造的；然后就是一个床的蓝图；接下来就是工匠造的"床"，这个工匠的"床"跟最真实的那个"床"的理念就远了一层了；但它还不是最远的，离真理最远的是画家或者诗人的"床"。苏格拉底在这里用到了模仿的概念，他说诗人是看着工匠造的"床"来模仿的，所以诗人制造的是一个"床"的影像，这个影像离真实的"床"是最远的。

这个知识论的批判利用了理念论。从表面上看，它是非常瞧不起诗人的，诗人的技艺在所有的技艺当中是最低的。比如，如果论制造铠甲、战船，任何一个工匠都比荷马优秀。但是，荷马的技艺跟工匠的技艺有一个重要的不同，荷马不是制造这些具体的东西——他不是要去钻研这些铠甲、战船具体应该怎么造。荷马看的是这些东西之间的联系，或者说，荷马是从一个更大的视角去理解这些东西，从某个整体去理解这些东西。这样一来，我们就可以理解，苏格拉底为什么马上就改变了讨论的方向，从知识论的批评转入了所谓"使用者"的问题。他说，使用者其实是比工匠更有知识的。比如，阿喀琉斯比一个工匠更懂得铠甲和武器的意义。这样一来,我们会想到一个问题:有没有比阿喀琉斯更高的使用者;或者,如果阿喀琉斯精通的是战斗的技艺,那么什么技艺比战斗的技艺更高呢?

这个技艺就是政治的技艺,或者说立法的技艺。所以,苏格拉底把这个讨论的角度转换了以后,真正的问题就呈现出来了。荷马没有制作工具的技艺,但他有立法的技艺。荷马不从事实际政治,但实际的政治人未必有整全的视域,所以,实际的政治人不一定真正具有立法的技艺。这一点上,他们不一定比得过荷马。荷马可能具有立法技艺,或者至少深入地思考过立法技艺。荷马尝试从整体上理解这个世界,简单地说,荷马有一个世界观。所以,苏格拉底关于诗的讨论,引出来的最重要的问题,其实是秩序的问题。

如果是这样的话,第十卷的讨论就好理解了。苏格拉底当然会认为,诗人——当然是最高的诗人——他们也关心秩序的问题,并且会给世人编织一个秩序。但是,诗与哲学之争的核心就在于:苏格拉底认为,诗人没有给我们提供一个关于整体的理性的秩序,诗人会谈论世界的整体,但他们不是通过知识去理解这个整体。所以,诗人的故事其实是混乱($χάος$),不是秩序,因为它不是理性的秩序。

柏拉图在好几篇对话里专门谈过这个问题。跟这个问题相关的,就是前苏格拉底哲学家和智术师。苏格拉底对他们的一个核心的批评,也是这个理性秩序的问题。这个理性的宇宙秩序,在苏格拉底看来有两个基本特点:第一,它必须是理性的,也就是说,它必须有稳定的、可理解的秩序,它不能是混乱的;第二,这个秩序必须有一个好的目的,或者说,它必须是一个美好的秩序。从这两个特点来看,诗人、智术师和前苏格拉底哲学家都没有提供这个理性的秩序。我们从《斐多》和很多对话中都可以看到这个根本问题。

从这个问题出发，我们就可以看到《理想国》最后的俄尔神话的意义。这个神话表明，苏格拉底放弃了传统的诗，他要自己作诗。俄尔神话的内容很丰富，就我们关心的问题来说，我们可以发现它的主要意图是提供一个宇宙秩序。这个宇宙秩序的实体都是灵魂。这不是说其中没有身体，但是身体会消亡，而灵魂在这个秩序当中不停地转世——当然，承受各种快乐、痛苦的也都是灵魂。所以，这个秩序当中的实体是灵魂，灵魂按照一个既定的秩序运行，好的灵魂和坏的灵魂各有轨道，人的善恶在这里都有回报，好的灵魂得到幸福，坏的灵魂则承受许多痛苦。在《理想国》最后，柏拉图达到了哲学与诗的某种结合。苏格拉底用一个哲学的神话取代了诗人的神话。在这个哲学神话中，善和正义都是有意义的，善和正义的灵魂会获得幸福，这种幸福是以千年为单位来计算的……

听完苏格拉底的俄尔神话以后，我们发现《理想国》至少为哲学提供了三个论证。俄尔神话的一个重要意图也是证明哲学的意义，这是一个关于灵魂的神话——灵魂最好的生活就是哲学生活，而这种生活在俄尔讲述的世界中最幸福。《理想国》的第二个论证是知识论和本体论论证，苏格拉底说哲学能够让人认识理念，认识善本身；这种认识最终会让人认识到完善的秩序，认识到最终的真理。第三个论证跟前两个都不同，柏拉图似乎认为并不需要完善的知识来论证哲学的意义，对完善秩序的探究似乎本身就证明了哲学的意义，对完善秩序的理性的沉思似乎本身就是正确的生活。柏拉图的论证能说服我们吗？或者，我们应该相信他的哪一种理解呢？在爱琴海边的一次彻夜长谈中，苏格拉底把他对人类基本问题的思考留给了我们。

推荐阅读书目：

柏拉图:《理想国》,王扬译,华夏出版社,2012年。

柏拉图:《理想国》,顾寿观译,吴天岳校,岳麓书社,2010年。

阿尔法拉比:《柏拉图的哲学》,程志敏译,华东师范大学出版社,2006年。

刘小枫选编:《〈王制〉要义》,张映伟译,华夏出版社,2006年。

布鲁姆:《人应该如何生活:柏拉图〈王制〉释义》,刘晨光译,华夏出版社,2009年。

费拉里:《城邦与灵魂:费拉里〈理想国〉论集》,刘玮译,译林出版社,2017年。

程志敏:《古典正义论:柏拉图〈王制〉讲疏》,华东师范大学出版社,2015年。

G. R. F. 费拉里编:《柏拉图〈理想国〉剑桥指南》,陈高华等译,北京大学出版社,2013年。

普拉多:《柏拉图与城邦》,陈宁馨译,梁中和校,华东师范大学出版社,2017年。

沃格林:《柏拉图与亚里士多德:秩序与历史卷三》,刘曙辉译,译林出版社,2014年。

第十三讲
辨识哲人的亲缘:《治邦者》开场绎读[*]

张 爽

一、数学家犯错(257a—257c3)

《智术师》中的对话始于一大清早;当对话结束时,大概已是正午。而《治邦者》可能就发生在正午到黄昏的这段时间。第二天,苏格拉底要走上法庭去申辩。因此,异乡人如果要完成苏格拉底交给他的任务,讲完智术师、治邦者和哲人,那么他对哲人的阐述需要讲一整夜。但不知出于何种原因,柏拉图对话中没有任何线索表明,《哲人》作为对话真正发生过。在古希腊肃剧中,三个肃剧和最后揭示真相的萨图尔剧构成一串完整的四联剧,可是,在柏拉图模仿肃剧形式写下的《泰阿泰德》《智术师》《治邦者》这串对话中,却缺少本应作为萨图尔剧的《哲人》,他不打算直接向读者揭示哲人的真相。

对话伊始,苏格拉底说道,自己欠忒奥多洛斯很多人情(χάριν),由于

---

[*] 本文曾发表于《重庆大学学报》2011年第3期。

忒奥多洛斯的关系，苏格拉底才结识了泰阿泰德和异乡人。苏格拉底依次提到泰阿泰德和异乡人，这让我们回想起《泰阿泰德》与《智术师》的情节。苏格拉底在《泰阿泰德》中认识了泰阿泰德，发现了泰阿泰德的美，并从他那知道了小苏格拉底；第二天，在《智术师》中他又认识了异乡人，而且，为了答复苏格拉底的问题，泰阿泰德与异乡人刚刚一起"捕获"了智术师。在这个过程中，苏格拉底进一步认识了泰阿泰德的品性，以及异乡人不同于传统爱利亚派的哲思。

苏格拉底出于好多原因感谢忒奥多洛斯。忒奥多洛斯却想当然以为，苏格拉底真正要感谢的，并非认识异乡人与泰阿泰德这两个人，或别的什么原因，而是这二人一起给苏格拉底带来的好处——他们为苏格拉底回答了何谓智术师。忒奥多洛斯之所以这么想，一是因为，他认为《泰阿泰德》是场失败的对话；二是因为，作为一个数学家，他对人本身不感兴趣。这一点恰恰与苏格拉底相反。苏格拉底最爱去市场与人闲谈，因为对苏格拉底而言，认识各种各样的灵魂是一大乐事。在苏格拉底看来，泰阿泰德与异乡人探询智术师的过程，不见得比这二人本身的灵魂品质精彩。《智术师》中，在邀请异乡人为他们讲述问题时，忒奥多洛斯转述说，异乡人是记得爱利亚圈内对这个问题的解答，这里只是复述而已。接着异乡人说，为了复述方便，要找个听话的伙伴问答着讲，否则不如自己讲。随后，异乡人选择与泰阿泰德对谈，一方面是由于苏格拉底的推荐，另一方面是由于异乡人和泰阿泰德谈过，所以愿意和他一问一答——这意味着，异乡人之所以选择泰阿泰德，只是因为他很听话（《智术师》217—218a）。可是真正开始问答以后，异乡人并没有刻板地复述，而是根据泰阿泰德的天性对谈话内容做出适当调整。于是，《智术师》这场由异乡人主导的对话，目的是在教育泰阿泰德，并间接讲给苏格拉底听。而且，异乡人也并不是单纯复述爱利亚学派的观点，而是不顾巴门尼德的禁令，试着探究非存在，好让泰阿泰德敢于面对智术师造出的缤纷幻象，从而使节制的泰阿泰德变得勇敢起来——这不啻苏格拉底在《泰阿泰德》中检审了泰阿泰德之后，异乡人又再次对泰阿泰德进行了检审。尽管二人的检审形式不同，但目的却都在探查泰阿泰德的灵魂品性。异乡人被苏格拉底视作神明，而苏格拉底从神明那里（θεῷ）求得的（αἰτητός），就是泰阿泰德（Θεαίτητος）。

如果说，苏格拉底在开场首句中说为结识异乡人而感谢忒奥多洛斯，部分是因为异乡人在《智术师》中的论证的话，那是因为异乡人揭示了作为哲人幻象的智术师，亦即揭示了哲人的伪装之一。可是，哲人的伪装并非哲人本身，如果异乡人真的揭示了哲人，那么苏格拉底自会大大感谢异乡人，而非忒奥多洛斯这个中介人。忒奥多洛斯不这么认为："苏格拉底，等他们给你造好了治邦者和哲人，你就要欠下我三倍的情喽。"这句话最奇怪之处在于，忒奥多洛斯掂量了三种人的分量，列出了他们与"人情"的比例，这位数学家竟然精准到以数学衡量人事——要知道，忒奥多洛斯从不开玩笑（《泰阿泰德》145c）。

用数学厘定人事乃至哲学本身，是数理哲人的梦想：后世的哲学家希望发现一种"万能算学"，让人世间的所有争执通过数学计算得到解决。有了这种算学，苏格拉底的辩证术就没有必要存在了，当然作为"爱智"的哲学也可以终结了。要实现"形而上学"和"道德问题"的数学化，以至消灭分歧和辩论，至少需要两个条件：第一，形而上学的研究领域，即超自然的存在域是同一、同质的；第二，关乎道德问题的政治领域是同质性的。倘若因为前提的不完备，即数学因自身总是从假设出发进行推理（《理想国》511a—b），以至无法证成这两点成立与否，数学也可以退而求其次，把自身作为一种改造现实的有力工具，尽可能以应用数学建造一个同一技术文明的社会结构。这样，各样性情的人也只能使用同样的工具达到相同的效果。恐怕,对数学而言最糟糕的情况是,精通数学者一旦发现人事的复杂难解,就丢弃了同质性推理的数学原则,那么他在用数字研究异质性的人事时,数学就变形为神秘主义的数字命理学(numerology)——严格来讲,这种毕达哥拉斯主义的秘传学问已超出了作为科学的数学的范围。

从《泰阿泰德》的内容看,忒奥多洛斯既未上升到超自然的本体论,也未下降到关注人事的态度。那么,他的这种衡量人事的数学方法属于上述第二种情况:不直面超自然与人事的复杂状况,而直接以数学工具改造现实。依据泰阿泰德的老师普罗塔戈拉的看法,在雅典民主制下,应用理论科学或技术保证了自由民都同样具有美德(《普罗塔戈拉》320c—324a)。那么,由此可以推论,有资格做美德教师的人也就是最懂理论科学的人。技术可以改造自然,进而使人的品质差异变得多余,这会让人以为,理论科学完全可以替代政治知识,同质性的理论技艺完全可以取代异质性的政治术。可果真如此么?伯里克利领导雅典,是因为他既懂理论技艺,也懂政治术?还是因为,伯里克利只懂得理论技艺,但其足以驾驭政治知识?抑或相反?(对勘《斐德若》269d—270a)

苏格拉底反问道:我们听到的是算数、几何高手的话吗?听起来,忒奥多洛斯犯了一个数学上的错误。实际上,正是搞数学的行家里手才会犯这种错误。忒奥多洛斯不明白苏格拉底的用意,苏格拉底解释道:"你置这几种人于同等价值,可这三者在荣誉上相差悬殊,凭你技艺中的比例可解决不了。"忒奥多洛斯这位数学家希望以自己精通的事物理解一切,可是,数学家无法以尺和圆规测量人的灵魂,因而也搞不清智术师、治邦者、哲人在荣誉和价值上孰轻孰重。这是数学家凭数学比例解决不了的问题。

忒奥多洛斯不得不同意这一点。在《泰阿泰德》中,他就不得不承认,他没有发现泰阿泰德的灵魂之美。不过,也正是在那时,他觉出苏格拉底是个智术师,继而认为应该有个赫拉克利特般的哲人来制服苏格拉底。

这岂非说明,忒奥多洛斯很清楚,哲人要高于智术师吗?可是,忒奥多洛斯辨识不出苏格拉底是哲人,反把他当成智术师。我们能断定忒奥多洛斯真的知晓智术师和哲人,以及这二者的差别吗?作为一位卓越的理论家,忒奥多洛斯站在理论科学的顶峰向下俯瞰,他自然认为理论科学高于一切。在他看来,正如《泰阿泰德》中的顶尖哲人高高在上,同质性的技艺也是研究一切的最高原则。在《智术师》开场,忒奥多洛斯声言,他找到了"有分寸"的神圣哲人,但不是神。这位神圣哲人即《泰阿泰德》中的顶尖哲人。而这位神圣哲人之所以神圣,就在于他以"(数学)分寸"研究神圣的事物,即天上地下之事。在《泰阿泰德》中,苏格拉底明确提出,哲人也有高低之分,而忒奥多洛斯也欣然同意了这一点。在《智术师》中,苏格拉底提出真正的哲人变成治邦者、智术师种种幻象,周游列城,从高处俯视低处的生活。忒奥多洛斯不明白苏格拉底要问异乡人的问题,直到异乡人明确说,治邦者、智术师、哲人是三种人。可见,忒奥多洛斯眼中的真正哲人与治邦者、智术师泾渭分明,他不理解竟有哲人会扮成治邦者、智术师甚至疯子。在忒奥多洛斯眼中,真正顶尖的数理哲人无疑要高于这种爱乔装打扮的哲人。正如在《泰阿泰德》中,他认可高高在上的数理哲人可以洞察人事一样,他相信此时的异乡人可以用数学或其他同质性技艺解决这一难题。因而,忒奥多洛斯称,异乡人和他心爱的弟子泰阿泰德会"造出"(ἀπεργάσωνται)治邦者和哲人——智术师、治邦者与爱幻化的哲人成了顶尖哲人的造物。[①] 在以数学为唯一尺度的条件下,忒奥多洛斯认为这三种人的价值相同。

忒奥多洛斯与苏格拉底的冲突,是有关纯理论与人事问题的冲突。

[①] 对勘异乡人运用 ἀπεργάζομαι 一词的文脉。《智术师》中,智术师造不真实的影像,参见 234b7、235e2、236a6、236c3、256e1、262b7、266c3。《治邦者》中,工人的建造工作,参见 260a7;德穆格造,参见 273c2、273e4、281e5、283a6、284b2、286e2、300b4、308e7。

为了反驳忒奥多洛斯，苏格拉底挑明了政治与数学，或明智与技术之间的对立。因为只有明智才能辨明"高贵"或"美"，继而认清依据自然的高贵安排秩序，也就是苏格拉底所说的"价值"和"荣誉"。与数学和其他技艺的价值中立相比，政治技艺必须关注意义和目的。

苏格拉底用一句话就使忒奥多洛斯承认了自己的错误，这应该归功于雅典律法的效力。因为苏格拉底已经被指控为"败坏青年"与"引进新神"，作为在雅典开课授徒的外邦人，忒奥多洛斯极力避免因传授科学知识而获罪。因而，在《泰阿泰德》（143e）中，他表明自己没有败坏青年；在《智术师》（216b—c）中，他声称自己没有引进新神。苏格拉底对忒奥多洛斯可谓现身说法，以此提醒忒奥多洛斯：尽管当时的雅典礼法已经残破不堪，然而，启蒙知识人向往的以技术为基础的民主制仍旧不可能实现，因为雅典城邦中的父亲们与维护传统诗教宗法的政治人及诗人不允许新兴知识人颠覆传统的秩序，不允许儿子打父亲的事情出现。祖先与后辈或父子的高低位置说明，一种彻底的技术民主制是违背自然的。古典政治哲学认为，只有技术而没有德性的人与禽兽无别，因为脱离了正义与礼法，技术人就背德到乱伦和食人的地步。① 忒奥多洛斯当然知道阿那克萨戈拉和普罗塔戈拉被逐出雅典的事情，因而在三联剧的前两部开场，他显得谨小慎微。但是，在《智术师》中，正是异乡人的划分法声称，为了获取心智，要置所有技艺于同等荣誉，而将抓虱子的与将军同列（《智术师》227b），仿佛心智只是同质性的（对勘《智术师》249b）。爱利亚异乡人划分法中表现的趋同性使忒奥多洛斯得意忘形，直到苏格拉底提醒他，忒奥多洛斯才想起，他们正身处于雅典城内的公共运动场。与此同时，苏格拉底也就点明了划分法在分析政治事务时的本质缺陷，暗中建议异乡人摘

---

① 参见亚里士多德：《政治学》1253a31—37。对勘《斐德若》274e5，《申辩》22d—e。

下他数理哲人的面具。

通过比较"智术师""治邦者""哲人"的价值和荣誉,苏格拉底引入了三种人的自然差异问题。在《智术师》开场,苏格拉底说"哲人"常幻化作"智术师"或"治邦者"。这似乎在暗示,与哲人相比,"智术师"和"治邦者"不过是不真实的影像而已。那么作为影像,"智术师"与"治邦者"难道不具有价值吗?事实上,正如《智术师》中在论述苏格拉底的智术师伪装时,称其为"出身高贵的智术师"(《智术师》226b—231c),异乡人的论述没可能全然不顾价值和荣誉。在《智术师》中,异乡人暂且不用划分法,转而向泰阿泰德阐明他们探询的目的:他们抓捕智术师这头"野兽",是遵"王者的逻各斯"(βασιλικοῦ λόγος,或译为王者之道)之命(235c)。在对话结尾,异乡人与泰阿泰德阐明,智术师(σοφιστής)不过是窃"智者"(σοφός)之名的无知之辈(268b—d)。那么如今,通过向忒奥多洛斯暗示政治的威严,苏格拉底意在提醒他,别忘了刚刚的谈话中,忒奥多洛斯眼中的"神圣哲人"已经承认了智术师与治邦者(或王者)、哲人之间的高低关系。"出身高贵的智术师"辩驳那些自以为有智慧的(δοξοσοφία),以祛除灵魂的无知,达到教导的目的,这正是苏格拉底助产术的形象。另外,苏格拉底也是善于制造影像的魔术师(《智术师》232b以下),这使苏格拉底看起来像"智术师"。"王者的逻各斯"一词,则很好地表达了苏格拉底与王者的共同之处:与理工科知识只是关注和解决局部知识不同,治邦者与苏格拉底一样,关注并追求人的完善,关注好的生活。治邦者关注个人和集体的生活,追求公共福祉。城邦共同体由邦民的集合组成,城邦民高低有别、性情也多种多样,治邦者的任务在于如何结合这些异质因素,为本着不同目的而生活的城邦民建立高低秩序。因而,治邦者的目的是综合性的、勾连高低的。治邦者不能只考虑局部,必须顾全大局,否则城邦就是一盘散沙。所以,是治邦者命令手艺人和技术专家而非相反。尽管我们知道了治邦者与智术师的高低之别,却尚不知晓哲人与这两种人的区别何在。

忒奥多洛斯夸苏格拉底讲得好,他以阿蒙神起誓,说苏格拉底讲得"在理"(δίκαιος)。"在理"(或"正义""正直的")一词,在传统上与城邦相关,多指人遵从礼法或统治。① 忒奥多洛斯用该词向苏格拉底表明,自己很清楚当下的政治处境。可是既然忒奥多洛斯是昔兰尼人,他应当遵奉的是昔兰尼的神。因而,忒奥多洛斯提到"我们的神阿蒙",借此委婉地挑明了雅典与昔兰尼的不同礼法之间的冲突。忒奥多洛斯暗示,既然不同城邦的礼法之间有冲突,那么城邦所遵奉的价值也是相对的。忒奥多洛斯暗示,苏格拉底讲得"在理"或"正义"不过是遵守雅典城邦的法律而已。雅典的法具有现实约束忒奥多洛斯的效果,可是这位数学家不认可其在理论上也是至高无上的。

在希罗多德《原史》(2.42)处提到,埃及人称宙斯为"阿蒙"。据忒拜人流传,赫拉克勒斯想要见宙斯,宙斯不愿意赫拉克勒斯看见自己的真相,于是他披上公羊皮,挂上公羊头,只让赫拉克勒斯看见伪装之后的自己。这使人想起在《智术师》中,苏格拉底称异乡人也许是个神时所引用的荷马诗句,诗句中提及的正是伪装之下的宙斯,这位正义之神下界惩罚违背礼法的狂徒。当时,忒奥多洛斯立即反驳了苏格拉底,称异乡人是哲人。接着苏格拉底说,哲人也不好辨认,因为哲人与神一样爱伪装。忒奥多洛斯不懂苏格拉底的意思。忒奥多洛斯这个从不开玩笑的数学家,因为厌恶哲学的玄奥复杂而离开了普罗塔戈拉,又极力反对主张万物皆流

---

① 对勘希罗多德:《原史》,2.177。
……国王阿玛西斯还规定出一条法律,即每一个埃及人每年要到他的诺姆的首长那里去报告他的生活情况,而如果他不这样做或是不来证明他在过着正直守法的生活(δικαίηνζόην)时,他便要被处以死刑。雅典人梭伦从埃及那里学到了这条法律而将之施用于他的国人中间,他们直到今天还遵守着这条法律,因为这的确是一条很好的法律。

的赫拉克利特派哲学，选择了具有确定性和明晰性的数学。他完全不理解爱隐匿自身的哲人，也不会认可赫拉克利特的箴言：自然爱隐匿自身。这样看来，此处忒奥多洛斯提及阿蒙神，绝非意味着他追随苏格拉底，承认神爱伪装；而是相反，他通过列举自己地方信仰的大神，不过是表明自己地方的习俗虽不同于雅典的习俗，却仍是习俗。由此引申出，以神法为支撑的正义也不过是一种习俗，而非自然。

在三部曲中，《治邦者》是向神起誓最少的一部，全篇只有两处：一处是这里忒奥多洛斯向阿蒙起誓；一处是异乡人向宙斯起誓（279b）。吊诡的是，异乡人的起誓发生在他刚讲完神话不久，他用神话证明，宙斯不过是我们所处的宇宙循环中的名字而已，宙斯以及诸神并不存在。异乡人的起誓都像无神论者的戏谑，与之相应，忒奥多洛斯起誓的意图也昭然若揭：阿蒙，这位与宙斯相应的埃及神，并不存在。如果向雅典青年传授音乐的忒奥多洛斯也要分析悲剧的格律，那么他一定熟悉欧里庇得斯的诗，也当然知道苏格拉底也对欧里庇得斯的诗句了然于胸。他这里提起阿蒙，很可能意在使苏格拉底回忆起欧里庇得斯的诗句。在《厄勒克特拉》的第二合唱歌中，歌队先重述了阿耳戈斯古老传说，阿特柔斯与堤厄斯忒斯争夺王位，宙斯使太阳逆转，以此表明阿特柔斯理应拥有王权：

那时呵，那时宙斯改变了星星的光明的道路，太阳的光和晨光的白的脸色，太阳驾着从神那里来的火热的火焰往西方去，雨云走到北方，那阿蒙的干燥的地区就荒凉了，因为没有露水，被剥夺了天上的最甘美的时雨。

故事是这么说，可是这在我总是不大觉得可信，说那金面的太阳变换了他的火热的住处，为了人们的过恶，给予凡人以惩罚。但是可怕的故事对于人们也有益处,叫他们去尊敬神们(行726—745)。①

在欧里庇得斯笔下,希腊人惯常称为"宙斯"的埃及神"阿蒙",只不过是一个地名的代称而已。倘若忒奥多洛斯想要苏格拉底记起这段诗句,那么他也就是在暗示,不再相信神话的恰恰是如今的雅典诗人。而雅典诗人公然写下这样的诗篇,也已说明雅典早就礼崩乐坏,因而在少数人中公开谈论神不存在,实在算不了什么。果真如此,那么忒奥多洛斯的起誓就为异乡人的无神论神话铺垫好了道路。与欧里庇得斯相同,异乡人的神话也提到了这一阿耳戈斯的古老传说,而且,他重新科学地解释了欧里庇得斯不再相信的有关太阳逆转的故事。

苏格拉底警告忒奥多洛斯,不能用数学比例估价智术师、治邦者、哲人。但忒奥多洛斯并不承认这一点,他只承认自己的计算有误,而苏格拉底指出这一错误,也不过是因为他记得爱利亚异乡人的谈话中,治邦者高于智术师。就像忒奥多洛斯以为,异乡人能够界定三种人,是因为他记得爱利亚派的说法而已(《智术师》217b8)。即使在听过异乡人讲述"智术师"之后,忒奥多洛斯仿佛对异乡人修改巴门尼德箴言的话置若罔闻,仍坚持认为异乡人是在复述爱利亚派的论说,好像爱利亚派的论说就像数学公式一样,不当有任何变化。忒奥多洛斯向苏格拉底暗示了城邦礼法的相对价值以后,还没有证明数学的绝对价值,以及该如何用数学计算三

---

① 欧里庇得斯:《欧里庇得斯悲剧集》(中),周作人译,中国对外翻译出版公司,2003年,第907页,"阿蒙"原译作"安蒙"。欧里庇得斯的说法与《治邦者》(269a)异乡人的说法一致。另参看第960页,周注201:
　　阿波罗多洛斯《希腊神话》中云:宙斯派遣赫尔墨斯来,叫阿特柔斯和堤厄斯忒斯约定,如果太阳倒行,那么他当为王。堤厄斯忒斯同意了的时候,太阳向着东方落下去。神们既然证明了堤厄斯忒斯的僭窃,阿特柔斯拿回了王位,将堤厄斯忒斯(赶)出来。悲剧《俄瑞斯忒斯》第一〇〇一行以下,也说太阳改变方向,自西往东。但这里又是别一说法,似是太阳以前自西往东,而这以后才改道,成为自东往西,以至于今。这是一种新的说法,别处未见。

种人的比例关系。于是，他对苏格拉底说："以后再找你算账。"看来，忒奥多洛斯对苏格拉底的申辩有信心，他不至于想在苏格拉底被判刑监禁后，到雅典监狱中找苏格拉底报仇。忒奥多洛斯并没有出现在《斐多》中，这就说明他没料到苏格拉底会被判死刑。忒奥多洛斯对苏格拉底申辩成功的信心，源于他对雅典宗法乃至任何城邦宗法的蔑视。接着，忒奥多洛斯转向异乡人，叫异乡人莫倦于向他们施惠。也许，在亲自找苏格拉底算账之前，忒奥多洛斯期待异乡人先为他报仇？异乡人在探询治邦术时的纯数理倾向，的确可以看作异乡人为忒奥多洛斯报仇。可是异乡人后来让忒奥多洛斯及其弟子看到，迫于事实，这种报仇并不适当。异乡人运用划分法的一系列溃败表明：数理局限于同一，无法处理城邦的异质事务。即便如此，以忒奥多洛斯维护数学的尊严，拒不承认数学局限的性情看，这位数学家很难因此而回心转意。因而忒奥多洛斯始终是旁观者，他的学生才是受教者。忒奥多洛斯接着对异乡人说，下面是先讲治邦的男儿，还是哲人，"任你选（προαιρῇ），选好了（προελόμενος）就谈吧"。忒奥多洛斯连说了两次"选择"（προαιρέω），可见柏拉图笔法，塑造人物性情之精妙，宜深玩味。按照《智术师》开场苏格拉底的暗示，不先探究哲人的伪装（智术师、治邦者），就没法探究哲人。但忒奥多洛斯仍旧故我，全然不顾治邦者、哲人的价值区别，好像先讲治邦者，还是讲善于伪装的哲人，真有得挑一样。

二、泰阿泰德与小苏格拉底（257c4—258a）

异乡人应承忒奥多洛斯说：是该这么办，因为他们已经开始，就要达到目的才结束。异乡人的教诲始于《智术师》，止于《治邦者》。异乡人莫非是说，揭示了苏格拉底式哲人的两种幻象，就已经揭示了苏格拉底式哲人？换言之，正如本文开篇所言，苏格拉底式哲人的本质尽在其所显现的表面？倘若如此，苏格拉底这个哲人就是智术师与治邦者本性的综合：智术师善于变异和造像，治邦者则分辨、调和异质因素。倘若我们知晓哲人如何综合这两种性质，就能够知晓为何苏格拉底要致力于政治—道德问题。

接着，异乡人征求忒奥多洛斯的意见，要求变更交谈者，让泰阿泰德下去休息，换与苏格拉底同名的青年上来。在异乡人的请求之前，忒奥多洛斯完全不认为泰阿泰德不堪胜任治邦者的讨论。从《泰阿泰德》中，我们就了解到，泰阿泰德是个节制的年轻人。他是雅典人，并且听说过苏格拉底，对苏格拉底的"什么是"问题感到好奇，却没有勇气主动与苏格拉底谈话，反倒是他的老师——异乡人忒奥多洛斯——将他引介给苏格拉底。当苏格拉底问他：人通过什么而知觉"在""不在"等共性时，泰阿泰德以宙斯起誓，自己指不出。但他的意见是，灵魂不借助其他手段，而是通过自身检验一切事物的共通之处。苏格拉底由此发现了泰阿泰德的美。苏格拉底声称，言谈美妙的人既美且善，因为泰阿泰德使他不必多费口舌来论证这一点(《泰阿泰德》185c3—e)。在《智术师》中，爱利亚异乡人希望鼓舞泰阿泰德的勇气，他将他们二人探寻智术师的过程比作狩猎野兽。异乡人在区分制作术时，区分了神的制作与人的制作。泰阿泰德表示难以明白这种划分，随后他承认，也许由于自己还年轻，他时常在两种意见之间摇摆不定：究竟是神造就了世间万物，还是像众人以为的那样，一切是自然自发形成的。可是此刻，泰阿泰德看着异乡人，猜想异乡人认为万物当归于神功，于是他也愿意这样想。异乡人马上夸泰阿泰德说得美，并称自己了解泰阿泰德的天性，纵然不必言辞，泰阿泰德也会对神造万物坚定不移，因而不必大费周章地说服他(《智术师》265b5—e3)。这样，我们对泰阿泰德的天性已有所了解：他适度、节制，懂得凡事莫过度追问，且常常怀有美的意见，不必经过理性推论，他就能相信灵魂的存在，神的存在以及神造万物。泰阿泰德之所以能处理无理数问题，恰恰因为他不是在为无理数寻求一个终极的解决，而只是归纳无理数的现象。泰阿泰德最终为了履行邦民的义务而战死沙场，欧几里得称泰阿泰德既美且善（《泰阿泰德》142a6—b）。这样，终其一生，泰阿泰德也是一位相信美好事物、不越礼法、具有君子风范的数学家。

《智术师》开头，异乡人因为以前和泰阿泰德谈过，而选择与泰阿泰德对答。泰阿泰德说道，他想此时还不至于疲倦，可一旦他支持不住了，就推荐他的同伴小苏格拉底代替他，因为他们常常一起做事（《智术师》218a—b4）。一般来讲，我们不会找不如自己的人代替自己工作，而是找自己信赖的人共事。表面上的论题有智术师、治邦者、哲人三个，泰阿泰德说由小苏格拉底代替他，却没提他们轮流上，再由他代替小苏格拉底。由此我们猜想，泰阿泰德比小苏格拉底更知道适可而止，小苏格拉底比泰阿泰德更有耐力。他们平常共事可能也是如此搭档。小苏格拉底必定有冒险的勇气，这样才能与泰阿泰德一起探求无理数。而我们知道，忒奥多洛斯认为泰阿泰德是他最好的弟子，夸泰阿泰德异常温顺，又最具男子气；其他机敏相若者，是男子气过劲了，毋宁说是狂躁（《泰阿泰德》144a—b）。显然，忒奥多洛斯以为泰阿泰德兼具勇敢和温顺，在他看来，由具有男子气的泰阿泰德与异乡人共论治邦的男子汉，是最恰当不过了。可是，异乡人并不这么认为。他暗示，忒奥多洛斯误以为狂躁的小苏格拉底才是具有男子气概的人。《治邦者》需要一位有男子气的人参与讨论，因为探讨的内容可能会损害泰阿泰德的天性。在《智术师》中，异乡人刚好利用这位从神明处（θεῷ）求得的（αἰτητός）泰阿泰德（θεαίτητος），利用泰阿泰德的敬畏之心来早早结束"智术师"的讨论。实际上，异乡人是运用智术的花招,骗过泰阿泰德,用造像术造出一个创世神———一个虚假但美好的幻象,以便走捷径完成对智术师的追捕。然而,在《治邦者》中,他运用无神论神话揭示礼法真空的世界中真实而丑陋的东西。异乡人还必须向谈话人展示政治的严酷性,如异乡人说起净化城邦时需要杀人与放逐,小苏格拉底听了并不为之动容(《治邦者》293d—e)。小苏格拉底不懂得节制,爱刨根问底。他也不畏艰难,当异乡人让他选择走漫长的路还是捷径时,小苏格拉底竟然选择两条道都走(《治邦者》265a)。于是,爱利亚异乡人抑制小苏格拉底的男子气概,以训练他懂得节制(《治邦者》262a)。由此可见,在《智术师》《治邦者》两部对话的情节中,异乡人有意中和两位年轻人的天性,使泰阿泰德与小苏格拉底不仅在知识上相合,而且使彼此能够倾听到对方的灵魂特性。在忒奥多洛斯同意小苏格拉底代替泰阿泰德时,苏格拉底道出了自己与两位青年的联系:

> 还有哇,异乡人,这一对儿恰巧(κινδυνεύετον)与我有些亲(συγγένειαν)。其中一个,你们都说,就他的容貌本性(φύσιν)而言,看起来像我,另一个呢,名字与吾人一样,而命名提供了某种关联。而且,我们当然总是渴望由言辞来结识亲人(συγγενεῖς,或译同类)。昨天,我自己与泰阿泰德有了言谈之交,现在又听了他的应答,但还没如此对待过苏格拉底,须得也检验他一番。以后让他与我对答,而现在先让他答复你(《治邦者》257e—258a5)。

泰阿泰德与他外貌相似,小苏格拉底与他同名。如此看来,苏格拉底不仅希望两位年轻人在表面上与他相似,也希望他们的内在性情成长得与他相当。也就是说,苏格拉底希望泰阿泰德与小苏格拉底成为苏格拉底式的政治哲人(参见《泰阿泰德》142a—143c)。而作为潜在的哲人,这两位青年也有着面临审判的危险。如前所述，κινδυνεύω 的双重含义是"恰巧"与"冒险"，这暗示了哲人与城邦的紧张关系。这段话是苏格拉底在《治邦者》中最长的发言，也是最后的发言。此后，他便默默听异乡人与小苏格拉底对答。正如米勒指出的，苏格拉底运用了"辨识亲人"这一古希腊叙事诗以及悲剧中的主题，尤其对应于奥德修斯返乡杀死求婚人之后，他与妻子佩涅洛佩和父亲拉埃尔特斯相认。鉴于老苏格拉底即将走向法庭，辨识小苏格拉底是否是政治哲人实则是个反讽。事实上，小苏格拉底应当辨识出苏格拉底，从而走向苏格拉底哲学。[①] 郝岚由此引申说，苏格拉底也要通过对"治邦者"的探究考察异乡人与他的哲学亲缘。[②] 郝岚的看法更有道理。毕竟，泰阿泰德节制，小苏格拉底勇敢，他们是两类人。二人与苏格拉底某个单方面的相似，不能保证他们能够补全自己天性上不具备的要素。在文本后半部分，异乡人表明，只有哲学才能够融合节制与勇敢，进而统一德性。小苏格拉底与泰阿泰德只是有可能"合成"一个哲人，柏拉图对话记述可能如此的事情，而非必然如此的事情。

对于开场时忒奥多洛斯与苏格拉底的争执，异乡人没有发表评论。但他同苏格拉底一样，深知智术师、治邦者、哲人三者的差别，因此认可苏格拉底一开始说的考察顺序："我认为，智术师之后，我们两个人无疑应该去找一找治邦者。"(《治邦者》258b)但异乡人却决定以数学的方式开始，这看起来像是与苏格拉底之前说的"不可以用数学度量三种人的价值"相反。可是，我们只要想到，在对话的中心，异乡人把度量技艺分为数学的度量与中道的度量，以此抛开了数学，我们就会明白，异乡人不得不采用

[①] 米勒：《柏拉图〈治邦者〉中的哲人》，张爽、陈明珠译，华东师范大学出版社，2014年，第 6—7 页。
[②] 郝岚：《政治哲学的悖论》，戚仁译，华夏出版社，2012年，第 225—226 页。

这种教育方式,以便使小苏格拉底认识到数学的局限。[①]

对于苏格拉底交代给他和小苏格拉底的任务,异乡人用拿不准的语气说,"看来"(φαίνεται)他和小苏格拉底没碰到什么妨碍。接着异乡人说,在他φαίνεται,在探讨智术师之后,必须研究治邦者。连用两个φαίνεται,这使人想到之前在《智术师》中,异乡人对该词的界定:"看来"是感知和思想的混合(《智术师》264b)。

《治邦者》开场是整部对话最具有戏剧因素的部分,接下来,异乡人与小苏格拉底将走向严肃的划分法之路。一旦我们记得,《治邦者》始于数学家的错误,我们就会留意划分法中包含的反讽和谐剧因素。

推荐阅读书目:

柯奈留斯·卡斯托里亚蒂斯:《论柏拉图的〈政治家篇〉》,张建华译,商务印书馆,2015年。

雅各布·克莱因:《柏拉图的三部曲:〈泰阿泰德〉、〈智者〉与〈政治家〉》,成官泯译,华东师范大学出版社,2009年。

伯纳德特:《美之在:柏拉图的〈泰阿泰德〉、〈智术师〉与〈治邦者〉》,柯常咏、李安琴译,华东师范大学出版社,2018年。

罗森:《柏拉图的〈治邦者〉:政治之网》,陈志伟译,华东师范大学出版社,2011年。

米勒:《柏拉图〈治邦者〉中的哲人》,张爽、陈明珠译,华东师范大学出版社,2014年。

Ernst Moritz Manasse, *Platons Sophistes und politikos: Das Problem der Wahrheit*, Ber-

---

[①] "把度量技艺分为两个部分,一个适当的部分是所有有关对数量、长度、深度、宽度、速度及其相反之对应关系的度量技艺,另一个适当部分则是所有那些相关于中道、适宜、时机、需要以及所有安于中庸而远离极端之的度量技艺。"(《治邦者》284e)

lin: Schönberg, 1937.

Victor Goldschmidt, *Le Paradigme dans la dialectique platonicienne*, Paris: Presses Universitaires de France, 1947.

Kenneth M. Sayre-Metaphysics and Method in Plato's Statesman, Cambridge: Cambridge University Press, 2006.

M. S. Lane, *Method and Politics in Plato's Statesman*, Cambridge: Cambridge University Press, 2007.

John Sallis (ed.), *Plato's Statesman: Dialectic, Myth, and Politics*, Albany: State University of New York Press, 2017.

第十四讲
助产术:《泰阿泰德》
——整体解读柏拉图的《泰阿泰德》的一个关键提示

吕克·布里松 撰　陈宁馨 译　梁中和 校

我想要回应那些最新近的对《泰阿泰德》的阐释。我部分地赞同康福德(F. M. Cornford)的观点,即无论是理型,抑或是分离于肉体的灵魂,都尚未在《泰阿泰德》中有直接的展示。然而,这篇对话仍然有别于其他的"早期对话":后者专事批判,《泰阿泰德》中则已然包含了"后期对话"的理论背景。在对话的第一页,就能够找到昭示着这种变化的语言信号与哲学标识——"助产术"(midwifery)一词出场了。我将试着证明,助产术暗示了灵魂回忆说(reminiscence),而这一学说又牵涉到"理型",并使得脱离于肉体的灵魂之存在得以可能。如同奥布莱恩所说:"这篇对话告诫我们,若没有关于理型的理论,我们就无法解释对物体的感觉(perception)——即便我们如此明确地感受到它们,看见它们环绕在周围。"换言之,"重点在于,如果没有理型,就根本不能有任何关于可感世界的感觉"。[①]

这一证明应有两点要求:首先,务必不要将《泰阿泰德》与其他对话相

---

① Denis O'Brien, "How tall is Socrates? Relative size in the Phaedo and the Theaetetus", *Symposium Platonicum Pragense*(congrès) VI, 2008, pp. 55–119.

孤立；其次，应就柏拉图在《泰阿泰德》中所事的描绘，将对对话的分析聚焦在苏格拉底之形象上。神禁绝苏格拉底产生任何种类的知识；因此，当他与那些年轻的追随者相处时，他并不能作为一名产生嘉言懿行的教师。那么，既然他不拥有任何知识，他又如何可能是一名教育者呢？答案就是通过扮演助产士的角色。助产士能做三件事：发现错误的怀孕，替健康的胎儿接生，以及拿走不能养活的新生儿。在早期对话中，苏格拉底发挥了前两种作用，而根据《申辩》，也正是这两种作用招致了他的死亡。第三种作用则在《美诺》与《斐多》中有所描写：它暗示了灵魂回忆学说，而唯有进一步地去牵涉理型论，这个学说才能讲得通。在柏拉图那里，"先验知识"（innate knowledge）是无从讲起的。那么假如没有单独存在的理型，知识从何而来，又如何可能呢？如果我们同意《泰阿泰德》，相信这种知识既非来自感官，也非来自伴有定义的真意见；那么它一定来自其他的什么东西。这就是这一讲想要展示的。

一、文本举要

《泰阿泰德》处理的问题是，科学（epistéme，一般译为"知识"）与知识（sophía，一般译为"智慧"）的性质。泰阿泰德提出了三个定义，全部都被苏格拉底否定了：科学是感受（151e—186e）；科学是真意见（187a—200d）；科学是伴随定义的真意见（200d—210a）。最后对话以承认失败而终。对话中的两个特点——苏格拉底重新作为主要对话者出现，以及，结论中那种困惑的（aporetic）语气——使得《泰阿泰德》这篇看起来应属于后期的对话，被划分为了早期对话。① 我们怎么才能解释，其实事情并非如此呢？

---

① 在我看来，将对话划分为三个时期——早期、中期与晚期，这种分期方式只具 （转下页）

《泰阿泰德》中确实存在困惑性,但是这一特点是有限的。我支持一种传统的解读,即认为柏拉图正试图展示,如果撇开理型,我们往后将不能够定义科学,更罔论从事科学了。这印证了巴门尼德在同名对话中提出的警告:假如没有理型,那么辩证法,作为哲学之心灵,也就完了。因此,在《泰阿泰德》中柏拉图试图表明,如果撇开理型,我们必将重回苏格拉底的困惑性对话中——其中的辩证法完全是消极的。这种辩证法是诘问(elenchus)式的,不能传递任何积极的知识。① 此外,虽然在整篇对话之中,我们都无法在这个意义上找到对理型的提示,但是对话的末尾(210d)预告了《智者》——它恰恰是一篇用辩证法处理理型问题的对话——那么我们怎么可以假设,柏拉图在《泰阿泰德》中抛弃了理型理论呢？同样地,这种解读方法让《泰阿泰德》对助产术的介绍也说得通了:即便苏格拉底不拥有且不传播任何科学或知识,但通过"助产术",柏拉图也可以在科学与知识的领域将苏格拉底塑造为一个积极正面的角色。

　　让我们从头开始。泰阿泰德想得到这个问题的答案:什么是科学或知识？他说:"我向你保证,苏格拉底,以前听到你问问题的传闻,我常试图把它搞明白。但是我从不能说服自己,我能很好地回答你的问题;并且我也从没听过,哪个人按照你要求的方式回答了问题。然而我也无法停止思考它(古希腊语中对应的动词是 apallagênai)。"(148e)之后苏格拉底便说出了 apallagênai[接生]一词。他向泰阿泰德透露说自己是一个产婆的孩子,他可以通过模仿其母替肉体接生,来替灵魂接生(148e—150b)。

(接上页)参考意义而已。在关于独立的现实之存在的问题上,以及在灵魂独立于肉体而存在的问题上,我不相信柏拉图从《巴门尼德》开始,就改变了自己的想法,转而采取了亚里士多德的方式,并且与现代哲学的准则更为一致。这也是我不赞成伯尼亚特的原因,参见 M. F. Burnyeat, "Socratic Midwifery, Platonic Inspiration", *BICS*, Vol. 24, 1977, p. 11。

① 我要感谢多里翁阅读这篇论文并提出评论和建议。参见 Louis-André Dorion, *Socrate*, Paris: PUF, 2004。

于是他向泰阿泰德伸出援手,帮助他免受分娩之苦:

> 我的助产术技艺(têi tékhnei tês maieúseos)与他们(一般的助产士)的助产术在绝大多数地方都是相同的,区别在于我的病人是男人而不是女人,我看管(episkopeîn)的是灵魂的分娩,而不是身体的。我的技艺最重要的地方(150c)就是通过各种考察,去决定这个年轻的思想(toû neoû he diànoia)将要产生(apotíktein)的是一个幽灵(eídolon),也即虚假的,还是丰盛的(gónimon)真理。
>
> 在一件事情上我和寻常的助产士一样,那就是我自己对智慧是不孕的(agonós sophías)。人们常责备我,说我总是向别人提问,但却从来不就任何事情表达我自己的看法,这是因为我并没有智慧;这实在再正确不过了。这里的原因就在于上苍强逼我接生,但禁止我生育(150d)。所以我自己在任何意义上都不是一个有智慧的人(ou pánu ti sophós),我也不能宣称我的灵魂之子(tês emês psukhês égkonon)是什么配享智慧之名的发现。
>
> 但是那些与我结交的人不一样。他们有些人一开始显得无知和笨拙,但随着时间推移,我们交情不断,他们全蒙上天青睐而取得进步——这进步让其他人和他们自己都感到惊讶。不过这肯定不是因为他们从我这里学到了什么东西;而是他们从自身之中发现了许许多多美丽的事情,然后他们使其得见天日。只不过,是我,得益于神的帮助,替他们接生了这个孩子(150e)。关于这一点有一个证据,很多时候,那些没有意识到这一点的人,将一切都归功于自己,对我心存芥蒂。于是,或是出于自愿,或是受他人影响,在应当的时间之前,他们就早早地离开我。而在远离我之后,他们又结交了有害的伙伴,结果就是原本还留存在他们之中的,最后流产了(exémblosan);而我

已经为他们接生下来的孩子,也受到冷落,他们也将其失去,这是因为比起真理,他们反而认为谎言与幽灵更有价值;最后,他们就成为真正的无知的傻瓜(151a),无论是他们自己还是其他的人,都这么认为。吕西马库斯之子阿里斯底德就是这样一个人,还有许多人也是这样。有时候,他们会回来,希望我重新伴之左右。这种情况下,有的时候灵机会阻止我与之结交,有的时候它又允许,于是那些人又重新开始获得进步。

另一方面,那些与我为伴的人同生孩子的妇女(taîs tiktoúsais)一样。他们也承受着分娩之痛(hodínousi),痛苦填满了日与夜;事实上他们比孕妇更为痛苦。而对于这种痛苦,我的技艺(151b)既可以止痛,也可以引起痛苦。

对这些人来说就是这样。但与此同时,泰阿泰德,我还遇到过一些人,我看他们怎么也不会怀孕(egkúmones)。我就意识到这些人并不需要我,于是我怀着世界上最大的善意做起了媒;我完全知道他们与何人为伴最有裨益。我已经将他们中的许多人都介绍给了普罗狄科;还将很大一部分人介绍给其他受到神灵启发的聪明人。

我的好小伙呀,这话说起来可真长;不过,说这些的原因就在于,我现在怀疑(也正如你自己所想的)你的灵魂已经怀孕了,并且正在分娩(odínein ti kuoûnta éndon)。所以我希望你来到我身边(151c)——这可是助产士的儿子,何况他自己也对这种技艺颇为擅长;请尽你所能地回答我的问题。在考察你所说的话时,我可能会把其中一些判断为幽灵,或认为它并非真实,那么我就会将其引产(hupexairômai)并将它抛弃(apobállo)。① 如果这真的发生了,请你别

---

① 关于其方法参见 E. Eyben, "Family planning in Graeco-Roman antiquity", *Ancient Society*, Vol. 11/12, 1980/1981, pp. 5-82。

像一位被夺走头生子的母亲那样怪我残忍。你知道,人们过去常常对我怀有那样的感觉,当我将他们那些愚蠢的观念拿走时,他们简直就要扑上来咬我。他们从不相信我这么做完全是出于好意;他们也难以意识到(151d),没有哪位神可以盼人不幸,我也不会出于恶意做这种事,我不过是不能容忍谎言,且希望重振真理罢了。

所以,泰阿泰德,重新开始吧,试着说说知识是什么。(《泰阿泰德》150b—151d)

接下来是我对这个段落的理解。有一个年轻人,其灵魂据称怀孕了。而苏格拉底,由于他自己不能够怀孕,所以扮演了助产士的角色,根据助产士的三个任务,他要做以下三件事情。其一,如果他发现这个年轻人没有怀孕,那么他就将之送到普罗狄科那样的智者身边去——苏格拉底惯用的反讽。其二,如果年轻人的确怀孕了,且如果他的灵魂怀有的是(关于真理的)影像(image),也即其中包含错误,那么苏格拉底就会将它取走并丢弃;我认为这是对诘问①之过程的暗示,苏格拉底在《泰阿泰德》中也使用过(参考对话的结论,210c—d)。其三,如果年轻人的确怀孕了,且怀有的是真理,那么苏格拉底就会想办法让真理降生。根据这种解读,助产士有着与诘问法一样的消极面向,即表现出对话者灵魂的空洞,或者将错误从他们的灵魂中驱逐出去;但是它也展现出积极的一面,即它能够使得真理诞生。② 因其消极的一面,助产术使得许多学生离开了苏格拉底,之

---

① G. Vlastos, "The Socratic *elenchus*", *Oxford Studies in Ancient Philosophy*, Vol. 1, 1983, pp. 27-58; Louis-André Dorion, *Socrate*, pp. 55-66. 反驳的结构如下所示:(1)对话者替命题 p 辩护;(2)苏格拉底使得他的对话者承认命题 q 与 r;(3)苏格拉底展现出命题 q 与 r 可以推出非 p,并且诱使其对话者也承认这一点;(4)苏格拉底下结论说 p 是错误的,而非 p 是对的。

② 将苏格拉底描述为"产科医生",参见 Louis-André Dorion, *Socrate*, pp. 66-69。

后倘若他们还要回来,苏格拉底的灵机会决定是否接受他们。[1]

不过我们要如何解释,为何《泰阿泰德》是仅有的提及助产术的对话呢?[2] 在回答这个问题之前,我们应首先面对如下两个问题:第一,被柏拉图形容为"助产术"的教育实践之构成究竟如何? 第二,为什么助产术暗示了理型之前提?

二、助产术之为苏格拉底式教育方法

为了回答第一个问题,最好先仔细地阅读《会饮》中第俄提玛[3]讲辞中的两个段落,其中无论是观点还是用词都与《泰阿泰德》中的段落十分接近。[4] 第一段落中,第俄提玛在灵魂生育与肉体生育中做出了清楚的划分:

---

[1] 关于这一观点,参见 Luc Brisson, "Socrates and the Divine Signal according to Plato's Testimony: Philosophical Practice as Rooted in Religious Tradition", *Apeiron*, Vol. 28, No. 2, 2005, pp. 1-12。
[2] 我的目的并不是要去验证这种教育方式是否属于历史上的苏格拉底参见 M. F. Burnyeat, "Socratic Midwifery, Platonic Inspiration", p. 7。在这个问题上,我认同多里翁的观点,他认为,在阿里斯托芬、柏拉图、色诺芬尼以及亚里士多德等人给出的关于苏格拉底的形象之间,我们是不可能进行选择的,因此我忽略了一些二手文献。所以,我的问题也就仅仅限于,助产术是如何与柏拉图所希望描绘的那个苏格拉底的形象相结合的呢? 关于这个问题,参见 Julis Tomin, "Socratic Midwifery", *CQ*, Vol. 37, No. 1, 1987, pp. 97-102; H. Tarrant, "Midwifery in the *Clouds*", *CQ*, Vol. 38, No. 1, 1988, pp. 116-122。
[3] 对第欧提玛的讲辞及对其人的一个非常精妙而详尽的分析,参见 D. Halperin, "Why is Diotima a Woman?", in *One Hundred Years of Homosexuality and Other Essays on Greek Love*, New York, London: Routledge, 1990。
[4] 伯尼亚特反对这种比较,他提出我们可以在《会饮》中发现以下两点:这是对苏格拉底式方法之一个方面的展现;这是一种形而上学立场,尤其与理型相关。而在《泰阿泰德》中,伯尼亚特则认为我们不能找到任何与理型相关的内容。参见 M. F. Burnyeat, "Socratic Midwifery, Platonic Inspiration", p. 8。

我会说得更明白一点，我们每个人都有生育能力，既在肉体的方面，也在灵魂的方面（206c）。① 一旦我们长到一定年纪，我们就会自然地渴望生育。没有谁能在丑陋的事物中生育，只能在美的事物中。这是因为男女为了生育而结合在一起，这是一件神圣的事情。② 怀孕，生育——这是有朽的动物所能做的不朽之事，它不能在不和谐的事情中出现（206d），丑陋与神圣就是不和谐的。③ 而美，则与神圣是相和谐的。因此，掌管生产的女神——她被称作茉伊拉或者爱勒提亚——就是真正的美（beauty）。④ 这也就是为什么，有生育能力的人和动物一旦靠近美，就马上欢欣鼓舞精神焕发，然后怀孕生产。而若是靠近丑，他们则兴味索然；他们会退却、畏缩，而不会生产，因为如果他们继续怀有体内所怀有的，分娩是十分痛苦的。这就是为什么每个妊娠并已怀育生命之人都对美激动万分（206e）：因为美能替他们缓解那巨大的痛苦。⑤（《会饮》206b—e）

男人与女人的结合（sunousía）会导致受孕（kúesis）。在我们的世界里，除非受到茉伊拉或者爱勒提亚的帮助，那些孕育着（spargôn）的果实，不会发育（diakheîtai）、分娩（tíktei），抑或出生（gennâi）；而在理性的王国里，则是美在扮演这一角色。一面是茉伊拉与爱勒提亚，另一面是美，他们在分娩（odînos）之痛中，来替身体与灵魂接生。在我们的世界里，受孕

---

① 关于同样的说法，亦可查阅《斐德若》251a，《泰阿泰德》150b，《蒂迈欧》91a。
② 阿尔基洛库斯（fr. 196a15）所使用的表达是 tò theîon khrêma，它实际上非常强调男性与女性之间的性关系。但在此处，它似乎是一种夸张的手法，我们可以将其理解为对不朽性的影射（参见208b）。
③ 这个预设需与《理想国》第二、三卷中关于"善"的预设联系起来。
④ 爱勒提亚（Eileithyia）是掌管分娩的女神的名字，她可以让分娩顺利进行，也可以使得分娩变得艰难。有一个或者几个茉伊拉也与分娩有关。请参阅《伊利亚特》，12. 270、24. 209；赫西俄德：《神谱》，922。
⑤ 关于分娩的剧痛，请参阅《斐德若》251e—252a。

所孕育的果实是孩子,在与美相和的情况下,孩子保证了某种形式的不朽,使有朽的更靠近神圣的。而对于灵魂而言,受孕所孕育的果实则是思想和卓越(excellence),它们会转变为良好的行为与话语,从而保证了其生产者的真正不朽。

第二个段落则在强调肉体怀孕与灵魂怀孕之区分的基础上,描述了源自其中的教育实践:

> 有些人在身体方面生育,于是他们转向女人,去追随这样的爱。通过生育,他们让自己常青不朽,让自己被铭记,也让自己幸福,就像他们一直以来所想的那样;①而另一些人则在灵魂中生育(209a)——因为他们更多地在灵魂方面有生育能力,而非在肉体方面,这些人怀上了那些合宜于灵魂的东西,然后再将其生育出来。那什么东西才是合宜的呢?智慧以及其他各种美德,每个诗人都以生育它们为己任,各种据说有创造性的工匠也是如此。然而,迄今为止,智慧(tês phronéseos)中最伟大、最美丽的部分,是关于城邦与家庭之正确秩序的智慧,也就是所谓的节制(moderation)与正义。
>
> 如果有人非常亲近神灵,②从小就在心中孕育这些美德(209b),那么一到年纪,他就会渴望生育,他一定也会四处寻访,寻找一个正确的时刻好让自己生育,因为他绝不会不合时宜地生育。既然他已有孕,那么他就会更容易被美丽的身体所吸引,而不是那些丑陋的;

---

① 可能是一句诗。
② 帕尔芒捷(Parmentier)认为此处应为 héitheos[未婚的]。也有人认为此处应是 éntheos。虽说 theôs 在此语境中颇有些令人惊讶,但是这两种纠正都使得意思发生了根本的改变。

如若他恰好碰上一个灵魂,既美又高贵,且秩序井然,那么他更会受到这种组合的吸引。这样一个男人可以使他关于美德的想法与论证立即充盈起来——一方面是美德之人会拥有种种德性,另一方面则是美德之人总会行其该行之事(209c)。因此,这个男人会对其施以教育。① 瞧,在我看来,他与一个美丽的人结交、伴其左右,他怀孕,并将其孕育了多年的东西诞生出来。此后,无论他们是待在一起,还是分离,他都会记得那"美"。而且,通常他们还会一同抚育新生儿,比起养育人类小孩的父母,这类人彼此分享得更多,他们友谊的纽带也更加牢固,因为他们的孩子——他们所共同分享的——更加美丽,也更加不朽。

只要有可能,比起人类小孩,人人都乐意要这样的孩子(209d,参见197d),人人都尊敬荷马、赫西俄德以及其他伟大的诗人,对他们留下的后裔嫉羡(envy)又钦佩——正是因为这后裔自身是不朽的,所以也为其父辈挣来了不朽的荣耀与铭记。② "譬如,"她说道,"你可以想象莱卡古斯留下的法律,他给我们留下多少好的子女啊,证明了他是斯巴达的救星,甚至全希腊的救星。③ 或者也可以想想梭伦,你们之所以尊崇他正是因为他创造了你们的法律。④ 还有其他地方

---

① 关于希腊世界同性恋的教育面向,可以参阅我的《会饮》译本(Platon, *Le Banquet*, Paris: Flammarion, 1999)的序言。
② 对话先开始提及的是诗人,然后又讲到立法者。关于美德的话语也被提了,这个对象是属于哲学家的。我们会很自然地联想起《斐德若》的结尾。
③ 通过莱卡古斯与梭伦,我们触及了关于立法者的问题;关于这个主题,请参见《斐德若》。据传,莱卡古斯替斯巴达建立了法律。因此,一方面他借斯巴达的军事力量,使得斯巴达免受奴役;另一方面,由于斯巴达在希波战争中扮演了一个关键的角色,他又间接地拯救了整个希腊。在对话中,他所处的语境是十分戏剧化的,因为在柯林斯战争之后,雅典就将斯巴达视作敌邦。所以,我们可以这样解释对话中对莱卡古斯的赞美:同柏拉图一样,苏格拉底也被看作(无论这样看对还是错)是斯巴达的拥护者。
④ 对梭伦的赞美多少平衡了对莱卡古斯的赞美,柏拉图的母亲即出身自梭伦的家族(参见第欧根尼·拉尔修:《名哲言行录》,3.1),可参阅《蒂迈欧》的开头。

的其他人,无论是在希腊的其他城邦(209e),或者是外乡,他们令美丽的形迹得见天日,或者诞出各种各样的美德。为他们、为其子所修建的圣所①庙宇早已林立,人类子女何曾享受过这样的待遇。"(《会饮》208e—209e)

那些在肉体方面多产的(egkúmones)人,其恋爱方式(erotikoí)中就包含了对女性的偏爱,他们使之怀上孩子(paidogonías),从而保证一种相对的不朽;而至于灵魂方面的生产,则孕育智慧(phrónesin)以及其他形式的美德(aretēn),它们会表现在行为与话语中——这是他们真正的后代(ékgona)。这些话语可能是诗人的话语,譬如荷马与赫西俄德;可能是立法者的话语,譬如莱卡古斯与梭伦;还有可能是其他创造者的。这些人或会成为教育者。他们会去寻找那些拥有美丽身体,尤其是拥有美丽灵魂的年轻人,并与这些年轻人谈论美德,谈论善好之人的责任与事业。他们与这些年轻人交往(haptómenos)并不懈地与之相伴(homilōn),之后他们便生产和繁育出(tíktei kaì gennaî)长久以来孕育在他们内部的(hàpálai ekúei)东西。此处有一个非常有趣的地方,就是实际上是较年长的一方怀孕(kuōn),并生产与繁育,也就是说,他们才是从这种关系中得益的人——正如我们前面所谈,美的年轻人在分娩的过程中意义重大。另外,还有一点值得注意,他所生育出(tò gennethén)的东西是已经孕育在其内部的(hà pálai ekúei),在我看来,这是对灵魂回忆说的影射。然而,"出生"并非终点,孩子还要接受这两位主人公的哺育(sunektréphei),将孩子产出的那一方将喂养这个孩子,而那个美丽的年轻人或者确实在场,或者人虽不在,但却留存在了另一人的记忆中。这使得这种存在于男人与男

---

① hierá 一词有多个意思,在这里我取了"圣所"之意。据说曾有一座为纪念莱卡古斯而修建的圣所(Herodotus I 66; Plutarch, *Life of Lycurgus* 31)。

人之间的关系(koinonían),比共同生育一个小孩(tôn paídon)的那种关系更为紧密,因为它为他们的"不朽"提供了更大的保障。

哪怕仅仅在词汇方面,我们也要承认《泰阿泰德》与《会饮》的这两个段落之间存在着好几处联系。

第俄提玛在这里描述的是教育者与学生之间的关系。她的这段描述以分娩生育为其模型,这种模型原本是一种女性的模式,它实际上与另一种模式形成对立,也即教育者——学生的男性模式:后者被表述为paiderastía。《会饮》之中,泡赛尼阿斯以及阿伽通都分别在自己的讲辞之中为其辩护。一边是泡赛尼阿斯与阿伽通的演讲,一边是第俄提玛的演讲,它们共同地提出了三种对立。[①] 首先,是两种教育观念的对立。其中一种观念将教育视作在教师与学生的同性恋关系中,知识乃至理智力量、社会力量与经济力量的传递;另一种则以为,教育是对某种已经呈现在教师那里的知识的发现,通过学生们的帮助,老师使其得见天日,就好像将之诞生出来一样,它往往表现为善好的话语与行动。其次,是两种关于师生关系之观念的对立。第一种观念认为师生关系是一种制度化的(institutionalized)同性恋关系,也即 paiderastía。年长的是爱者,年幼的是被爱者,后者为了获益于前者的知识、权力或财富而必须成为前者的奴隶。另一种观念则认为灵魂的处境就好比一位怀孕的女子,她必须使自己怀有的胎儿得见天日,方能顺利分娩。而在灵魂的这种处境中,反而是教师需要借助与学生的长期关系,在后者的照看下分娩。在这里言辞虽然模糊,但是没有任何地方指示了教师与学生之间存

[①] 关于这个主题,参见 Luc Brisson, "Agathon, Pausanias, and Diotima in Plato's *Symposium*: *Paiderastia* and *Philosophia*", in Debra Nails, Frisbee Sheffield, James Lesher eds., *Plato's Symposium: Issues Interpretation and Reception*, Washington, DC: Center for Hellenic Studies, 2006, pp. 229–251。

在着性关系。① 最后,在美的层面上,我们会注意到,肉体之美与灵魂之美存在某种对立关系,前者是消耗的对象,后者则使得分娩成为可能。需注意,在这三个层面上,柏拉图所采取的整体立场与雅典的习俗实践都是完全相反的。

然而,第俄提玛借生育的图景而阐明的这种教育模式,却并不适用于苏格拉底,他自己在《泰阿泰德》中说:"这里的原因就在于上苍强逼我接生,但禁止我生育(150d)。所以我自己在任何意义上都不是一个有智慧的人(ou pánu ti sophós),我也不能宣称我的灵魂之子(tês emês psukhês égkonon)是什么配享智慧之名的发现。"因此,苏格拉底无论如何也不能成为一个在教育的过程中进行生育的教师。这也就是为什么伯尼亚特阐释《泰阿泰德》时,拒不援引《会饮》。他止步于指出两篇对话的不同,这种不同的确存在,但是必须结合苏格拉底本人的人格(personality)来处理。在第俄提玛所描述的寻常的师生关系中,怀孕的一方是教师——他怀育着善好的话语与行为,而学生则发挥了"美"的作用,帮助其分娩。在《泰阿泰德》中则恰恰相反:苏格拉底替年轻人接生。但是文本中有一个令人奇怪但是异常明确的说法,伯尼亚特并没有考虑到:神禁止苏格拉底孕育知识。② 所以苏格拉底不能够扮演第俄提玛所描述的那种教师的角色,而必须将这种关系进行反转。苏格拉底扮演的其实是那些年轻人的角色——不断地提出问题,好帮助老师顺利分娩。此外,还要注意,苏格拉底同时

---

① 即便如此,我也无法接受伯尼亚特"对于爱,怀孕是因,而不是果"的说法以及"简而言之,任何层面上,怀孕都在交合之先,因为分娩与交合被想象成是相等同的"(M. F. Burnyeat, "Socratic Midwifery, Platonic Inspiration", p. 8)。在文本中难以找到任何对这两种论断的支持。而下面这一说法则更加令我不解,它根本与《会饮》或《泰阿泰德》无关:最后这些关于同性恋的评论实在很奇怪:"我们就此遇见了柏拉图的一个'盲点'……人们或许更倾向于简单地说,在对话的这里与那里,尤其是我们刚刚讨论过的关于助产术的文段中,我们得以窥见柏拉图人格中的幽暗一角。"

② 请参看他在《会饮》之中对苏格拉底的赞美。

还反转了性关系：阿尔喀比亚德就是最好的例子。通常的情况下，都是年长的追求年轻的，然而在这个例子中，却是阿尔喀比亚德去追随苏格拉底。这也是为什么，苏格拉底的教育实践变成了助产士的活计：帮助那些可以诞生的胎儿得见天日，至于那些无法产出的胎儿，则将其取出并抛弃。这种角色的倒置看起来十分微妙，但是它实际具有解释上的便利；且最为关键的是，它可以解释《会饮》与《泰阿泰德》在教育方法方面所表现出来的那些不同。因此，苏格拉底只能够作为一个辅助者——一名助产士——介入这一过程，他或是发现灵魂的空洞，将错误流产，或是促成真理的分娩。

三、助产术及其形而上学意义

在《泰阿泰德》中，苏格拉底所做的仅仅是流产掉三个关于科学的错误定义，而在《美诺》中，他还试图让真理分娩。一开始，苏格拉底消除了美诺童仆关于复制四边形的错误意见——这时还停留在诘问的过程中——而之后，苏格拉底通过极有技巧的提问，成功地使童仆找到了解题办法：这时则来到了助产士的环节。后一环节使苏格拉底得出了两个重要的结论：灵魂是不朽的；它已然拥有了关于所有事物的知识。于是，知晓也就是回忆：

既然灵魂是不朽的（hē psukhè athánatos），它已经出生过多次（pollákis gegonuîa）并且在这里和世界各地[1]见过了所有事物（kaì

---

[1] 在《克拉底鲁》中（403a3—7、404b3），苏格拉底玩了一个文字游戏，他将Haídes［哈德斯］与aidés［不可见的］联系起来。通过"不可见"这一特点，苏格拉底又在《斐多》（80d5—8）中，将哈德斯与理型实在的王国相联系。因此，我认为，在文本的这个地方实际上包含着对理性事物的影射。

pánta khrḗmata),①所以已经没有什么事情是它不曾学过的了(ouk éstin hóti ou memátheken);因此,如果灵魂能够把它从前已经知道的(há ge kaì próteron epístato)回忆(anamnêsthênai)起来——关于美德以及其他事情的——我们也没必要因此而感到惊讶。灵魂与整个自然十分亲近(tês phúseos hapáses psukhês oúses)并且已经学会了所有事(kaì memathekuías tês psukhês hápanta),②所以,当一个人通过他所谓的学习(máthesin),回忆起某件事情(anamnesthénta),并且他持之以恒地探索,从不懈怠,那么就没理由说他不能靠自己去发现(aneûreîn)其他所有知识,因为探索(tò zeteîn)和学习(tò manthánein),就整体而言,正是回忆(anámnesis)罢了。(《美诺》81c5—d5)

假如严格地从方法角度出发,那么助产术在其积极的维度实际上是不可能与回忆说联系起来的。因为苏格拉底所接生的对象,必须已经在其体内怀育了知识,否则苏格拉底不可能通过提问而帮助这个灵魂将其分娩出来。伯尼亚特提出了四点拒绝将《泰阿泰德》与《美诺》相比较的理由。其一,在《美诺》中,每一个灵魂都可以生育,而在《泰阿泰德》却不是这么回事。然而,即使苏格拉底展示了美诺的童仆的灵魂也可以生育,但是《美诺》却并没有哪一个文段谈到每一个灵魂都可以生育;而《泰阿

---

① 应当注意,虽然 khrḗmata 常指广义上的"事物",但是在柏拉图与柏拉图主义者们那里,它也用来指理性实在,正如《斐多》66e1—2。
② 对句子的这一部分的解读,对我的立场是决定性的,它又是以一个因果从句为开头——háte 引导一个独立属格,构成这一从句。它可作两种解释。其一,将 tês phúseos apáses suggenoûs oúses 视作为一个独立部分,伯内特(Burnet)取此解,他在 oúses 后加了一个逗号,这样一来 kaí 就使得它与 memathekuías tês psukhês ápanta 相并列。另一种解释则以为 tês psukhês 同时充当动词 oúses 与 memathekuías 的逻辑主语,这样一来情形会清晰不少。

泰德》(210b—c)也并没有说未孕的灵魂将会一直处在不孕的状态。其二,《美诺》主张,所有的知识都是通过向内的回忆得到的(81c—d、85c—e),而在《泰阿泰德》中则只有重要的真理是以这种方式得到的(150d)。但是,这两篇对话中都没有提到是哪种真理。其三,《美诺》之所以谈到回忆说,是为了说明人如何能探索他所不知道的事情;而在《泰阿泰德》中,要知道某些事(185e、201b),甚至要解释某些错误判断(183a—194b),都必须诉诸感知。我们应注意,苏格拉底在《美诺》与童仆研究的是物的图形。其四,而《泰阿泰德》说,任何与灵魂有关的东西,都不会处于肉体之外。这是真的,但是这不过是一个缄默论证(an argument e silentio),即它不能说明柏拉图已抛弃了这一观点。

关于灵魂与理型的"形而上学"文本暗示还有待讨论。伯尼亚特声称,《泰阿泰德》对理型没有任何提及,而这是一个缄默论证,因此它也只具有缄默论证所有的有限价值。除此之外,并没有任何证据表明,柏拉图抛弃了独存的理型理论(尤其在《巴门尼德》之后),并以一个更合乎于亚里士多德哲学以及现代认识论的关于观念的理论取而代之。正如我试图论证的,我认为仅仅依靠"精神怀孕"是不可能理解《会饮》与《泰阿泰德》的。①

我们刚刚引用的,苏格拉底在《美诺》中的那段论证,可以作如下重现。第一,灵魂无所不知。其知识的对象就是理性事物,当灵魂从肉体中完全分离,它便对这种知识进行沉思。第二,但是作为整体的自然组成了一个家族,这意味着可感事物也分有理性实在。第三,所以,即便学习就是回忆,我们有可能如此发现所有事情;但是这个过程起始自可感事物,为了触及理性事物,必须要不断地使自己脱离于可感事物,这一过程是要

---

① 参见 M. F. Burnyeat, "Socratic Midwifery, Platonic Inspiration", p. 8。

求勇气与毅力的。

在这里,开头的那个问题依然悬而未决。既然在既未讨论分离于肉体之灵魂,亦未讨论分离于可感事物的理性事物及其分有的情况下,我们的确无法讨论回忆学说,那么为什么《美诺》(80e—81e)中并未提及理性实在呢?在我看来,答案十分简单。这篇对话中,柏拉图并不需要通过讨论理性实在来回答美诺的问题。对美诺而言,知道灵魂脱离于肉体、灵魂的不朽性,以及灵魂的轮回就足够了。而且,面对一个将美德定义为军事与政治之成功的贵族,谈论理性实在会适得其反。《斐多》则是一个相反的例子,刻贝与西米阿斯是菲洛劳斯的学生,后者已经与他们谈过灵魂的话题,所以在与他们的讨论中,苏格拉底才需要提及理性实在,并通过灵魂与这些不朽实在的联系,来解释灵魂的不朽。简而言之,《美诺》的这一段应该与《斐多》中关于灵魂学说的段落放在一起读。[1]

所以我们先来考察一下《斐多》中的段落。在回顾了回忆说中所包含的假设后(《斐多》72e—73a),克贝随即提出了使之成立的证据:

> 有一个绝妙的论证,克贝说道,通过正确的方式追问,被提问的人往往可以自动得出正确的答案,如果他们不拥有知识(epistéme),他们是不可能做到的,这也就是说(kaì),正确的理解(orthòs lógos)就在他们自己之中。如果有人向他们展示一些几何图形(tà diagrámmata),或者其他此类东西,那么这就再清楚不过了。(《斐多》73a7—b2)

---

[1] Luc Brisson, "La réminiscence dans le *Ménon* (81c5-d5)", *Gorgias-Menon: Selected Papers from the Seventh Symposium Platonicum*, ed. by Michael Erler and Luc Brisson, Sankt Augustin: Academia Verlag, 2007, pp. 199-203.

这几行句子非常明显地涉及《美诺》(80e—81e)中的理论,这一点是很难忽视的,正是通过提问,苏格拉底使得童仆证明了这一理论是有理有据的(81e—86c)。由于希米亚斯记性不好,苏格拉底又向他解释了回忆说的两个前提条件。

苏　我想我们都同意,如果说某人回忆起什么东西(ti anamnes̱thḛsetai)来,那么他必定之前(próterón pote)就知道(epístasthai)它,对吗?

希　是这样,他说。

苏　那么我们是否同意,当知识以这种方式(trópoi toioútoi)出现在思维里(epistéṃe paragígnetai)时,它就是回忆(anámnesin eînai)?我指的是哪种方式(trópon tónde)呢?就像这样:当某个人看见或听到,或者以其他某种方式感知到某事,并且不仅知道(gnôi)这个事物,还思及(ennoései héteron)了另一个事物,它不是同样一种知识(epistéṃe)的对象,而是不同种的,我们难道不可以说,他回忆(anamnésthe)起了后面出现在他思维(énnoian)中的那个对象?(《斐多》73c1—d1)

回忆是一个复杂的过程,或许可以这么描述它。首先,存在着对对象 O_1 的感受。其次,当它出现时,这种感受会引发一个关于对象 O_2 的认识过程:一定与 O_1 存在着某种关系;主体已经提前知道这一对象(通过例子里所说的那种感受);主体将这一过程保持在自身之内。

《斐多》的这一文段更多地讨论的是对象。我们可以从中得出三个结论。第一,关于对象 O_1 产生的任何感受都可以纳入考量。第二,这种感受会触发一个关于对象 O_2 的认识过程,这一过程中,对象会展现在它自己之中(《斐多》73c1—d11)。遗忘抑或无法认识这种展现也是有可能的,这种可能性与时间的长度、不耐心的程度成正比(《斐多》73e1—4)。第三,O_1(感知到的)与 O_2(展现出来的)可能类似,也可能不同(《斐多》73c5—74a4)。如果回忆起的是不同的事情,则可能出现两种情况:从对 O_1(七弦琴)的感知到对 O_2(七弦琴的主人)的展现;或者从对 O_1 之影像(希米亚斯的肖像)的感知到对 O_2(关于克贝的记忆)的展现。回忆的对象也可能是同类的事情:在这种情况下,对 O_1 之影像(希米亚斯的肖像)的感知,会直达对 O_2 的展现(想起希米亚斯)。在柏拉图思想的框架中,这些例子——无论是被感知的,还是被展现出来的——都是属于可感世界的。

然而,上面所说的这些只能算作预备步骤,原因在于,一方面,最后一个例子(《斐多》73e9—10)涉及影像(image)与模型(model)的关系,它给我们带来另外一个问题:在柏拉图哲学语境下的模型/影像的关系中,影像代表可感事物,而模型则是可感事物所分有的理性形式。另一方面,另一个例子实际上也强调了这一点,它表明,当两个对象是相似事物时,对于二者之差异的感受将自行呈现出来;也就是说,正是 O_1 比之 O_2 的缺点与不足,唤起了对 O_2 的回忆(《斐多》74a5—75a5)。这种感受是涉及可感之物的,不过当它的对象是我们所爱之人时,与它的对象涉及某种无生命的可感物时,其实是完全不同的。下面这段话就是在澄清这一点:

假定你看到某个事物,你对自己说,我能看出这个事物想要(boúletai)变得像另外一个事物,但是它有所缺乏,不能(ou dúnatai)真的相同,因为它是次一等的(endeî)。我们是否同意,作此想之人必定有关于他说的那个有些相同(hôi phesin autò proseoikénai),但不充分相同的事物的预先的知识(tukheîn proeidóta)吗?(《斐多》74d9—e4)

在我看来，这种对两个对象间关系的拟人化暗示着，我们已经来到了关于可感与理性的本体论关系之语境，对话先前谈到的石头、木头的例子也印证着这一点，就其各自与"同"（equality）的关系而言，这二者是等同的。

不过，好几个问题接踵而至：首先，关于人们是在何时获取这种关于理性事物的知识的问题；其次，关于此种知识之范围的问题；最后，关于我们以何种方式拥有它们的问题。下面是对这些问题的回答。

> 既然可感的知识以我们的出生为开端，那么我们必定是在出生之前就有了关于理性事物的知识，如此一来我们才可以一出生就可以使用它。（《斐多》75a5—c6）

这种知识本身不仅仅与"同"（equal）有关，而且还关乎作为整体的理性事物。苏格拉底说：

> 因此，假如我们已经拥有了这知识，那么在出生前，以及甫一出生，我们不仅仅知道（epistámetha）"同"，我们还知道"更大"与"更小"，以及其他此类事情，因为我们目前的论证不仅仅适用于"同"，更要适用于"美本身"、"善本身"以及"正义"、"虔诚"，以及如我所说的，所有可以烙印上"其所是"（toûto hò ésti）[①]的东西，无论我们是在提问时，还是在回答问题时谈到它们。所以说，我们必定是在出生

[①] 根据 B、T 与 W 的手抄本；伯内特写作"tò autò hò ésti"，杜克则写作"toûto, tò hò ésti"，我则认为这个短语是在指涉理型，这个短语等同于《斐德若》247e2 中的"hó estin ón óntos"或者 249c 中的"tò ón óntos"。关于对这一短语的阐释，参见 Plato, *Phaedo*, ed. by C. J. Rowe, Cambridge: Cambridge University Press, 1993, note *ad locum*。

前就已经获得了所有这些知识(tàs epistémas)。

......

如果我们在出生前就获得了这知识,而在出生的时候又将其遗失,后来再通过我们的感官(taîs aisthéseси)与先前提到的那些对象相联系,我们恢复了先前曾经拥有那知识(analambánomen tàs epistémas),那么我们所说的学习(manthánein)就是恢复我们自己的知识(oikeían epistémen analambánonein),那称之为回忆(anamimnéiskesthai)是没有错的。(《斐多》75c7—d5)

因此,出生之前我们就拥有了关于理性事物之整体的知识。

那么,我们是以什么方式知道的呢?对我们而言,这种知识要么是一劳永逸的,它会随着时间自动地回到我们这里来;要么我们就在出生的时候失去它,而后为了重新得到它,我们必须付出充分的努力,也即通过学习。第一种假设是站不住脚的,因为所谓知道,就在于阐明其所知的,并不是人人都总是能够做到如此,所以这种知识不可能是普遍的。因此,我们只能保留第二种假设。这就意味着,灵魂回忆并不适用于所有人(《斐多》75d6—76d6);以及,既然我们必须付出一定努力,那么回忆学说就与伦理学相关了。

我们由此可作结论:在出生之前,理性实在与我们的灵魂就已经预先存在了(《斐多》76d7—e8)。那么,在什么条件之下,灵魂才可以思考真正的实在?它又是以什么方式思考的呢?《斐德若》(245c—246b)中的神话回答了这个问题。

《理想国》中有一个段落,非常清楚地描写了灵魂与理型的结合方式:二者同源,理型使灵魂受孕,并因而会带来分娩之痛。直到灵魂诞生出了彰显在良好言行中的真理与理性事物,这种剧痛方才停止:

那么，我们难道没有理由如此为他辩护：真正爱学习的人，其天性就是要努力地朝向所是的，不会流连于那许许多多被相信如此的事情；他会继续前行，他那渴求之爱既不会松懈，更不会丢失，直到他通过他的灵魂中专门适用于此的那部分，掌握了每一种本性之自身；因为，灵魂的这一部分与之有亲缘关系，他一旦接近那真正所是的，他就与之交合，并生育出洞见与真理；他知道了，他真正地活了，他受到了滋养，并且（恰恰从那一刻，以往都不行）他终于从分娩阵痛中解脱了出来。（《理想国》490a—b）

在这样的条件下，我们很难不将《会饮》中第俄提玛所说的怀孕与理型相联系。[①]

在什么条件下，又以什么方式，灵魂会沉思真正的实在呢？《斐德若》（245e—246b）的神话回答了这一问题：在灵魂降于肉体之前，它已经花费了一千年去沉思形式，之后它会在不同的肉体中度过九千年。

的确，我们不能在《泰阿泰德》中找到任何对理型的提及。然而，关于科学是什么，通过"感受"或"意见"而下的定义全都遭到了抛弃，这似乎暗示了存在着某种异于可感事物的东西。除此之外，《泰阿泰德》的篇末还对《巴门尼德》中的警告、《智者》中的训诫有所预告，而这二者都需要以理性事物为其前提。既然如此，在柏拉图的语境中，在不提及理性事物的情况下，我们如何能讨论真理呢？唯有讨论理型的情况下，将对话者灵魂中孕育的真理生产出来才是讲得通的。至于灵魂是从何处受孕的——

[①] 所以这其实是对伯尼亚特所提的问题的回答："那么，为什么有些人怀孕，其他人却没有呢？这些概念是从哪儿来的？即便撇开隐喻，影像也会引起这些问题，不过柏拉图预先就将那个明显的答案抛出了：他在《会饮》中将交合置于怀孕之后，在《泰阿泰德》中则将顺序颠倒过来，学生自己受孕，并通过其师的帮助生产。"M. F. Burnyeat, "Socratic Midwifery, Platonic Inspiration", p. 13.

是通过以往的可感经验,还是通过某种内在的(innate)真理呢?《泰阿泰德》本身就已然驳斥了第一种答案;至于第二种答案,柏拉图的所有著作都不曾提过它。

若要对理型与独立于肉体的灵魂等形而上学意涵避而不谈,那么唯一一种挽救助产术的方式就只剩下,将它局限为一种提升自我知识(self-knowledge)的教育方法。但如此一来,我们就将关于客观知识的所有问题都一并回避了,然而找到科学之定义,却正是《泰阿泰德》的初衷。在《泰阿泰德》的背景下,"脱离于肉体的灵魂已然沉思过理型"——假如承认这一假设,那么这篇对话的困惑性的特征就可以得到解释;而除了这种困惑性特征,《泰阿泰德》与其他早期对话没有任何相似之处。

从《泰阿泰德》(150a—151d)我们可以得到一个怎样的结论呢?"助产术"之范围看起来是比诘问法更为广泛。首先,它也具有一个消极的面向,即向对话者揭示出其灵魂之空虚,或者即便灵魂是善好的,但仍向其揭露其中包含着一些必须被抛弃的错误;这就是《泰阿泰德》中,诘问法介入对话的时刻。不过助产术同样展现出了一个积极的面向:它的目的在于,帮助那些怀有真理的灵魂,替这些真理接生。这两种面向在《美诺》中都有所展现。从这个角度看来,纵使苏格拉底宣称自己并不具有任何知识,但借助于助产术,他仍可以扮演教育者这一重要的角色——就根据《会饮》中第俄提玛提出的、与阿伽通与泡赛尼阿斯所赞许的 paiderastía 相对的那个模式。的确,助产术的这一面向在《泰阿泰德》中尚无表现。但是,即便如此,既然我们谈到了《会饮》《斐多》所描述的那种教育模式,那么就不可能不提起回忆说;而既然谈到了回忆说,也就不得不涉及理型论。如果我们拒不承认这种形而上学背景,我们就会将助产术限定为一种实现自我知识的方式。然而,自我知识并非《泰阿泰德》之主题,这篇对话旨在讨论科学之定义,因此在我看来这种立场并不能自圆其说。

有人会说,这种解释方式未免过于传统,它太过时、太古旧。那么问题来了:我们究竟应如何阅读柏拉图?

柏拉图的文本及其注解的历史开始于公元前387年,于公元529年左右正式结束:它有着近九百年的历史。无数可以读写古希腊语,并且在阅读柏拉图上投入大量时间的男男女女,已经保证了它的连续性;此外,这也解释了文本传统的价值。关于他们究竟如何,我们当然可以有自己的想法,然而所有证据都表明,这些人是严肃且兢兢业业的。那么,我们又如何能够仅凭借文本缄默论证,就漠视这些人所做的解读工作呢?这种做法就是彻头彻尾地拒绝考虑文本的解读史。

的确,这种解读包含一种彻头彻尾的形而上学大杂烩——尤其关于理型与独立于肉体的灵魂——而现在的哲学家们完全可以不需要它们。然而,这种预设本身是不可接受的,事实上,不论在亚里士多德的逻辑中,还是在弗雷格(Frege)的逻辑中,都有一个形而上学的背景,它们只是被隐藏了,或者被小心翼翼地隐蔽起来,就好像它并不存在一样。即便现代的形而上学与柏拉图的形而上学形成直接的对立,也不能说明,这种预设就是唯一的可能性。

这种传统的解读方式,与另一种解读柏拉图的方式相对立,后者将所有注意力都聚焦在一个段落中,只为了在其中找出一系列现代的问题。接纳一些"时代错误"(anachronism)并不一定是坏事,只要这种"时代错误"是有限的。或许有人一听说或者一读到这种解读方式,很快就自问:我们到底在讨论什么?事实上,这种读法将引发一个更令人不适的问题:当我们读柏拉图时,我们是在做什么?

是为了在其中找到与我们的相似性吗?还是为了让柏拉图成为康德、弗雷格或者维特根斯坦、语言分析、现代逻辑学,以及各种各样道德学说的先师?这些问题看起来丰富多彩,趣味盎然。然而它却带来了一个问题:对相似性(similarities)的追寻实际上暗示了一种确信,即在这一领域,我们已经身处顶峰了。这种信念是可以通过对结果之验证来不断得到证明的,好比天文学,它的问题就诸如地球绕日的轨迹。然而,哲学的王国却是超出实证之外的,在这里寻找过去与我们之间的相似性,就无异于瓦解过去。为了避免这一弊端,我们最好多想想差异,少想想相似性,通过对过去的思想家们的研究,对我们自己的立场提出质疑,并且试着提出新的想法。正是出于这个原因,对古希腊作品进行整体阅读,并留意它与历史的勾连,绝不过时;相反,对于那些为了盖棺定论,而武断地强加前见之人,这种读法可以化解他们的不耐心。

四、附释

我重新梳理对"助产术"的研究文献。唯一相关的文本证据在《泰阿泰德》中,就我看来,若仅仅通过伯尼亚特1977年那篇论文[1]就结束对该文本的研究,未免过快了。

对柏拉图的《泰阿泰德》历来有诸多种类的阐释。在此我仅枚举五种。

第一种解释常被定性为传统型的解释,因为它曾经是古代柏拉图主

---

[1] 伯尼亚特是英美学界最具权威的学者之一,曾著影响深远的《泰阿泰德》研究:Myles Burnyeat, *The Theaetetus of Plato*, with a translation of Plato's *Theaetetus* by M. J. Levett, revised by Myles Burnyeat, Indianapolis and Cambridge: Hackett, 1990。

义者①所持有的立场,后来又被康福德②、彻尼斯③、迪耶斯④与罗宾⑤等人重提。塞德利如是描述它:"依照这种解释,《泰阿泰德》则并没能完成自己的任务(定义知识与科学),但是这种失败是刻意为之的,它产生了某种积极正面的观点。苏格拉底已经完全地忽略'理型是知识的合宜对象',因这种忽视而形成了经验的获取知识的方式,正是通过这种方式的失败,对话才表明,认识论如果不回归到柏拉图的形而上学中去,可能会遭受到毁灭性的打击。"⑥在本文中,我拥护的是这种立场,然而它与当今的主流解释方法是对立的。

　　第二种是现下主流的解释,它提出"一个受到了诸如罗宾逊⑦与欧文(G. E. L. Owen)等牛津学者启发的《泰阿泰德》的解释路径,它出现在1950年前后,并至少在此后30年间,都保持着其主流地位,在英文柏拉图学界尤其如此。他们采取一种将《泰阿泰德》视作非学理性的,或者说批判性作品的策略,如果他们拒不放弃这种立场,将会忽视柏拉图中期作品中的形而上学"⑧。伯尼亚特1977年发表的那篇关于助产士的文章就隶属于这一解释流派。在那篇文章中,伯尼亚特试图在撇开理型、脱离于肉

---

① 对《泰阿泰德》的同名注疏 47. 8—59. 34; Plutarque, *Questions Platoniciennes* 100e; Proclus, *In Alc.*, 29,1-5; *Prolégomènes anonymes*,11,13-15
② F. M. Cornford, *Plato's Theory of Knowledge*, London: Routledge & Kegan Paul, 1935, pp. 27-29.
③ H. F. Cherniss, "The Philosophical Economy of the Theory of Ideas", *AJP*, Vol. 57, pp. 445-456.
④ Platon, *Théétète*, texte établi et traduit par A. Diès, Paris: Les Belles Lettres, 1923,pp. 128-130.
⑤ L. Robin, *Platon*, Paris: Alcan, 1935, pp. 52-55.
⑥ D. Sedley, *The Midwife of Platonism*, Oxford: Oxford University Press, 2004, p. 4.
⑦ R. Robinson, "Forms and error in Plato's *Theaetetus*", *The Philosophical Review*, Vol. 59, No. 1, 1950, pp. 3-30; D. W. Hamlyn, "Forms and Knowledge in Plato's *Theaetetus*: A Reply to Mr. Bluck", *Mind*, Vol. 66, 1957, p. 547.
⑧ D. Sedley, *The Midwife of Platonism*, p. V.

体的灵魂等形而上学性质的暗示的前提下,去解释助产士一词,从而将《泰阿泰德》的意义仅仅缩小为一种提升自我知识的教育实践。20多年之后,伯尼亚特又为莱韦特的译著写了一篇长序①,在其中,他仍没有否认自己1977年文章的观点,并且还提出了对该对话的一种新解读。"在伯尼亚特看来,《泰阿泰德》更多的是一次辩证法练习,而非学理性练习。柏拉图的手法实际上是创造出一种双重的辩证对立——其中之一蕴含在对话中,另一种则在于读者与对话之间,这种关系因读者与文本之间复杂的相互作用而十分有力,读者会对文本所探讨的哲学问题进行反思。而在伯尼亚特看来,这一切都是通过开放思维的探究方式而完成的,完全与柏拉图中期理论的特点无关。"②

我们可以将第三条解释线索形容为"接生术的"(maieutic),因为它导向了对柏拉图式定义之知识的真理的接生。"对话所采取的形式是,它不断地逼近对知识的真定义。第一次尝试是一次令人沮丧的失败,从第二次尝试开始,之后的每次尝试都有所进步。临近对话结尾的最后一次定义已经十分接近这个真定义了,所以苏格拉底在此处制止了对话。他为什么要停止对话呢?因为对话本身告诉我们,真正的哲学方式是助产术,仅仅对于对话者来说,这意味着诞生真实的理论。一旦柏拉图尽其所能地带领读者至于真实定义之前,而非真实地启动它,那么他的作品就完结了。最后的工作要留给读者自己,我们要亲手得出它,并且看看我们的产物能否被成功地养育。以这种方式看,这篇对话的失败其实并非流于表面。"③这种解释十分机智,但是在我看来它犯了时代错误。无论人们是

---

① M. Burnyeat, "Introduction", in *The Theaetetus of Plato*, translated by M. J. Levet, Indianapolis: Hackett Publishing Company, 1990, pp. 6-7; see also T. Chappell, *Reading Plato's Theaetetus*, Sankt Augustin, 2004, pp. 42-47.
② D. Sedley, *The Midwife of Platonism*, pp. 4-5.
③ D. Sedley, *The Midwife of Platonism*, p. 5.

否乐于接受,古代哲学总是与某种受学理指导的生活相联系的。因此它不大可能跳出作品本身,并暗示听众与读者去超出作者,走得更远;这种对读者的暗示是一种非常晚近的倾向,它与某种特殊的美学观念①有关。这种态度意味着,作品的结局与作品是分离的,它将不再属于这部作品,而是属于作品所面对的人。必须要剥去作品所有积极的内容(理型与脱离于肉体的灵魂),将作品缩小在一个可以为所有人拾起的形式结构中,不考虑作品的历史背景,才可能得到这样的观点。

第四种解释,隆最近的论文中说道:"不管是以何种方式,《泰阿泰德》都是柏拉图对苏格拉底的重新评价。"②

第五种解释,塞德利在其最近的著作中也试图替第三种解释辩护:"我从这四种方式中都得到了收获。从康福德和他的先驱者那里,我得到的想法是,成熟的柏拉图主义在《泰阿泰德》就已经有了重要的展现。从伯尼亚特那里我借鉴到的是,两种阅读方式的系统性共存,以及对对话内部的辩证法与存在于文本与读者之间的外部辩证法的区别。至于之后我对接生术阐释方式做的进一步区分:内部辩证法与外部辩证法都以其自己的方式,实践着哲学助产术。最后,我想分享的是这样一种认识:正是存在于伯尼亚特、柏拉图以及其主要对话者之间的清楚区分,重现了早期的苏格拉底。"③

---

① 指接受美学。——译者注
② A. A. Long, "Plato's apologies and Socrates in the *Theaetetus*", in J. Gentzler ed., *Method in Ancient Philosophy*, Oxford: Oxford University Press, 1998, pp. 113–136.
③ D. Sedley, *The Midwife of Platonism*, p. 6.

推荐阅读书目(梁中和拟):

柏拉图:《泰阿泰德》,詹文杰译,商务印书馆,2018年。

柏拉图:《泰阿泰德 智术之师》,严群译,商务印书馆,1963年。

赛德利:《柏拉图主义的助产士:柏拉图〈泰阿泰德〉中的显白之辞与言下之意》,郭昊航译,华夏出版社,2020年。

伯纳德特:《美之在:柏拉图的〈泰阿泰德〉、〈智术师〉与〈治邦者〉》,柯常咏、李安琴译,华东师范大学出版社,2018年。

雅各布·克莱因:《柏拉图的三部曲:〈泰阿泰德〉、〈智者〉与〈政治家〉》,成官泯译,华东师范大学出版社,2009年。

詹文杰:《柏拉图知识论研究》,北京大学出版社,2020年。

Plato, *Theaetetus*, translated by John McDowell, Oxford: Clarendon Press, 1973.

Plato, *Theaetetus*, edited and introduction by Bernard Arthur Owen Williams, translated by M. J. Levett, revised by Myles Burnyeat, Indianapolis: Hackett Publishing, 1992.

David Bostock, *Plato's Theaetetus*, Oxford: Clarendon Press, 1991.

Timothy Chappell, *Reading Plato's Theaetetus*, Indianapolis: Hackett Publishing, 2005.

Zina Giannopoulou, *Plato's Theaetetus as a Second Apology*, Oxford: Oxford University Press, 2013.

第十五讲
柏拉图式辩证术:《巴门尼德》

曹 聪

一、导言

《巴门尼德》是最晦涩的柏拉图对话之一,当代西方研究者一般根据对话的结构和主题将其分为两部分(126a—137c、137c—166c),这两个部分大致对应着忒拉绪洛斯所拟的两个副题——"论形相"(περί ιδεῶν)和"逻各斯的"(λογικός)。从外在形式看,两个部分极不相称:第一部分与其他柏拉图对话类似,对话在众多人物的行动中展开,包含较为生动的情节;第二部分的篇幅是第一部分的三倍,只包含两个人物的简短对答,这些对答构成八组结构对称的正反论证。由于两个部分各有侧重的论题,即形相论和辩证术,现代评注者出于各自的学术旨趣倚重其一端,故而研究路径仍延续古代已呈现出的存在论(包括神学变体)和逻辑学两派,[①]也就是,要么将《巴门

---

① 参见 Glenn R. Morrow and John M. Dillon, *Proclus's Commentary on Plato's Parmenides*, Princeton: Princeton University Press, 1987, pp. 29-38; Kevin Corrigan, *The Place of the Parmenides in Plato's Thought and in the Subsequent Tradition*, in John D. Turner, Kevin Corrigan eds., *Plato's Parmenides and Its Heritage*, Vol. I, Atlanta: Society of Biblical Literature, 2010, p. 34。

尼德》视为柏拉图存在论发展的某阶段，要么主张它只具有逻辑训练意义。

忒拉绪洛斯把《巴门尼德》和《菲丽布》、《会饮》和《斐德若》一起编入全集的第三组四联剧（参见第欧根尼·拉尔修：《名哲言行录》，3.49—51），这几部对话最明显的共同点是：辩证术作为一种特殊的逻各斯，同时出现在四部对话的关键位置，其中《巴门尼德》对辩证术做出了最详细的展开。理解辩证术问题的前提是理解柏拉图关于逻各斯的一般讨论。众所周知，柏拉图关于逻各斯的讨论首先是对智术师派的逻各斯学说的纠弹，因此主要体现在关于修辞术的讨论，于是柏拉图讨论修辞术时往往涉及哲学论题"形相"，并指向柏拉图对哲学的根本理解。

因此，理解《巴门尼德》和柏拉图式辩证术的起始问题是：柏拉图如何通过形相完成由修辞术到辩证术的改造。《巴门尼德》不仅在第二部分用八组论证详尽展现辩证术技艺的复杂结构，还在第一部分呈现了少年苏格拉底如何因形相问题走向辩证术。此外，对话依次呈现了辩证术对多元论、形相论和一元论的辩难，这向我们透露了柏拉图对辩证术与存在论关系的理解，这个问题直接关系到理解柏拉图对哲学基本问题的看法。

二、从修辞术到辩证术

一般认为，柏拉图是西方修辞术传统中的重大转折点。柏拉图之前的修辞术主要是一种说服术，在城邦政治和教育中发挥作用。按照通行的观点，西方修辞术的诞生可以溯源至公元前5世纪的克拉克斯和提西阿斯师徒。据传说，他们写下最早论修辞术的小册子，并且使之流传到雅典。[①] 正如海德格

---

① 参见 Robin Reames, Edward Schiappa, *Logos without Rhetoric: The Arts of Language before Plato*, Columbia, SC: The University of South Carolina Press, 2017, p. 1。

尔指出，这种著述尚不能算作真正的修辞理论，这种修辞术借助言谈把听者引向某种信念，并使听者最终信服这一信念。这种修辞术的对象是大众，目的是博取大众认可，因此它依循公共意见，它无关乎"把握被言说的实情"①。意见与真理之分标识出这种修辞术与柏拉图新修辞术之间的决然对立：柏拉图一方面在《高尔吉亚》这类对话反驳那种只注重说服技巧的修辞术；另一方面则在《斐德若》中通过某种特殊方式给修辞术注入决定性的新内容，赋予新含义。

《斐德若》先由人皆有之的爱欲上升至对灵魂之形相的讨论，再上升至对逻各斯的探讨。对话后半部分谈到一种修辞术与辩证术的对比关系，假托古老传说对比了"说出的逻各斯"与"写出的逻各斯"（即文字，γράμματα），从而传达出一种柏拉图对逻各斯的基本态度。《斐德若》的这段文字（274b 以下）和《书简七》关于逻各斯和文字的讨论（341b 以下）均透露出一种对逻各斯的怀疑态度，这两段文本后来成为探讨柏拉图为何写对话，以及如何阅读柏拉图对话的参照系。柏拉图在《书简七》激进地断言：

> 每个严肃的男人根本不会就那些真正严肃的问题写作，以免它们流落到人群中，激起妒意和疑惑。……这些著作之于作者并不是最严肃的东西，若作者本人的确严肃，他的（最严肃的东西）坐落于最美之域的某处。（344c）②

按照柏拉图在《斐德若》（276e—277a）的著名说法，心怀严肃目的之人不会用笔墨书写。这基于两个理由：写出的逻各斯既没能力自我保护，

---

① 海德格尔：《柏拉图的〈智者〉》，溥林译，商务印书馆，2015 年，第 179、245—278 页。
② 柏拉图：《柏拉图书简》，彭磊译注，华夏出版社，2018 年，第 104 页。

又没能力充分传授真实。换句话说,写出的逻各斯容易遭到误读,脱离本意,也就是脱离真实;书写的限度决定了它只能部分传达真实。严肃之人的书写仅仅出于两个并不足够严肃的理由:"保护记忆"和"在逻各斯中玩"。在柏拉图看来,比书写更加严肃而美好的是"用辩证术的技艺(τῇ διαλεκτικῇ τέχνῃ)拽住一颗合宜的灵魂来种植",最严肃的东西关乎灵魂,对灵魂施教超越了写作。正是在这个意义上,柏拉图在《书简七》中宣布最严肃的东西绝不在他的著作中:

> 从来就没有关于这些东西的我的著作,也永远不会有。(341c)①

《书简七》还提示,对于"众人"来说,某些重要的东西并非好事,故而不该去教授这些东西,对少数人来说,这些东西不教自明(341e)。不过,哲人仍有著作流传,因为出于少数人热爱逻各斯的天性,他们会为了保存记忆和玩而写作,尽管写作不能充分传达最严肃的东西的真相。柏拉图用逻各斯区分两种人:容易被逻各斯戏耍的人与戏耍逻各斯的人。前一种人不关心最严肃的东西,这种东西对他们也没有好处;后一种人痴迷逻各斯,善于从其中的蛛丝马迹里捕捉严肃的东西。柏拉图笔下的苏格拉底强调自己对逻各斯的热爱(《菲丽布》16c—17a),甚至自称"这个有毛病(热爱)听逻各斯的人"(《斐德若》228b)。于是,柏拉图强调,逻各斯区分两种自然天性,是苏格拉底式人特有的爱欲,同时,逻各斯在真理问题上有其限度。

文字与口语上的严肃与游戏之分,更深层地指向哲学,也就是柏拉图哲学中的一对关键对立者——原型与影像。柏拉图以此为据找到旧式修

---

① 柏拉图:《柏拉图书简》,第95页。

辞术的软肋：只处理"看似真实"者，从不涉及 ἀλήθεια［真］。因为，旧式修辞术着眼于法庭辩论和公共言说之类的公共事务，这决定了人们被"看似如此"吸引，无人关心"事情的发生本身"（272d 以下）。苏格拉底认为必须用"真"改造逻各斯，因为"真"直接关乎大众生活，人的生活不能稀里糊涂地面对"正确与不正确、坏与好"的价值判断。旧式修辞术不经过"真"的考验，就只能赢取乌合之众的盲目追捧（277e）。更重要的是，即便修辞术意在欺骗乌合之众，智术师也必须首先具有辨识好坏和洞见真实的能力（260c—d、261a），唯有知道真的，才能用假的骗人。如此一来，苏格拉底眼中的逻各斯之整体（τὸ μὲν ὅλον）就呈现为双重维度：公开说服与私下谈话（261a）。由此，关于逻各斯的讨论进入修辞技巧之下的哲学维度，苏格拉底提出，唯有穿越意见步入真实，修辞术才称得上真正有技艺：

> 那个并不知道真实而是（仅仅）追猎意见的人将会表明，他的言谈技艺是某种可笑的技艺，而且看起来啊，其实就是没技艺。（《斐德若》262c）①

苏格拉底在此完成对旧式修辞术的改造，真正的修辞术是辩证术。苏格拉底用区分（265d）和结合（265e）两种形相给辩证术下了一个定义：使人能掌握这种力量的技艺即辩证术（266b—c），兼有这种爱欲和能力之人即辩证术家（διαλεκτικούς）。苏格拉底自称为其中一员：

> 我自己嘛，当然对这些有爱欲——对区分和结合（διαιρέσεων καὶ συναγωγῶν）有爱欲，由此我才会有能力说话和思考。而且，

---

① 柏拉图：《柏拉图四书》，刘小枫编译，生活·读书·新知三联书店，2015 年，第 360 页。

一旦我认定某个人有能力看到一和(从一)生长为多的(东西),我就要追随"他的足迹,仿佛他是个神"。当然,对有能力看到这个的那些人,直到这会儿我都叫(他们)辩证术家。(《斐德若》266b)①

辩证术是一种区分与结合的辩证推理,是一种哲学式爱欲的言说方式,于是,真正的修辞术从属于哲学探究,从属于爱智生活。因此,《斐德若》讨论真正修辞术的关键段落是大段关于形相、区分与结合、一与多等所谓的柏拉图"存在论学说"的论题。柏拉图建立起存在论与辩证术的密切关联,借助逻各斯进行辩证思考的能力是思与言之前提。

此外,辩证术技艺(ἡ διαλεκτικὴ τέχνη)一词来自 διαλεγω 或 διαλεγεσθαι,也就是交谈和对话。《斐德若》向我们揭示:辩证术合乎一种处于对话过程中思想运动;相较之下,书写是僵死的。② 海德格尔认为,对话正是一种穿过逻各斯(διαπορεύεσθαι διὰ τῶν λόγων),抵达某种关于是者本身的特殊逻各斯。柏拉图借助"对话"和"辩证术"探讨哲学,并非纯粹出于亲近文艺,想优美地表达哲学,而是出于"一种哲学活动自身的内在困境"③。不过,问题在于,柏拉图是否如海德格尔所说,认为可以通过逻各斯抵达是者本身。抑或,辩证术本身是一种对形而上学的拒绝。

三、《巴门尼德》的形相论问题

以上关于辩证术的探讨是理解《巴门尼德》的必要前提,因为《巴门

---

① 柏拉图:《柏拉图四书》,第369页。
② 参见 Kenneth M. Sayre, *Plato's Literary Garden: How to read a Platonic dialogue*, Notre Dame, Ind: University of Notre Dame Press, 1995, pp. 1–32。
③ 海德格尔:《柏拉图的〈智者〉》,第163页。

尼德》的主题、情节与结构都遵循着柏拉图对辩证术与哲学问题的整体刻画。

整部对话呈现为三重回忆结构,克法洛斯的回忆,安提丰的回忆和毕托多洛的回忆。毕托多洛是核心对话的亲历者,对话发生的时间距离后来的忆述年代久远。对话开篇反复提到记忆,安提丰从亲历者毕托多洛的回忆中获得这场对话,再凭记忆讲给克法洛斯等人,克法洛斯再次凭记忆讲给无名听者和我们。按照苏格拉底在《理想国》的说法:"健忘的灵魂不能算作真正哲人的天性"(486c—e),"凭记忆"标识出《巴门尼德》对话参与者们的共同天性。

核心对话由芝诺的"书写"(τὸ γράμμα)引出(127c—128e),少年苏格拉底先用形相论反驳芝诺(128e—130a),随后巴门尼德盘问苏格拉底,揭示形相论的根本缺陷(130a—135d),最后巴门尼德向在场者演示辩证术训练的具体步骤(137c—166c)。核心对话明显地分成两个部分:第一部分的主要人物是少年苏格拉底、中年芝诺和老年巴门尼德(127b—137b),主题是形相。第二部分则是巴门尼德引导亚里士多德完成辩证术展示(137c 到结尾 166c)。

芝诺承认苏格拉底揭穿了文章的第一层真相,即搞修辞欺骗,表面论证多元论之谬,实则维护巴门尼德的一元论。但他旋即指出,苏格拉底没探查到更关键"全部真相"(τὴ νἀλήθειαν,128b),最终意图是向世人昭示,关于本原的两种对立学说各自看去显得同样可笑,具有喜剧性。[1] 随着情节的推进,巴门尼德揭示出,少年苏格拉底使用的形相论同样荒诞可笑。柏拉图试图用这一情节传递怎样的教诲?第一种可能性是,少年苏格拉底的形相论尚不完备,柏拉图终将提出一套晚期的本原学说取代形相论。

---

[1] 参见罗森:《柏拉图的〈会饮〉》,杨俊杰译,华东师范大学出版社,2011 年,第 18 页以下。

第二种可能性是,柏拉图看到以一与多和形相为本原的存在论各自有其困境,这一洞见最终指向对形而上学探究路向的反思。

第一种可能性认为,《巴门尼德》的少年苏格拉底形相论代表柏拉图不成熟的中期存在论。这种观点认为,《巴门尼德》属于柏拉图中期对话,对话者巴门尼德是柏拉图的代言人,他对少年苏格拉底的质疑代表柏拉图本人推翻中期的"形相论"。首先,把巴门尼德认定为柏拉图的代言人值得商榷,最直接的文本证据是《智术师》(246a—249d)专门针对巴门尼德的"哲学弑父"。其次,巴门尼德对形相的态度暧昧,事实上未给出明确的肯定或否定。他质疑了少年苏格拉底形相论的基本理论缺陷(130a—134c),却最终肯定苏格拉底设定形相运思的探究路径(134e—135c),甚至赞美苏格拉底具有神圣的冲动(135d)。这种观点遇到的另一个困难在于巴门尼德论证的逻辑有效性问题,20世纪五六十年代弗拉斯托斯(Vlastos)等人曾就此问题进行过热烈争论。柏拉图为何会选择使用疑似有逻辑缺陷的论证推翻中期形相论?很难假设柏拉图缺乏足够的思辨智慧,他在《智术师》等对话展现过高超论证技巧,《巴门尼德》的这类可疑论证极可能另有用意。对此,萨拉提出另一种可能:这是柏拉图的一种修辞技巧,即出于特殊意图故意露出破绽。① 于是,问题就是,何为柏拉图的特殊意图?

在少年苏格拉底的形相论独白中,"形相"的首次出现伴随着两个特殊表述——"本身所是"(αὐτὸ καθ' αὐτό)和"相信"(νομίζω):

你不相信存在着,相似者的某个形相(εἶδός),其本身所是……?

---

① 参见 Kenneth M. Sayre, *Plato's Late Ontology*, Las Vegas: Parmenides Publishing, 2005, p. 15。

(《巴门尼德》129a)①

在柏拉图之前,"形相"不是专门的哲学术语,而是希腊人日常生活经验语词。按照赫尔曼的梳理,这个词最初在荷马、赫西俄德的诗中表示相对于人或动物的内在品质的可见外观。② 这个用法一直延续至阿提卡悲剧的埃斯库罗斯和索福克勒斯那里。在古希腊史家笔下,这个词的意义延申至行动。希罗多德在《历史》中用它的复数形式描述了一件事发生、发展和完成的方式。希罗多德还用这个词描述具有共同外观的东西全体,它开始具有"类"的含义,但尚未明确指称"类",他主要用 τὰ γένη 表示"类"。修昔底德的用法类似,这个词在他的作品中出现过六次,描述一件事或一个行动的情态,而非一个物体。他还用这个词描述过政府的类型。在前柏拉图的自然哲学中,如希波克拉底的文集里,这个词开始用来描述自然现象的状态,开始具有较高的抽象意味,表示类特征,恩培多克勒也有类似的用法。柏拉图几乎用到过上述所有层面的含义,他时常谈及形相,但却从未使用过术语"形相论"(τῶν εἰδῶν δόξα),"形相论"(或理念论)实际上出自亚里士多德的《形而上学》。③

值得注意的是,《斐多》的灵魂不朽证明出现过类似的表述(75d)。尽管《斐多》和《理想国》一般被分期为柏拉图的中期对话,这种分期本质上并不影响借助这两部对话理解形相论与辩证术的关系。萨拉认为,《菲丽布》是柏拉图的最后一部对话,也是柏拉图存在论的最终理论完善,《巴

---

① 本文中《巴门尼德》引文为笔者自译,未刊稿。
② 参见《伊利亚特》,3.212;《奥德赛》,8.164;赫西俄德:《神谱》,259;赫西俄德:《劳作与时日》,714;希罗马德:《历史》,1.94、3.113、4.158;等等。关于"形相"在柏拉图之前的古典作品的用法和演变过程,参见 Fritz-Gregor Herrmann, *Words and Ideas: The Roots of Plato's Philosophy*, Swansea: The Classical Press of Wales, 2007, pp. 95—138。
③ 参见亚里士多德:《形而上学》,吴寿彭译,商务印书馆,1997年,第266—267页。

门尼德》则是中期旧理论到晚期新理论的中介。① "形相论"的关键理论困难即"分有的两难性",焦点在于形相与可感事物的关系。萨拉认为,《泰阿泰德》处理了可感知对象,《智术师》处理了哲学知识,《菲丽布》最终借助"无限"概念弥补形相论的缺陷,形相与可感事物的建构都通过无限完成。值得注意的是,萨拉指出,《菲丽布》《泰阿泰德》《智术师》,和《斐多》《理想国》从整体上都服从于一个共同目的,也就是完善形相论中尤为关键的双重世界划分。多特同样强调,《巴门尼德》《理想国》《斐多》的形相论并非如其表面细节看上去的那样相悖,在从属于善这一点上,它们完全一致。②

因此,临终前的苏格拉底谈及形相时的措辞仍是"盖上这个'本身所是'封印的所有东西"③。这意味着,无论《巴门尼德》的少年苏格拉底,还是《斐多》临终前的苏格拉底都未曾给出一套关于形相的完美理论建构。在这些问题上,的确如亚里士多德所说,柏拉图"留给大家去捉摸"(《形而上学》987b11—14)。形相论是否得以完善地建构并不影响形相在柏拉图哲学中的显赫地位,理解形相的位置是理解柏拉图哲学不可回避的核心问题之一。《巴门尼德》的"本身所是"强调形相是一个自己指向自己、自己针对自己的东西,实际上正是这一点导致巴门尼德的质询成立,质询指向的形相论的要害:它如何得以既永恒独立,又与生成世界和人类认识相关。

《巴门尼德》中与形相共同出现的另一个特殊的表述是 νομίζω (128e)和ἡγέομαι(135e),二者都表示"相信"。前者出现在少年苏格拉底形相论独白的开头,后者出现在巴门尼德最终重新部分肯定形相的位置:

---

① 参见 Kenneth M. Sayre, *Plato's Late Ontology*, p. 14。
② 参见 Kenneth Dorter, *Form and Good in Plato's Eleatic Dialogues*, Berkeley, CA: University of California Press, 1994, p. 65。
③ 柏拉图:《柏拉图四书》,刘小枫编译,生活·读书·新知三联书店,2015年,第449页。

我佩服你对他说的,那就是,你不允许停留在可见物中,或针对它们进行观察,而是针对一个人尤其得凭逻各斯把握且相信(ἡγέομαι)它们是诸形相的那些。(《巴门尼德》135e)

这两个希腊语词都可以用于表示对神明的信奉,出现在此处并非偶然。在《理想国》第六卷,苏格拉底借助太阳神引入分线喻和形相时间到,哪位神明是我们能够去看、事物能够被看之原因(508a)。正是由于格劳孔和阿德曼托斯们熟知阿波罗等希腊诸神的存在状态——不可见的自足存在者和善之原因,他们迅速接受了苏格拉底提出的形相:永恒自足、无形、无法用人类感官把握。《斐德若》也出现类似的情况,众神所居的"天宇上的地方"即"属于拥有关于真实的知识那一族"的地方,"那儿存在着实实在在的东西(ουσία ὄντως οὖσα),无色、无形,也摸不着,唯有灵魂的舵手即心智才看得见"(247c)。① 苏格拉底没有向格劳孔们严肃地证明形相真实存在,它是一种被相信如众神般自在之物。相反,巴门尼德在与苏格拉底的辩难过程中,通过论证技巧揭示形相论的根本困难:什么有形相(130b—d)?如何"分有"形相(130d—133a)?人能否认识形相(133b—135b)?苏格拉底用 αὐτὸ καθ' αὐτό 区分形相及其分有者,将理念世界与可感世界分开,赋予形相超越性,同时,他也开启了巴门尼德们对其展开辩难的可能性。

少年苏格拉底的形相还指向善。在第一轮盘诘中,巴门尼德问苏格拉底什么东西有形相,苏格拉底的答案具有鲜明的价值取向:正义、美、好必有形相(130b);毫末、尘泥、恶浊,或至轻至贱者绝无形相(130c—d);自然之物无法确定(130c)。这照应了苏格拉底思考的原初意图,也就是

---

① 参见 Leo Strauss, *City and Man*, Chicago: The University of Chicago Press, 1964, p.119。

《斐多》的苏格拉底在临终前对哲学生涯之初的回顾。根据《斐多》中关于苏格拉底转向的自述(96a—100a),苏格拉底与旧哲学同样"探究自然",即"观看存在者的真理",探究"每个东西的原因,每个东西因何产生、消亡以及存在"(99e)。然而,他对旧传统的不满导致了一种新哲学路向。旧自然哲学无法解释苏格拉底之问:"每一事物为何如此安排最好?"带着这个问题,苏格拉底逐渐认识到逻各斯之于哲学探究的意义,他看到直观自然事物"恐怕会毁了眼睛"(99d)、"彻底把灵魂搞瞎"(99e),必须"逃入逻各斯",经由逻各斯观看自然。"苏格拉底转向"呈现出一个清晰的问题层次:少年苏格拉底提出假设诸形相进行思考,从属于他对逻各斯意义的发现,逻各斯又从属于一种指向善的目的论。位于苏格拉底原初意图中心的正是他以善或秩序为目的探究原因。苏格拉底的新路向要借诸真理之影像——也就是形相静观真理,苏格拉底转向表明他从原初方式向次级方式的转变。① 在柏拉图哲学中,形相论并非亚里士多德意义上的"第一哲学"。

正因为如此,在《巴门尼德》第一部分的最后,巴门尼德完成了对少年苏格拉底形相论具体建构的批判,又在整体上肯定借助形相运思的路向,还称赞苏格拉底的意图既美又神圣(135d)。

四、辩证术与存在之思

在第一部分的最后,巴门尼德断言"形相必有这些困难"(134e),还

---

① 参见 Keneth Dorter, *Plato's Phaedo: An Interpretation*, Toronto: University of Toronto Press, 1982, p. 127。类似观点参见 Lloyd Gerson, "Harold Cherniss and the Study of Plato Today", *Journal of the History of Philosophy*, Vol. 52, No. 3, 2014, pp. 397-410。

预言说,形相是否存在、如何存在、能否认识之类的问题仍将引发无休止的争论(135a);但在另一方面,巴门尼德强调,如果因为这些理论建构的困难而"不承认每个存在者永远有同一理念(ἰδέα)[1],他将会彻底毁掉交谈(διαλέγω)能力"。于是,第一部分展现了一个严肃的两难处境,它关乎哲学之可能性问题:

关于哲学你会做些什么?倘若这些不可认识,你将转向何处呢?
(《巴门尼德》135c5)

形相初次登台即遭遇重创,柏拉图在《巴门尼德》的第一部分详细展现了一套"理念论"如何不可能成立,而这触发对哲学可能性的思考,辩证术在这一语境下正式登场。巴门尼德指出,少年苏格拉底欠缺一种哲学探究不可或缺的训练(γυμνασθῆναι):这种训练的形式是芝诺论文的论证形式(135d8);它需要借助形相,而非事物(135d8—e4);它关乎真理,通过辩证术可"彻底训练自己并可靠地洞见真理"(136c7)。

《巴门尼德》的第二部分是巴门尼德用八组论证展示辩证术(137c—166c)。这部分内容是纯逻辑论证,占据《巴门尼德》四分之三的篇幅。尽管仍坚持对话形式,整个论证过程实际由巴门尼德完全主导,亚里士多德只做简短的附和。与第一部分和其他柏拉图对话相比,这部分显得非常不同,它不带文学性,只有枯燥的论证。如何理解这个部分以及它与第一部分的关系是困扰《巴门尼德》研究者的主要谜题之一。[2] 在西方解读史

---

[1] "理念"在《巴门尼德》中出现在132a2、133c8、134c1,替代形相和类。有学者认为柏拉图使用这个词与"形相"有细微别,前者更侧重于本质、特征,而非"类"。对参《理想国》507c、596b。

[2] 参见柏拉图:《巴曼尼得斯篇》,陈康译注,商务印书馆,1982年,第15—22页。

上,抽取局部论证构建柏拉图数本原说者有之,构建否定神学者有之,构建柏拉图范畴论者亦有之,但从整体上解读这部对话鲜有成功者。尽管如此,仍需尝试从整体上理解这部对话的意图。

八组论证的大前提是历史上的巴门尼德的经典命题"一切是一",每组论证的前提与结论概括如下:

1. 若一存在(137c),一无任何性质(142a)。
2. 若一存在(142b),一有全部性质(155e)。
3. 若一存在(157b),他者有全部性质(159a)。
4. 若一存在(159b),他者无任何性质(160a—b)。
5. 若一不存在(160b),一显得有全部性质(163b)。
6. 若一不存在(163b),一无任何性质(164b)。
7. 若一不存在(164b),他者显得有全部性质(165d)。
8. 若一不存在(165e),他者既无也显得无任何性质(166b)。

此处的"性质"指八组假设中列举的诸范畴:

1. 有限与无限(137d)
2. 形状(137e)
3. 位置(138a—b)
4. 运动与静止(138b—139b)
5. 同与异(139b—e)
6. 相似与不相似(139e—140b)
7. 相等与不相等(140b—d)
8. 时间性(140d—141d)

事实上,这些范畴不应被等同于柏拉图的范畴论学说,因为它们完整借用了历史上的巴门尼德《论自然》的残篇八用以描述存在的诸范畴,不是柏拉图的首创。① 诸范畴从属于辩证术的八组论证结构,而《巴门尼德》八组论证整体指向一个结论:埃利亚派的"一切是一"既可以在逻各斯中证成,也可证伪。同时,八组论证明显改造了埃利亚派对"非存在"和"意见"的否定,最终结论是一存在或非存在既可成立又可不成立,诸范畴既适用于,又不适用于一或他者。

从《巴门尼德》对话的整体语境看,第二部分首先是巴门尼德展示辩证术。亚里士多德在《修辞学》和《论题》中系统地阐释过辩证术及其具体规则,后来实际主导西方辩证术传统的正是亚里士多德意义上的辩证术。② 亚里士多德认为,辩证术主要是一种技艺,是一门关于逻各斯的知识(《修辞学》1.4.6)。他把辩证术的作用归纳为三点:智力训练、交往会谈和哲学知识。尽管他承认辩证术对哲学有一定意义,但他尤其侧重于这门技艺检验命题的具体功能(《论题》101a20—b4)。把《巴门尼德》第二部分视为纯粹智力训练的观点古已有之,这种观点认为,这部对话只不过是针对哲学学生们的逻辑练习,是柏拉图学园弟子的哲学入门课程,不带任何特殊含义。现代逻辑路向的《巴门尼德》解读正是此观点的现代继承者。例如,关注柏拉图辩证术问题的罗宾逊认为,《巴门尼德》的重点是八组假设的逻辑推理过程,而八组假设本质上是逻辑训练,并不抵达任何

---

① 参见巴门尼德:《巴门尼德著作残篇》,盖洛普英译注,李静滢译,广西师范大学出版社,2011年,第82—94页。
② 彻尼斯认为,亚里士多德对流传至今的这些柏拉图作品有误读,是一个误读史的开端,因而否定亚里士多德在理解柏拉图上的可信度,参见 Cherniss, *The Riddle of the Early Academy*, Berkeley, CA: University of California Press, 1945. 关于亚里士多德和辩证术传统,参见 Marta Spranzi, *The Art of Dialectic between Dialogue and Rhetoric: The Aristotelian Tradition*, Amsterdam: John Benjamins Publishing Company, 2011.

深刻教义，练习者经过这种逻辑锻炼之后，日后或可洞见真理。① 门沃德同样质疑探究《巴门尼德》意图的传统做法，她认为，这篇对话所有疑难的关键即论证，而所有论证只应就其字面意义理解。她否认所谓的潜层含义，因此她的工作主要致力于梳理《巴门尼德》的论证。②

　　柏拉图对辩证术的讨论显然未止步于此，他在《理想国》第七卷强调了辩证术在探究真理过程中的地位。哲人超越生成把握存在时，灵魂为适应由生成转向存在的眩晕和痛苦，先要借助"关于一的研究"和数学缓和攀升过程中的不适（525b），然后要借助辩证术彻底超越感官，上升到"每个东西其所是"，最后，灵魂凭思本身把握"善"（532b）。在整个上升过程中，辩证术是关键步骤，它先借助假设，进而摧毁假设，它不仅是一门技艺，更是灵魂超越生成朝向存在并最终朝向善的关键（533d）。晚期对话《菲丽布》同样讨论辩证术与哲学，其中完整交代了一与多之争如何引出形相（或理念），辩证术又如何产生于这个背景下（13e 以下）。苏格拉底谈到，有一些东西是他自哲学生涯伊始就确定为善的东西，如思想、知识、心智等，但他遭到来自逻各斯的考验。辩证术是苏格拉底应对这一考验时找到的方法（17a），他称之为"本人永远热爱的更漂亮的方法"（16b）和"神赐给人的礼物"（16c）。辩证术出自对本原问题的探究："任何据说存在的东西都出自一和多"，因此需要"确定理念（ἰδέα）"（16c）。《斐德若》说辩证术家是对区分与结合（διαιρέσεων καὶ συναγωγῶν）有爱欲之人，所谓辩证术之合即"统观分散在各处的东西，然后把它们引领至一个形相……"（265d）；辩证术之分即"按其自然生长的关节处依据形相切分这个……"（265e）。可见，形相作为一种自然标准出现在辩证术中：辩证

---

① 参见 Richard Robinson, *Plato's Earlier Dialectic*, Oxford: Clarendon Press, 1953, p. 264。
② 参见 Constance Meinwald, *Plato's Parmenides*, Oxford: Oxford University Press, 1991, pp. 21-23, 125。

术的两个组成部分——结合与区分——必须借助形相(理念)完成,在这个意义上,形相与类同义。

《巴门尼德》因循相应的柏拉图式问题次序展开:在第一部分,芝诺文章的论题是一与多,这引出苏格拉底借助形相(即理念)讨论一与多,接着巴门尼德批判形相引出辩证术;在第二部分,巴门尼德围绕一与多(他者)展开辩证术的八组论证。在《菲丽布》中,《巴门尼德》的少年苏格拉底曾经用来反驳芝诺的论证再现于普罗塔库斯之口,成年苏格拉底称这套说法为"关于一和多的陈词滥调","人们认识到它们是小孩子把戏"和"逻各斯的障碍"(14c—d),辩证术是解决一与多难题的新路径。

最后必须注意,在柏拉图这里,形相论和辩证术从属于对一种灵魂特殊爱欲的讨论,这也是《斐德若》与亚里士多德《修辞学》和《论题》在辩证术问题上最明显的差异。柏拉图并不着眼于对辩证术理论的系统论述,他把辩证术置于灵魂爱欲问题下讨论。在柏拉图这里,辩证术家的灵魂被描述为具有一种神圣的疯狂(149e),苏格拉底也是这类人中的一员。他们是"沉迷于听逻各斯的病人"(228b),追逐逻各斯被刻画为这种人的生活方式:苏格拉底表示斐德若利用书中的逻各斯,可以把他引诱到任何地方(230b)。《巴门尼德》有两处细节同样有意突显追逐逻各斯之人的爱欲:柏拉图说,芝诺是巴门尼德的宠儿(παιδικὰ),这个词也指男同性恋关系中的少男(127b);当巴门尼德开始第二部分的辩证术展示前,他将自己涉身逻各斯海洋的活动比作被迫步入爱欲(137a)。辩证术把对逻各斯有爱欲的人们引向真,正如巴门尼德教导少年苏格拉底,要借助形相,经由辩证术"彻底训练自己并可靠地洞见真理"(136c7)。

从柏拉图到亚里士多德,辩证术发生了一次关键转变:简言之,柏拉图认为辩证术是爱智活动朝向真理的最佳方式;亚里士多德则强调辩证术检验命题的效用。① 相应地,《巴门尼德》第二部分的解读通常也有两种研究进路:一种关注八组论证的具体逻辑,验证这些论证的有效性和精确性,②另一种则关注八组论证的整体,尝试理解前提及其结论的意义,并由此把握存在论、逻辑学与柏拉图思想整体的关系。

第二部分八组论证的前两组篇幅庞大,围绕诸范畴详细展开,同一个假设推出截然相反的结论,若一存在,则既可无又可有诸范畴。后六组论证则非常简短,有时是争辩术(eristic)或智术玩笑,看似只是为了凑成辩证术的两两对应结构,一个假设及其对立面可以交互得出相反结论。第七组的呈现方式尤为特殊,这组论证不是逻辑推论,而是文学比喻。伯纳德特注意到这一点,他由形式上最特殊的第七组切入,认为第七组是中心,其余七组围绕它的主题收拢与展开,这组论证呈现的正是苏格拉底哲学之起点,因此必须以此处的两个比喻为基础理解八组的整体意图。③ 第七组属于后四组"否定性"论证,前提假设是"一不存在/非一"(160b—163b),它用到"做梦"和"观看影子画"两个比喻:

> 但每一团,正如它看似那般,数目无穷,正如酣眠一梦中,某个瞬息,若有人把握到某个被认为是极限小的那个东西,它本被认为是一个反而显得是许多个。(164d)

---

① 参见 Jacob Fink, *The Development of Dialectic from Plato to Aristotle*, Cambridge: Cambridge University Press, 2012, pp. 1–23。
② 代表性学者有弗拉斯托斯(Gregory Vlastos)和布伦博(Robert S. Brumbaugh),他们把现代逻辑学成果应用在这个古代文本上,致力于发现并解决其中的逻辑问题。两人结论恰恰相反:前者认为柏拉图的论证存在大量无效推论,后者称这些论证"有着堪比欧几里得《几何学原理》的牢靠"。
③ 参见 Seth Benardete, "Plato's *Parmenides*: A Sketch", in *The Archaeology of the Soul: Platonic Readings of Ancient Poetry and Philosophy*, South Bend, Ind.: St. Augustine's Press, 2012, pp. 229–243. Laurence Lampert, "Reading Benadete: A New Parmenides", *Interpretation*, Vol. 44, No. 3, 2018, pp. 403–423。

第十五讲　柏拉图式辩证术:《巴门尼德》　299

> 我预感,有人用思想所把握的一切存在必然破碎分散;因为没有"一",在某种程度上就只能把它作为一团来把握。(165b)
>
> 对于远处观察影子画的人,一切显得是一,显得经受同样的情况,也是相似的……但是,走近前,它们显得纷繁芜杂,而且由于这种不同的显现,它们与自己既不相同也不相似。(165d)

当不存在一时,人类思想如同做梦一般对待一与多,又如同观看影子画时远观为一近看则多(164d—165d)。做梦和观看影子画代表了灵魂的想象与认识活动,人类经验中的许多个具体的一可被理解,潜藏在一切之后的那个作为最终普遍原则的"一"是人类无法感知与认识的。假设七暗示,人以为把握到的那个一实际上只是梦中的瞬息,但若没有一,一切只能是破碎芜杂的现象。假设七向苏格拉底揭示,包括"形相"在内的种种存在论学说至多只是真理的相似者,而非其自身,关于存在的种种说法实则仍是看似如此。

第七组呈现了人类经验与存在的复杂交融,呈现了灵魂与存在问题的关联,指向探究存在的新路径——由探究灵魂之所是(what is)来追问存在,伯纳德特称之为"存在论灵魂学"(ontological psychology)。朗佩特从存在论灵魂学看到,《巴门尼德》最终揭示出,人类语言的技艺或知识是哲学探究的必要工具,人可以借此恰当地开始对灵魂经验的研究,也就是一种灵魂学,由于灵魂学是一种属人知识,人可以由此通往一种朝向整全的存在论。"存在论灵魂学"的起点即苏格拉底的"认识你自己",这在存在论上意味着经由人类的自我认识理解人类的认识方式。若没有这种存在论灵魂学,人类就无法摆脱以幻象为基础的经验世界。这种新路径兼具政治面相与哲学面相,一方面指向对各色灵魂与各种生活方式的认识,另一方面指向特殊灵魂的爱欲,指向存在之问。

五、结语:《巴门尼德》与形而上学问题

《巴门尼德》的少年苏格拉底形象代表了一种新哲学开端时的形态。尽管《巴门尼德》揭示出形相论的原初困境,柏拉图笔下的成年苏格拉底仍坚持借助形相完成论证,形相始终保持与可感知事物的区分,同时具有类的含义和价值指向。《斐多》把这个价值指向表达为一种以"善"为最高本原的目的论宇宙,《理想国》把辩证术安排为将灵魂导向"善"的最后一步,成年苏格拉底用到的形相论与《巴门尼德》的少年苏格拉底形相论没有本质性的改变。[1]

柏拉图笔下的苏格拉底从未放弃过《巴门尼德》中少年苏格拉底的"神圣动机",这个动机表面看是出于对正确意见的考虑,其实蕴含了存在论层面的深层思考。《巴门尼德》传达了柏拉图对于逻各斯与人类经验的态度。不过,尽管少年苏格拉底把形相与事物的价值密切关联,柏拉图的苏格拉底绝非道德学家,苏格拉底转向的关键恰恰在于发现逻各斯。正如施特劳斯明确指出,柏拉图是"最初在逻各斯中'寻求庇护'的人",他借助关于事物的逻各斯绕开事物的纷繁复杂,发现唯一"进入事物真正原因"并"向人敞开的通道"。少年苏格拉底坚信,正义有形相,无价值之物则无形相。对于正义而言,形相的意义在于,当人们谈论"正义"的时候,完满的正义不会出现在人们的行动中,只会作为一种理

---

[1] 康福德提出第一部分的"形相论"论证与《斐多》中的"形相论"相悖,这个观点曾经一度成为定论,参见 F. M. Cornford, *Plato and Parmenides: Parmenides' Way of Truth and Plato's Parmenides*, London: Kegan Paul, 1939。多特后来指出,讨论《巴门尼德》与《斐多》的形相论是否一致的关键不在于对形相论的具体建构,而在于形相与善的关系,参见 Kenneth Dorter, *Form and Good in Plato's Eleatic Dialogues*, Berkeley, CA: University of California Press, 1994。

念出现在逻各斯中。正义之形相向人揭示出标准，充满含混的人类行为则无法作为这个标准；唯有凭借逻各斯，凭借形相，人类才能认识到德性的超越性。[1]

《巴门尼德》令人困惑的结尾最终照应着柏拉图对辩证术与真理关系的基本看法，八组假设经过繁琐而漫长的论证，走向一个"既是（或显得是，或变为，或显得变为）/亦是（或显得是，或变为，或显得变为）"且"既非（或显得非，或变得非，或显得变得非）/亦非（或显得非，或变得非，或显得变得非）"的未定结论（166c2—5），而非得出关于最高存在的肯定性学说，无论这种最高存在是"形相"或"善"。这一点正是柏拉图与后世柏拉图主义者们的关键差异。

推荐阅读书目：

巴门尼德：《巴门尼德著作残篇》，李静滢译，广西师范大学出版社，2011年。
柏拉图：《巴曼尼得斯篇》，陈康译注，商务印书馆，1982年。
罗森：《存在之问》，李昀译，华东师范大学出版社，2019年。
米勒：《灵魂的转向：柏拉图的〈帕默尼德〉》，曹聪译，华夏出版社，2016年。
F. M. Cornford, *Plato and Parmenides: Parmenides' Way of Truth and Plato's Parmenides*, London: Kegan Paul, 1939.
Kenneth M. Sayre, *Plato's Late Ontology*, Las Vegas: Parmenides Publishing, 2005.
Laurence Lampert, "Reading Bernadete: A New Parmenides", *Interpretation*, Vol. 44, No. 3, 2018.

---

[1] 参见施特劳斯：《霍布斯的政治哲学》，申彤译，译林出版社，2012年，第170—174页。

R. E. Allen, *Plato's Parmenides: Translated with Comment*, New Haven and London: Yale University Press, 1997.

Seth Benardete, "Plato's *Parmenides: A Sketch*", in *The Archaeology of the Soul: Platonic Readings of Ancient Poetry and Philosophy*, South Bend, Ind.: St. Augustine's Press, 2012.

第十六讲
混合型幸福观:《菲丽布》探究[*]

张波波

一、引论

自西季威克[①]以降,几乎所有研究古希腊哲学的学者不仅一致认为eudaimonia[幸福][②]是西方古代所有伦理体系的核心目标,而且强调这一概念标志着古今伦理学研究重心的不同。这种差异具体表现在,现代伦理学著作优先关注的是责任、义务、职责、权利,而古希腊哲学家则认为伦

---

[*] 本文曾发于2017年《哲学门》第18卷第2册。笔者基于最近的阅读与思考对其进行了重新修订与扩充。

[①] 参见 H. Sidgwick, *The Methods of Ethics*, Indianapolis: Hackett Publishing, 1907, pp. 92, 404-405; R. Crisp & T. J. Saunders, "Aristotle: Ethics and Politics", in *From Aristotle to Augustine: Routledge History of Philosophy* (Volume II), edited by D. Furley, New York: Routledge, 1999, p. 110; G. Klosko, *The Development of Plato's Political Theory*, Oxford: Oxford University Press, 2006, p. 119; C. Bobonich, "Socrates and Eudaimonia", in *The Cambridge Companion to Socrates*, edited by D. R. Morrison, Cambridge: Cambridge University Press, 2011, p. 293。

[②] 希腊文 eudaimonia 一般是指于人而言最好的生活方式,本文译作"幸福"。若没有特别说明,本文所说的"幸福"都是指 eudaimonia,而不是中文语境下的意思。eudaimonia 的含义最近详解,参见 C. H. Tarnopolsky, *Prudes, Perverts, and Tyrants: Plato's Gorgias and the Politics of Shame*, Princeton: Princeton University Press, 2010, p. 34。

理学的核心问题并不是一个人在道义上应当做什么或不应做什么,而是什么是幸福。因此,很多学者从各方面假定,古希腊伦理中的理性个体总是把追求自身的好视为自己的至高目的,而对于幸福论(eudaimonism)的承诺则是一个把古代伦理反思与自巴特勒(Butler)主教以来的现代人的伦理反思区分开来的最重要的特征。不管这一判断是否被古希腊哲学家所认同,幸福在当今已被广泛认为是古希腊伦理理论和政治哲学中一个至关重要的核心概念,以至于一些学者称古希腊伦理是一种幸福伦理(an ethic of eudaimonia)[1]或幸福道德(the morality of happiness)[2]。

假如幸福问题的确是古希腊哲学家的核心关注,那作为古希腊古典时期最伟大的哲人之一,柏拉图是如何看待这一问题的?他坚持怎样的幸福观?这个问题尽管比较容易勾起人的好奇心,但却不好回答。因为柏拉图思想的发展以及他对于对话体写作形式的运用是每一位研究他的著作的学者首先必须考虑的两大难题。其次,柏拉图还是一位勇于自我批评的哲学家,他不但修正自己先前的立场,甚至还让苏格拉底所代言的、在某种程度上可被等同于他的真实想法的立场在对话内部遭受其他对话者猛烈的批评。[3] 这意味着,要想综合他在不同对话中借苏格拉底或其他主讲人之口传达的立场,既是困难的,又是有风险的。然而,我们不能"怕挑重担",也不能"因噎废食",而应以一种小心翼翼的态度展开探索,毕竟,在当前分门别类的研究范式处于十分流行的背景下,适当的"综合"往往是必要且富有成效的。为了将此风险和难度降到可控制的范围内,本文将主要以《菲丽布》这篇因论快乐与幸福而闻名

---

[1] 参见 S. S. Meyer, *Ancient Ethics*, New York: Routledge, 2008, p. 4。
[2] 参见 J. Annas, *The Morality of Happiness*, Oxford: Oxford University Press, 1993, p. 4。
[3] 柏拉图思想的发展、转变及研究难点的分析,参见 M. C. Nussbaum, *The Fragility of Goodness: Luck and Ethics in Greek Tragedy and Philosophy*(2nd Edition), Cambridge: Cambridge University Press, 2001, p. 87。

的晚期对话录①为主要文本,辅之以其他相关对话录,来讨论晚年柏拉图关于快乐、快乐与幸福的关系、幸福及其构成要素等相关问题的见解。

在确定所探讨的主要文本及范围之后,为了更好地进入本文的核心论题,即何为柏拉图晚期思想中的混合型幸福观,我们的探究不妨以人们通常对于柏拉图思想的刻板印象为起点。

这一刻板印象即源于拉斐尔的名画《雅典学园》中右手手指向上的柏拉图与伸出右手、手掌向下的亚里士多德。这样的构图似乎意在表达这样的思想:亚里士多德强调现实世界才是他的研究课题,柏拉图则表示一切思想皆源于神灵的启示。这种刻板印象②导致一些人想当然地认为,相比一手按地的亚里士多德,一手指天的柏拉图更为理想;后者向往的是理念世界中的神性生活,因而根本不关心凡尘世间的美好及非哲人(众人)的幸福。柏拉图对话录中的一些说法也可以为这种印象"增砖添瓦"。比如,在过渡期对话《斐多》中,柏拉图似乎有意让他的主讲人苏格拉底摆出大量论据来说明:幸福是禁欲、苦行式的,真正的幸福在于对相(eîdos,idea)的沉思;肉体状态常常干预沉思这种活动的施展,因而只有等到人死后,当人彻底摒弃肉体上的快乐(hêdonê),当灵魂完全摆脱肉体(sōma)这一坟墓(sêma)的羁绊,从肉体的枷锁中解脱出来时,人才

---

① 《菲丽布》的核心问题是何为人类最好的生活方式,或者更准确地说,人类最好的生活是在于享受快乐还是拥有知识。相关探讨,参 R. C. Bartlett, "Plato's Critique of Hedonism in the Philebus", *The American Political Science Review*, Vol. 102, No. 1, 2008, p. 142。关于柏拉图对话录的分类和次序的权威研究,参见 L. Brandwood, *The Chronology of Plato's Dialogues*, Cambridge: Cambridge University Press, 1990, pp. 249—252。
② 关于这种刻板印象,参见包利民:《古典政治哲学史论》,人民出版社,2010 年,第 174—201 页。

会达到纯粹的自由,才会幸福(《斐多》80e—d,参见 65e—69e)。① 这意味着,只有热衷于练习死亡(灵肉分离)的哲人,才有可能获得幸福。② 这种否定此生而肯定死后世界的禁欲式幸福观念不只限于《斐多》,而且还频频见于《高尔吉亚》(493a)、《克拉底鲁》(400c)、《理想国》(442a—b)等对话录中。③

此外,在稍晚于《斐多》的中期对话《理想国》中,柏拉图更是让苏格拉底在论述完"好之相"(the form of the good)的概念之后断言:幸福是精英式的,哲人的幸福生活要比僭主的快乐 729 倍(587c—e);只有哲人的知识才能保证真正的幸福降临于个人,唯有知识的快乐才可被视为幸福——最好生活——的组成部分(583b—587a)。倘若把获得幸福的人群延伸至整个社会,那此类幸福的获得就有两个前提条件④:要么成为哲人,要么接受哲人的指导。这就是为何在这种情况下苏格拉底依然坚持美德是幸福必不可少的先决条件的原因(521a、354a)。假如柏拉图在何为幸福、如何获得幸福以及幸福与快乐的关系问题上同意这两篇对话中苏格拉底的看法,那么,这个时期的柏拉图的幸福观可以说既是苦行式的,又是精英论式的。倘若如此,以上刻板印象就可以在文本上找到对应的依据。

可是,在晚期对话中,柏拉图是否仍然坚持认为真正的幸福与非哲人

---

① 文中涉及柏拉图对话录的内容及编码,参见 J. M. Cooper & D. S. Hutchinson eds., *Plato: Complete Works*, Indianapolis: Hackett Publishing, 1997。
② 有关《斐多》中幸福及哲学的意义的解释,参见 G. R. Carone, *Plato's Cosmology and Its Ethical Dimensions*, Cambridge: Cambridge University Press, 2005, p. 9。
③ 柏拉图对话录中苦行禁欲思想的集中探讨,参见 D. Frede, "Rumpelstiltskin's Pleasures: True and False Pleasures in Plato's Philebus", in *Plato 2: Ethics, Politics, Religion and the Soul*, edited by G. Fine, Oxford: Oxford University Press, 1999, p. 346。
④ 有关这两个条件之间关系的详解,参见 G. R. Carone, *Plato's Cosmology and Its Ethical Dimensions*, p. 10。

(众人)无缘,《斐多》和《理想国》中所描述的那种哲学生活之外的其他生活样式都是次等的?换言之,他是否到晚年也认为,若想幸福,我们必须对苏格拉底在《理想国》第七卷中所论述的那种只有经过了一系列音乐、数学、几何学和辩证法等阶梯式的教育训练之后的哲人方可接近的大全式真理有一种全面的理解?

显然不是。因为倘若以一种更为宽广的视角来审视这个问题,即细读柏拉图晚年时论及幸福和快乐各自本性及关系的作品(如《菲丽布》[①]和《法义》等),我们就会发现,他这一时期的作品对影响幸福观念形成的要素"快乐"大发慈悲:它们不再像《理想国》第九卷那样仅用简单的二分法把快乐分为理智层面的高级快乐与欲望层面的低级快乐,也不再像早期对话《普罗塔戈拉》那样认为快乐与智慧完全不兼容(351b—e),而是强调快乐和痛苦方面(包括肉体上的)的适当训练,因为这对于促进所有公民的道德发展至关重要(《法义》653b—c)。在《菲丽布》中,作为主讲人的苏格拉底态度上的这种转变尤为明显,即开始在好生活中为快乐留有一席之地。紧接着《理想国》第六卷中关于快乐与知识的争论,他提出一种化解知识与快乐之间争夺"至高之好"的折中方案,主张属人的幸福或最好生活,既不是仅由知识构成的单一的智思生活(神性生活),也不是徒有快乐的享乐生活(兽性生活),而是一种同时包含知识和快乐这两类要素的混合型生活(《菲丽布》20b—23b,参见《理想国》505b)。

这样一来,柏拉图关于幸福的看法就似乎前后矛盾。对于这种矛盾,

[①] 本文不想介入年代问题上的争论。通常的看法是,《菲丽布》的写作时间很晚,很可能是柏拉图最后完成的作品。相关讨论,参见 C. Kahn, "On Platonic Chronology", in J. Annas and C. Rowe eds., *New Perspectives on Plato, Modern and Ancient*, Washington, D. C.: Center for Hellenic Studies, 2002, pp. 93–127。

当然存在很多种化解策略,但其中有三种比较常见。[1] 第一种策略是,苏格拉底在《理想国》及其之前的对话中关于幸福和快乐的论述不能代表柏拉图的看法,柏拉图真正赞成的是苏格拉底在《菲丽布》中关于幸福和快乐的论述,而非前者。第二种策略是,柏拉图在不同对话中提出了不同的幸福观,而且这些幸福观并行不悖。比如,《斐多》和《理想国》中论述的幸福观是推荐给哲人的,而《菲丽布》中的幸福观则是面向普通人的。第三种策略则是,柏拉图到晚年对于幸福有了新的看法,不再把人的幸福视为一种单一成分的生活模式,而是倾向于认同一种以理智为主导的混合型的生活模式。其想法之所以有这样的转变,主要在于他对自己一直关注的、与幸福概念密切相关的"快乐"有了新的理解,这使得他不再不分性质、不加区别地将快乐视为一种必要的恶,而是把它理解成一种对人性匮乏的填补或对一种和谐的恢复;同时认为一些快乐可成为一种给予人在做出一定成就之后的奖赏或激励人勇往直前的东西。

　　以上三种化解冲突的策略在原则上都是可行的,本文则更推崇第三种。但是我们认为第三种策略如果要更具说服力,还有不少值得思考和改进之处。在下文中我们将尝试以《菲丽布》为中心,并结合相关对话录,依次从"快乐的本性""第三种生活状态的性质及其地位""人性的状况"三个层面来分析和说明柏拉图在晚年构想出了一种怎样的混合型幸福观,并揭示促使他从以前的单一、纯粹的幸福观转向这种混合型幸福观的

---

[1] 有关柏拉图幸福论与快乐论的统一性的证明,参见 J. C. B. Gosling & C. C. W. Taylor, *The Greeks on Pleasure*, Oxford: Oxford University Press, 1982, Chapter 7; G. Rudebusch, *Socrates, Pleasure, and Value*, Oxford: Oxford University Press, 1999, pp. 3-8; D. C. Russell, *Plato on Pleasure and the Good Life*, Oxford: Oxford University Press, 2005, pp. 1-15; G. Santas, "Plato on Pleasure as the Human Good", in *A Companion to Plato*, edited by H. H. Benson, Malden: Blackwell Publishing, 2006, pp. 308-322;希腊哲学传统中柏拉图快乐论的地位及意义的阐发,参见 D. Wolfsdorf, *Pleasure in Ancient Greek Philosophy*, Cambridge: Cambridge University Press, 2013, pp. 40-101。

原因。

二、快乐的两面性

　　就快乐的本性而言,正如一些敏锐的学者[1]所观察到的,《菲丽布》之前的对话在论述快乐时一方面只是把它作为一个受批评的负面典型,另一方面对它仅是轻描淡写,并没有对它做出过严格、明确的定义。其证据尤其反映在《高尔吉亚》(484d、493a—b)、《斐德若》(273d、253c—255a)、《斐多》(64c—65a)、《理想国》(328d、429d、555d、574d、581a、438d—e、562a—e)等早、中期对话中。在这些对话中,柏拉图拒绝把快乐视为一种本性上良好的东西,而是把快乐与欲望放在一起描述,有时将其比作桀骜不逊的烈马,有时则把它比作陷入了群龙无首的欲望状态;快乐要么被简单地规定为对欲望本身的满足,要么则被视为一种"必要的恶";说它必要是因为在柏拉图看来我们人有成长和肉体上的需要,而说它是一种恶则是因为它常常引诱人的灵魂远离美德的正道,致使灵魂内部充满各种冲突和困惑,从而为各种不可控制的欲望打开方便之门。总之,根据这些对话录中的说法,快乐既不是一种绝对的好,也不是一种绝对的恶,而是一种必要的恶。[2]

　　可以毫不夸张地说,真正给快乐做出明确定义的对话录是《菲丽布》。而且,也正是这篇对话使"柏拉图的幸福观是否发生了转变"这一问题凸现了出来。在《菲丽布》中,所有事物都被归为四大类:限度(如界限、量

---

[1] 参见 D. Frede, "Rumpelstiltskin's Pleasures: True and False Pleasures in Plato's Philebus", p. 345。
[2] 有关这些对话录中快乐的价值定位的概述,参见 D. C. Russell, *Plato on Pleasure and the Good Life*, p. 11。

度、数字等);无限(即无限制或不确定的东西);限度与无限的完美混合;混合的原因(即事物结构的根本原因或理性原则)。由于快乐不具有一个确定的度,所以在《菲丽布》后半部分的讨论中(即有关所有存在的本体论层面的四重划分中),快乐和痛苦依其本性被分配到无限(apeiron)这一类别(23c2—28e4)。

快乐与同属于无限这一类中的痛苦的区别在于,痛苦和有机体内的破坏过程有关,而快乐则与恢复过程有关。该区别可用苏格拉底在对话录中的一句话概括为,"当我们芸芸众生内部的和谐遭到破坏的时候,其自然状态的分裂瓦解与痛苦的产生也在同一瞬间进行……但若和谐重新恢复,回到其自然的状态,那我们就必须说快乐产生于此"(31d4—9)。[①] 简言之,"破坏即痛苦,恢复即快乐"(32b3—4)。随后,苏格拉底又对该说明作了及时补充:痛苦是对大的破坏的感知,快乐是对大的恢复的感知,即只有那些足够强的消解或恢复过程才能影响灵魂,由此产生快乐和痛苦:"(那些)巨大的转变会在我们身上引起痛苦和快乐,而(那些)适度、微小的却丝毫不会引起痛苦或快乐。"(43c4—5)那些不被觉察的变化则既不令人快乐,也不令人痛苦(33d2—10)。

总之,快乐在《菲丽布》中的基本定义是:它是一种恢复过程或对匮乏本身的填补。这尤其体现在"吃"这种活动中,如饿汉的"吃"这种活动本身才构成快乐,因为饥饿一旦消失,快乐也随之消失,而饱汉的"吃"则是一种痛苦。[②] 这个定义在对话余下讨论中并没有遭到任何反驳,因此我们可以放心地说,该定义是《菲丽布》自始至终都坚持和捍卫的。但在确立

[①] 文中关于《菲丽布》的引文皆出自柏拉图:《〈菲丽布〉译注》,张波波译注析,华夏出版社,2013年。
[②] 关于"吃"所引发的附带现象的详解,参见 D. Frede, "Rumpelstiltskin's Pleasures: True and False Pleasures in Plato's Philebus", p. 350。

了这个定义之后,苏格拉底随即又对各种类型的匮乏以及与之相匹配的填补进行了一番苛刻又看似自相矛盾的分析:快乐是一种好坏混杂的现象,它既有好的一面,也有坏的一面。好的方面在于,快乐或一些类型的快乐与恢复到一种健康的平衡有关,而坏的方面在于它总是预设一种匮乏或破坏:"鉴于痛苦和快乐有如热、冷以及其他诸如此类的东西一样,有时是受欢迎的,有时则反之:缘由是它们本身并不是好的,尽管有些时候其中的一些也接纳'好的本性'。"(32d2—6)①

如果快乐,像一些学者所说的,充其量只是一种补救性的好(a remedial good)②,即它总是一种对匮乏的填补或是对一种和谐的恢复,这就预设了某种对生理平衡或心理平衡的扰乱。如果快乐的追求者看错了快乐的对象的身份和数量,他们所追求的快乐就有可能是虚假的、有害的和猛烈的。基于此假设,苏格拉底随后区分了所谓的四大类虚假快乐:(1)所绘不实的快乐(36c—41b);(2)言过其实的快乐(41b—42c);(3)快乐与免于痛苦混为一谈的快乐(42c—44e);(4)混杂痛苦的快乐(44e—50e)。③

对于这种区分,不少人指责柏拉图错误地将"真假判断"与快乐联系

---

① 快乐的两面性的详解,参见 D. Frede, "Rumpelstiltskin's Pleasures:True and False Pleasures in Plato's Philebus", p. 345。
② 参见 Plato, *Philebus*, trans. with notes by D. Frede, Indianapolis: Hackett Publishing, 1993, p. xliii;对弗雷德看法的驳斥,参见 G. R. Carone, "Hedonism and the Pleasureless life in Plato's Philebus", *Phronesis*, Vol. 45, No. 4, 2000, p. 261。
③ 关于《菲丽布》中这四种虚假快乐的归类与争议,参见 J. Gosling, "False Pleasures: Philebus 35c-41b", *Phronesis*, Vol. 4, No. 1, 1959, pp. 44-53; J. Gosling, "Father Kenny on False Pleasures in Plato's Philebus", *Phronesis*, Vol. 6, No. 1, 1961, pp. 41-45; A. Kenny, "False Pleasures in the Philebus: A Reply to Mr. Gosling", *Phronesis*, Vol. 5, No. 1, 1960, pp. 45-52; D. Frede, *Philebus*, Trans. with Commentary, pp. xlv-liii; T. Penner, "False Anticipatory Pleasures: Philebus 36a3-41a6", *Phronesis*, Vol. 15, No. 2, 1970, pp. 166-178; A. McLaughlin, "A Note on False Pleasures in the Philebus", *Philosophical Quarterly*, Vol. 19, No. 74, 1969, pp. 57-61。

起来,因为快乐作为一种感觉是不可能有真假之别的。这导致一些人甚至认为柏拉图混淆了"虚假"一词的含义。① 这种指责表面上看问题不大,甚至还有理而可信,但实际上极其片面。因为柏拉图使用"虚假"一词时并没有设法掩饰该词的含糊性,而是尽可能地穷尽其在不同层面上的含义。从某种程度上说,柏拉图这样做是在丰富"虚假"一词的含义,并在"虚假"与"真实"之间做出尽可能清晰的区分。柏拉图认为快乐之所以有可能虚假、错误,是因为快乐有可能是基于错误的假设,或被高估、放大,甚而被当成"免于痛苦"。或者说,一些本质上并不是名副其实的快乐,而是夹杂着痛苦的快乐也被人们通常视为纯净的快乐。在柏拉图看来,这种不健康的混合状态不只限于肉体,因为灵魂自身也有可能受到不健康的兴奋(如苦乐混合的愤怒、渴望、忌怨等人类情感)的侵扰。精心分析完"喜剧性的快乐"之后,苏格拉底便得出,这种状态总是包含乐与苦的混合(47d—50e)。他指出,当观众被戏剧舞台上上演的喜剧中的某个傻瓜逗得哈哈大笑时,这笑声看似单纯,是纯粹的快乐,但其实是一种夹杂着欢乐的悲伤,是一种欣赏、崇拜暴力强者而嘲笑弱者的恶趣味使然。于柏拉图而言,喜剧性的娱乐之所以是一种"幸灾乐祸"的表现,其原因在于它包含了对不幸之人的恶意,而这种恶意本质上是灵魂的一种消极状态(48a)。观看喜剧的人若是肯静下心来,以心平气和的姿态欣赏喜剧表演,就不会觉得剧中的不幸之人或傻瓜好笑,反倒会报之以同情和宽恕。

对快乐所做的这番批评表明,柏拉图在《菲丽布》中已不再像前期那样把快乐视为肉体的一种功能,对理智的一种干扰,一切恶行的诱因,或

---

① 参见 J. Dybikowski, "False Pleasure and the Philebus", *Phronesis*, Vol. 25, No. 2, 1970, pp. 147-165; D. Frede, *Philebus*, Trans. with Commentary, pp. xlv-lii; S. Delcomminette, "False Pleasures, Appearance and Imagination in the Philebus", *Phronesis*, Vol. 48, No. 3, 2003, pp. 215-237; N. Mooradian, "What to Do about False Pleasures of Overestimation? Philebus 41a5-42c5", *Apeiron*, Vol. 28, No. 2, 1995, pp. 91-112。

隶属于灵魂的最低级的那个有朽的部分(参见《高尔吉亚》491e—493a,《普罗塔戈拉》337c,《理想国》389e、439a)。他开始注意到关于快乐的一个事实:大多数快乐都并非定性状态(qualitative states),而是意向性状态(intentional states),在一定意义上都与某样东西有关。这意味着,快乐涉及的东西并非仅局限于取乐的对象,而且还包括信念和判断(doxa),即所谓的命题态度(propositional attitudes)之类的东西(58e—59a)。① 因此,生活中的我们在绝大多数情况下都是以所谓(过去、现在或将来)的事实为乐,这是《菲丽布》中的一个基本信念。例如,当有短信提醒你"你刚才中了100万的福利彩票",或者有邮件告诉你"你刚被录用的文章正在排版",或有朋友对你说"你的上一篇论文预计会斩获一等奖",你可能会在一段时期内洋洋得意。然而,你在这段时期内感受到的这些快乐可能完全没有事实根据:你后来发现这则短信和邮件是诈骗信息,你的朋友只是跟你开了一个愚人节的玩笑。"人人都总是充满很多希望"(40a2),这给无数的虚假快乐可乘之机。很多时候,期望愈大,愈易酿造失望。幻想中的快乐最美好,但幻想的泡影一旦破灭,之前所感受到的快乐就化为痛苦,反过来变本加厉地折磨我们的灵魂。

有人可能会说,就算我们后来发现之前感受的快乐没有事实依据,这也不能说明我们当初感受到快乐的这一事实不存在。事后的判断只能说明,我们对当初感受到的某些快乐存在一定误解,而这种误解本质上并没

---

① "intentional states" "propositional attitudes",以及后文使用的"intentional objects"等概念是心灵哲学家所使用的术语。一些古典哲学家也频繁使用这一措辞,参见 D. Frede, "Life and Its Limitations: The Conception of Happiness in the Philebus", in *Plato's Philebus Selected Papers From The Eighth Symposium Platonicum*, edited by J. Dillon & L. Brisson, Volume 26, Academia Auflage, 2010, p. 8; D. Frede, "Disintegration and Restoration: Pleasure and Pain in Plato's Philebus", in *The Cambridge Companion to Plato*, edited by R. Kraut, Cambridge: Cambridge University Press, 1992, pp. 425-463; D. C. Russell, *Plato on Pleasure and the Good Life*, p. 4。

有给我们带来多少害处。假如我们整个一生全由被误解的快乐构成(如柏拉图洞穴中的囚徒、庄子笔下的井底之蛙、普特南的缸中之脑,或电影《楚门的世界》中的楚门等行为者的人生处境),那这样的人生可能并不是悲惨的,反倒是幸福的。因为在这种处境中,我们尽管对"现实"持有一种错误、歪曲的观念,但这种观念至少与我们的基本信念与价值判断保持一致。况且,操控我们生活的人会想方设法地满足我们的一切幻想(《理想国》第七卷中描述的洞穴无异于现在的电影院或大众媒体所包围的世界,其中的囚徒像极了观看电影和新闻视频的观众)[1]。即便一个人有能力跳出这样的被操控的世界,谁又能保证他对这个世界的认识就一定与其所观察到的事实相符呢?更何况,我们怎能确信自己不是在一个更大的未被意识到的球形洞穴中呢?该反驳单独来看有一定道理,但放在这里却缺少说服力。因为柏拉图此时不是在讨论如何分辨真假,而是在追问受(更接近)知识和真实信念支配的生活与充满虚假信念的生活相比哪一种更可取,更值得过。如果追求真知是人的本性,那么一个理智正常的人肯定不会把"蒙在鼓里"的生活视为一种值得每个人都去拥抱的理想生活。试想,浅井之蛙见识过比自己曾经引以为傲的一方水井更大的世界之后还会认为以前的翻腾跳跃之乐更值得追求吗?如果没有外在压力,走出洞穴了的囚徒还会愿意回来吗?在查明真相后,谁还愿意成为缸中之脑和楚门?可以毫不含糊地说,在《菲丽布》中挑选好的生活的素材时,柏拉图并没有放弃"真"这一标准:得到进入好生活之门许可证的快乐除了不干扰"理性命令"工作的无害快乐以外,还包括真实的快乐(59d—64b)。对柏拉图而言,"真"象征着纯粹、确定、有度(53a—e),而追求真

---

[1] 关于该类比,参见阿兰·巴迪欧:《柏拉图的理想国》,曹丹红、胡蝶译,河南大学出版社,2015年,第5页。

实是人性使然。① 在有选择的情况下,没有人会选择过一种被操纵的、混乱不堪、朝不保夕、缺乏自由、安全感的生活。

当然,依柏拉图之见,最糟糕的不是充满妄想或丧失自由、确定、纯粹,而是灵魂之眼被荒唐的执念所蒙蔽。换言之,心怀恶意的快乐,包括那些基于一种对他人怀有错误的道德态度之上的快乐,才是最可怕的。一生致力于培养这种快乐的人必将成为一个以别人的痛苦为乐的恶棍。正如该对话中苏格拉底所举的颜色与图形的例子所揭示的,残忍之人喜欢把痛苦施加于别人,并以此为乐;他的这种行为之所以是邪恶的,不单是因为其他人可能因为他的这种行为而遭受痛苦,或者说这种残忍本身就是邪恶的,而且还因为不管快乐论者如何替这种人的行为辩护,向人们证明其快乐至少具有一些好的特征,此人所获得的乐趣内部总是暗含一种具有不良特征的元素。② 总之,对柏拉图而言,作为人,我们一定要尽可能把自己的快乐建立在正确、真实、确定和纯粹的对象之上(12c—14a)。

三、第三种状态的性质及其地位

以上解释只说明柏拉图在《菲丽布》中对快乐有了比较新的认识,但仍未触及以下这一问题:《菲丽布》中的苏格拉底为何会认为一种混合型生活要比纯粹思考的理智生活更可取,即为何"混合"优于"纯粹"呢? 当注意到《菲丽布》中所描述的虚假快乐不仅具有上面提到的种种缺陷,而

---

① 有关《菲丽布》中真实性与快乐之间关系的探讨,参见 C. Hampton, "Pleasure, Truth and Being in Plato's Philebus: A Reply to Professor Frede", *Phronesis*, Vol. 32, No. 2, 1987, pp. 253–262。
② 有关残忍之人快乐的不良特征的分析,参见 T. Irwin, *Plato's Ethics*, Oxford: Oxford University Press, 1995, p. 320。

且预设了影响灵肉平衡的某种干扰或骚动(seismos)时(33d),对这个问题的解答就变得尤其迫切。与此同时,《菲丽布》也多次暗示,一种纯粹思考的、不掺杂任何乐与苦的生活要优于其他所有生活样式。比如,在对话刚开始讨论快乐和痛苦各自的本性时,苏格拉底就向读者介绍了不含快乐和痛苦的第三状态,即一种不受快乐或痛苦干扰的平衡状态:"你领悟到没有:一个选择了智思生活的人完全可能生活在这种状态中……选择了'理智和智思生活'的人将无法感受到任何快乐……他必然就生活在这种既不感到快乐也不感到痛苦的状态中,然而如果它是所有生活中最具有神性或最与神相称的生活,那也是毫不奇怪、完全合乎情理的。"(33a8—b7)随后,他又多次以赞许的口吻提及这种中性状态(neutral state),并进一步强调,即使我们完全不能免受"变化"的影响,一种不受干扰的状态也仍是有可能的,因为我们很有可能并未注意到自身所经历的这种变化:"(那些)巨大的转变会在我们身上引起痛苦和快乐,而(那些)适度、微小的却丝毫不会引起痛苦或快乐。"(42c10—44b6)。

由此可见,柏拉图相信一种没有快乐或痛苦的中性生活是真实存在的。当然,一些自然哲学家(如德谟克利特及后来的伊壁鸠鲁)把快乐和第三种状态所具有的"平静"混为一谈了。柏拉图会认为这些人的看法有误,因为他们不能说明,"存在一种中性状态,且它可以被视为一种好的状态"的假设是无效的。[①]

此外,苏格拉底从本体论层面进一步肯定第三种生活的价值(53c—55a)。他通过大量的论证得出,快乐总是一种生成(genesis)过程,因而总

[①] 关于中性状态的合法性问题的争论,参见 D. Frede, "Life and Its Limitations: The Conception of Happiness in the Philebus", p. 8; A. Silverman, *The Dialectic of Essence: A Study of Plato's Metaphysics*, Princeton: Princeton University Press, 2009, pp. 228-229; M. M. McCabe, *Plato and his Predecessors: The Dramatisation of Reason*, Cambridge: Cambridge University Press, 2007, p. 181.

是次于其所导向的存在(ousia)。因此,任何选择享乐生活的人"都将选择的是生成和毁灭,而非既不包含快乐也不包含痛苦、光有尽可能纯粹思考的第三种生活"(55a4—6)。作为对话者,普罗塔库斯在这点上也同意苏格拉底的说法:"苏格拉底,据我看来,任何向我们推荐快乐为我们的'好'的人都是极其荒谬的!"(55a7)

既然苏格拉底在对话中反复提及中性状态的优越性,而且柏拉图也基本上认同这一看法,那他为何在最终描述最好的混合生活时却完全忽略了存在一种无乐无苦的生活的可能性呢?进而言之,他为何最终又认为一种完美的生活是由各种知识与真实且纯粹的快乐组成的混合(59d—64b),而不是一种由纯粹理智主导的似神的中性生活呢?针对这个问题,学界有多种解释。[1] 但比较常见的解释有三种。

第一种解释是,苏格拉底最后推荐混合的生活,只是为了迎合普罗塔库斯的趣味,因为后者拒不接受没有快乐的生活,更别说把徒有思考的生活奉为最好的生活了。第二种解释是,苏格拉底的这个说法并非针对所有人而言;他只是认为混合生活对于普罗塔库斯这样的普通的年轻人是最好的,但对于他自己和那些"哲学缪斯的追随者"(67b6)而言却是次好的。第三种解释是,《菲丽布》中所描述的真实、纯粹的快乐根本不是恢复性的快乐,因而前者既不以"匮乏"为前提,也不受"欠缺"的影响。苏格拉底认为纯粹性的感知之乐和理智之乐是真实、纯粹和美好的,这在一定程度上预先使用了亚里士多德的活动(energeia)之实现(entelecheia)概

---

[1] 参见 R. Hackforth, *Plato's Examination of Pleasure, A Translation of the Philebus with an Introduction and Commentary*, Cambridge: Cambridge University Press, 1945, p. 107; O. Letwin, "Interpreting the Philebus", *Phronesis*, Vol. 26, No. 3, 1981, pp. 187-206; T. M. Tuozzo, "The General Account of Pleasure in Plato's Philebus", *Journal of the History of Philosophy*, Vol. 34, No. 4, 1996, pp. 495-513; G. R. Carone, "Hedonism and the Pleasureless Life in Plato's Philebus", *Phronesis*, Vol. 45, No. 4, 2000, pp. 257-260。

念:活动并非过程或运动(kinêsis),而是对我们已经完全拥有的能力(dunamis)的运用(chrêsis)。① 因此活动的实现并不能与一种生成过程混为一谈;这种快乐不是柏拉图认定的作为恢复或填补的"补偿性快乐",而是与"完美的平衡"十分契合。

以上三种解释似乎有一定道理,但细究起来都不合理。第一、二种解释都缺乏文本上的支持,因为对话中并没有确切的信息或迹象表明苏格拉底有这方面的顾虑。第三种解释则与文本的信息相冲突,这具体表现在以下两个方面:

第一,苏格拉底和普罗塔库斯在对话中明确否认纯粹理智的生活包含任何类型的快乐(33b2—11)。

第二,认为苏格拉底在对话中并不把真实且纯粹的快乐视为填补过程是明显不对的。混合的快乐与纯粹的快乐之间的重要差别只在于纯粹的快乐基于一种"未感觉到的匮乏"(thetos endeia,参见 51b、66c)。这正是苏格拉底只谈论学习、求知的快乐,而没有论及纯粹思考所产生的快乐的根本原因(51e—52a)。苏格拉底在谈论学习、求知的快乐时明显是在指学习和遗忘的过程,而不是对知识本身的运用。这可以解释他为何坚称遗忘不包含痛苦,除非当我们恰巧需要被遗忘的信息的时候。假如遗忘是无痛苦的,求知过程则是对一种未感觉到的匮乏的愉快填补。柏拉图赋予纯粹快乐以量度(emmetria),是因为这些快乐的对象是纯粹的颜色、声音和几何形状,而且这些填补是柔和(而非猛烈)的过程。纯粹的快

---

① 参见《尼各马可伦理学》11094a16—18;《形而上学》1050a21—22;有关亚里士多德的"活动"概念的详解,参见 C. D. C. Reeve, *Aristotle: Nicomachean Ethics*, Translated with Introduction and Notes, Indianapolis: Hackett Publishing, 2014, p.197;有关亚里士多德与柏拉图在快乐与痛苦问题上的思想关联性的解读,参见 K. Corcilius, "Aristotle's Definition of Non-Rational Pleasure and Pain and Desire", in *Aristotle's Nicomachean Ethics: A Critical Guide*, edited by J. Miller, Cambridge: Cambridge University Press, 2011, p.130。

乐,并不是由欣赏优美的图画或旋律(即颜色和声音的合成物)而产生,而是由欣赏一种颜色、声音或几何图形本身而产生:"那些由美的颜色或形状、大多数气味以及声音所引起的快乐。简而言之,它们是由这样一类东西所引起的——在缺乏它们时我们并不感到匮乏,也不感到痛苦,然而它们的出现却使官能感到满足,产生一种并不和痛苦交织在一起的快乐。"(51b)。

可以说,《菲丽布》摒弃了所有具象派的绘画和雕塑(如动物的形体),而捍卫纯粹、单一的形状和颜色之美。于柏拉图而言,只要吸引我们注意力的是绘画或雕塑所表现的具象特征,我们就是在以人类为中心的兴趣和需求的视角出发做出回应。不妨设想一个完美无缺、无实体的神凝视着罗丹所雕刻的思想者的雕塑:即便神对这座雕塑的美学价值判断恰巧与我们的判断相一致,我们也可能感到这是纯属巧合,因为二者的判断标准可能截然不同。类似地,在音乐方面,柏拉图也似乎鼓励我们放弃对人的意义、言语、经验和情感的关注,而去欣赏"声音平稳而清晰,发出纯一不杂的曲调"的东西(52d)。其原因可能在于,依情况而定的和有关物种的价值并非内在的价值。[1] 既然单一、纯粹的快乐不容许有多样性和数量化介入,这种快乐就不可能导致不健康的兴奋产生。柏拉图显然不认为存在一些并不是恢复过程或填补的快乐,而是认为所有快乐都是生成过程(54d1—55a13)。

恢复的结果尽管可能是好的,但快乐必然次于产生这种过程的存在。

---

[1] 纯粹快乐的内在价值的探讨,参见 M. C. Nussbaum, *The Fragility of Goodness: Luck and Ethics in Greek Tragedy and Philosophy*(2nd Edition), pp. 156-157; E. Fletcher, "Plato on Pure Pleasure and the Best Life", *Phronesis*, Vol. 59, No. 2, 2014, pp. 113-142;有关快乐与好之间的统一性的探讨,参见 K. Sayre, "The Philebus and the Good: The Unity of the Dialogue in which the Good is the Unity", *Proceedings of the Boston Area Colloquium in Ancient Philosophy*, Vol. 2, 1987, pp. 45-71。

一些快乐虽然作为一种填补手段而备受欢迎,但它们所具有的这种工具性价值并没有使它们变成"好本身"。快乐与健康之类的好还是不能被等同视之,因为健康之所以受欢迎,是因为它本身已是完美,不需要进一步的治疗或填补。

四、人性状况的匮乏性

既然以上三种解释都存在问题,那苏格拉底究竟为何放弃"纯粹至上原则"而去支持一个折中方案,即承认混合的生活是最佳的生活状态[①]?换言之,他不主张纯粹思考的生活乃是最好的生活的原因何在?在我们看来,苏格拉底为一种混合的生活辩护,不是因为这种生活是人所能想象的最好的状态,而在于它是人所能达到的最好状态。这种看法尽管从未在《菲丽布》中被明确地表达出来,但对话中的多处信息却支持这样的解

---

① 混合生活是否最好是一个有争议的问题。一种解释认为,柏拉图在这里淡化了快乐的作用,或者确实完全拒绝快乐主义。因此,像弗雷德这样的学者把快乐和智慧的"混合生活"看作一种补救性的好东西,并认为它次于一种没有快乐和痛苦的中性生活。也有些学者如卡罗内不同意这种看法,认为快乐与智慧的混合生活在《菲丽布》中被认为是人类的第一好的生活,而不仅仅是第二好的生活。因此,苏格拉底建议把快乐作为幸福生活的组成部分,而不是将其完全从幸福生活中剔除出去。本文的总体看法是:从可实现角度看,柏拉图倾向于将混合生活设置为最佳;而从稳定性和完满性角度看,柏拉图偏爱无乐无苦的中性生活状态,这是更接近神的状态。《菲丽布》在好生活的构想上设置了两条线路,它们都在文本上有对应的确凿证据。此外,在我们看来,柏拉图反对虚假快乐的论点本身可能并不构成对快乐主义的攻击。相反,它们可以被看成是一种策略,向快乐主义者表明,为了成为一个最大限度的,甚至言行一致的快乐主义者,一个人应该去追求真正的而不是虚假的快乐。但是,既然没有智慧就无法实现这一点,那么快乐和智慧的混合生活,便是一个人的首选,即便是快乐主义者本人也不会反对这种看法。有关这个问题的详细探讨,参见 D. Frede, "Disintegration and Restoration: Pleasure and Pain in Plato's Philebus", in *The Cambridge Companion to Plato*, edited by R. Kraut, Cambridge: Cambridge University Press, 1992, p. 440; G. R. Carone, "Hedonism and the Pleasureless Life in Plato's Philebus", *Phronesis*, Vol. 45, No. 4, 2000, pp. 258-259。

释。比如苏格拉底曾多次强调,人总是容易受毁坏和恢复过程的影响。正因为如此,当一种稳定的中性状态遭遇赫拉克利特式反对时,他并没有立即反驳,而是以"假定如此"(43a)这样的措辞简单地将"流变"问题搁置一旁。他显然意识到,一种基于从未注意到的消耗和充满过程的中性状态不可能让他摆脱"赫拉克利特之河"设置的困境,而且这种状态也不能与不易受任何"变化"影响的、不受任何搅扰的神灵的生活混为一谈。即便有人有幸在很长一段时间内从未受到任何干扰,这也丝毫不能改变人总是容易遭受消耗和盈缺变换的影响的事实,因为"变化"对人而言恰恰意味着"活着"——拥有灵魂。鉴于人性状况所必然具有的这种缺陷,所以某些易察觉到的恢复之乐至少是相对的好,条件性的好。①

但并不是仅因为这种无乐无苦的中性生活欠缺稳定性才使得柏拉图认为这种生活缺乏吸引力。对柏拉图而言,这种生活的最根本的缺陷很可能在于单纯地让人保存一种不冷不热的微温状态无异于让人过一种胆怯的、自我封闭的生活。处于这种生活状态的人因意识不到自身的缺陷或匮乏而丧失了改善自我或提升自身状况的动机。而求知快乐这样的高级快乐不仅弥补了人性状态的匮乏,而且增强了我们渴望自我革新、自我完善、自我净化和自我提升的决心。因之,只要令人愉快的补偿不含不健康的亢奋,我们就应该追求它们,而不是把它们拒之门外。人一定永远是不完善的,这种悲观信念不为柏拉图所认同。柏拉图推崇混合的生活是基于一种乐观的态度与正确的视角:生活本身就是悲剧(苦)和喜剧(乐)的混合。这就是他为何一方面让苏格拉底在《菲丽布》中宣称,舞台上、生

---

① 关于"恢复之乐"的价值评定,参见 D. Frede, *Philebus*, Trans. with Commentary, p. lvi; D. Frede, "Disintegration and Restoration: Pleasure and Pain in Plato's Philebus", in Richard Kraut ed., *The Cambridge Companion to Plato*, Cambridge: Cambridge University Press, pp. 425-463; D. C. Russell, *Plato on Pleasure and the Good Life*, Oxford: Oxford University Press, 2005, p. 12。

活中的所有悲、喜剧中的苦与乐都混杂融合在一起（50b1—4），另一方面则让苏格拉底拒绝《高尔吉亚》中的那个"苏格拉底"的主张：实现幸福的最佳策略就是充分满足自己的需求和欲望（493d—494a）。于柏拉图而言，既然没有哪个理性的存在想要被伤害，那么只要真实且纯粹的快乐对其拥有者没有害处，这种快乐就应该被作为好的生活的重要组成部分（不只是作为可有可无的生活添加剂而存在），而且更应该被视为刺激行为主体去追求更高级的完美状态的动力。进而言之，假如此类快乐不仅是一种实现高级目的的手段，而且其本身也构成了这种高级目的的一个部分，那它们的好处不只是补偿性的，而且更是激发性的。[①]

总之，如果在柏拉图看来人类生活的最好状态本质上是不稳定的，这就解释了他为何在《菲丽布》中推崇一种混合的生活且致力于培育正确的快乐，而放弃了《会饮》和《斐德若》中苏格拉底的观点：麻醉自我是实现幸福的最佳策略。他的这一看法或许也可用来解释《菲丽布》中苏格拉底为何不同意"菲丽布的真正仇敌"（44b6），即以近乎偏执的严苛态度反快乐论的、有着苦行倾向的人的观点："平静"是人所能想象到的最好状态（44b5—d7）。于柏拉图而言，这些反快乐论者不仅把快乐与免于痛苦混为一谈，而且错误地假定，作为人应该不惜一切代价去剔除甚至回避所有快乐（参见《理想国》584a）。

但柏拉图所偏爱的这种混合的生活，即理智与快乐的结合，显然并不是一种随随便便的混合。因为只有当快乐守规矩、合乎秩序，接受理智的指导并不干扰理智时，好的生活才会接纳它们，并把它们作为自身的组成部分。舍弃"单一"而肯定"混合"的确构成了柏拉图在价值论上的一个

[①] 关于真实且纯粹快乐的价值的解释，参见 D. Frede, "Life and Its Limitations: The Conception of Happiness in the Philebus", pp. 11-12; M. M. McCabe, *Plato and his Predecessors: The Dramatisation of Reason*, Cambridge: Cambridge University Press, 2000, p. 250。

让步,而且这种让步不仅是针对快乐论者的,而且也是针对人性状况而言的;人的自足性取决于持续不断的自我完善和自我补充,因此一些快乐是我们生活的重要组成部分。出于某些类似原因,柏拉图也让好的生活接纳精确度较低的知识,把后者视为混合生活的组成部分。纯粹的知识并不足以解决日常生活中的难题,而且如果使用不当,还会闹笑话。正如苏格拉底与普罗塔库斯在对话中指出的,哲学家要是在造房子的过程中仍坚持使用形而上层面的完美圆形和直线,那便荒谬至极(62a2—c5)。的确,正如苏格拉底所言,"如果我们还想找到回家之路的话",我们就不得不处理那些缺乏纯粹的对象,不得不使用物质性的工具(62b);"如果我们的生活事实上还是某种生活的话",我们就需要这种日常技艺(62c)。受制于此,所有将有助于提升我们生活美感和韵律感的快乐都被允许进入好的生活。寻求真理比拥有真理在理智上更能激发一个人的斗志,甚至连那些已经认识了真理的哲学家也会勇于探索,懂得享受学习未知事物的乐趣(50e—52c)。其缘由正如苏格拉底在对话中揭示的,人作为匮乏的存在需要不断地得到补充、更新和再生,因而始终处于不断生成的状态之中(53c5—e9)。

可以说,《菲丽布》关注的焦点既在于人性的生成,也在于人性的再生上。人性之本凸显了快乐作为一种自然恢复或填充过程的重要意义(32a—b、42d、46c,参见《蒂迈欧》64a—65b)。[①] 然而,对于快乐的重视并没有阻碍《菲丽布》中的苏格拉底把理智视为属人生活中最好的东西。人性不允许人像神一样永久地拥有最高级的知识,这是整个对话的核心伦理要义。正是基于此要义,苏格拉底才只好退而求其次,把一种神智健全

---

① 《菲丽布》的关注焦点的分析,参见 D. Frede, "Life and Its Limitations: The Conception of Happiness in the Philebus", p. 13; C. C. Meinwald, "The Philebus" in *The Oxford Handbook of Plato*, edited by G. Fine, Oxford: Oxford University Press, 2008, pp. 484-504。

的良好混合视为灵魂的最佳状态。柏拉图肯定不会认为上文提到的阿Q式的傻瓜或残忍之人向往的乐园才是包括哲人在内的所有普通人的真正乐园,因为一种受到歪曲的观念与一种关于值得过的生活的构想不可兼容。各种快乐之间的对立性不可能仅因其在原因上的对立性而被消除。具体的快乐本身之间可能不仅在"数量"(强度或大小)上存在差异,而且在"性质"上也有重要分别(尤其是道德上的差别)。相比大多数现代人,柏拉图在此问题上的态度更为严苛。对他而言,其一,快乐不可作为判断是非曲直的标准(判断是非曲直的东西必须是快乐之外的其他东西),我们不可以仅因为某种行为给我们带来了莫大快乐便把它视为可取的;其二,快乐无法与其意向性对象(intentional object)相分离,而快乐的这种对象则会感染快乐本身的性质;其三,只有正确的对象才是真实的对象,只有合乎道德的快乐才值得珍视。上述以他人痛苦为乐的这种行为显然是受一种错误观念的引导,它会造成灵魂的失序,给人带来最大的伤害。[①]

所以按照柏拉图的观点,我们在为好的生活挑选素材时一定要倍加小心,以免被快乐冲昏头脑,脱离了理智的控制。尽管所有理智正常的人都有可能过上《菲丽布》中所描述并推崇的那种混合的好生活,但柏拉图并没有完全放弃对幸福的精英主义式理解。从他对虚假快乐的批评可看出,他用以挑选真实且纯粹的快乐的标准受到了格外严苛的拷问,这导致他关于作为好生活的混合型幸福观念的构想仍旧带有浓烈的禁欲色彩。贯穿于整篇对话的基本信念也进一步确证:只有当辩证法这种最高级、最精确、最纯粹的知识存在时,那种精确度较低的知识才可被视为安全、可靠的;这种最高级的科学仍然只掌握在少数哲学家手中(57e3—58e3)。

---

① 关于《菲丽布》中快乐的价值定位及快乐的对象的分析,参见 D. Frede, *Philebus*, Trans. with Commentary, pp. xviii-xix; T. Irwin, *Plato's Ethics*, p. 321; D. Frede, "Life and Its Limitations: The Conception of Happiness in the Philebus", p. 14.

再回到具体的实践性问题:人可以达到的这种最好生活具体如何在社会中获得？由谁来确保最高级的知识时刻统辖着低级的知识,以及如何才能熟练掌握辩证法？① 鉴于该对话一开始便挑明其主旨在于如何确定人类灵魂的最佳状态(11d),所以与人如何在社会这一维度获得这种幸福相关联的观点自然是柏拉图避而不谈的。可以说,《菲丽布》只是充当了《蒂迈欧》和《法义》的一个序言②,理想的社会生活和宇宙论等问题的探讨并不是该对话的重点。

五、补偿性生活的幸福

苏格拉底在《菲丽布》一开始就假定了灵魂的幸福状态的条件,即"灵魂的某一状况或性情"(11d)。假如一种不断自我改善和补充的生活与对话开头提出的这个预设保持一致,那么,他从一开始所寻求的这种状态正是结尾处提到的那种完美(teleion)、充足(hikanon)和令人想望的(ephietai)的混合状态(20d)。既然由过程构成的这种生活所具有的大多数混合都导向有朽的存在,而非永久性的存在,那这种混合性生活或补偿性生活何以被称为完美、充足的呢？进而言之,作为"存在"的目的何以等同于作为手段的"生成"(53c—55c)？

---

① 对于这些问题的探讨,参见 R. Hackforth, *Plato's Examination of Pleasure*, *A Translation of the Philebus with an Introduction and Commentary*, pp. 2-3; D. Frede, *Philebus*, Trans. with Commentary, p. lxvii; D. Frede, "Life and Its Limitations: The Conception of Happiness in the Philebus", p. 14。
② 《菲丽布》与《蒂迈欧》、《法义》之间在内容上的关联性的探讨,参见 C. Bobonich, *Plato's Utopia Recast: His Later Ethics and Politics*, Oxford: Oxford University Press, 2002, pp. 350-373; G. R. Carone, *Plato's Cosmology and Its Ethical Dimensions*, pp. 103-122; C. Bobonich, "Plato's Theory of Goods in the Laws and Philebus", *Proceedings of the Boston Area Colloquium in Ancient Philosophy*, 11(1995), pp. 101-139。

如前所述，即便是令人愉快的过程，也只是作为一种确保目的（完美状态）达成的手段而发挥作用。因此快乐似乎并不是最佳状态的构成成分，而仅是获得最佳状态的一种手段而已。但正如一些学者①指出的，这种粗浅的二分法忽视了存在不同"完美"类型的可能性。事实上，我们也可发现，除了只有神灵才能拥有的那种永久性的、保持冷静的"静态平衡"以外，还存在一种易受生成和腐坏影响的、总是需要维护和补充的人可获致的"动态平衡"。② 在《菲丽布》中，一些快乐之所以成为备受珍视的东西，正是因为它们是人们为了获得动态平衡而做出的持久性努力的诱因和刺激要素，而不是一种目的一旦达到便应被丢弃的手段。因此，一种由最佳生成过程构成的生活可以成为尽可能完美的属人生活。鉴于人性状况的不稳定性和欠完美性，这种生活虽不是人所能构想的最好状态，但无疑是人所能达到的最佳状态。这就是为何所有知道它的生物和有机体都欲求它，都愿意把它视为完美、充足状态的原因。

总之，人性往往处于一种不确定的平衡之中。大多数常人似乎都不会长时间地沉浸于某一事物之中，并以拥有此物为乐。《菲丽布》对此现象的解释是，人的感官一旦得到满足，便无所欲求，至少在满足那一刻如此。然而，这样的满足感会随着时间的推移慢慢消逝。事实上，"过度的满足"反而会引发枯燥、无聊、空虚和痛苦，因为这种满足也会扰乱上文提到的那种"平衡"（46e—47c）。另一个关乎大多数人的典型特征是，他们在心理上都表现出一种莫名其妙的躁动。当一个人拥有了一件梦寐以求的东西或取得一定成就之后，他一般不会长时间地陶醉于这件事带来的

---

① 参见 D. Frede, "Life and Its Limitations: The Conception of Happiness in the Philebus", p. 15。
② 这两种平衡的详解，参见 D. Frede, "The Tragedy and Comedy of Life: Plato's Philebus(review)", *Journal of the History of Philosophy*, Vol. 33, No. 2, 1995, p. 333; D. Frede, "Life and Its Limitations: The Conception of Happiness in the Philebus", pp. 16-17。

喜悦之中,而是会习惯性地去制定新的计划,发现新的东西。创新、深造和进修在很大程度上正是源于一个人对现状的不满。人们也总是倾向于欣赏并器重那些在取得了一定成就之后仍继续勇往直前、探索新事物的勇士,而会轻视甚至责备那些因过分陶醉于过去的荣耀而止步不前的自满者。因此大多数人从一出生就像被诸神诅咒的西西弗斯(Sisyphus)或如《高尔吉亚》中所描述的那种只有滤网而无底端的陶罐一样,在生命之流的奔波中总是受新的需求和欲望所驱动,在获得与失去中循环往复,以至只能希望在这种永恒同一的循环中获得满足,求得慰藉,只要该循环过程包含了尽可能多的变化与补充(参见《高尔吉亚》493a—b)。因此,对于秉承娱乐至死和消费至上之生活理念的人而言,寻求新鲜感和刺激感已成了一种时尚,如此,追求幸福的主要方式与其说是柏拉图等古典哲人所倡导的"节制欲望",毋宁说是当前经济领域中市场制度推崇的"增加生产以满足需要"。[1] 而对于那些致力于追求智识理解并相信人无法拥有真理而只能追求真理的人(如莱辛和尼采)而言,寻求真理并致力于求取解决难题的办法的过程要比拥有知识或真理给予人更多的荣耀、成就和快乐,因为后者比前者更能充实灵魂,丰富人的精神世界。[2]

的确,在完美主义者看来,"得不到的总是在躁动",而人无能享受自己所拥有的东西是人性自身的一个重大缺陷。[3] 但这恰好印证了柏拉图关于人性状态的深刻洞见:多数人甚至每个人身上都存在一种恒定不变的赫拉克利特式"流变",正是它阻碍人去获得一种持久性的似神般的

---

[1] 经济学家解决幸福问题的主要方式,参见张维迎:《博弈与社会讲义》,北京大学出版社,2014年,第411—412页。
[2] 莱辛和尼采对待真理的方式及态度,分别参见 D. Frede, "Life and Its Limitations: The Conception of Happiness in the Philebus", p. 16; L. Strauss, *Leo Strauss on Plato's Symposium*, edited by S. Benardete, Chicago: The University of Chicago Press, 2001, p. 4。
[3] 人性的种种缺陷的根源分析,参见 D. Frede, *Philebus*, Trans. with Commentary, p. lv; D. Frede, "Rumpelstiltskin's Pleasures: True and False Pleasures in Plato's Philebus", p. 350。

"平衡"。① 所以,人永远不可能永远活在拥有"最高之好"的境界中,处于一种自给自足的状态(60c)②。可以说,《菲丽布》的这个结论与《法义》的核心要义之间存在着一定的相似性:《菲丽布》认为人所能达到的幸福并不是一种永久性的有乐无苦的平衡,一种身心不受干扰的似神状态,而是次一级的苦乐混合的状态;类似地,《法义》也把第二好的政体视为人可达到并能驾驭的最佳政体。就人是否可以达到这种状态这一问题而言,早在《菲丽布》之前,柏拉图就已指出,变得像神一样(homoiôsis theôi)可被视为一种生活理想,但人永远也不可能完全达到它(参见《泰阿泰德》176a—c,《蒂迈欧》90a—d)③。《菲丽布》则沿着这条思路进一步确证,人永远不可能上升为可与神一比高低的自傲的阿里斯托芬式"圆球人"(参见《会饮》189c—193d)或伊壁鸠鲁式的那种像神一样生活的不朽存在者④,也不可能下降为普罗塔库斯曾向往的徒有快乐而没有思考能力的水母或牡蛎(参见《菲丽布》21c)。不仅如此,《菲丽布》对于人性的一般性假设在一定程度上暴露了柏拉图对于人这种存在以及赋予人最大快乐的欲望的总体看法:人永远是介于神性与兽性、有朽与不朽、有限和无限、良

---

① 赫拉克利特的一些思想对柏拉图影响极深,因此二者的关系并不像一些人通常以为的那样,是水火不容的。有关柏拉图思想中的赫拉克利特元素的揭示,参见 T. Irwin,"Plato's Heracleiteanism", *The Philosophical Quarterly*, Vol. 27, No. 106, 1977, pp. 1-13;有关《菲丽布》中赫拉克利特思想的探讨,参见 M. M. McCabe, *Plato and his Predecessors: The Dramatisation of Reason*, p. 132。
② 有关这个问题的详细探讨,参见 D. Frede, "Disintegration and Restoration: Pleasure and Pain in Plato's Philebus", p. 454。
③ 一般认为,homoiosis theoi 在柏拉图那里充当着一种人生理想,一种完美的伦理思想(或标准)。它构成了哲学生活的终极目标(telos)。有关这个概念的详细探讨,参见 D. Sedley, "'Becoming like god' in the Timaeus and Aristotle", in *Interpreting the Timaeus-Critias*, edited by T. Calvo and L. Brisson, Sankt Augustin, Germany: Academia Verlag, 1997, pp. 327-339。
④ 参见伊壁鸠鲁的基本要道一:"幸福且不朽的存在不知道什么是烦恼,也不把烦恼带给别人。因此,他不受愤怒和偏爱所限制。因为所有这些东西只存在于弱者身上。" C. Bailey, *Epicurus: The Extant Remains*, Oxford: Oxford University Press, 1927, p. 95。

善与邪恶之间的生物(参见《会饮》201d—203e、207d—208b);作为欲望之首,爱欲可被改造为一种绝妙的教育工具,可被用以吸引我们紧随神灵,但其力量的限度在于无法让我们成为神灵一样的自足存在(参见《斐德若》246b—248b,《会饮》200b—d,《理想国》613a—b,《法义》716c—d)。

在享乐主义、拜金主义、奢侈浪费等不良消费观念盛行的当今社会,很多人信奉:人生苦短,当以快乐为优先。[1] 但问题是,快乐这种东西究竟是什么?它在好的生活中究竟处于什么位置?有没有比快乐更好、更值得我们追求的东西?《菲丽布》给出的回答是,快乐从本体论看是缺乏限度的绵延体,应属于"无限"这一范畴,是一种生成,因而次于它所导向的存在[2];快乐与好生活并非水火不容,尤其是正确、良好的快乐非但不受排斥,而且是幸福的一个构成要素或激发因子;幸福既然是一种存在,是人生的终极目的(telos),一种长期良好、茂盛(flourishing)的客观状态,一种使人感到充实的生活,那么幸福比快乐不仅在形式上更值得成为人应该追求的目的,而且在意义和内容上也比快乐更丰富、充沛。[3]

或许,在现代关于幸福的主客观争论中,很多人倾向于认为幸福是一种纯主观的感受,因而拒不承认幸福之内容的客观性,更别说认可幸福的

---

[1] 尽管快乐主义有许多不同的版本(哲学的和流行的,严肃的和愚蠢的),但它们都是由这样一种思想(或感觉)联合在一起的,即快乐是人类必需追求的首要之善。相关探讨,参见 R. C Bartlett, "Plato's Critique of Hedonism in the Philebus", *The American Political Science Review*, Vol. 102, No. 1, 2008, p. 141。

[2] 关于快乐在本体论层面的地位的探讨,参见 J. M. Cooper, "Plato's Theory of Human Good in the Philebus", *The Journal of Philosophy*, Vol. 74, No. 11, 1977, pp. 714-730; V. Harte, *Plato on Parts and Wholes: The Metaphysics of Structure*, Oxford: Oxford University Press, 2002, pp. 178-180; A. Silverman, *The Dialectic of Essence: A Study of Plato's Metaphysics*, pp. 230-240。

[3] 关于古希腊的幸福概念,参见 J. C. B. Gosling, *Plato: Philebus*, Translated with Notes and Commentary, Oxford: Oxford University Press, 1975, p. 87; M. C. Nussbaum, *The Fragility of Goodness: Luck and Ethics in Greek Tragedy and Philosophy*(2nd Edition), p. 6; J. Annas, "Happiness as Achievement", *Daedalus*, Vol. 133, No. 2, 2004, pp. 44-51; D. Frede, "Life and Its Limitations: The Conception of Happiness in the Philebus", p. 3。

道德性了。尽管如此,恐怕很少有人会否认获得幸福所需具备的条件(如生命、自由、思考能力、健康、知识、物质财富等)的客观性。那么,由获得幸福的条件的客观性是否可推导出幸福之内容的客观性呢? 这也是复兴古典幸福论所要面临的主要难题之一。①《菲丽布》虽没有直接介入幸福内容的客观性辩论,但它对于人性状态提出了这样的客观假设:人的生活是一种思想与快乐的混合,人的境遇始终介于一种纯粹俗世的状态与一种超凡脱俗的神性状况之间,因而属人的幸福应该处在兽性与神性之间的平衡点上,它不是比较出来的结果,而是人对自身不满之后果的享受。② 就此而论,柏拉图与亚里士多德在快乐与幸福之本性问题上的立场虽然可能不像一些人以为的是截然相对立的,但至少有很大不同。③ 因为亚里士多德在《尼各马可伦理学》中认为快乐本质上是"灵魂的无障碍的活动",这可以理解成人对于一种于做得好(doing well)至关重要的能力的运用;同时强调赋予人最多、最大的快乐的东西无非是人对自己最好的天赋和才能的最佳发挥与运用,因而一个人若想过上最幸福的生活,便应该不断地开展这样的活动(《尼各马可伦理学》,7.11—14);④柏拉图则在《菲丽布》中认为,人通过运用自己的天资才能获得的快乐应归于那种被

---

① 有关幸福的条件的客观性的说明,参见 L. Strauss, "The Crisis of our Time", in *The Predicament of Modern Politics*, Michigan: University of Detroit Press, 1964, pp.41-54。
② 关于人的境遇与人的幸福之间的关联性的探讨,参见 D. Frede, *Philebus*, Trans. with Commentary, p. lxx; D. Frede, "Life and Its Limitations: The Conception of Happiness in the Philebus", p.16; S. Benardete, *The Tragedy and Comedy of Life: Plato's Philebus*. Trans. with Commentary, Chicago: The University of Chicago Press, 1993, pp.240-241。
③ 有关《菲丽布》与《尼各马可伦理学》就快乐、幸福问题的异同点的分析,参见 J. C. B. Gosling & C. C. W. Taylor, *The Greeks on Pleasure*, Chapter 11; D. Frede, *Philebus*, Trans. with Commentary, pp. lxxi-lxxv; D. Frede, "Life and Its Limitations: The Conception of Happiness in the Philebus", p.16; J. C. B. Gosling, *Plato: Philebus*, Translated with Notes and Commentary, pp.87-89, pp.102-104, pp.132-166, pp.221-225; G. R. Lear, *Happy Lives and the Highest Good: An Essay on Aristotle's Nicomachean Ethics*, Princeton: Princeton University Press, 2009, p.50。
④ 参见 G. Rudebusch, *Socrates, Pleasure, and Value*, p.72。

包含在所有运用中的持续性的未被注意到的补给之中,而且这种补给一旦完成,人便被迫停止这样的活动,因而理想中最幸福的生活存在于内心平静之中。

如何评判这师生二人的幸福观的优劣与高下?这无疑是一个相当宏大的问题,超出了本文所考察问题的范围。其答案可能取决于自苏格拉底的第二次航行以后的"哲学"对人性的"可完善性""稳定性""自足性"方面所持有怎样的假设。[1] 可以确定的是,假如我们对人性的期望并不很高,甚至略有悲观,乃至相信让人去获得一种不被苦乐干扰的持久稳定的平衡状态是一件超乎人这种生物的能力之外的事,那么,柏拉图在《菲丽布》中所构想的这种混合型的幸福观可能更契合我们的心理。但如果我们对人性的改变抱有很高期许,并相信亚里士多德在《尼各马可伦理学》中所推崇的"合乎德性的完美活动"(1102a5)的实现在人的能力范围之内,那么,在涉及幸福的问题上倒向亚里士多德的立场则更符合常理。

推荐阅读书目:

包利民、张波波:《柏拉图的"第一朋友"——试析古典目的论的自我质疑》,《哲学研究》,2013年第10期。

包利民、吴广瑞:《柏拉图与"快乐论者":盟友还是敌手?——哲学治疗的"加法"与"减法"》,《浙江学刊》,2011年第4期。

汪子嵩等:《希腊哲学史》(第二卷),人民出版社,1993年。

---

[1] 参见《菲丽布》20d;《尼各马可伦理学》1097a15-b21; D. Frede, "The Hedonist's Conversion: The Role of Socrates in the Philebus", in *Form and Argument in Late Plato*, edited by C. Gill & M. M. McCabe, Oxford: Oxford University Press, 1996, pp. 213-248。

柏拉图:《〈菲丽布〉译注》,张波波译注析,华夏出版社,2013年。

张波波:《从"量度"到"幸福":柏拉图晚期伦理思想中的适度原则探究》,《哲学分析》,2018年第3期。

Benardete, *The Tragedy and Comedy of Life: Plato's Philebus*. Trans. with Commentary, Chicago: The University of Chicago Press, 1993.

D. Frede, "Rumpelstiltskin's Pleasures: True and False Pleasures in Plato's *Philebus*", *Phronesis*, Vol. 30, No. 2, 1985, pp. 151-180.

D. Frede, *Philebus*, Trans. with Commentary, Indianapolis: Hackett Publishing, 1993.

G. R. Carone, "Hedonism and the Pleasureless Life in Plato's *Philebus*", *Phronesis*, Vol. 45, No. 4, 2000, pp. 257-283.

J. C. B. Gosling, *Plato: Philebus*, Trans. with Notes and Commentary, Oxford: Oxford University Press, 1975.

第十七讲
立法的目的及其哲学基础:《法义》绎读

林志猛

《法义》是柏拉图最长且最晚的著作,主题是探讨"政制与礼法"。在西方法哲学史上,柏拉图首次考察了立法的目的及其哲学基础、立法与德性等根本问题。在《米诺斯》这部被视为《法义》导言的对话中,柏拉图曾提出一个核心问题:"νόμος[法]是什么?"他给出的一个非常独特的定义是:"法意图成为对实在(τοῦ ὄντος)的发现。"[①]柏拉图反对将法看作城邦的公共意见,因为意见有好有坏。法若是维护共同利益的"高贵之物"和"好东西",就不会是意见的产物。至少应当说,法是真实的意见,而真实的意见如同对实在的发现。[②]

由于真正的法应秉有哲学的"意图",超越意见而迈向知识,柏拉图在《法义》中进一步指出,法是关于痛苦、快乐、恐惧、大胆等情感的良好"推理"。在个体灵魂中,各种情感就像肌腱或绳索一样拉扯着人,使人在美德与邪恶之间挣扎。个人应获得关于这些绳索(情感)的"真正推理",并

---

① 参柏拉图:《米诺斯》,林志猛译疏,华夏出版社,2010 年,314c—315a。
② 关于νόμος的诸多含义,参见 Martin Ostwald, *Nomos and the Beginnings of the Athenian Democracy*, Oxford: Oxford University Press, 1969, pp. 20-54。

据此生活。城邦则应采用"有识之士"的推理,设定为"公法"(《法义》644c—645c)。① 因此,法最终可视为"理智的分配"(《法义》714a)。恰如牧羊人要给羊群"分配"好牧场,立法者应给人们分配适合其自然本性的工作,以照料好人的灵魂。显然,能做出这种分配的人是有智慧的人(哲人)。在此意义上,真正的立法者应成为立法哲人。立法哲人须深谙各种德性的自然秩序和人的自然本性,尤其关注居于首位的理智,以此为公民们安排恰切的生活方式及相应的法律。

一、立法的目的

在《法义》这部雅典哲人(立法哲人)与两位年老立法者的对话中,柏拉图首先检审了克里特和斯巴达的立法旨归。克里特和斯巴达都是好战的城邦,其法律制度的安排着眼于战争的胜利。克里特的立法者表明,他们规定的公餐、体育训练等制度,都是为了更好地作战。因为,战争是一种自然状态,和平不过是空名,"一切城邦对一切城邦的不宣而战(πόλεμον ἀκήρυκτον),天然就一直存在"(《法义》626a)。由此,克里特制定的一切公私制度皆针对战争。

克里特立法者从战时公餐的必要性,推导出公餐在和平时期也有必要实行。既然源于战争的公餐在各个时期都存在,反过来就可以说,战争是永恒的。有论者尖锐地指出,克里特立法者将"永无休止的战争"与始终有效的合法习俗结合起来,而形成对战争本质的看法。公餐这个习俗的意义源于其一时的必要性,但在获得意义后,公餐又会通过习俗本身的

---

① 本书中的所有《法义》引文皆为笔者据希腊原文译出,由华东师范大学出版社2019年出版,参见文后阅读推荐书目。

常态性去时间化,变成一种自然事实。一旦"保持戒备"这类审慎的箴言整合进一个习俗,就会失去审慎成分,而变成永恒的实在。从公餐习俗的暂时性推导出战争的永恒性,是否表明克里特的制度指向永恒的实在呢?无疑,立法者若要实现这点,必须遵循《米诺斯》中苏格拉底对法的定义,着眼于法律的实在本身,以免自己的习俗经验扭曲实在或产生相关的变种,而背离自己的意图。① 但克里特立法者认为战争是自然状态,这仅仅出于个人的经验。② 通过将公餐这一"习俗"转变为"自然",战争的非常态化、暂时性也转变为普遍、永恒和自然的状态。

克里特立法者坚信,在战争中做主宰才真正有用。因为,战胜者可以获取战败者的所有好东西。这种弱肉强食、成王败寇的看法,在古代世界很常见。在《伯罗奔半岛战争志》中,修昔底德描述的雅典人与米洛斯人对话就展示了这种观点。米洛斯人若不投降,结果便是战争;若答应雅典人的要求,则成为奴隶。雅典使节明目张胆地说,只有势均力敌的双方才有公正,强者号令、弱者隐忍乃是常规。③ "按照自然的必然性,神和人应去统治任何能做主宰的地方",这是一条永恒的"法则"(《伯罗奔半岛战争志》,5.105)。正是这种观念导致了雅典的西西里远征,其帝国扩张的一个理由是,不统治人就会被人统治(6.18)。雅典罔顾正义,试图通过战争不断扩展帝国的版图,结果却遭致覆灭。因此,立法若仅着眼于从胜利中获取财富、领土等"好东西",未必能确保城邦的长盛不衰。

在探讨立法的目的时,柏拉图为何独出心裁,从立法与战争的关系入

---

① Seth Benardete, *Plato's "Laws": The Discovery of Being*, Chicago: The University of Chicago Press, 2000, pp.9–10.
② 亚里士多德指出,克里特与邻邦相互为敌,斯巴达也与所有邻邦为仇(《政治学》1269a41—b4)。
③ Thucydudes, *The Peloponnesian War*, Lattimore trans., Indianapolis: Hackett Publishing Company, 1998, 5.89.

手？如果说立法旨在维护正义,岂不更显而易见？无疑,战争或帝国问题是柏拉图有意引导我们思考的重大问题。一个城邦若专注于对外战争和扩张,势必对内部的政制、法律、教育和公民德性产生重大影响。立法又如何协调对外与对内两种关系？或许,尚武观念应像亚里士多德所说的那样,仅限于保护自己,以免受外人奴役;取得统治地位,但不企图树立普遍奴役的体系,而仅旨在维持被统治者的利益(《政治学》1334a1—4)。雅典和斯巴达都曾企图通过对外战争打造自己的帝国,但最终走向灭亡的命运对我们现时代仍不失为深刻的启示。

从不同城邦间的不宣而战,克里特立法者还进一步得出,"在公共领域,一切人对一切人皆是敌人,而在私人领域,每个人都是自己的敌人"(《法义》626d)。① 人与人之间甚至个体内部的敌对关系,源出于城邦之间永恒的敌对性。正是基于敌对的自然状态来理解城邦与人,斯巴达法律专注于训练男子忍受各种痛苦和辛劳,以培养他们的坚毅和勇敢。但由此引发的问题是,男人们常年在外征战,斯巴达妇女变得放荡不羁、奢侈爱财。斯巴达男子好女色,而致使妇女控制政治权力。但女人气反过来又削弱男子气,在斯巴达受到入侵时,妇女的恐慌造成的扰乱甚于敌人的侵袭。斯巴达的立法者吕库古原想用法律约束妇女,但在遭到妇女的反对后就放弃了。妇女的放荡导致整个城邦的政治结构失调,而又间接培育了贪婪这一恶德,还带来贫富不均。②

如果敌对性也是个体内部的主要特征,自己战胜自己就成了首要的

---

① 人人皆敌也是现代哲人霍布斯的著名看法,参见霍布斯:《利维坦》,黎思复等译,商务印书馆,1996年,第94页;霍布斯:《论公民》,应星、冯克利译,贵州人民出版社,2002年,第9页。
② 参见亚里士多德:《政治学》1269b12—1270a13;亚里士多德:《修辞学》1361a9—11;欧里庇得斯:《安德洛马克》,行595—604。关于斯巴达妇女,参见 S. Pomeroy, *Spartan Women*, Oxford: Oxford University Press, 2002; S. Pomeroy, *Goddesses, Whores, Wives, and Slaves: Women in Classical Antiquity*, New York: Schocken Books, 1995, pp. 35-39。

胜利。但从个体灵魂来理解人,自己战胜(强于)自己主要意指灵魂的和谐与节制(σωφροσύνη),即灵魂中的理智能控制血气和欲望(《法义》626e—627a,参见《理想国》430e—432a)。这意味着,个人内部的和谐比冲突更可取。[1] 同样,值得城邦追求的是和谐而非内战(στάσις)。内战和外部战争是两种基本的战争形式,但内战是最为残酷的战争和"最大的战争"。如果立法着眼于战争的胜利,至少应该首先针对内战。

柏拉图认为,若要平息内战的后果,胜者应克制自身,停止流放和屠杀等报复,不在败方身上取乐,并邀请优异之人来设立不偏不倚的法律。败方将因恐惧而守法,胜方则因敬畏和征服快乐(节制)而顺从法律。如果胜方显得比败方更守法,公共利益就会受到维护,城邦将充满安宁和幸福(《书简七》336e—337e)。这表明,消除内乱或党争需要一方的节制和良好的政制——或者说需要节制的政制。实际上,克里特也经常发生内乱,贵族、党派好争斗。虽然克里特岛这种天然远离外邦的地理位置可防止外敌在其内乱时入侵,但终归无从避免内乱,这正是源于其法律和政制的缺陷。[2]

质而言之,立法者制定的所有法律应着眼于最好的(ἀρίστου)东西。可是,最好之物既非对外战争,也非内战。起码应该说,最好之物是和平及彼此间的友善(φιλοφροσύνη)。就连城邦对自身的胜利也只是必需(ἀναγκαίων)之物,而非最好之物(《法义》628c—d)。尽管内外战争具有必然性,但必然性并非理解人类事务和行事的最高准则。立法若仅仅依据战争的必然性和实际的需要,那不过是从最低的要求和实然出发。立

---

[1] 参见《高尔吉亚》491d;《普罗塔戈拉》358c;色诺芬:《回忆苏格拉底》,1.2.24;色诺芬:《居鲁士的教育》,6.1.41。
[2] 参见亚里士多德:《政治学》1272b3—21。亚里士多德还指出,由于内争,克里特政制常陷入解体;在政治机构的设计上,斯巴达好过克里特。

法若旨在追求最好之物,便是从应然入手,这样才可能带来和平与友善这类次好的东西。在此,城邦的自我胜利或内乱的消除仅为必需或手段,其本身并非目的,遑论最好。顶多可以说,胜利及其结果是目的。由此可见,内外战争不应视为自然状态。

在柏拉图看来,最好之物是"最大的德性"(μεγίστην ἀρετὴν)即理智(νοῦς),或"完美的正义""完整的德性"(πᾶσαν ἀρετήν)(《法义》630b—631d)。真正的立法应着眼于完整的德性:理智、正义、节制和勇敢,而非着眼于德性的某个部分,甚至是最低的部分。立法若只是为了战争,着重培养的便是勇敢这种最低的且单一的德性。柏拉图使立法转向最好之物和完整的德性,无异于让习传的立法转向哲学,以变为德政的立法。

对法律意图的正确解释,应从德性开始,说立法旨在德性。克里特和斯巴达立法者的错误在于,将立法的所有意图限于勇敢这一最小的德性。正如亚里士多德借《法义》所说,斯巴达法律的所有安排都朝向"部分的德性",即战争的德性,以树立霸业。实际上,闲暇的德性最为重要。但斯巴达人认为外在的善是最重要的善,高于内在的诸德性,并相信只要勇敢过人就可获得外在诸善。斯巴达人毫不关心和平时的生活与性情,在从战争转入和平后,就难以适从,堕落败坏。斯巴达专注于克敌制胜,向外扩张,教导公民们以暴力侵袭外邦。这对内政也造成了不良影响,任何人一有机会也会用暴力夺取本邦政权。[1]

一个城邦对外若无所不用其极,其邦民也会反过来用同样的手段对付自己人。因此,柏拉图更看重城邦的内部结构、最佳政制和法律,以及

---

[1] 参见亚里士多德:《政治学》1269a29—1271b19、1333b30—1334b28; P. Simpson, *A Philosophical Commentary on the Politics of Aristotle*, Chapel Hill and London: University of North Carolina Press, 1998, pp. 91-99,120。

最好的生活方式问题,尤为关注静止、德性与和平。[①] 在《法义》中,柏拉图从对外战争过渡到内战(最大的战争),最终落脚于完整的德性,亦即哲学与立法的关系。如果立法仅关注实际事务和当下利益,便有可能激起城邦的帝国野心,导致民众的败坏。

二、立法的哲学基础

尽管以战争为依据的立法基于勇敢这一最低的德性,但这预示了,任何立法和政治均指向哲学。因为,在每一种法律和政制中,都会持守某种德性观,无论多么低下和狭隘。即便是最低层面的人类生活或僭主最可鄙的行为,也可理解为对完全美好事物的渴求(即哲学)的极端曲解或无知。完整的德性或最高的德性即智慧或知识,真正的立法和政治生活乃是走向哲学的辩证运动。[②] 柏拉图将从勇敢这一最低德性入手,上升到完整的德性。残酷的战争和政治生活似乎不断证明,哲学对政治和立法没有作用。然而,大多数时代和地方未实行德政,并不表明一切时代不可能实行。总有那么一两个时代可能出现德政,即使后来中断了,德政也会成为后人永世追求的目标,始终激励着政治人和立法者向其靠近——周公的德政不就成了后世仰望的目标?柏拉图《理想国》展现的言辞中的最佳城邦,《法义》描述的现实可行的混合政制以及哲人对立法者的德政教育,

---

[①] 参见施特劳斯:《修昔底德:政治史的意义》,载潘戈编:《古典政治理性主义的重生》,郭振华等译,华夏出版社,2011 年,第 140、160—161 页;Leo Strauss, *The City and Man*, Chicago: The University of Chicago Press, 1964, pp. 139, 193. 关于修昔底德与柏拉图的关系,参见 G. Mara, *The Civic Conversations of Thucydides and Plato: Classical Political Philosophy and the Limits of Democracy*, Albany: State University of New York Press, 2008。

[②] 参见施特劳斯:《修昔底德:政治史学的意义》,第 159—160 页。

作为万世的楷模流传了下来。德政和指向德政的立法成了最高目标,观照着现实城邦的不足,引领其走向完善。因此,对最好的政制和立法的阐述并不一定意在让此时此地的城邦实现,而是要让千秋万代的现实城邦(国家)无限接近。即便此时此地的城邦存在缺陷,立法哲人也有必要去阐发最好的政制和法律。①

正确的法律可使人获得幸福,带来属人的和属神的(θεῖα)诸善。属人的诸善从高到低包括:健康、俊美、强健和财富,属神的诸善则有:明智(φρόνησις)、节制(σώφρων)、正义(δικαιοσύνη)和勇敢(ἀνδρεία)。②

> 明智在属神的诸善中又居于第一的和主导的地位。其次是跟随理智(μετὰ νοῦ)的灵魂之节制习性(σώφρων ψυχῆς ἕξις),这些结合勇敢,就产生了处于第三位的正义。第四位是勇敢。后面所有这些(属神的)善,在等级上天然高于前面那些(属人的)善,立法者应该按这个等级来排列它们。(《法义》631c—d)

柏拉图别具一格地将诸善区分为属人的与属神的,属人的诸善级别较低,依赖于属神的诸善。城邦政治生活的优良与否,取决于获得哪种善。若取得属神的诸善,就会带来属人的诸善,没有的话两者皆失。对于个人而言,属神的诸善似乎难以确保赢得属人的诸善。③ 但我们还是会

---

① 如今的希腊衰落了,但柏拉图思想仍在英美、欧洲延续着,甚至有在东方(中国)扎根的趋势。尽管古典哲学受到各种现代学问的冲击和挑战,但其生命力始终保存着。人类越往前走,就得越往后看——没有深厚传统的国家往往被视为无文明和教养。孔子、柏拉图的教诲将будет世世代代伴随人类,现代学者的使命之一便是发扬和接续这一古典传统。
② 《美诺》(87e—89a)同样提到这两组基本相似的善,对于属人的诸善,苏格拉底强调要正当使用才无害;对于其他德性,则要求紧随睿哲。
③ Lorraine Pangle, *Virtue is Knowledge: The Moral Foundations of Socratic Political Philosophy*, Chicago: The University of Chicago Press, 2014, p. 212.

说,灵魂优异的人远远好过那些只有身体诸善的无德之人。相比之下,城邦的健康、美好、强健和富有,端赖于城邦是否有各种德性。柏拉图尤其强调,不应盲目追求财富,而是要明智而头脑清醒地获得财富。财富等外在的善并非立法的最高旨归。通过让属人的或身体的最低之善伴随属神的或灵魂的最高之善,立法哲人就沟通了高低上下,使最高者成为最低者的指南。

柏拉图也把灵魂看作人最神圣的(θειότατον)的东西,仅位于诸神之后。人的所有物分为两类,上等的和较好的那类是主人,低下的和较坏的那类则是奴隶。一个人最应尊敬的是灵魂这一高贵和神圣的部分(《法义》726a—727a)。可以看到,这里列举的属神诸善可谓灵魂的德性,与《理想国》探讨的四枢德基本一样。那么,《法义》为何要将人的灵魂德性冠之以"属神"呢?这是因为,具有最优异的灵魂德性(理智)的人确实似神,属神的诸善理应成为立法的最高目标。在此,神圣性与哲人式的德性结合在一起,用于引导城邦的政治生活。城邦若专注于属神的诸善,不但会显得奠定在神圣的根基上,而且会获得哲学的最高指引。

柏拉图先是将 φρόνησις[明智]视为属神的首善,φρόνησις 也意为"审慎""见识""实践智慧"。柏拉图表示,灵魂的和谐亦即苦乐感与理性的一致,乃是产生明智的前提。立法者应尽力给城邦注入这种品质,王者也应拥有(《法义》688e—689e)。立法的技艺是最高形式的实践智慧,是"技艺中的技艺",因为它最全面地处理了整个人类的利益,而非像一般的技艺只关注部分利益。[1] 所以,具有明智(实践智慧)比其他东西更"神圣"。[2] 从

---

[1] Leo Strauss, *The City and Man*, Chicago: The University of Chicago Press, 1964, pp. 28-29.
[2] 参见《理想国》518d—e。《美诺》(88c)指出,灵魂在睿哲的引导下行事才能获得幸福。《欧绪德谟》(281a—c)指出,"财富、健康和俊美"诸善的正确使用,要靠知识(ἐπιστήμη)的指引和纠正;没有睿哲和智慧,就无法从其他东西中获得好处。参见 Z. Planinc, *Plato's Political Philosophy: Prudence in the Republic and the Laws*, Columbia: University of Missouri Press, 1991。

《法义》的关注点来看,明智涉及用理性调节身体性的快乐和痛苦,使人热爱高贵和好的东西,憎恶丑恶和不义的东西,而非相反。这种正确的苦乐感的形成,需要从小开始练习,这也是儿童教育的核心(《法义》653a—c)。确实,只有灵魂的和谐与明智,才不会导致对财富的过度欲求,统治者也才会有所节制。

在这四种属神之善中,最引人注目的是正义,它是明智、节制和勇敢的混合物。那么,正义若包含了其他三种德性,为何处于第三位而非首位?原因在于,它含有勇敢这一最低的德性。勇敢对应财富这种外在的善,乃是对外战争的德性。还有一种动物性的勇敢,灵魂没有理性也能凭自然本性获得这种勇敢(《法义》963e)。ἀνδρεία [勇敢]的字面意思是男子气,亦即对自己的所有物或权利的主张。一个称职的男人或父亲是拥有某些财产的人,并且能捍卫自己的利益(《理想国》549c—550a)。《法义》中的正义首先涉及占有和获取,是管束你我的德性。① 因此,正义需要勇敢的协助,这类正义是常人的德性。

然而,立法旨在获得"完美的正义"又提醒我们,还有一种哲人的正义。正义包含明智、节制和勇敢,如果算上自身,就相当于囊括了所有四种德性,可以说是"完整的德性"。习俗性的正义是"有话实说""欠债还债"或守法之类,完美的正义在于,分配给每个人依其自然本性对他好的东西。但唯有智慧者(哲人)当王,才可能认清每个人的自然本性并做出这样的分配。② 归根结底,正义即知识或智慧——所谓的德性即知识。③

---

① 参见施特劳斯:《柏拉图〈法义〉的论辩与情节》,第8页。这种正义符合《法义》构建的区分你我的次好城邦,而非《理想国》的最佳城邦(共产主义社会)。参见《法义》632b1—7。
② 参见施特劳斯:《自然权利与历史》,第148—149页。
③ 关于《法义》中的德性问题,参见 C. Bobonich, *Plato's Utopia Recast: His Later Ethics and Politics*, Oxford: Oxford University Press, 2002, pp. 89–215; J. Annas, "Virtue and Law in Plato", in C. Bobonich ed., *Plato's Laws: A Critical Guide*, Cambridge: Cambridge University Press, 2010, pp. 71–91。

柏拉图对正义给出这种含混的说法是因为,立法哲人应当在立法中联结常人德性与非常人德性,使整个社会的不同阶层融为一体。

　　根据这两组善的排序可以看到,属神的善在自然等级上高于属人的善,立法者应按这个等级秩序排列诸善。在柏拉图那里,各种德性具有内在的自然秩序。由于灵魂各部分(如理性、血气和欲望)存在自然的等级,灵魂内各要素构成的德性也就具有自然的高低秩序。好的立法应基于诸德性的自然秩序,上升到"自然"这一比诸神更古老的源头——这也可视为"自然法"的起源。① 在德性的秩序中,勇敢或战争属于最低的目的。尽管战争是最紧迫的,但在等级上并非最高。在施特劳斯看来,"存在一种普遍有效的诸目的的等级制,但不存在普遍有效的行动规则"。人们可以先做此时此地最紧迫的事,但这不意味着可将其当作最高目的:

> 我们的职责是要尽可能多地将最紧迫或最必需的事情变成我们最高级的行动。我们所可以期待的人们的最大限度的努力也必定会因人而异。唯一普遍有效的标准是目的的等级制。这一标准足以令人们对于个人、群体、行动和制度的高尚程度做出判断。②

　　立法哲人要做的就是尽力将最紧迫的事情(战争)转变为最高级的行动(德政的立法)。立法的最高目的是,使人拥有全面的德性而达致灵魂的完善。赢得战争的胜利,获取大量的财富,乃是较低的目的。诸德性的自然秩序,隐含着诸目的的自然等级秩序。虽然认识到这一秩序不足以指引每一特殊情势下的具体行动,但追求人的优异及德政却是尽可能好

---

① V. Lewis, " 'Reason Striving to Become Law' : Nature and Law in Plato's *Laws* ", in *American Journal of Jurisprudence*, Vol. 54, 2009, p. 67.
② 参见施特劳斯:《自然权利与历史》,第 165—166 页。

地行动的前提。

三、立法哲人的制度安排

在确定了诸善及其自然秩序之后,就应告诉公民们,立法者颁布的规定旨在实现诸善,而且属人的诸善向属神的看齐,所有属神之善又向"领头的理智"(ἡγεμόνα νοῦν)看齐(《法义》631d)。现在,对于"自然"有了不一样的理解,自然不再是地理性的自然,而是人与神的自然差序,诸善(德性)的自然秩序。[①] 立法者应根据这一秩序来安排人类生活的四个主要领域。一是生活的自然过程,涉及公民的婚姻、生育、成长和死亡,以及快乐、痛苦、欲望和爱欲这四种自然情感。二是令人烦扰的事件,如愤怒、恐惧、疾病、战争、贫困等。三是生活的必需,如收入和开支。四是由政治权威(法律维护者)体现的法律。[②] 这四个领域或隐或显地关乎四枢德,以及灵魂的三部分(理性、血气和欲望)。

首先,为了照看好公民们的婚姻和生育,还有他们从年轻到老年一生的成长,有必要给他们"正确分配荣誉和耻辱"(《法义》631d—e)。在此,婚姻(γάμους)是立法者首要的关注点。两性结合是人的自然本性,有了婚姻才有人的出生、抚养和成长。通过婚姻的宗教仪式和法规,本来毫无规约的爱欲才转化成神圣的、合法的爱欲。[③] 婚姻产生了家庭,家庭乃是

[①] 参见林志猛:《自然与技艺——试析柏拉图〈法义〉对自然哲学的批判》,《自然辩证法研究》,2012 年第 10 期。
[②] 《法义》631d—632b,参见 Raphael Mcneil, *An Approach to the "Laws": The Problem of the Harmony of the Goods in Plato's Political Philosophy*, doctoral dissertation of Boston College, 2009, p. 185。
[③] 对比《理想国》458d—e,爱欲被看作一种必然性,幸福的城邦要把婚姻尽可能变得神圣、有益。参见《政治学》1252a27—30。

城邦的自然起点。① 为了照料好公民生活的自然进程,立法者应正确分配荣辱——这也关系到城邦的保存和幸福。正确的分配意味着,对于灵魂之善最敬重,其次敬重身体之善,第三是外物和财富。立法者若反过来将最低的东西(财富)或次要的东西置于最高位置,便可谓不虔敬且不具治邦术(《法义》697a—c)。由此来看,立法者为公民们立下的规定,乃是以诸善的自然秩序为依据。

实际上,单凭法律惩罚难以使人摆正这些私人的隐蔽情感,更有效的是教育和告诫,或者说"正确地谴责和称赞"。立法者的任务不只是制定用于惩罚的法律条文,其真正的工作是,将有关何为高贵和不高贵的观点混合在法律中。比起纯粹遵守法规来,公民们遵守立法者的称赞和谴责,更值得受赞扬,因为这样才有望成为最高级的公民。② 毋宁说,立法者的正确称赞和谴责是一种教育形式,涉及如何成人和过上最高尚的生活,比之于法律条文更重要。这些称赞和谴责包括:真实可靠的人才有福;不行不义且不许不义者行不义的人,乃是城邦的伟大之士、完美之人;能自己拥有节制、明智并给予他人这些好品质的人,最受称赞,吝于与他人共享好品质的人应受谴责;真正的男子汉应富有血气而又温和;过度自爱是一种恶;要高度称赞最正派的生活最快乐;等等。③ "正确的称赞和谴责"构成了法律序曲的主要内容,用来引导公民们的自然情感和生活方式。

在立法者的安排中,第二方面有关人世中令人烦扰的事件:对于愤怒

---

① 参见《法义》680d7—e7;亚里士多德:《政治学》1252b13—14。
② 参见《法义》788a1—c1、822d4—823a6。立法者的称赞和谴责不可能全部以成文法的形式出现,因为涉及这些基本情感的事情极为琐碎和杂多,而且相当隐秘,不易发现。
③ 参见《法义》730b3—734e2、662e5—663a7、691a4—7、727b1—d1、739d1—4。快乐是立法者必须高度注意的问题,参见 F. White, "Plato's Last Words on Pleasure", *Classical Quarterly*, Vol. 51, No. 2, 2001, pp. 467–470; G. Carone, "Pleasure, Virtue, Externals, and Happiness in Plato's *Laws*", *History of Philosophy Quarterly*, Vol. 19, No. 4, 2002, pp. 330–334。

和恐惧,不幸以及疾病、战争和贫困带来的体验,还有相反境遇下的释怀,应教导和界定何为高贵和低贱。(《法义》632a—b)。愤怒会导致谋杀,①是刑法的关注点之一。愤怒与灵魂中的血气(θύμος)息息相关,造成杀害的愤怒可谓最低贱的愤怒,高贵的愤怒则在于,对邪恶的、无可救药的人愤怒不已。② 而一种高贵的恐惧是,害怕被人视为坏蛋,或者说羞耻或敬畏。对法律的恐惧或敬畏,可使人变好,在危难中保卫自己的城邦和家园。③ 至于不幸和幸运,亦有高低之别。有些僭主从低位爬到高位,自以为摆脱了不幸,获得了最大幸福。实际上,他们并未意识到自己的灵魂是最混乱无序的(《法义》905b—c)。对于高贵的人而言,即使面临生活中降临的各种不幸,也应泰然处之。显然,只有从整全的视野来看人世,才能管窥幸与不幸的堂奥。若是把拥有巨大财富和权力看作最大的幸运,反而会导致灵魂的恣肆、不虔敬和不节制。因此,正确地引导公民而非仅仅诉诸惩罚,乃是立法者的重要任务。

立法者的第三个安排涉及生活的必需品。立法者必须监督公民们的收支,以及他们为获益而自愿或不自愿地结合或分裂。同时,立法者还应注意他们在这些经济活动中的行为,观察哪些活动正义或不义,并对守法公民分配荣誉,对不听从者则施加惩罚。最终,在"实现整个政制的目的(τέλος)"后,立法者应考虑埋葬死者的方式和分配给他们什么荣誉(《法义》632b—c)。在立法者的前两种安排中,只涉及分配荣誉和耻辱,界定高贵和低贱。经济活动产生后,惩罚才连同荣誉一起出现。可见,立法者最应看重的不是惩罚。在城邦中,荣誉和高贵是公民的日常生活和自然情感的向导。由于最高的荣誉分配给灵魂,荣誉后来也被视为"属神之

---

① 参见《法义》867a1—c2、868a2—869a4、878b8—879c5 等。
② 参见《法义》731d3—4,这是真正的大丈夫和立法者的品质之一。
③ 参见《法义》646e4 以下、671d1—3、699c1—d1、727c4—8、790e8—791a4。

善",无法用坏东西赋予:甜言蜜语或厚重礼物都不能使灵魂变伟大(《法义》720a)。柏拉图多次强调,财富的荣誉等级处于最低位,灵魂处最高位。立法者应根据这个荣誉等级制定法律才正确。克里特和斯巴达属于荣誉政制,沉溺于体育训练和战争,崇尚血气并造成爱财。《法义》修正对荣誉的理解,将使立法者的视角从战争和财富转向灵魂。

在弄清楚这一切后,立法者的第四个任务便是为此设置法律维护者。指引这类维护者的或是明智或是真实的意见,由此,理智就能粘合一切法律,"宣告它们跟随的是节制和正义,而非财富或爱荣誉"(《法义》632c—d)。法律维护者是城邦最先设立且最重要的官员,三十七位法律维护者由最优秀的人组成,挑选极其严格。其主要职责除维护法律外,还要保管城邦四个等级的人的财产记录,审判财产超出限额的人,选拔各类官员,等等。尤为关键的是,某些"真正的法律维护者"负责整个教育,同时也是立法者,而且作为夜间议事会成员还应懂得德性的一与多这类哲学性议题,并理解灵魂的不朽及其对物体的优先性,以及天体的运动。[1] 由此可知,那些由明智引导的法律维护者,属于真正的法律维护者。当他们都向理智看齐时,法律就能让理智粘合起来。[2]

但问题在于,能拥有哲学性理智的法律维护者可遇不可求。或许,我们只能期望,整个法律体系跟随节制和正义这些较低的德性。确实,在立法者的这几方面的安排中,主要涉及节制和正义。尽管明智和理智会对法律产生影响,但它们难以成为立法的直接目标。这似乎预示,立法若要

---

[1] 参见《法义》751b5 以下、766b4—5、770a5—8、811d5—7、829d4—5、963a1 以下。关于法律维护者作为城邦主锚的夜间议事会成员,参见 C. Zuckert, "Plato's *Laws*: Postlude or Prelude to Socratic Political Philosophy?" *The Journal of Politics*, Vol. 66, No. 2, 2004, pp. 388—394; V. Lewis, "The Nocturnal Council and Platonic Political Philosophy", *History of Political Thought*, Vol. 19, No. 1, 1998, pp. 8—10。

[2] V. Lewis, "Politeia kai Nomoi: On the Coherence of Plato's Political Philosophy", *Polity*, Vol. 31, No. 2, 1998, p. 347.

实现完整的德性,困难重重。实际上,这就是政治的本质和限度——像哲人那样具有健全德性的人要当王,可能性微乎其微。现实中可欲的最佳政制是君子或贤人的统治。但这不意味着,哲学对政治和立法毫无作用。哲人可成为正派而明智的立法者的老师,指导他们恰当地立法,从而间接把最美好的东西渗透进政治生活中。因此,理智可作为法律和政制的粘合剂,尽力使城邦朝向德性,而非财富和荣誉。"爱荣誉"是好战城邦的典型特征,这里和财富并列,正是指向克里特和斯巴达对军事荣誉的热烈追求。而恰切的立法应发生转变:从爱荣誉和财富转向爱德性。

《法义》深刻展现了法律与德性的关联,并对人类价值领域的善恶、对错赋予极大的关怀,从而成了西方法哲学思想保持活力的根源。柏拉图尤其强调如下几点。首先,立法不应着眼于战争的胜利和财富,亦即基于最低的和片面的德性(勇敢)。克里特和斯巴达之所以如此看待立法的目的,是因为他们将诸城邦间的战争、人人皆敌视为自然状态,从地理性和物质性的"自然"来解释立法的目的,而非依据诸德性的自然秩序和人的自然本性。其次,真正的立法旨在获得完整的德性:理智、明智、节制、正义和勇敢。立法以完整的德性特别是以理智为目标,即以哲学为目标。因此,柏拉图暗中将哲学设定为立法的基础,也就改变了立法的目的;立法由培养勇敢和追求财富转向追求整体德性和人的完满,立法更应关注灵魂的优异而非身体的需要。最后,在每一种法律中,都会存在某种德性观,立法的意图应尽量从最低的德性转向完整的德性。在此意义上,哲学对立法和政治始终有鉴照作用。指向德政的立法可彰显现实城邦的不足,引领其走向完善。

推荐阅读书目：

林志猛:《柏拉图〈法义〉研究、翻译和笺注》（三卷本），华东师范大学出版社，2019年。

林志猛:《立法哲人的虔敬:柏拉图〈法义〉卷十义疏》，中国社会科学出版社，2015年。

施特劳斯:《柏拉图〈法义〉的论辩与情节》，程志敏、方旭译，华夏出版社，2011年。

伯纳德特:《发现存在者:柏拉图的〈法义〉》，叶然译，华东师范大学出版社，2017年。

潘戈:《政制与美德:柏拉图〈法义〉疏解》，朱颖、周尚君译，华夏出版社，2011年。

K. Schöpsdaur, Übersetzung und Kommentar, *Plato Nomoi (Gesetze)*, Göttingen: Vandenhoeck & Ruprecht, 1994-2011.

M. Lutz, *Divine Law and Political Philosophy in Plato's Laws*, DeKalb: Northern Illinois University Press, 2012.

G. Morrow, *Plato's Cretan City: A Historical Interpretation of the Laws*, Princeton: Princeton University Press, 1960.

M. Folch, *The City and the Stage: Performance, Genre, and Gender in Plato's Laws*, Oxford: Oxford University Press, 2015.

L. Prauscello, *Performing Citizenship in Plato's Laws*, Cambridge: Cambridge University Press, 2014.

第十八讲
发明宇宙:从《蒂迈欧》到宇宙大爆炸*

吕克·布里松 撰　刘溪韵 译　王萱婕 校

知晓宇宙,就是发明宇宙。这个命题在我们生活其中的时代非常大胆。我们这个时代见证了科学知识如此惊人的积累,这个命题听上去也令人惊诧。加之,从现代科学当中涌现出来的解释宇宙的卓越数学理论,似乎不受控制地在驳斥这一命题。然而,对两个基本宇宙模型——柏拉图的《蒂迈欧》和当代标准大爆炸模型——的仔细考察显示,我们称为"科学"的这类知识从根本上是建立在一系列不可简化和无法证明的公式之上的。它纯粹是人脑的发明,只能够通过求助于这则简单而有效的论证得以留存:"它管用。"

面对这一事实,哲学研究在两个同等令人难以接受的解答之间徘徊:其一,提出"证明所有公理的公理",因此变得形而上、非理性甚至偏神话;其二清晰确认了这一公理所固有的无法克服的局限,被强烈的愿望驱使着,不辞辛劳地想要理解它,被怀旧之情驱使着追求绝对事物,在永不停息地尝试着重新发明一个简单而有序的宇宙时,突破所有的局限。

---

* 本文选自 Luc Brisson, F. Walter Meyerstein, *Inventing the Universe, Plato's Timaeus, the Big Bang, and the Problem of Scientific Knowledge*, Albany: State University of New York Press. 我们可以看到布里松如何借用《蒂迈欧》的思考,翻译古今宇宙论的不同与相似。

我们对这个恒久处于更新之中的问题、这个永无止境的追求。这个西西弗斯任务的变种的分析,构成本书的主题。

在进行任意分析之前,我们必须首先建立起一系列前提条件,[1]必须统一游戏规则。我们在精确表述有关知识的问题之前,需要以下基本前提条件和定义:

1. 目前的分析聚焦于本书称之为"科学"知识的内容。通过其他方式方法——例如神明的启示——获得的知识,甚或基于"常识"或习惯的知识都不在本书分析范围之内。我们同样略去了精确实验数据的堆砌,尽管它对于科学研究来讲非常重要。我们专注于作为认知的科学,而非作为行动的科学。我们的关注点仅仅在于引出对一个事实或事物的解释的知识,即通过假设—推断—试验过程所获得的特别知识。我们追随柏拉图和亚里士多德的脚步,在科学知识(episteme)和意见(doxa)之间划清了界限。

因此,本书专门探讨这样一类知识,它通过一种简明的方式,宣称对一系列确定的现象提出因果关系的解释,这些现象都可以在物理世界——即在自然界——当中获得理解。一方面,我们将会证明这一科学知识本质上是一系列公理和推理规则,它们支撑着一个形式系统,这个系统构成了科学解释理论,无论在何种情况下,我们都会提出这一理论。另一方面,我们并不深究自己在其中能够获悉得到解释的现象的物理世界"是"什么;我们把它的本体论地位抛在一边。我们只要知道这些科学解释"有效"就已足够,公理和推理规则所提供的科学知识赋予人类可观的

---

[1] "我们假设我们自己已经掌握了一个事物或事实(pragma)的不合格(unqualified)的科学知识,此举对立于像诡辩家那样意外地获知。当我们认为我们知道事实所依赖的原因时,这个原因就是那一个事实而非别的事实的依据,那个事实更不可能不同于它自身。"亚里士多德:《后分析篇》71b9—12。

控制自然的能力,在特定情形之下,我们可以通过这个能力做出具有适当精确度的预测。简言之,我们分析的是这样一个问题:关于科学知识,我们能够说些什么?

2. 科学解释现象,按亚里士多德的话来说即事物、事实和事务(pragmata)。只有通过感觉和测量操作,我们才能理解这些现象。[①] 人类的五种感觉之中的两种的专门功能是:视觉和触觉。因此,在《蒂迈欧》中,当柏拉图想要唤出物质世界时,他说起了一个"可见和可触的"(horatos kai haptos)世界。然而结果却是"没有通过感觉得到的科学"[②]。为什么呢?因为所有物质的东西都能在时间之中找到,凡是物质的东西没有一样能够逃过奔流不息的时间之流。于是,我们被迫承认"是"和"变成"之间的重要区别,针对我们关于"科学知识"能够说些什么这一问题,这个区别是基本区别。

3. 每一个事件总是在确切的空间点和时间点——即此时此地(hic et nunc)——被感知。从这一事实出发,我们可以得到物质世界的主要特征:物质世界从不"是",它总是在"变成"。换言之,物质世界的基本特征是最广义的变化(kinesis)。但是,哲学家和科学家都在寻找必要的解释,他们追求的是(普遍的)不变的自然规律,例如牛顿万有引力。尽管如此,结果却是在这两个世界之间,在变化和变成的物质世界和存在世界(world of being)(即永恒不变的柏拉图形式或数学理论的世界)之间,不能建立任何逻辑关系;它们之间横亘着一条"非理性的鸿沟"(hiatus irrationalis)!

[①] 实际上,无中介的(unmediated)感知并不能成为一种测量。"测量"已经预设了一个理论。我们在此处要跳过这个复杂的问题,因为我们尤其要把研究中心放在我们定义为"科学知识"的内容上。

[②] 亚里士多德:《后分析篇》87b28。

4. 这个悖论位于我们研究的中心。从柏拉图时代到爱因斯坦时代的思想家都面临着这样一个悖论：在形式公理系统，即我们称之为"科学解释"的理想化建构，同我们的感觉和测量操作所提供的实验信息之间，无法建立任何逻辑关系。① 爱因斯坦在 1952 年 5 月 7 日写给索罗文（M. Solovine）的信件当中，指出了自己称之为通过理论推演的命题"S"集合（die gefolgerten Sätze），同感觉认识的"E"水平（die unmittelbaren Sinnes-Erlebnisse）之间逻辑关系的缺失。②

这恰恰是因为科学方法彰显了自身是多么有力及富有成效，尤其是在 20 世纪，以至于我们提出要阐明一项讨论所用的术语，这个讨论让理知和感知之间的非理性的鸿沟明了了起来。我们打算这样进行调查：把最近科学理论的结果，以及古希腊哲学家所提出的依然有效和基础的理论的结果置于同等地位。

本书分为三部分，每一部分均提出一种通往非理性的鸿沟问题的方法。

一、柏拉图《蒂迈欧》中的宇宙模型

柏拉图《蒂迈欧》在西方哲学史中的特殊地位解释了我们对它的兴趣。

---

① 关系的确实促使威格纳撰写了著名的《数学在自然科学中的不合理的有效性》，参见 E. Wigner, "The Unreasonable Effective of Mathematics in the Natural Sciences", *Communications in Pure and Applied Mathematics*, Vol. 13, No. I, 1960, p. 2, 在其中我们可以读到："数学在自然科学中巨大的有用性和神秘的领域接界，对此没有理性的解释。"
② 关于科学如何在这两个范围之间建立联系，他如此写道："更细致地看，这个步骤也属于超逻辑（直觉）的范畴，因为干预 S 和经验 E 的概念之间的关系本质上并不是逻辑的。其中精华是'被思想的'和'（通过感觉）被经历的'之间永远成问题的联系的关系。"

1. 《蒂迈欧》已经完整地呈现在我们眼前 24 个世纪了,它的真实性毋庸置疑。通过拉丁语译本,它对中世纪哲学产生了影响,并且在文艺复兴期间重新被发掘之后,在诸如开普勒和伽利略等科学家的思想中扮演了重要的角色。

2. 在《蒂迈欧》中,柏拉图在历史上第一次完整分析、清楚陈述了"关于科学知识的问题";他赋予有效科学解释的必要性特征和理想化,指出人并不能无中介(non-mediated)地由感知经验产生。

3. 要解决这个问题,柏拉图又一次在史上首次应用了即将成为科学探究的特定方法的方法。这个方法的第一步要求确定一系列前提条件和公理。一旦确定好它们,科学家就试图核实,我们根据被认为是已知和公认的精确推理规则推演出来的命题,是否呈现出与感知经验合理、恰当的对应。

4. 最后,更加令人吃惊的是,柏拉图在历史上首次把数学作为工具,表达和推演那些从假定的公理衍生出来的结果。的确,从亚里士多德开始,哲学家为了自己的宇宙学设想,清楚地认识到了科学方法的力度及其所涵盖的范围,也就是说,从某些事先得到承认的假设出发,通过逻辑推理得出的命题。但他们的工具依然停留在日常语言之中。尽管一个人可以列举出数个原因来解释这个情况,但我们依然会吃惊地发现,在柏拉图和伽利略之间,也就是在 20 个世纪之中,没有人真正领会到数学在处理抽象概念上的巨大力量,它在宇宙学模型的建构中尤其有用。

提出这些观点之后,我们现在将阐述我们在本书第一部分所要遵循的方法论步骤。首先,我们不仅仅把《蒂迈欧》以及柏拉图的其他著作看成历史文献,而是看作这样的一些文本,它们的复杂性及连贯性支撑着复合当下最新要求的阐释。但是,我们这么做,就等于采取了所有必要的预防措施,避免了把明显外来的现代内涵引入这些古典文本中去。于是,我们认为,柏拉图在《蒂迈欧》中提供了一个专门的"科学"模型来解释宇宙,它与本书所采取的科学定义相吻合,也符合这样一个明显的警告(caveat):我们在处理一个人们在公元前4世纪确立的宇宙学模型。

其次,在我们的分析中,我们将会尽力体现构成《蒂迈欧》基础的公理结构。事实上,我们会尽可能完整地展现一系列公理,或者是原始假设,柏拉图的宇宙学体系最终都是基于它们。这个步骤在两方面都引人关注:首先,柏拉图只需要一个相对简短的一系列公理,以便提出一个必要的证明性科学解释,来描述我们在物质世界中观察到的永恒变化的现象;其次,在许多方面,这一系列公理都和当代科学也不得不承认的一系列前提条件相似。这些假设所共有的特征将会在我们对于当代大爆炸宇宙论的分析中得以呈现。

最后,我们将会把注意力集中在科学解释的实验证实(说成是"证伪"会更好)所提出的问题上,我们将会在贯穿全书的数个情境下提出这个问题。横亘在科学解释(或科学理论)和感知经验之间的非理性的鸿沟是如此权威,以至于没有任何来自感知世界的无中介(non-mediated)的发生(occurrence),可以更改诸如形式公理系统的理想化建构的本体论和认识论地位。实验法仅仅是一种允许一个人在不同集合与公理之间做出选择的方法。当然,考虑到这个方法允许我们在解释(理论)和现实之间建立经验操作联系(empirical operative connection),而这个联系的表达就是"它有效",因此这个方法的重要性毋庸置疑。但是,实验法永远不能够成功地从特殊上升到普遍。当托勒密为了"拯救"天上的"现象"而把本轮运动加入他的系统之中时,地心说的公理从未被质疑过。然而当哥白尼提出了一系列不同的公理时,不同天文学模型之间的比较和选择就变得可能了。此外我们还要注意,总的来讲,任何关于公理的问题都等价于加上一个补充性公理,抑或是等同于向一个元系统(metasystem)的过渡。我们将会在本书最后一部分回到这个问题。

另一方面,柏拉图可能从没想过对应一项实验的事物,他从没思考过,某些仅仅依赖于大幅缩减的参数的特别的物理布置/整理/安排(physical arrangement),同物质世界当中到处存在的超复杂性(hypercomplexity)相比,对于它们的受控和可重复的观察不会有任何结果,因为整个信息内容,科学解释(理论)的所有"科学知识",都包含在它的公理系统之中。事实上,从这个公理系统出发,可以推演出所有可能受实验验证影响的命题,也只有在这个系统之中推演出来的定理允许计算某个物理变量的预期数值,通过实验可以测量这一数值,因此也就能证实或证伪相关定理。一言以蔽之,我们必须仔细地区分"科学知识"和"选择的科学方法":选择的科学方法是直接基于实验法技术,而科学知识则在逻辑上独立于这一技术。总而言之,科学方法允许在相互矛盾/竞争(competing)的公理系统中做出选择,并且总的来说,指向更加精确的预测的公理系统会更加受青睐。

科学知识最终会被归纳为一系列公理,我们会在这个科学方法和科学知识之间确立一个正反馈关系。从这个方法衍生出来的预测能力是相当可观的,即使这项预测能力无法理解(用爱因斯坦的话说,"超逻辑"[extra-logical]),它也可以解释这是为什么。它的成功把自己确立成了一个出类拔萃的方法。尽管如此,只有这一系列公理和推理规则对我们的分析有价值,因为它们包含了一个理论可以传达的所有相关信息。

但是,柏拉图在《蒂迈欧》中并不承认,科学知识在此类知识之中具有纯粹功能性的定义:如果一套形式公理系统可能产出指向充分精确预测的定理,那么这个系统就被认可为"科学的",任何进一步的探究都不再必要。我们要弄清楚的原因是,柏拉图拒绝这样一类知识;或者更精确地说,他绝不会把这样一种努力认可为知识。[①] 科学的纯粹操作性定义（operative definition）放弃了对它的前提条件进行严格审视,因此它不仅仅在智能层面不足以打动人,并且与此同时也抛弃了所有对于确证的追问,即使我们能够挖掘出它与经验现实的惊人对应。

但无论是柏拉图还是在他之后的绝大多数哲学家,都没能在不给自己的理论附加一系列特殊的形而上学实体的情况下,成功避免僵局。但这些形而上学实体的必要性很难——如果不是完全不可能的话——通过观测和经验证明。

二、宇宙学的大爆炸模型

本书第一部分对《蒂迈欧》的详细分析,将表明对柏拉图而言构成科学知识的内容是什么。柏拉图假设,仁慈的造物主用数个原始而简单的数学要素设计了整个宇宙,当且仅当科学家成功发掘造物主用于构造宇宙（kosmos）的数学公式时,这个宇宙当中的所有现象才能得到科学解释。柏拉图此举是希望数学可以填补"非理性的鸿沟",因为数学被认为是纯粹理性的建构。此外,既然造物主是仁慈的,那么只要有可能,他就会确保赋予宇宙秩序的数学对人类而言足够容易理解。尽管如此形而上学（This metaphysics not with standing）,柏拉图在《蒂迈欧》中宣称,一个人关于一个现象可以期望的唯一知识,就是表述它的变化（kinesis）的数学公

[①] 正如威格纳在文章中已经引用过的那样:"……我们不知道我们的理论为何如此有效。因此它们的准确性并不一定能够证明它们的真实性和连贯性。" E. Wigner, "The Unreasonable Effective of Mathematics in the Natural Sciences", p. 14.

式。尽管相隔24个世纪,当代宇宙学也似乎在多条路径上都平行于柏拉图的工作。

但首先,我们要提出这个问题:为什么要把大爆炸模型看作科学范式?我们可以给出几个原因:第一,大爆炸模型是一个宇宙学模型,并且在这个意义上和《蒂迈欧》直接相关;第二,只有极少数物理学理论可以描述如此宽广的范围,或者吸引普罗大众的兴趣;第三,从关于知识的哲学的立场来看,在科学领域没有任何事物可以匹敌宣称能够描述整个宇宙的模型。

为了在方法论上自洽,我们将列举一些公理和假设,它们对这个宇宙的一致/连贯/符合逻辑(coherent)的数学模型——即标准大爆炸模型——的建构而言是不可或缺的。我们这么做的目的是为了说明,我们有可能把这个模型当作一系列前提条件的顺位延续来分析,这些前提条件反映了科学家对于空间、时间、因果律等概念的偏见。这一系列公理允许这样一个宇宙的构建:在这个宇宙之中,我们所熟悉的数学可以承担构造一套解释系统的功能。一旦这个模型的基本特征得到了澄清,我们就会从我们视为证实这个模型的观测事实的描述出发,同时也会重视有可能证伪这个模型的最重要的事实。

这个项目的主要目的是为了强调这个模型的建构的纯粹理知性特征。事实上,在N维拓扑矩阵空间和感知"世界"之间,无法建立任何逻辑联系。此外,如果我们提供一个大爆炸模型的技术性描述,那就是为了清楚地体现以下几个方面,它们似乎是我们分析的基础。

1. 一定量的对立面,其中"是"(being)和"正在变成"(becoming)的一对代表着《蒂迈欧》中的基本反义词对,我们同样也能在大爆炸模型之中找到;见下表:

《蒂迈欧》	大爆炸
是　　变成	模型　　现实
原生　　副本	理论　　观测
永恒　　变化	规律　　复杂性
秩序　　混乱	预测　　复杂性
对称　　混沌	对称　　复杂性

2. 这几个反义词对再次体现了我们已经反复指涉过的非理性的鸿沟。《蒂迈欧》和当代宇宙学都把中心地位赋予了对称概念。在《蒂迈欧》中，对称(symmetros)的反义词是 ametros，它表示无法测量的混沌，即使在今天我们也认为它不可计算。事实上，这就是在《蒂迈欧》中发展起来的中心思想：造物主确立的宇宙秩序在对称性中找到自己的根基的时候，就变得显而易见，因为这个对称性让这样一个宇宙的数学描述变得可能。柏拉图主义和当代方法论的同源性值得被重视。对称是从几何学当中衍生出来的概念，它也是大爆炸模型的构建所围绕的关键概念。此外，柏拉图和当代宇宙学家都会用到对称/复杂性这对反义词对，他们的宇宙模型在三个不同领域之中得到区分。

星体、星系和星系团所属的浩瀚无垠的领域。根据两个模型都提供的描述来看，在这个领域之中，一切都是对称、均匀、各向同性和简单的。这是永恒圆周运动的领域，也是数学物理的领域。

基本构造元素(elementary building blocks)的微观领域。同样，在这里，两个模型都假定了对称性和简单性。这是完美的柏拉图多边形以及它们之间数学互动的领域，也是基础数学粒子物理(physics of elementary mathematical particles)的领域。

月下世界(sublunary world)，它包括了人类能够分解成基本构成单元来分析的一切。这是不同星系、人类和病毒的宇宙。这是特殊物的世界、个体的世界。这是复合体的领域。

3. 这两个模型都必须承认以下关键公理。整个宇宙可以还原为个别简单数学原始元素（simple mathematical primordial elements），并且这个宇宙当中所发生的一切，每一个依赖于时间的变化（kinesis），也都能够还原为简单①数学元素之间的简单数学互动。它的结果会是一个有秩序的世界，一个宇宙（kosmos）。这个秩序是被作为公理引入关于这个宇宙的描述之中的对称性的结果。

4. 最后，当代宇宙学采取了非常近似于柏拉图观点的态度，其认为发现"有效"的数学公式，是科学研究的唯一目标。但是一项理论一经建立，它的公理和推理规则因为比别的模型更加"有效"而得到选择，那么关于这个理论本身，我们就无法进一步"科学地"言说了。

局限的知识当然不是柏拉图眼中的 episteme［知识］。在柏拉图的思想中，episteme 仅指这样一类特殊的知识：它唯一的目标是理知的形相（Forms）。这才是"真正的理论"（alethes logos），在柏拉图眼里完胜对一个功能性理论的简单阐释。但只有神和一小部分被选中的人（哲学家）才能获得真正的知识。结果就是，凡人设计的数学模型永远只不过是对现实的近似描述，即 eikos logos，它是真正现实的似是而非的副本。现代科学也受困于这个窘境：每一个理论最多不过是对某种现象的临时描述，它一直是开放式的，因为一个理论只能够抵御证伪，但永远无法被证实。

于是，关于何种知识能够作为科学知识为人们所获知，《蒂迈欧》和大爆炸模型共享着一种局限的乐观主义。宇宙充满秩序，并能够还原为少数简单元素，它们以一种简单的数学方式互动着。基于这个假设，科学家仅仅得到一个 episteme 的近似图像，他们只能提供一个现实的副本，期望

---

① "简单"在此处的含义是：人类研究者原则上能够理解。简单性是一个相当主观的心理学概念，但尽管如此，它在宇宙学中依然扮演着基本角色；相反地，复杂性是它的诅咒，也可以被精确定义。

自己的努力能够让自己的知识不断趋近真正的现实。但如果把最近发展的算法信息理论（Algorithmic Information Theory）也考虑进来，那么即便如此谦逊的想法也会显得很受拘束。为了完成我们的分析，我们将会运用蔡汀（Gregory Chaitin）开发出来的这项强有力的工具。

三、算法信息理论

算法信息理论是非常新的理论，以至于我们基于它的一些结论看上去会相当矛盾。尽管如此，我们也将通过以下理由为我们对这个理论的特别兴趣正名。

正如前两部分的例子可以证明的那样，科学知识的获取要求前期的理知活动：我们考虑之中的物理情形必须用符号语言加以表示或用公式加以表达。这个语言纯粹基于符号，而无论如何都与任何物理基础（例如：N 维拓扑空间、对称群、量子数等等，或者更谨慎（但相似）地说，用"米"丈量的距离、用"度"丈量的角）无关。这是我们考虑之中的现象的初步科学描述。正如维纳（N. Wiener）和 C. 香农所表述的那样，这一描述总是可以用二进制语言进行编码，例如 0 和 1 这样的二进制符号序列。同样的言说适用于任意此类科学理论：它们被用于"解释"在选定的特殊物理情形之中观察到的变化（kinesis）。

对于从属于仅仅由 0 和 1 构成的抽象数列的重要定理，算法信息理论允许对它们做出数学证明。我们即将看到，此类数列可以代表此前我们称之为"科学知识"的内容。[1] 但更基础的是这样一个事实，即这个理

---

[1] 每一种科学理论都必须是可传达的，必须能够用主体间的（inter-subjective）语言明确表达。唯我的"知识"显然不是"科学的"知识。

论允许我们测量一个二进制数列的复杂性。只要一个科学理论是对现实的描述，只要我们可以言说这样一个理论，那么我们就可以把这个描述看成一个具有一定长度和复杂性的二进制数列。在这一点上，有关科学理论的复杂性或是其信息内容的问题，就变得切题了，而切入科学知识问题及其"非理性的鸿沟"的一个更加富有辨识力和洞察力的方法，也变得可行了。

如果要用算法信息理论所呈现定理的术语来重新表述有关科学知识的问题，这未免有些奇怪，但我们由此得出的结论也会更加令人吃惊。我们将会证明，简单数学赋予我们的宇宙以秩序的可能性，以及我们的宇宙可还原为个别简单基本构成元的可能性，是无限小的。除非仁慈的神明做出了相反的决定。我们也会证明，例如在《蒂迈欧》或当代宇宙学之中发展起来的科学理论所能传达的所有知识，都会弱化为对这个理论的空洞阐释，意即对公理命题集合及其认可的推理规则的列举。因此，我们将会证明，这一系列操作从两个方面导致了一个明显的局限：凡是超越这个理论的复杂性的事物，在这个理论之中都是不可判定的；任何问题都要求额外的公理。但如果这个理论像某些物理学家梦寐以求的那样是"最终"的理论，那么这个理论自身就完全不可言表，我们不可能对这样一个最终理论做出理性的论述。

如意料之中，这个新的方法可以表达亚里士多德主要在《后分析篇》中已经发展起来的思想，但这次是用精确的数学方式表达。事实上，我们对算法信息理论的应用会显示，我们用当代数学的复杂语言所表述的亚里士多德的思想，没有失去任何核心内容（lost nothing of their interest）。

附 《蒂迈欧》宇宙模型的中 22 条先行的原理①

A1. 现实分为两个领域：理型(eidos, idea)——纯净、永恒、不动、单一；以及反复的可感具象——在时间之中永恒地变动(kinetos)。

A2. 在诸理型之中，"善"占据着一个特殊的地位。

A3. 在可感世界中，一切变动之物皆有其变动的原因。

唯有在可感世界中，因果关系才有其效用。根据 A1，理型的领域是永恒的、不动的，所以也没有可以作用于它们的"原因"。在可感世界中，"变动"可以归结到基础元素之间的关系上（参见 A18）。根据 A3，一切事物都根据因果关系发生变化。也就是说，任何关系的变化都会影响其他关系，促成后者的变化，这种影响或表现在次序中得以呈现，或在时间中得以呈现。因此，我们可以进一步地推论出，无论是变化与变化之间的内在联系，抑或是两种关系之间的内在联系，都可以借由数学得到表达，柏拉图建立了一个根据因果秩序的、数学的宇宙。

A4. 可感世界是一位神进行秩序化的结果。

A5. 德穆格(demiurge)是善的(agathos)。

A6. 德穆格并非全能的。

A7. 德穆格重整了一种原始的素材——khora（空间媒介，spatial medium，参见《蒂迈欧》52b、49a）。

A8. 德穆格试图为世界带来秩序，但有一种名叫 anagke [必然性] 的因一直在与之对抗。

在古希腊语中，anagke 一词可直译作"必然"。但是柏拉图在《蒂迈欧》中使用这个词语的方式却与我们寻常所说的"必然"有所

---

① 这部分是从正文中抽出的条目，便于了解柏拉图《蒂迈欧》中的思想设置前提，由陈宁馨译出。——译注

不同:它是指一种可以被视作法律、贯穿物质世界的限制。柏拉图认为 anagke 是一种"因",而且是一种负面的"因",他认为它是"游离不定的因"(olanomene aitia),因为它代表了一种非理性的元素对德穆格秩序化努力旷日持久的反抗。

anagke 实际上是 khora(根据 A7 中提出的假设)的一种固有的特性,在德穆格介入之前,可感世界间的一切事物本都应是由四元素构成的(参见 A9),"它们是无理智而又无尺度的"(53a)。《蒂迈欧》中没有任何信息告诉我们,并非全能的德穆格(参见 A6)为宇宙赋予秩序的工作获得了多大程度的成功。在德穆格重新整合了宇宙之后,anagke 仍然作为"游离不定的因",在可感世界中持续地发挥作用。可以说,繁复的、无序的因素仍然在宇宙之中存在着。

A9. 所有的可感具象,包括天体在内,都是仅由四元素制作出来的:火、气、水、土。

A10. 仁慈的德穆格(参见 A5)力图给 khora 带来秩序(参见 A4),但他所能做的,不过是利用他的模型,将之当作一个"完美范本",并竭其所能地使他的造物尽可能好地"复制"(eikon)这些模型(参见 A6)。

A11. 作为"完美范本"的副本,由德穆格所造就的可感世界就只能够成为一个活物,其身体由四元素(参见 A9)所造,其灵魂(psukhe)被赋予了理性(参见 A12)。

A12. 由于世界灵魂是理智的载体,所以它是按照数学建构而成的。

A13. 整个宇宙可以被分为若干零散的基元。

A14. 这种基元是无限小的,因此是"不可见的"。

A15. 从根本上说,这些基元都是数学实体。

A16. 这些相互区别的基元在数字上极小,它们单一、不可辨识、不可毁灭。

A17. 这些实体是可感具象最根本的组成部分;宇宙之中的万事万物都由它们组成。

A18. 在宇宙之中,一切可以观察到的现象,被柏拉图称作"变化"的一切,其实都是基元之间的相互作用。

A19. 这些相互作用可以且仅仅可以通过数学术语得到表达。

A20. 就目前的比例尺来看,其中并没有任何"多"的因素存在。在各个层面上,从肉眼不可见的微观职务的比例尺,到天文学中的庞然巨物,关于可观察之现象,其解释仅仅在"基元遵守着同一的数学原则"中有所涉及。

A21. 宇宙并不是统一的。

A22. 在可感世界中,没有真空存在。

A23. 世界的球体将一切有形之物都封闭在内。在这个球体中,制作四个同心面时。四种元素已经消耗殆尽了。

推荐阅读书目(刘未沫拟):

F. M. Cornford, *Plato's Cosmology*, London: Routledge & Kegan Paul, 1937. 康福德这本对《蒂迈欧》的分节翻译和解读是《蒂迈欧》研究的必备参考书,可配合泰勒的《蒂迈欧》注释(A. E. Taylor, *A Commentary on Plato's Timaeus*, Oxford: Clarendon Press, 1928)使用。

Plato, *Timaeus*, D. J. Zeyl trans., Indianapolis and Cambridge, Mass.: Hackett Publishing Co., 2000. 泽尔译本仍然是现在最常用的《蒂迈欧》英译本,其前言是对

该对话及其主要争论的出色指南。

C. Gill, *Plato's Atlantis Story: Text, Translation and Commentary*, Liverpool: Liverpool University Press, 2017. 对亚特兰蒂斯故事的唯一文字来源正是柏拉图的《蒂迈欧》和《克里提阿》,吉尔写过多篇有关该主题的论文,本书前言是该主题的出色指南。

多罗西娅·弗雷德:《柏拉图的〈蒂迈欧〉:宇宙论、理性与政治》,刘佳琪、刘玮编校,北京大学出版社,2014 年。本书是弗雷德在"中国人民大学古希腊哲学名师讲座系列"上五次有关蒂迈欧讲座的翻译稿,分别讨论了柏拉图早期著作中的自然哲学,《蒂迈欧》对《理想国》教育计划的修正,对《蒂迈欧》字面解释与寓意解释的争论,宇宙灵魂的结构,宇宙论与政治的关系。深入浅出,为非专业人士进入本篇对话提供了非常可靠的途径。

G. Vlastos, *Plato's Universe: With a New Introduction by Luc Brisson*, Las Vegas: Parmenides Pub., 2005。本书为弗拉斯托斯的经典之作,篇幅不大,代表了 20 世纪 90 年代以前学界对《蒂迈欧》的经典处理方式,也就是将其视为希腊古代科学的武器库。全书第一部分讨论了《蒂迈欧》中及其之前的"宇宙"含义,简短而富有启发。第二部分讨论天体的运动,包含较有技术性的古代天文学内容。第三部分讨论元素的结构,提出了一些现代读者阅读古代科学会提出的问题,并站在柏拉图理论内部做出有效回应。

L. Brisson & W. Meyerstein, *Inventing the Universe: Plato's Timaeus, the Big Bang, and the Problem of Scientific Knowledge*, Albany: State University of New York Press, 1995. 著名柏拉图研究学者布里松和物理学家梅耶斯坦联手之作,他们试图证明当今的宇宙大爆炸理论与柏拉图的宇宙论,其实建立在非常相似的模型构造原理上,只有实验才能在这两种不同的宇宙模型之间做出区分;而就理论来说,它们几乎同样完整、同样有说服力。在实验上,对宇宙大爆炸理论的验证并没有达到完全证实的地步,在这个意义上,宇宙大爆炸理论的假设也是关于宇宙创生的一种"神话";同时柏拉图的宇宙理论或宇宙创生神话,比我们所想得更接近科学,正是柏拉图在历史上第一次提供出了如何获得科学知识的方法(假说—演绎),以及获得这些知识的工具(数学)。

T. K. Johansen, *Plato's Natural Philosophy: A Study of the Timaeus-Critias*, Cambridge:

Cambridge University Press,2004.在过去30年中,《蒂迈欧》的理论价值经历了一个重新发现的过程,并逐渐形成了对其整体解读的学术主流传统。这不得不提到剑桥古典系为此所做的努力:1992—1993年剑桥古典系古代哲学的两位重量级教授本耶特(M. Burnyeat)和劳埃德(G. Lloyd)相继开设了这部对话的研究生研讨课,而当年古典系最重要的年度学术活动("五月学术讲坛")主题也被定为《蒂迈欧》,这一年被称为古典系的"《蒂迈欧》年"。在这一系列活动中活跃的学者——除这里提到的几位,还包括赛得利(D. Sedley)、贝特(G. Betegh)等——在之后10年中相继发表了重要的《蒂迈欧》研究文章或专著,其中约翰森2004年出版的这本专著更成为《蒂迈欧》研究的典范作品,代表了当今学术界阅读《蒂迈欧》的主流方式:基于字面解释的、整体性的解读。此书是当今所有研究《蒂迈欧》对话的必读书。此后另一拥有典范意义的专著是 S. Broadie, *Nature and Divinity in Plato's Timaeus*, Cambridge: Cambridge University Press, 2011。

G. R. Carone, *Plato's Cosmology and Its Ethical Dimensions*, Cambridge: Cambridge University Press, 2005. 本书旨在修正过去研究界忽视柏拉图宇宙论或将柏拉图伦理学和宇宙论作为独立部分研究的状况。作者试图说明柏拉图在晚期著作《蒂迈欧》《菲丽布》《治邦者》《法义》中发展了一套关于自然以及天人关系的完备理论;并且我们不仅只有借助于宇宙论才能理解柏拉图的伦理学,而且宇宙论对于理解柏拉图认识论和形而上学思考来说也是必要的。

普拉多:《柏拉图与城邦:柏拉图政治理论导论》,陈宁馨译,梁中和校,华东师范大学出版社,2016年。普拉多选取为政治公共生活建立秩序为线索,将《蒂迈欧》和《克里提阿》置于晚期对话《治邦者》和《法义》的背景中考察,并认为这些对话与柏拉图在早期对话《美涅克塞努斯》的政治反思与中期对话《理想国》的政治心理学内容都一以贯之,所有这些连缀起来可以重构完整的柏拉图政治哲学和教育纲领。关于《蒂迈欧》研究的中译著作很少,本书可以为读者理解宇宙秩序和城邦秩序的关系提供一种解读。作者的讨论方式,则展现出与英美论证迥异的法式风格。

Chad Jorgenson, Filip Karfík, and Štěpán Špinka eds., *Plato's Timaeus, Proceedings of the Tenth Symposium Platonicum Pragense*, Leiden: Brill, 2020. 最新的《蒂迈欧》

研究文集,是国际柏拉图协会第十次会议的主题,单篇文章在博睿官方网站上可读。在此之前,柏拉图协会曾在 1995 年开过一次关于《蒂迈欧》《克里提亚》的研讨会,当时的会议文集也于 1997 年出版(Tomás Calvo & Luc Brisson eds., *Interpreting the Timaeus-Critias, Proceedings of the IV Symposium Platonicum*, Sankt Augustin, Germany: Academia Verlag, 1997)。对照两次文集学者文章的研究主题,能略微感受到近 20 年来《蒂迈欧》研究的延续和变化:(1)宇宙灵魂、物质—空间的解释一直是关注焦点;(2)《蒂迈欧》和柏拉图其他晚期著作的关系得到更多关注;(3)最近增长的热点是对话后半部分与人类身体构造有关的讨论。

第十九讲
柏拉图主义

吕克·布里松 撰　李博涵 译　梁中和 校

在古典时代,尤其是希腊化时期,一个柏拉图主义者通常要么是柏拉图哲学的注解者,要么是柏拉图哲学的门徒。对于第一类人而言,如对《蒂迈欧》进行注解的斯多亚派学者帕纳埃提乌斯,他们并不完全站在柏拉图主义的立场。无论柏拉图的追随者们是否宣扬那些早期对话录的重要遗作,或是他们认为由其他对话录发展而来的那些学说,他们都是在学园的框架内进行着基本活动,包括阅读和解释那些大师的作品并对它们进行注解。这些活动都基于一种非常强大的重视手稿的传统,并与对美德的实践紧密联系在一起。作为一种其灵感很早就来自毕达哥拉斯学派的基于学园的现象,柏拉图主义在历史中显示出惊人的多样性,并且就忠于这个现象的规则而言,创新并不是不可兼容的。

这种多样性源自柏拉图的文本本身,在柏拉图文本最初的重要时期,柏拉图以苏格拉底的口吻质疑他同时代人的观点和价值,并且以一种较为武断的方式在伦理学、认识论和本体论中建立了许多准则。在所有这些领域中,一个相同的理念贯穿于全部领域之中。那种超越性意味着:一方面,现实被划分为两个领域——感官的,亦即不断变化的个体性的领域,以及理智的,亦即绝对不变的领域;另一方面,对于每一个人类个体来说,这种两个领域的区分也是一个具有五种感官和肉体的凡人,与一个可以获取理智的不朽灵魂之间的区别。

一、柏拉图

在早期的对话录中,直到《美诺》,苏格拉底都采用了一种被称为诘问式的方法:只要有一种与原观点相矛盾的观点可以从对话者的意见中演绎出来,这种观点就可以被驳倒。事实上,诘问式呈现出四个本质的特征:(1)如果从形式上看,这种方法是一种消极的方法,苏格拉底并不为自己的观点进行辩护,而是让自己去检视那些由对话者预先提出的观点;(2)当苏格拉底寻求发现真知却意识到自己一无所知时,他必须从他的对话者坚持认为是真的那些前提中得到这种真知;(3)他必须将所得到的真知接受为暂时建立起来的;(4)进而得到结论,作为一种寻求真理的工具的诘问式,并不能保证真知的确定性。

从而,为了达到那种源自追求真知的自信的确定性,并鉴于几何方法的巨大成功,柏拉图采用了数学的方法。这些方法被认为是所有方法的典范。一种真正具有说明性的方法应当呈现出以下的逻辑结构:为了把命题的真实性和命题的推论联系起来,这种方法必须能够证明命题的真假性,因为这是问题推论的必然结果;并且这种方法要在它的最终分析中得到它自身的真实性,因为这种真实性是系统化其公理的必然结果。这也就是说,这些命题的真理性在系统的框架内是无矛盾而自明的。柏拉图使用的方法意味着哲学家有一种"教义",虽然这种"教义"必须是一种连续而重要的详尽过程。现在,问题中所讨论的教义是矛盾的,它的特征是双面矛盾。首先,对柏拉图来说,通过感觉所感知到的事物仅仅是理念的摹本,并且这些理念隐藏了自己的存在,并构成了真正的现实。其次,人不能还原为肉体,他的真实存在与一种可以解释人体每一种运动的灵魂实体相关,无论这些运动是物理的(如成长、身体运动等)还是心理的(如情感、感官知觉、理智能力等)。柏拉图从来没有定义过这种关于理念存在的假说,而只是以其反面的特征来描述它,而这种推论也为他的伦理学、认识论和存在论建立了基础。

由于雅典的混乱统治,那时古典城邦在对手的攻击下濒临崩溃,并且人们都反对共同价值。为了继续苏格拉底从事的活动,柏拉图寻求建立一种基于绝对可靠的道德原则的政治秩序;这也解释了为什么早期的对话录都在解决伦理问题。这就涉及定义一个完美的城邦公民的必要道德品质,这种定义的需求就暗示着一种绝对规范的存在,它既不取决于诗人传颂的传统,也不同于如智者那样的人所宣称的,以任意约定的规范来评估人类状况。

但是这种使得伦理体系得以可能的假说,又要回溯到认识论的层面,这也是《美诺》中特别澄清的一点。为了把握伦理学要求的全部规范,我们必须假定一种人有不同于意见的能力存在:理智。现在,理智和意见之间的区别意味着它们各自对象之间的区别;意见统摄处于生灭变化中的感性实体;而理智则把握不变的和绝对的现实。总之,为了给他的道德体系所需求的认识论建立一个基础,柏拉图假设了一种现实的存在,亦即他所说的理型(理念形式)。

理型解释了理性知识形成的过程,然而,可感觉的现实则不依赖于这些过程。如果在感官世界中,客体以及它们的特征都被简化为一种复合运动的暂时结果,那么伦理学和认识论就不可能被建立,并且从这样的立场来看的话,对于理念世界存在的推论就使自己显得空洞和无效。因此,除了建立伦理学和认识论的需求外，必须建立一个存在论的基础，它能够允许我们解释感官现象自身的不断变化，这些感官现象会在一种连续的发生中消解。只有感官现象呈现出一种可靠的稳定性，它能够使我们的理智参与其中，我们才能理解这些感官现象，并能够言说它们。总之，在感官世界中存在一种世界的建筑师或是造物主，这个建筑师或造物主在创造宇宙的同时，使他的双眼注视于理念的形式，这才能允许我们理解并言说这个世界，并且在城邦中，这些标准的存在也同时规范着个人和集体的行为。这也是柏拉图专门撰写《蒂迈欧》的一个重要目的。

二、老学园

这一柏拉图在对话录《美诺》中或多或少谈及的学说，也一定是他在公元前 387 年创立的学园之中所讨论过的内容。那时他刚从南意大利的大希腊殖民地（Magna Graecia）和西西里岛结束第一次旅行，在殖民地那里，他遇见了许多包括阿库塔斯在内的毕达哥拉斯派学者，而在西西里岛，他在叙拉古的狄奥尼修一世宫廷里受到了款待，并结识了狄翁。柏拉图在雅典自费建立了学园，那里花木繁盛，并有一座为了纪念英雄阿卡德摩斯而建立的公园。这座公园坐落于通往城市依洛西斯的路上，靠近科菲索斯河（Cephissus River），并且离科奥诺斯不远，有一座体育场坐落于学园的中心位置。这所学园建立的目的就是让青年人通过接受柏拉图在《理想国》第六卷和第七卷中所提出的哲学教育，使他们积极参与政治活动。学园建立后迅速取得了很大的成功，它很快成为重点教授修辞学的伊索克拉底学园的主要竞争对手。

柏拉图周围聚集着他的朋友和追随者，他们每个人都会对某一个具体的学科负责。其中最著名的是亚里士多德、斯彪西波、色诺克拉底、菲利普斯、赫莫多鲁斯、赫拉克利德斯、欧多库斯、赫斯替埃乌、泰阿泰德等。我们同样认为这些人中也有一些数学家和天文学家,如梅内克缪斯和他的兄弟迪奥斯图、安菲诺摩斯、艾米达斯、阿忒纳乌斯、赫尔摩底谟、卡里普斯(他重新定义了球体系统)、忒奥厄斯,以欧几里得风格写作的《元素》(Elements)被认为是他的作品。以及其他的在往来书信中提及的人,包括尤菲罗斯(柏拉图《书信五》)、伊拉斯塔斯和怀疑派的科里斯库斯(柏拉图《书信六》)。

从一开始,学园就是一个可供激烈自由讨论的场所,而不是一种独断的特权教义传播的地方。记住这一点很重要:无论是亚里士多德还是其他柏拉图的继承者,他们都没有保持柏拉图本人正统思想的核心,亦即他关于理念的理论。我们可以考虑一下与柏拉图和斯彪西波保持着关系的狄翁。他在听过柏拉图的讲座后经常光顾学园,在他回到西西里岛掌握了当地的政权后,其政治活动和他在天文学和几何学上的活动一样重要。

此外,我们有理由相信,作为一种几何学所规定的方法,对最高原则的寻求也是在学园的框架内进行的。根据当代的作家和一些同时代人的观点,这种也许在《菲丽布》中设计过其蓝图的追求,产生了"秘传学说"核心的原则体系。在这种秘传的情况下,真正的柏拉图是亚里士多德所批判过的,并且是只有他那些最亲近的门徒才知晓的柏拉图。由柏拉图主义传统传承的柏拉图形象本身就是一个"亚里士多德化"的柏拉图,这样的柏拉图学说已经在学园的框架内讨论过,并且在许多情况下,这些学说都经由亚里士多德修正过。

这所学园既不被看作柏拉图本人的财产,也不作为针对特殊身份的人所准备的协会,它的制度由学园掌门(scholarch)的选举而产生。

这一掌门人或首领,就成为柏拉图的继任者。学园一直自信地遵守着其创始人的发展方向,然而,学园活动的核心是系统化和传播那位大师(柏拉图)的思想,以针对于其他学园所教授的东西。亚里士多德的哲学是在吕克昂的体育场进行教授的,而被认为是犬儒主义(Cynicism)的创始人的安提斯泰尼的哲学也是在犬儒主义的体育场教授的。后来,雅典又建立了两所新学园,它们分别是斯多亚学派和伊壁鸠鲁学派的学园。

对于智者和柏拉图来说,哲学训练的目的是为了让青年人成为一个城邦公民而做准备。这要通过教授他们一些课程,以及对他们进行通过辩证以及修辞方式进行的对话训练,从而使他们领会其中涉及的理性原则。这些理性原则涉及个人和群体生活,在某种程度上,对对话术的精通是经常的内容。

这意味着,那些至少在柏拉图主义者、亚里士多德主义者和斯多亚学派内被使用的辩证方法,使在对话练习中的对话者掌握了与他人以及自己进行辩证对话的方法。虽然大师课程存在于学园之中,这些课程类似于教授亚里士多德的《物理学》和《形而上学》,但整个教学系统并不是哲学大师独自的长篇大论,教授者总是对听者的问题或是某些具体的问题进行回应。教学一般包括三个不同的领域,这些领域被认为是由色诺克拉底提出的,他是柏拉图之后学园的第二任接班人。第一个领域是关于逻辑和认识论的,其中涉及的内容直到今天仍然被人们使用。这些内容被斯多亚学派称为逻辑,被伊壁鸠鲁学派称为准则(canonics),被柏拉图主义者和亚里士多德主义者称为辩证法。虽然后两个学派对辩证法教授不同的内容,但所有的学派都在第二个领域内教授物理学,并在第三个领域内教授伦理学。

三、新学园

随着阿凯西劳斯于公元前268至前264年继任了克拉特斯的位置,学园便变为了"新"学园,此前所有使学园系统化的努力都废止了。此时悬置判断(Suspension of judgment)成为哲学的一项基本准则,对确定性的拒绝判断导致了普遍怀疑。阿凯西劳斯认为他自己是实现这一转变的人。他一开始与奥托吕科斯一起研习数学,然后在泰奥弗拉斯托斯的学园待了一段时间,之后与墨伽拉和埃雷特里亚的一些辩证学家,至少通过他们的作品而结识。在背离了色诺克拉底由柏拉图成熟时期的对话录所影响下建立的宏大体系之后,阿凯西劳斯回到了早期对话录中讨论过的苏格拉底的实践方法。这就是为什么他将批判性的对话和对无知的肯定放在了首要的位置,这正是他理解柏拉图的那种怀疑式对话模式和神话式叙事方法的结论。他的哲学原则所针对的自然是当时最为广泛传播的斯多亚主义独断论,斯多亚主义将整体性的概念建立在对宇宙的延伸探索和其确定性上,并将此看作智慧的必要前提。

像苏格拉底的做法一样,阿凯西劳斯述而不作,不遵循任何独断的方法,而是选择与对话者进行生动的对话,并听取他们的意见。他的学生不完全遵循任何大师著作的权威,而是遵循自己的理性,同时阿凯西劳斯对自己学生的回复又会提出新的问题。阿凯西劳斯的教学精神为卡尔涅阿德斯所继承,他试图建立起一种依据事物的真实度而进行陈述的哲学方法,从而他坚持认为任何一个给定的既定陈述都不能声称自身的真实性。

无论如何,学园的历史似乎从公元前88年就结束了,那时菲洛逃离在米特里达梯的围攻下的雅典,并前往罗马寻求庇护。但是即使在菲洛流亡之前,柏拉图学园就在安提库斯的离开后经历了一次大分裂。那时安提库斯声称他找到了旧学园的灵感,并说这一灵感外在于新学园之外,从而也是他为柏拉图主义的历史插入了一段插曲。他的做法有着双重的目的:一方面重建对于柏拉图主义的权威释义;另一方面说明了吕克昂和斯多亚主义的伟大,在那里亚里士多德和芝诺追随着柏拉图。因此他的柏拉图主义受到了亚里士多德主义,尤其是斯多亚主义的影响。安提库斯从未被公认为学园的首领,此时的学园的传承血脉也被打断。学园此后被安提库斯接管,使新学园比它的创立者多存在了一百年。

四、中期柏拉图主义

以上描述的这个时期从公元前4世纪到公元前1世纪,具有两个特征:它以雅典哲学学园的方式呈现,并且其教学的目的是言说与生活技艺的训练。那些主要的流派,如柏拉图派、亚里士多德派、伊壁鸠鲁派和斯多亚派的学园都分布于雅典城邦的不同地区。教学包括辩证法的练习和讨论,其目的是为了训练学生为知识启发而进行的政治活动(柏拉图派)、为科学奉献人生(亚里士多德派)、为道德而生活(伊壁鸠鲁派和斯多亚派)。

在罗马共和国的最后时光中,这些哲学学园在元首制统治的早期都几乎消失了。雅典地区哲学学园的消亡以及地中海地区众多哲学机构的形成,使哲学的历史进入了一个新阶段。

为了确认它们每一个学园中哲学灵感对于传统学园的忠诚度,当时这四个哲学流派在东方和西方的不同城市中传播,这些学园也不再支持其创建者们所创立的雅典制度,那些人坚持一种口头的传统。尤其是柏拉图主义哲学成了一种文本注释的哲学,其主要关注柏拉图的《斐多》《阿尔喀比亚德前篇》《高尔吉亚》《斐德若》《会饮》《泰阿泰德》《理想国》《法义》《治邦者》,以及尤其是《蒂迈欧》。

这种哲学注释的传统有很遥远的历史,事实上,克冉托尔很可能在公元前 300 年对柏拉图的《蒂迈欧》进行过注解,而在罗马帝国建立后,这种注释传统得以系统化发展。在之前的哲学训练中,学生们要学会言说,并在言说的过程中学会如何生活。而现在他们要学习阅读,并在阅读中学会如何生活。哲学事业因此而成为解释性的事业。例如,一个人诘问生命(the living thing)与理知物(the intelligible)和理智(intellect)之间所保持的关系时,我们就可以从《蒂迈欧》中的短句里得到答案:"理智可以在生命事物中感知到理知物。"反思不再是解决一个既定的问题,而是在于解释那些由亚里士多德和柏拉图解决过的问题。

从公元前 1 世纪到罗马帝国早期,占主导地位的哲学仍然是斯多亚主义,这是一种受到亚里士多德主义强烈影响的折中化和相对化的柏拉图主义。但逐渐地,一种宗教哲学成为需要。此时柏拉图主义哲学解释世界为另一种秩序,这种神圣的秩序只能由灵魂把握。这就是柏拉图主义的一次复兴,即后来被称为的中期柏拉图主义。

在公元前 1 世纪的中期,波勒蒙被认为是折中派柏拉图主义之父,其形态以菲洛哲学的形态呈现,这是柏拉图主义与其他哲学形态最具代表性的一次结合。普鲁塔克在新思想的领域内占据一席之地。在他之后,在公元 2 世纪的中期,又出现了智者马克西姆斯和阿普列乌斯,以及后来的医生盖伦以及和他一起做研究的阿尔比努斯。阿尔比努斯被认为可能是盖乌斯的门徒。通过基督教护教者奥里根对他的激烈抨击使我们能够部分重塑凯尔苏斯的作品《真言》(*Real Discourse*)。努麦尼乌斯在柏拉图之后再次发掘了摩西。阿尔基努斯的《柏拉图教义旨归》(*Didaskalikos*)

是一本柏拉图主义的指南。所有这些柏拉图主义学者都继承了柏拉图的有神论精神,用寓言的方式调和占星术(astrology)、灵明学(demonology),甚至是"魔法",并且至少他们将柏拉图主义和亚里士多德主义、斯多亚主义,以及基督教的护教者的观点结合起来。

柏拉图哲学复兴的一个标志是公元176年罗马皇帝马可·奥勒留在雅典建立的哲学学园,这也改变了许多哲学学园。它包括四种哲学:柏拉图主义、亚里士多德主义、伊壁鸠鲁主义和斯多亚主义。被认为很可能是希律王阿提库斯家族的阿提库斯是新柏拉图学园的第一任掌门,这也能解释他那种公开反对亚里士多德主义的态度。

在旧学园中由斯彪西波和色诺克拉底借其发挥柏拉图主义的毕达哥拉斯主义的影响,此时仍起着关键性的作用,虽然其历史传承的细节仍然模糊不清。这种倾向在欧多鲁斯的思想中是明显的,他被认为在公元前的亚历山大里亚生活过,并且和同城人斐龙已经注解过《蒂迈欧》。毕达哥拉斯主义已经被转换成为普鲁塔克哲学中的一些假说,这些思想对忒拉绪洛斯来说十分重要,他是提比略时期的一位占星家,在尼禄时期他是一位哲学家。

毕达哥拉斯主义的影响不仅停留在哲学原则的层面,而且深入了物质的层面。柏拉图的作品顺序反映在了忒拉绪洛斯所采取的顺序中,忒拉绪洛斯本人也撰写了关于柏拉图和毕达哥拉斯的一些原则。事实上,柏拉图的作品被改写成为四联剧共九大组,这很可能要归功于德拉克里德斯,可以追溯到西塞罗的朋友阿提库斯在罗马制作的注释版本。这一版本很可能得益于拜占庭的阿里斯托芬在亚历山大里亚进行的修订工作。亚历山大里亚的柏拉图作品版本是三联剧,它们都被认为是在柏拉图死后30年,以色诺克拉底出版的学术版本基础改写的。

毕达哥拉斯主义对柏拉图的影响有许多方面,而在一个隐秘的方面是至关重要的。这种隐秘的方式在柏拉图主义的传播中有两个要素:传播手段与编写。传播哲学的最基本的首要方式是口头的话语,因为这种方式至少理论上是可以让每一个人都获得信息的。而毕达哥拉斯主义所使用的方法则被称为"akousmata",它被用于建立备忘录(hupomnēmata)或是一些辅助记忆的作品。柏拉图式的传统和写作之间的关系从未断绝,从而柏拉图主义和毕达哥拉斯主义之间的联系又进一步加强了。第一种传播的限制方式伴随着另一种,即那些教义成形时用的象征性和神秘性的方式,这也是其被称为"sumbola"[象征]和"ainigmata"[秘语]的原因。

《蒂迈欧》和《理想国》是最初用来构建新权威的对话录。但至少在早期阶段,它们还不是被广泛注解的对象,但其注解者以三种原则的系统语境——神、范型和质料——来寻求他们关于神性、世界、人和社会的观点。

对阿提库斯、普鲁塔克和阿尔基努斯来说,神要与《理想国》中的善,以及《蒂迈欧》中的作为宇宙建筑师的德穆格(demiurge)相一致。因为他是所有神中的最善者,其有至高无上的原则,任何事物都不能比其更完善。这种神最完善的地位决定了神与第二原则的关系:模范或范型。

中期柏拉图主义的学者惯于设想《蒂迈欧》中的原文"任何对象的创作者……都注视着那统一者"。这使他们相信,在某种程度上,理智的形式是神的思想,除了理智之外,它们没有任何障碍阻止自己拥有存在。因此,与理智相应的范型既是神思想的对象,同时又在理智之中和之外,也就是在首位神之中和之外。

阿提库斯宣称柏拉图只是延续了其前人的观点,他和他的前人一样,只总结出了四个元素,而其他元素都是按照严格的定义与比例进行变换和组合而形成的。这些元素是土、水、气和火,它们在宇宙当中的位置是由宇宙的构成结构决定的。它们从一种单一的、匀质的和未分化的事物中出现,这也许正是柏拉图在《蒂迈欧》当中所陈述的三原则:延展的(extended)因素、游移的(wandering)因素和接受的(receptacle)因素。他可能在这里指出的是物体的特征和轮廓,但他从不把这种现实的事物认为是物质的因素。阿提库斯也去过柏拉图学园以外的其他学园。他一定是与普鲁塔克一起研习过,并从他那里学得了这些观点(除非是来自阿尔基努斯的)。阿提库斯实际上已经理解了物体和感性世界的三原则,在一种未经分化的混沌中,宇宙中的所有元素都混合在了一起。和柏拉图一样,他将其称为"容器(receptacle)、护卫者(nurse)、母亲(mother)和底层(substratum),这种事物对于感官来说是难以捉摸的,并且只有一种能力能够接收这种事物的理念,而它本身却没有质量,没有形式;质料(matter)既不是有形体的也不是非形体的,而只是潜在的形体",而他将其称为"质料",这一概念柏拉图从未采用过。阿提库斯在这一点上很可能受到了波西多尼乌斯或盖伦影响,盖伦和波西多尼乌斯一样是亚里士多德主义者,他们意识到对于一个其所有的元素都是确定的一般质料来说,"原始物提供了所有生成和消亡的基础"。事实上,在通过三个原则来构建物质世界这一点上,他已经远远超出了他的老师柏拉图。

除了三原则之外,中期柏拉图主义也以一种非常原始的方式解释了《蒂迈欧》中所论述的世界灵魂。他们的做法很可能是对斯多亚主义的物质一元论做出的反应,他们假设世界中有一种非理性的灵魂。在区分一种超验的神性和一种非确定的原始物质时,《蒂迈欧》尝试用这种方式来解释这种渗透于感官自然世界中的物质运动的混乱和不规则性,他们认为世界灵魂首先是非理性的,而之后才为德穆格的理智所塑造。在中期柏拉图主义中,宇宙的构成以一种戏剧的方式呈现,而在新柏拉图主义中,它则被建立在一种体系之中,在这种体系中,理智在无目的的状态下构造世界,而世界的全部的潜在性都包含于其中。

理解这种解释方式最好的方法就是阅读阿尔基努斯的《柏拉图教义旨归》。他与中期柏拉图主义学派的分支有密切的联系,从而以亚里士多德的方式解释了柏拉图的观点,而最近人们也在建立一种区分,旨在使他与另一位中期柏拉图主义者阿尔比努斯区分开来,后者是《柏拉图对话导论》的作者,盖伦曾经研究过这部作品。而《柏拉图教义旨归》也或多或少地论述了那种先前被还原为一种教义的哲学的方法原则。

下面是《柏拉图对话导论》目录:

　　导论
　　　哲学的定义
　　　对哲学研究有抱负之人的品质
　　　两种方式:沉思的与活动的
　　　哲学的各个部分:辩证的、理论的和实践的,以及对它们的细分
　　发展
　　　Ⅰ 辩证哲学
　　　　知识论
　　　　辩证法的目的及其部分
　　　　部分划分
　　　　定义
　　　　分析
　　　　感应现象
　　　　命题
　　　　三段论

　　　　范畴

　　　　好的演说家所必需的知识

　　　　诡辩

　　　　词源和名称的准确性

　　II 理论哲学

　　　A 数学知识

　　　B 神学:第一原则

　　　　质料

　　　　形式

　　　　神

　　　　质量的非物质性

　　　C 物理学

　　　　a 宇宙

　　　　　世界的代际

　　　　　元素与世界的几何结构

　　　　　世界灵魂的结构

　　　　　星辰与星球

　　　　　被创造的神

　　　　　大地

　　　　b 人类与其他尘世生命

　　　　　尘世生命的创造

　　　　　人的创造

　　　　　感官

　　　　　视觉

　　　　　听觉

嗅觉

味觉

触觉

重与轻

呼吸

疾病

灵魂

灵魂在身体中各部分的位置

对灵魂本质三分性的证明

理性灵魂不朽的证据

失去理性之灵魂的可朽性

灵魂的轮回

在诸神中的灵魂三分

命运与可能性

III 实践哲学

诸善

最高的善

人类的善

人类的结局：与神相似

数学知识的净化作用

美德

灵魂的基本美德和其本质的三分性

善与中介性的性情

主要的和次要的美德

恶的非自愿性

　　　　激情
　　　　友谊
　　　　政治构成
　　结论
　　　哲学家与诡辩家的区别
　　　非存在
　　　总结

　　由阿尔基努斯的《柏拉图教义旨归》中所突出强调的一些原则使我们能够界定中期柏拉图主义。在由哲学家和智者们的争论中，这些原则由智者所主题化的内容而奠基，这包括了存在与非存在、真理与谬误。柏拉图主义的这种理论解释是由希腊化时期哲学的三个主要成分发展而来的：辩证的、理论物理的、实践的。理论哲学实际上包含了三个领域：涉及方法的数学；涉及第一原因的神学；涉及宇宙及其内容的物理学。神学事实上与中期柏拉图主义所注解的三个原则有关——神、范型和质料，它们解释了宏观与微观世界。

　　从中期柏拉图主义到新柏拉图主义，对于普罗提诺学园的波斐利所发起的论战中进行的论述，其内容是关于神与范型世界之间的关系。更具体地说，是可由理性把握的范型世界是否与德穆格处于相同等级的问题；或者说是低于它，还是高于它。在对于柏拉图的《蒂迈欧》的注解中，普罗克洛重新确立了波斐利、普罗提诺和朗吉努斯的地位："在古代人中，普罗提诺是那种认为德穆格含有了一切理念的人的代表；而其他人，如朗吉努斯和波斐利，反对这种观点，他们认为理念要先于德穆格存在。"因此，朗吉努斯捍卫了中期柏拉图主义关于神与范型（理念）世界相互一致的立场；因为德穆格是最高的原则，所以理念世界只能不如它那样完善。

同时，像普罗提诺和波斐利也是解释柏拉图学说的一种方法，这种方法显然可以追溯到努麦尼乌斯。他认为第一理智与至善等同，并将它看作高于德穆格的一种原则，而与德穆格相对应的是第二理智。从而正如普罗提诺和波斐利所认为的那样，德穆格不再是最终的原则，理念世界可以先于它存在。当时刚从雅典回来的波斐利继续在普罗提诺的学园里捍卫朗吉努斯在罗马的那些理论。在持续的论战中，阿麦利乌斯、普罗提诺和朗吉努斯都表达过自己的观点。朗吉努斯再次重申了他的观点，但徒劳无功，因为波斐利和普罗提诺联合了起来。这也就开启了新柏拉图主义的历史。但是这段历史自始至终都是矛盾的，因为新柏拉图主义者将终极存在和存在本身区别开来时，提出了一个令人怀疑的难题。如果终极存在是自我决定的，且它超越了存在本身以及理性，那么它可以在任何的层次存在，并独立于任何预先于它就存在的理性秩序。除此之外，终极存在向人类揭示自己，同时又独立于人类的行为和其理性的领域。这是普罗提诺在他的一部引人入胜的文集中所提出的问题，这一文章是《论太一的自由与意志》。赫尔墨斯主义（Hermeticism）、诺斯替教（Gnosticism）以及迦勒底人将为这个问题提出一种救赎性的（soteriological）答案，并且新柏拉图主义者也将以更好或更糟的方式诉诸理性来解决这一问题。

五、新柏拉图主义

一切开始于普罗提诺，他是受阿摩尼乌斯的灵感而开始的，阿摩尼乌斯是他在亚历山大城的老师（我们对他了解甚少）。普罗提诺解释了柏拉图的原则，这一原则与此前的毕达哥拉斯一致；他从我们现如今称为对话录的哲学之中吸取灵感，甚至从《巴门尼德》就开始了，这是一个非常晦涩的文本，在它被人具体地注解之前甚至被人忽略。这一庞大的事业导致了一种复兴，这将对柏拉图主义留下深刻的印记。

普罗提诺在罗马建立了一个真正的哲学学园，它建立在严格的私人基础上，存在于公元 244—269 年。波斐利在这所学园中待了不到 5 年（263—268），他在《普罗提诺生平》一书中描述了他的行为，并把它作为著作《九章集》(*Enneads*)的前言（数字 6 是第一个由奇数和偶数相乘而得到的数字，而数字 9 是第一个奇数与自身相乘而得到的数字，这些数字代表了新毕达哥拉斯主义框架下一种深刻的形而上学意义）。

普罗提诺可能出身于一个埃及的罗马官员家庭。罗马皇帝戈迪亚努斯征讨波斯失败。在皇帝驾前的普罗提诺蒙难，后定居罗马。这得益于他的家人为他提供的便利。他在抵达罗马后很快创立了一所学园，并结识了一位遗孀，她曾属于罗马皇帝加卢斯家族。在学园的讨论中，普罗提诺讨论了柏拉图和亚里士多德关于反对斯多亚学派的观点的内容，他避开了修辞手法，并关注于原文的注解。他的两个学生很快成为他的得意门徒和合作者：阿麦利乌斯在离开之前一直担任普罗提诺的助手，并接管了阿帕梅亚的学园，波斐利后来则系统地整理了普罗提诺的作品。

在形而上学上，普罗提诺将中期柏拉图主义的突破在许多主要层面上都带至高潮，这也是他坚持努麦尼乌斯立场的结果。正如我们所知道的，努麦尼乌斯用第一理智来定义至善，并认为它是一个比第二理智相对应的德穆格更完善的原则。由于亚里士多德所提出的神圣理智不足以解释世界的存在，普罗提诺坚持认为，必须有一个超越的原则，它是唯一的由至善所规定的事物。在柏拉图的《巴门尼德》中，普罗提诺不仅发现了太一的理论，同时还有关于理性和灵魂的理论，正因如此，《巴门尼德》被他认为为能取代《蒂迈欧》成为柏拉图的核心作品。这也导致他通过解释一个理性的世界架构来反对诺斯替教，从而以一种不同的方式解释这个理性的世界。但对普罗提诺和追随他的哲学家而言，在原则超越理性的框架内保持理性的态度，构成了无限困难的源泉。

就灵魂的方面而言，普罗提诺认为自己是自相矛盾的。灵魂的一部分处于神圣理智的水平，它同时也是人类灵魂的一部分。因此，灵魂只有一部分与肉体相接触。此外，这类论点也会导致这种观点：在两个极端之中存在着灵魂的部分；其任务不仅是解释灵魂与肉体之间的联系的矛盾，而且是使理念的知识得以可能，因为它是灵魂的中间部分，能够对比其更完善的部分具有意识。这个中间部分是一个自我意识，这些文本也涉及了灵魂自身的运动、灵魂的不朽性、灵魂通过美德的净化，以及灵魂的神秘生活等等，这都使经验性的"我"成为超验的"我"。因此，最高智慧可以在纯粹哲学的层面上得到。

在罗马地区本身，普罗提诺的教学并没有很大的影响。甚至在他去世之前，他的两个最得意的门徒都弃他而去：波斐利去了西西里，而阿麦利乌斯去了阿帕梅亚。然而，普罗提诺为所有的新柏拉图主义奠定了基础，并开始了它的演变过程：对于《巴门尼德》，它已经取代《蒂迈欧》成为柏拉图对话录的核心作品；并且柏拉图主义的太一已经超越了亚里士多德主义所讨论的理智的意义；其所有的层面都从太一展开。除此之外，普罗提诺也讨论过灵魂的本质和结构。更重要的是，正如我们从波斐利那里了解到的那样，普罗提诺重新解读了伟大哲学家们的著作，对它们进行了全新的解释，并按照其自身的计划对其进行了注解：实现了柏拉图主义和毕达哥拉斯主义之间原则的综合。

波斐利是普罗提诺哲学传播的推动者。他的作品数量庞大，虽然其中许多都佚失了。他在提尔出生，并且跟随中期柏拉图主义者朗吉努斯进行学习，那时他的教学对文学和哲学不进行区分。之后他就去了罗马，在普罗提诺的学园中学习。一开始，他不得不反对朗吉努斯的那种中期柏拉图主义的典型观点，即对于理智与理知物之间的关系，而更接受普罗提诺支持的观点。普罗提诺运用辩驳手法反对了诺斯替教，据波斐利所言，他还让波斐利为他编订文集《九章集》。但是在抵达罗马5年后，波斐利与普罗提诺断绝了关系，这可能是因为普罗提诺反亚里士多德的立场。

我们很容易推断出波斐利在西西里岛时为亚里士多德的著作做过注解。他注解过亚里士多德的《范畴篇》《解释篇》《物理学》《形而上学》；他还写了《哲学导论》(Isagoge)，以及特别是《柏拉图和亚里士多德学派同一论》，这部作品解释了亚里士多德对柏拉图观点的论证解释。他还起草了一本名为《反基督徒》的巨著，这使教皇极为愤怒。同时，他也通过对柏拉图的《蒂迈欧》和《巴门尼德》进行注解来研究柏拉图哲学。他还对哲学的许多主题进行历史性的研究。他甚至对普罗提诺进行过注解，并基于其手稿以《通往理智的起点》(Sentences)为名来完成他的工作。他也是一位哲学史研究者，著有《毕达哥拉斯生平》《论灵魂》，他还写过关于一些主题的辩论性作品，如《论禁杀动物》和《致阿奈博的书信》(Letter to Anebo)。

波斐利并没有建立过学园。他也很少有拜访者，其中最著名的是叙利亚新柏拉图主义的创始人扬布里柯。同时他也影响了罗马的修辞学者维克多瑞乌斯，正是他将柏拉图的《蒂迈欧》翻译为拉丁文版本，并对中世纪时期柏拉图主义的传播产生了巨大的影响。维克多瑞乌斯是一名基督徒，根据圣安布罗斯和圣奥古斯丁的记述，他的观点摇摆于普罗提诺和基督教的柏拉图主义之间。

波斐利对新柏拉图主义的贡献和地位是毫无疑问的。他让许多作品实现了向新柏拉图主义的转向，从柏拉图到亚里士多德。他同样通过自己的工作传播了普罗提诺的学说，特别是在公元301年，他完成了一个普罗提诺《九章集》的标准版本，这一版本后来得以保存了下来。波斐利在

《通往理智的起点》中来对《九章集》进行注解，这部作品的一部分保存了下来。在其中，波斐利第一次提出了一种关于美德的层次的理论：众生的（civic）、净化的（purificatory）、沉思的（contemplative）和范型的（paradigmatic），这种理论在后期新柏拉图主义中有十分重要的作用。事实上，《九章集》被以三卷的方式整理，这种划分保证了一种阅读的专业顺序，这种顺序设计出来是基于教育的角度——它使自身灵魂上升到更高级的现实的知识得以可能：

第一卷

《九章集》第一部分：关涉道德议题的论述

《九章集》第二部分：关涉物质实体的论述

《九章集》第三部分：关涉宇宙的论述

第二卷

《九章集》第四部分：关涉灵魂的论述

《九章集》第五部分：关涉理智的论述

第三卷

《九章集》第六部分：关涉太一的论述

我们对扬布里柯的家族并无特别的了解，他的名字是由叙利亚语或阿拉姆语中的"ya-mliku"而来，意为"他是国王/让他成为国王"，他在卡尔基斯出生，后来与阿那陶里乌斯一起研习，之后就与波斐利在一起。可能正是他建立了叙利亚的阿帕梅亚的学园。他最著名的学生是骚帕特。在骚帕特被君士坦丁处决之后，扬布里柯的继承人成了埃德西乌斯，学园也被迁往帕加马，学园最终由欧斯塔提乌斯继承。忒奥多洛斯和戴克西普斯也同样是他的门徒。

我们并没有明确的标准来做出扬布里柯的作品表。他最重要的作品似乎是收集了 10 卷关于毕达哥拉斯主义的书籍,其中只有 4 卷保存了下来。第 1 卷是作为导论的《毕达哥拉斯生平》。其后则有 3 卷:《哲学劝勉录》《论一般数学知识》《尼各马可算数神学导论》。而佚失的作品内容涉及物理学、伦理学、神学、几何学、音乐和天文学。普塞鲁斯保存了 5—7 卷的摘录,其中两段残篇保存了下来:"关于物理的数"(第 5 卷)和"关于伦理与神学算术"(第 6—7 卷)。同时还有一本有趣的书,名为《算数神学》,它是由尼各马可的同名作品和阿那陶里乌斯(他很有可能是扬布里柯的老师)的《论十与其中的数》中的段落汇编而成。经过了如此巨大的努力,柏拉图主义再也无法脱离毕达哥拉斯主义了。

扬布里柯最原初的作品都是对波斐利的书信《致阿奈博的书信》的回应,此信在手稿中的标题为《阿巴蒙于波斐利对阿奈博书信的回应以及为其中难题的解答》。这部作品包括两卷,涉及迦勒底人和埃及人对于增进"真正"通神术的智慧。

斯托拜乌保存了《论灵魂》中的长篇残篇,该文讨论的是灵魂的本质、力量以及它与身体相通或是分离的运动;扬布里柯宣扬了几位当时以及古代的哲学家的立场。他曾对一本由 28 卷编纂而成的《迦勒底神谕》(*Chaldaean Oracles*)进行了注释,其中只有两部分残存;我们也有他关于《论诸神》的残篇,这部残篇构成了朱利安皇帝两卷作品(第四和第五卷)以及苏奈西乌斯《论诸神与宇宙》的基础。

在评注的领域,扬布里柯已经发展了一种学说,认为每一个对话录都有一个单独的主题,这个主题便是对话的终点,也是它设计的目标(skopos),它也是一切与之相关的对话录的主题。根据这一信念,他提出了阅读柏拉图对话录的顺序,从而为学生学习哲学的三个传统部分提供了次第:伦理学包括《阿尔喀比亚德前篇》《高尔吉亚》《斐多》;逻辑学包括《克拉底鲁》《泰阿泰德》；物理学包括《智术师》《治邦者》。这些领域都发展到了新的高度。还有包括《斐德若》《会饮》的神学，以及神学的顶峰《菲丽布》。《蒂迈欧》和《巴门尼德》在最后，重述了柏拉图在物理学和神学领域内的所有教学。这种方法正是扬布里柯在教学中所遵循的方法，它对之后的所有后期新柏拉图主义者形成了一种规则。

《蒂迈欧评注》的大量残篇都保留了下来，还有一些《巴门尼德评注》和《斐多评注》的残篇。我们从《阿尔喀比亚德前篇》《斐多》《菲丽布》中能够找到针对特定观点的评注。并且在一篇关于《智术师》的评注文章中，我们发现了一种扬布里柯归于这篇对话的设计目标的暗示。扬布里柯给予《巴门尼德》中的推论以独特的地位，新柏拉图主义者也以此构建了第一原则。为了确保神在完善等级中处于最高的位置，这一神被扬布里柯称为"高级存在"(superior beings)：大天使(archangels)、天使(angels)、灵明(demons)和英雄(heros)。他将整个神的等级移动了次序，在这一点上他甚至超出了《巴门尼德》中的内容，这么做是因为他不得不提出一个最完善的不可思议的神，达玛士基乌斯后来也采用了这个关键的解释性细节。

实际上，扬布里柯的哲学体系是在普罗提诺的详细论述中产生的，这个体系是在一个原初解释的框架内进行的，这种解释受到了新毕达哥拉斯主义和《迦勒底神谕》的强烈影响。扬布里柯提出了一个在太一之前的不可言说的原则。此外在太一和理智之间，他设想了一对原则，即有限与无限。因此，太一的存在是理智因素的顶峰，它是两种原则的混合物。扬布里柯很可能以这种方式开始了关于诸一(henads)的理论，后来在新柏拉图主义中发挥了重要的作用。

在太一的领域后，我们发现了存在的领域，同时也是理知物和理智的领域。在这个层次，根据普罗克洛的观点(《蒂迈欧义疏》)，扬布里柯假设了有七个三元结构(triads)：三个可理知(intelligible)诸神(太一的首要存在)的三元，还有三个可理知的和理智的诸神三元，以及作为第七个位置的另一组即理智诸神三元。这最后一组包括克洛诺斯(Kronos)、瑞亚(Rhea)和宙斯(Zeus)，他们都是新柏拉图主义认同的德穆格。然而有理由怀疑，正是普罗克洛对这种理论的引进，使得扬布里柯在他与波斐利争论关于德穆格的问题时，能够以这种概括性的方式来表达。

然后是灵魂的领域，灵魂的本质以及它的种类。对于特殊的灵魂，扬布里柯的首要观点与普罗提诺和波斐利分道扬镳。他驳斥了一种观点，这种观点认为灵魂的一种更高部分存在于理智之上。而对他来说，灵魂和肉体是完全一体的。这是亚里士多德主义的立场，因为灵魂的拯救必须来自其他地方。在特定的观点上，扬布里柯与波斐利的分歧进一步扩大：虽然波斐利忠于普罗提诺的理性主义，但扬布里柯将哲学放置于神学领域中，将它视作一种精神运动；在这种精神运动中，人们可以按照既定的仪式来向众神祈求灵魂与神的结合。因此《迦勒底神谕》在扬布里柯的著作中有很重要的地位。

至于对自然的讨论，扬布里柯不像普罗提诺那样对理性抱有信心，他认为命运只对非理性的灵魂有作用，而高尚的灵魂可以通过实践练习来解放自己。

最后，可以被人们追溯到二元对立领域的物质，应当看作逻各斯将其他元素引入其中的东西，这是理念在灵魂和可感事物中的表现。

扬布里柯在公元4世纪的前25年在阿帕梅亚教书，他的学园也得以繁荣发展。他的门徒之一的泰奥多罗斯将自己视作扬布里柯的对手。扬布里柯仍然受到了努麦尼乌斯和波斐利的影响，他仍然保留着普罗提诺主义的观点，据此他认为灵魂并不通过代际传播。在他去世后(约公元326年)，骚帕特继承了他在阿帕梅亚的学园，埃德西乌斯在帕加马创立了一所具有特殊历史重要性的学园，从而使朱利安皇帝在公元351年在那里第一次接触了新柏拉图主义。

埃德西乌斯的门徒们留在了三个地方：马克西姆斯前往以弗所教书，撒路斯提乌斯前往萨迪斯，而普罗克洛去往雅典。朱利安皇帝关注这些哲学家，以使自己能够恢复异教：他将马克西姆斯带到他的宫廷之中，并将其任命为吕底亚的高等祭司，而拒绝与马克西姆斯一起加入宫廷的普罗克洛，在雅典保留了遵从扬布里柯传统的新柏拉图主义。朱利安皇帝曾对普罗克洛写道："我恳求你不要让泰奥多罗斯和他的门徒失望，他们断言扬布里柯是神一样的人，他应当排在毕达哥拉斯与柏拉图之后，他是世界性的、一个自我寻求的人。"（《与普罗克洛书信》）从而，扬布里柯和泰奥多罗斯各自的观点，于公元3世纪50年代在雅典得以讨论，普罗克洛在雅典的存在确保了扬布里柯传统在3世纪下半叶的胜利。

新柏拉图主义在雅典得到强有力的发展，在这里柏拉图主义的学者可以声称他们得到了学园的遗产。扬布里柯的新的继承者要确保能够建立一个哲学家的朝代，他们比任何其他的群体都更将自己看作柏拉图的继承者：雅典的普鲁塔克、叙利亚努斯、普罗克洛和达玛士基乌斯。我们了解到，普罗克洛每年都会亲自来学园祭拜他的哲学先祖：柏拉图以及其继承者。

在提奥多西乌斯一世（公元379—395年在位）和朱利安皇帝（公元527—565年在位）统治的时代，两波针对反异教徒的立法逐渐发展成了针对非基督教徒的压制性措施。礼拜实践的中心被摧毁或是被改造成基督教堂，他们的仪式也被禁止。哲学家们认为自己是希腊东方千年来宗教传统最后的管理人。

雅典的柏拉图主义者开始通过回溯他们的宗教精神源泉——《俄耳甫斯颂》(*Orphic Rhapsodies*)以及《迦勒底神谕》（当时被视作传说中的

古代见证），并且对荷马以及赫西奥德的史诗以及柏拉图的作品进行重新解读，对《巴门尼德》的后半部分做出了一个神学解读，并用一种推论来描述神的阶级等级。对于这些哲学家来说，启示（epopteia）不再是伊洛西斯城发展的结果，而是阅读柏拉图的《巴门尼德》的结果。从此，整个雅典的柏拉图学园承担起了调和神学传统的任务。最终，雅典的大师撰写了一部作品，名为《俄耳甫斯、毕达哥拉斯、柏拉图与迦勒底神谕之和谐》，它最终不幸佚失，这部作品基于以下的神话："所有希腊神学都是俄耳甫斯其神秘传统的继承物，毕达哥拉斯首先学到了能够接触众神的原始仪式；然后柏拉图从毕达哥拉斯和俄耳甫斯的作品中接受了一种完美的神学。"（普罗克洛：《柏拉图神学》，1.5.25—26）雅典的柏拉图主义学派都尽可能地将柏拉图主义与毕达哥拉斯主义联合起来，这种毕达哥拉斯主义被认为是俄耳甫斯神秘理论的集大成者。

我们对雅典哲学家普鲁塔克的了解并不丰富，他被视为雅典的新柏拉图主义学派的创始人。他的著作都没有保存下来，我们只能通过他的继承者对他的尊敬中了解到他的伟大。考古学家发现，他把他的学园安置在一个大庭院中。它位于雅典卫城的南部，并一直保存至关闭前。作为一名教师，他在一个方面得到了赞赏，即他对叙利亚努斯进行授课，叙利亚努斯被认为是学园中最有智慧的人。

叙利亚努斯为他的学生提供了以下课程。在一开始的两年，他们会阅读亚里士多德的全部著作。然后，他们会按照扬布里柯所建立的顺序阅读柏拉图的对话录；最终他们会学习俄耳普斯神学和占星术。这些学习都是通过对《蒂迈欧》和《巴门尼德》的详细注解而实现的，前者针对自然哲学，后者针对神学。

这种教学的顺序是先从叙利亚努斯对亚里士多德《形而上学》中 4 卷的注解（第 3、4、13 和 14 卷），以及对《斐德若》的注解开始的，这些我们都是通过他的门徒赫米阿斯的笔记中得知的。叙利亚努斯只是部分实现了教学计划，因为他几乎将自己限制在如何协调柏拉图、毕达哥拉斯和俄耳普斯教义的内容上。

然而叙利亚努斯首先是因为其对《巴门尼德》中推论的注解而闻名的。在研究《巴门尼德》中的推论结构时，他注意到第一个推论的否定和第二个推论之间存在着完美的对应关系。他总结说，第一个推论中包含着对第一神太一的否定神学，而第二个推论依次列举了神的秩序结构以及它们的属性。他得到了14个结论，其中每个都与超验和宇宙中的神的层次相匹配。普罗克洛采纳了这一成果，并将其归结为叙利亚努斯的功劳。普罗克洛将叙利亚努斯描述为："作为我们的一切美和善的引导者，他在其最纯净的状态中接受了灵魂在最真实的真理之光的拥抱，他使我们成为柏拉图哲学的一员，使我们成为神秘的古代先贤的同伴，将我们带入那些吟诵着神秘和神圣的真理的人之中。"（《柏拉图神学》，1.1.7）

在所有新柏拉图主义者中，普罗克洛是最著名的，因为他的大部分作品都保存了下来。叙利亚努斯早就预见到了这一点，并任命他为其继任者，普罗克洛在雅典的学园中待了超过50年。正如马里努斯所说的那样："他毫不犹豫地就投入了对工作的热爱，他每天的授课分5个阶段，有时甚至还要加授，以及他每天要撰写超过700行的作品。这些工作的烦忙也没有阻止他去拜访其他哲学家，他在夜晚也要以口头的形式讲课和自我练习，为此他拒绝睡觉，更进一步，他会在黎明、中午和黄昏时祭拜太阳。"（《普罗克洛传》，22）在普罗克洛的领导下，学园经历了一系列节奏紧张的学术活动。

普罗克洛对《阿尔喀比亚德前篇》《蒂迈欧》《理想国》《克拉底鲁》《巴门尼德》的注解有相当一部分都得以保存下来。这些作品都展示出了普罗克洛的实践科学的严谨性。他将文本分成了多个选段（摘录），通过讨论先贤们的意见来对它们进行一般性的注解,并逐字逐句地进行分析。这样的程序分为两个部分:整体理论和词汇。学园在所有规范的柏拉图的对话录中都以这种方式进行了编写和注解,并将这种方法延续至终。事实上,这种方式比雅典学园中辛普里丘对亚里士多德的注解,以及中世纪的阿拉伯和拉丁式的注解都保持地更为久远。

但普罗克洛的重要性主要在于他在《柏拉图神学》一书中,实现了后期新柏拉图主义的综合。这部作品也包含了被我们称为"作为知识的神学"的模式,这是一种新柏拉图主义的创造。的确,普罗克洛写道:"我认为,就像我们所有人都知道的那样的,柏拉图本人试图在神圣层次中做出正确的区分,并且描述他们的相互差异以及共同属性,以及每一个神具有的独特的特征"(《柏拉图神学》,1.4.20)。他最终在《巴门尼德》中得到了结论。普罗克洛进一步写道:"如果有必要在某个单一的柏拉图对话录中了解整个神的序列,我的表述可能会显得有些矛盾;它只有对那些自我说服的人才是绝对自明的。然而,既然我们已经采用了这种观点,我们就应该敢于声称那些反对我们的对手的观点:《巴门尼德》正是你所需要的,并且在你的心灵中这个对话录包含着一个神秘的启示"(《柏拉图神学》,1.7.31)。以下是这个神圣等级的概要展示:

太一,首要神(The One, first god)

单一(The monads)

理知诸神(The intelligible gods)

理知的理智诸神(The intelligible-intellective gods)

理智诸神(The intellective gods)

超宇宙的诸神(The hypercosmic gods)

超宇宙又在宇宙中的诸神(The hypercosmic-encosmic gods)

宇宙中的诸神(The encosmic gods)

共通诸灵魂(The universal souls)

理性的灵魂:灵明、天使、英雄(The intelligible souls: demons, angels, heroes)

部分的灵魂:人类与野兽的(The partial souls: those of men and beasts)

形体(Bodies)

物质(Matter)

这个体系总结了普罗提诺开创的神学:太一、理智—理知、灵魂。但它又增加了一些中间部分,一方面在太一和理性神之间引入了诸一;另一方面又在理智—理知和灵魂之间引入了超宇宙的神圣体,超宇宙—宇宙中的,宇宙中的诸神。而且,它也澄清了物质在多大程度上来源于太一;这对于感官世界以及它的内容给予了一个乐观的视野。事实上,所有现实都融入了这个形而上学的连续整体之中,这个连续整体从太一到物质,并也因此甚至感官世界和物质也以某种角度参与到善之中。

然后,普罗克洛从《巴门尼德》中的结论开始,通过柏拉图其他对话录文本中或是其他传统即神学家、俄耳甫斯教和《迦勒底神谕》,证明了这些结论:在六卷本评注中他对整个柏拉图的神学提供了一个合理的解释。与此同时,他以几何学的方式设计了题为《神学要义》(The Elements of Theology)的短篇作品;而《俄耳甫斯、毕达哥拉斯、柏拉图与迦勒底神谕之和谐》这部著作被认为来自叙利亚努斯,他声称这些神学理论都是和谐完善的。事实上,普罗克洛给予了叙利亚努斯的神学理论以推动力来系统地面对《迦勒底神谕》,对此他还在一篇更为广泛的评注作品(超过1000

页)中提供了一个完整的解释,但已经不幸佚失。

普罗克洛的工作可以被认为是新柏拉图主义的最高峰。接任他的达玛士基乌斯是雅典学派的最后一位继任者。他来自亚历山大里亚,在那里的另一所柏拉图式的学园与雅典的学园一样捍卫着相同的理论,但其风格完全不同。而在雅典跟随叙利亚努斯一同进行过研究的赫米阿斯在他自己对《斐德若》的注解中评论了学园中的相关课程,并且他在此之前十几年就将雅典的学说引入了亚历山大里亚。

阿摩尼乌斯是赫米阿斯和他的妻子埃德希亚的孩子(埃德希亚也与叙利亚努斯有关联),他曾写过一篇对亚里士多德《解释篇》的评注。作为其学园继任者的是欧托基奥斯,他的著作没有一篇保存下来。而菲洛泡努斯,他似乎在学园内部并没有任何官方教职,在阿摩尼乌斯的课程上的笔记后来得以出版,一切证据都表明了他的一部作品,即他最重要的著作《就世界永恒性问题反普罗克洛》,与公元529年雅典学园的关闭有着重要的联系。亚历山大里亚学园的最后一位继任者是奥林匹奥多罗斯,他对柏拉图的许多注解都得以保存下来,这包括了《阿尔喀比亚德前篇》《高尔吉亚》《斐多》,以及对亚里士多德的《范畴篇》和《天象学》的两篇评注都保存了下来。他在基督教内的接任者是伊利阿斯、大卫和斯蒂芬,他们都对亚里士多德有过注解。

作为雅典学派的负责人,达玛士基乌斯保存了以普罗克洛为代表的柏拉图主义的学说的基本要素。虽然达玛士基乌斯对普罗克洛的教学存在着大量的讨论,在大多数情况下,也标志着扬布里柯著作学说的回归。达玛士基乌斯吸取了扬布里柯的观点,在他最重要的一篇对柏拉图的《巴门尼德》的注解中,他显示出了独创性,尤其是通过建立一个太一的超验原则,它是不可言说的,并且完全使自己销声匿迹于灵魂寂静的深渊之中。虽然它不可言说,但是它却与太一保持着十分紧密的联系。但是为了消除所有的区别,太一通过三个单一的原则使自己置身于不可言说的层次之旁:一全(the One-All)、全一(the All-One)、统一(the Unified)。此外,达玛士基乌斯是唯一一位延续了《巴门尼德》中的推论的新柏拉图主义者;这些推论构成了感官世界的结构。在所有这些方面,他都忠于了普罗克洛所提出的体系。

公元529年雅典学园被查士丁尼大帝关闭,这宣告了希腊人对现实和人类存在的超越思考尝试的终结。在整个古代时期,柏拉图主义提供了一个外在于宇宙的超越性,从而为哲学之后的发展提供了希望。

这种超越性后由基督教所继承,基督教在学园制度的意义上终结了新柏拉图主义,虽然它也挪用了一些新柏拉图主义的基本原则。但是这种超越性在所有的范围内,都不再会允许一小部分思想家在学园内部领导一种特定的生活方式。此外,超越性不再是基于理性的运用来寻求数学所使用的那种确定性;相反,它基于一种如"爱"那样的情感的追求。以及最重要的是,并不再有那种个人应在宇宙统一体中所持有的"终极目的"(telos);它的终点应在于个人的不朽永恒。

推荐阅读书目(梁中和拟):

梁中和编著:《古典柏拉图主义哲学导论》,华东师范大学出版社,2019年。
西塞罗等:《怀疑的理性:西塞罗与学园柏拉图主义》,魏奕昕译,梁中和编校,华东师范大学出版社,2017年。
阿尔贝·加缪:《理性与神秘:新柏拉图主义与同时代思想》,朱佳琪、叶仁杰译,梁中和校,上海人民出版社,2020年。
章雪富:《基督教的柏拉图主义》,中国社会科学出版社,2012年。

吴增定:《尼采与柏拉图主义》,上海人民出版社,2005 年。

崔延强主编,梁中和执行主编:《爱智与教育:古代柏拉图主义的思想实践》,上海人民出版社,2020 年。

The Cambridge History of Philosophy in Late Antiquity, 2 Volumes, Edited by Lloyd Gerson, Cambridge: Cambridge University Press, 2011.

The Routledge Handbook of Neoplatonism, Edited by Svetla Slaveva-Griffin, Pauliina Remes, London: Routledge, 2017.

Brill's Companion to the Reception of Plato in Antiquity, Edited by Harold Tarrant, Danielle A. Layne, Dirk Baltzly, Franois Renaud, Leiden: Brill, 2017.

John M. Dillon, *The Middle Platonists*, Ithaca: Cornell University Press, 1996.

Stephen Gersh, *Middle Platonism and Neoplatonism*, Notre Dame: University of Notre Dame Press, 1986.

第二十讲
文艺复兴时期的柏拉图主义

吴功青

一、复兴的柏拉图主义

前面几讲已经系统地讲解了柏拉图哲学的主要对话,包括它在历史上的接受和发展,特别是新柏拉图主义这个阶段。我想,现在大家对于柏拉图主义这个概念的内涵和主张都已经比较清楚了。这一讲其实是接着前面各位老师的思路,讲解柏拉图主义发展的另一个阶段——文艺复兴时期的柏拉图主义。当然,从柏拉图主义发展来说,在新柏拉图主义之后,还应该有中世纪这个阶段,特别是以奥古斯丁为代表的基督教柏拉图主义。但因为篇幅有限,我们没有办法细讲。我们把主要精力集中在文艺复兴时期的柏拉图主义这个阶段。之所以要把文艺复兴时期的柏拉图主义单独拿出来讲,我想不仅因为它代表了柏拉图主义一个新的传承阶段,文艺复兴时期的柏拉图主义有某种不同于古代柏拉图主义的特点;而且还因为,文艺复兴时期的柏拉图主义与文艺复兴的现代精神紧密关联,通过梳理文艺复兴时期的柏拉图主义,我们能够更好地理解西方现代性的生成、内涵和特征,进而为理解本讲的问题提供准备。这也许是我们这个系列讲座要把文艺复兴时期的柏拉图主义单独拿出来讲的一个用意所在。

为了让大家对这个问题有更系统的认识,本讲分三个部分来进行。第一个部分,我想重点讲一下拉图主义在文艺复兴时期复兴的背景、原因、条件,包括柏拉图著作的流传和翻译问题。第二个部分,我们重点讲一下以斐奇诺主导的佛罗伦萨的柏拉图主义,包括他的翻译、他主持的学园,以及他们主张的柏拉图主义(从根本上来说也就是新柏拉图主义)的一些基本问题和主张。第三个部分,我们将结合文艺复兴时期代表性的哲学家皮科·米兰多拉的一些文本,讲述文艺复兴时期流行的柏拉图主义,是以什么方式进入文艺复兴时期对于人性的重新定义和重新发现的进程之中,从而充当文艺复兴时期一种文化更新的现代力量的。那接下来我就按这三个部分来讲。

我们要考虑的第一个问题,是柏拉图主义为何在文艺复兴时期复兴?说到复兴,言下之意就是它此前衰落了。今天我们讲文艺复兴(Renaissance),意思也是说古典文化在中世纪衰落了,到了15—16世纪迎来了复兴。但严格来说,这里还要做进一步的区分:毕竟,柏拉图主义和亚里士多德主义的处境是很不同的。我们很难说,亚里士多德主义需要在文艺复兴时期有个复兴,因为此前的经院哲学一直是主流。真正要复兴的,是柏拉图主义。虽然柏拉图主义在很长时间都是西方的主流,但是经院哲学之后,它慢慢就退居二线了,逐渐被人忽略甚至是遗忘了。诚然,即便在中世纪晚期,人们也读柏拉图的作品,甚至被短暂地复兴过(如波纳文图拉)。但整体上看,人们对柏拉图的阅读仍十分匮乏,而且读到的文本常常是被严重删改过的,与真实的柏拉图相距甚远。只有在这个背景下,我们才谈得上柏拉图主义的复兴。

可是,为何有这样一个复兴,又为什么需要这样一个复兴呢?我们先看内部的原因——亚里士多德主义。众所周知,亚里士多德的著作传入西方后,很快成为经院哲学的支柱。但它引发的问题也相当明显:亚里士多德主义在解释基督教的时候,如何与基督教的正统教义相互融合。可以看到,托马斯·阿奎那在用亚里士多德的体系来解释基督教时,做得相对圆融;但在西部亚里士多德主义者阿威罗伊那里,情况就麻烦得多。一个比较大的问题是灵魂问题,在阿威罗伊看来,亚里士多德《论灵魂》的结论是说只有人类整体的主动理智是不朽的,个人的灵魂都是有朽的。这个主张无疑和正统的基督教相悖,对教会来说,如何清除阿威罗伊的影响成为一个很棘手的问题。另外一个问题则是,虽然亚里士多德主义丰富了经院哲学的内涵,但是当它与基督教紧密结合,成为一个意识形态的东西之后,它便和经院哲学一起走向了体系化和固化,越来越引起人们的反感。在这个背景下,中世纪晚期的人期待着一种不同于亚里士多德主义的哲学,一种能够把基督教从死气沉沉的气氛中带出来的新哲学。这可以看作柏拉图主义复兴的内部原因。

从外部原因来看,是柏拉图著作的发现、阅读和翻译。我们知道,从尼西亚信经会开始,东西方对于《圣经》的解释差异就越来越大,直到1053年教会分裂成天主教会和东正教会,从此拜占庭与拉丁西部世界隔阂加深,几乎断绝了往来。这就使得拉丁西部无从接触东部世界,对于希腊经典特别是柏拉图的著作完全陌生。这种局面,直到14世纪末才逐渐改观。当时的拜占庭虽然仇视拉丁西部,但是北方土耳其力量逐渐壮大,严重威胁了拜占庭,使得他们如坐针毡,不得已只好派出外交使节到意大利,寻求天主教会的帮助。其中,非常著名的一位就是克里索罗拉斯,他本是拜占庭境内的希腊知识分子,作为外交官出访威尼斯,随身带来了不少柏拉图的经典。有了书,不会读怎么办?1396年,时任佛罗伦萨国务秘书的萨卢塔蒂便邀请克里索罗拉斯到佛罗伦萨开设学校,教授希腊文的文法和文学，带出了很多掌握希腊文的学生，包括日后赫赫有名的布鲁尼。克里索罗拉斯之后，还陆陆续续地有拜占庭的希腊知识分子过来。特别是1453年拜占庭被土耳其人彻底攻破之后，越来越多的希腊知识分子被迫来意大利避难，带来了更多的柏拉图著作。有了柏拉图的著作，又能读，当然也就有了翻译。像布鲁尼自己就翻译了柏拉图的大量对话，使柏拉图为一般民众所知。当然最重要的是我们接下来要讲的斐奇诺，他在1484年出版了《柏拉图全集》。总之，由于上述这些外部的条件，柏拉图哲学在整个意大利乃至西欧广泛传播。

随着柏拉图著作的翻译和流传，柏拉图主义很快取代亚里士多德主义，成为当时最具有竞争力的哲学话语（大学的情况更加复杂一些，直到16世纪末大学的主流还是亚里士多德主义）。相应地，亚里士多德主义的地位开始下滑，以至于当时有句流行的谚语，叫"神一样的柏拉图，兽一样的亚里士多德"。在人文主义者看来，柏拉图主义相比于亚里士多德具有最明显的几重优势：1. 柏拉图主义明确主张灵魂不朽，与基督教教义更为契合，能够解决阿威罗伊主义留下来的问题；2. 柏拉图哲学是以对话体展开的，具有开放的论辩特征，与亚里士多德主义为基础的经院哲学有天壤之别，更能够激发人们思考的乐趣；3. 柏拉图哲学是以非常优美的、具有文学色彩的希腊文写成的，比亚里士多德那种教科书式的希腊散文更加高尚优雅，更能满足人文主义的需求。这三个方面，使得柏拉图主义不仅被民众而且被教会所信任，成为当时最受欢迎的哲学话语。这是我们讲的第一个部分。

二、斐奇诺

接下来我们谈第二个部分，就是以斐奇诺为主导的佛罗伦萨的柏拉图主义，以及他的柏拉图学园的活动情况。这方面四川大学的梁中和老师是真正的专家了。他的专著《灵魂·爱·上帝》是这个领域的力作，我的很多讲解都是从他那里借鉴而来的。所以相对来说，我这部分讲得也稍微简略一些。我分三个方面来讲：第一是斐奇诺的翻译活动；第二是他的柏拉图学园的活动；第三个最重要的，是他的柏拉图主义主张。

第一，我们刚才讲到，斐奇诺最重要的贡献是翻译并注释了《柏拉图全集》，为柏拉图主义的传播提供了最重要的文本基础。直到今天，斐奇诺的这个译本也是最值得信赖的柏拉图著作的拉丁译本。这里需要补充的是，斐奇诺不仅翻译了柏拉图，还翻译了普罗提诺。这一翻译工作为人们阅读和理解新柏拉图主义的传统做出了重要贡献。而实际上，斐奇诺主导的佛罗伦萨柏拉图主义，对柏拉图著作的解读延续的也正是新柏拉图主义这条线，我想这是需要注意的一个细节。

第二，斐奇诺佛罗伦萨学园的活动。在美第奇家族的支持下，部分出于兴趣、部分出于对抗亚里士多德主义的考虑，斐奇诺1462年在佛罗伦萨的卡尔基创办了柏拉图学园。学园的布置与老学园相似，聚会大厅上有一尊柏拉图的塑像，像前点着长明灯。在11月7日那天，学园举办宴会，祭奠柏拉图。更重要的是，斐奇诺试图在他的学园中还原古代柏拉图学园的生活和学术方式，一起翻译、讨论，并举行相关的教学活动。斐奇诺与这些核心成员之间保持高度亲密的友爱关系，因此，佛罗伦萨的柏拉图学园与其说是一个正规的学术机构，不如说是一个基于友爱的学术共同体。学园的存在，对于柏拉图主义的传播和研究，起到了至关重要的作用。这点不必多谈。

第三，我们想重点提出来的是佛罗伦萨的柏拉图主义的主张，最重要的有两点。一是他们在基督教的圣爱（Agape）之外，重新倡导了柏拉图式的爱即爱欲，用它来理解人向上帝的上升。通过这种方式，斐奇诺破除了当时经院哲学单纯强调那种机械的、通过三段论的方式理解上帝的理性努力,在理性之外注入了爱的维度。同时,爱欲还破除了中世纪的人在原罪论主导下,在上帝面前的那种卑微和无力,使人和上帝的关系一下子生动活泼并且更加亲密起来。另外一个,就是斐奇诺用新柏拉图主义的方式,确立了人与上帝的合一性。我们知道,新柏拉图主义认为,万物本来处于太一之中,但太一中的部分内容一步步从理智、灵魂流溢到质料,这个过程也就是灵魂的堕落;相应地,当灵魂避开质料向内直观,进而向理智直观,通过理智而反观太一时,也就完成了向太一的回归。斐奇诺沿袭了这种新柏拉图主义,并用它来解释人和上帝的关系:人与上帝本来合而为一,但由于人的罪,从中脱离了。所以,上帝需要将人唤醒,让人复归于它,最终与它合一。在这个过程中,人需要像《会饮》中那样,通过爱的阶梯,一步步完成上升。斐奇诺的这个工作,极大地推动了文艺复兴时期的人文主义,对促进基督教视域下人的发现意义重大。接下来,我们会在皮科·米兰多拉那里更清楚地看到,这种新柏拉图主义精神如何与人的本性问题更加相关,从而呈现出一个更加具有现代性的面貌来。

三、皮科·米兰多拉

接着我们就讲第三部分。在这部分,我们结合皮科·米兰多拉《论人的尊严》的相关段落,来看下文艺复兴时期的柏拉图主义与现代性的关系。作为斐奇诺学园的核心成员,皮科深受佛罗伦萨柏拉图主义的影响。在很多大的问题上,皮科的立场和斐奇诺一致。但在很多关键的问题上,皮科与斐奇诺又很不一样,特别是他对人性的理解,要比斐奇诺更为激进、更为现代。而这种理解,又与他对柏拉图主义的理解紧密相关。

首先,我们来看下皮科对自由的理解。这也是皮科《论人的尊严》中最重要的主题。我们注意到,皮科是借助一种诗学神学(Poetica theologia)的方式来理解人性的。他说,上帝创世是根据从高往低的次序来完成的,从天外之天到苍穹,然后再到下界。上帝把一切都造完了,但是却没有给人安排一个位置。于是上帝决定,这个新造的物种,也就是人,必须要与其他每个造物"共享其所有"。这是什么意思呢?什么叫"共享其所有"?皮科是这样说的:

我们没有给你固定的位置或专属的形式,也没有给你独有的禀赋。这样,任何你选择的位子、形式、禀赋都是根据你的欲求拥有和掌控的。其他被造物的本性一旦被规定,就都为我们定的法则所约束。但你不受任何限制的约束,可以按照你的自由决定你的本性,我们已把你交给你的自由意志。我们已将你置于世界的中心,在那里你更容易凝视世间万物。我们使你既不属天也不属地,既非可朽也非不朽;这样一来,你就是自己尊贵而自由的形塑者,可以把自己塑造成任何你偏爱的形式。你能堕落成更低等的野兽,也能照着你灵魂的决断,在神圣的更高等级中重生。

这是《论人的尊严》里最重要的一段话,相关的解读简直汗牛充栋。在这段话中,皮科表达了一种与中世纪截然不同的人性论:人是一个没有规定性的存在,它所有的本性都是它运用自由意志得来的。换言之,人是一个自我决定的、自由的存在。这种自由开启了现代性的基本面向。这种对自由的高度强调,在斐奇诺那里是没有的。在斐奇诺那里,人虽然是一种纽带和连接物,将宇宙串联起来,但仍受制于比它更高的存在。人的尊严在于它的灵魂不朽；但在皮科这里，人完全不受制于空间的存在，可以在宇宙中任意行动。人是一个漫游者（Wanderer）。皮科对人性的这种理解，既借助了《圣经》的框架，又不悖于《圣经》对人的理解。毕竟《圣经》里也讲到，亚当在被造之后，可以管理各式各样的生物，这是他的尊严所在。但这不是最重要的。皮科所讲的人的自由，并不是说它自身在地位上就一定比万物高，而是说它具有任意的自由。这种可高可低的自由，才是人最像上帝的地方。如果说，上帝是按照人的形象造人的，那么皮科这里的人同样没有任何形象。但我们说，正是由于人没有任何形象，所以与上帝最为相似，是彻底自由的。

我们要说的是，首先，皮科的现代人形象深受柏拉图《会饮》中对于爱若斯的理解。在《会饮》中，爱若斯为波若斯（Poros）和佩尼娅（Penia）两个神所生，是匮乏和丰盈的产物。因此它的本性是居间者，总是处在匮乏与丰盈之间，没有固定的本性。而皮科将爱若斯的形象植入亚当身上，突出了亚当作为人类象征的自由：正如同爱若斯的本性并不固定，亚当的本性也不固定，既不属天也不属地，既非可朽也非不朽，而是来回游离的，方向都是自身决定的。通过这种方式，皮科完成了对于现代人的塑造：现代人就是一个新亚当，一个既具有基督教精神，同时又像爱若斯那样不拘泥于自身本性的自由人。在这里，柏拉图主义对皮科的影响可见一斑。

其次，对于人和上帝、人的上升的理解，皮科也深受柏拉图主义，具体来说是新柏拉图主义的影响，且在说法上比斐奇诺更加现代。和斐奇诺一样，皮科主张，人需要在上帝的召唤下，通过对上帝的爱回到上帝身边，与上帝合一。这个图景是典型的新柏拉图主义的，是圣爱和爱欲的结合。皮科认为，人与上帝的合一既意味着人努力爱上帝，这是爱欲的爱；但同时，上帝也爱人，这是圣爱。如果没有这种圣爱，人陷入在堕落中不可自拔,靠自身的力量无法上升。

这一点和斐奇诺的说法没有本质的不同。新的讲法主要有两个方面。一、皮科所理解的上帝形象,具有了更强的新柏拉图主义"否定神学"特征。众所周知,否定神学是新柏拉图主义创世人普罗提诺的讲法,到了伪狄奥尼修斯的《神秘神学》中得到系统的表达。所谓否定神学,说的是最高的太一具有绝对的超越性;它是如此超越,以至于我们根本不能用存在和语言去描述它。我们不能说它是什么,而只能说它不是什么。这种新柏拉图主义和基督教的东西结合起来,就是对于最高上帝的否定性描述。就像伪狄奥尼修斯所揭示的,《出埃及记》中的耶和华上帝从不轻易向人呈现,只有摩西能够接近它。而且,摩西也没有直观到它,因为上帝居于幽暗之中。在《论人的尊严》中,皮科继承了这套"否定神学"的讲述,强调人可以凭借自己的能力培育它的本性。但如若人对这些都不满意,可以收拢自身,变成与上帝同在的灵——在父独有的幽暗中,它将超越万物。我们注意到,这套对于上帝的幽暗的新柏拉图主义讲述,是和人的讲述连在一起的。当人不想成为其他造物,他可以与上帝同在;上帝是幽暗的,不可描述的,超越于一切的;相应地,人也因此具有崇高的地位,也是幽暗的,不可描述的,超越于一切的。这种讲法,实际上是借助否定神学的方式,将人与一般被造物进一步脱离开来,赋予他与上帝一样崇高的地位,是对人的自由的进一步发挥。

二、当皮科借助新柏拉图主义,讲人与上帝最终合一的时候,他不满足于说人对上帝的回归,而且还引入了神化(Apotheosis)思想,认为人有变成上帝的可能。在讲到人的上升时,皮科认为最后一步依据的是爱:"我们被妙不可言的爱唤醒,被放置于自身之外,如同燃烧的炽爱天使,我们为神性所充满,将不再是自己,而是那个造了我们的造物主自身!"也就是说,人变成上帝了。神化这个词有希腊罗马的神话起源,就是死去的人变成了神；但在新柏拉图主义的语境中，就是神人合一，人和上帝彻底没有了分别。通过这种讲法，皮科进一步打破了中世纪横亘在上帝和人之间存在论的区分，将人摆到与上帝一样崇高的位置上。历史地看，皮科的这条人性道路虽然通向了伊拉斯谟，但很快被路德引发的宗教改革中断了。这段历史表明，现代性虽然从文艺复兴开始孕育，但它的发展却是相当复杂和曲折的。这提醒我们，要更加仔细地思考文艺复兴和宗教改革，乃至整个现代性的关联。

如上，我们通过三个部分大概讲解了一下文艺复兴时期的柏拉图主义这个主题。由于时间关系，我们只是梳理了大概的框架，在具体问题上的分析还比较简略。如果读者有进一步的兴趣，可以结合我们的推荐阅读书目继续研究。

推荐阅读书目：

布克哈特：《意大利文艺复兴时期的文化》，何新译，马香雪校，商务印书馆，2010年。

梁中和：《灵魂·爱·上帝——斐奇诺的"柏拉图神学"研究》，华东师范大学出版社，2012年。

米歇尔·艾伦·吉莱斯皮：《现代性的神学起源》，张卜天译，湖南科学技术出版社，2012年。

皮科·德拉·米兰多拉：《论人的尊严》，顾超一、樊虹谷译，吴功青校，北京大学出版社，2010年。

吴功青：《革命与危机：皮科论人的尊严与个体自由》，《北京大学学报（哲学社会科学版）》2013年第5期。

Ernst Cassirer, *The Individual and the Cosmos in Renaissance Philosophy*, New York:

Dover Publications, 2000.

Eugenio Garin, *Italian Humanism*, trans. by Peter Munz, New York: Harper and Row Publishers, 1965.

James Hankins, *Plato in the Italian Renaissance*, Leiden: Brill Academic Pub, 1991.

Pico Della Mirandola, *Oration on the Dignity of Man: A New Translation And Commentary*, ed. by Francesco Broghesi, Cambridge: Cambridge University Press, 2012.

P. O. Kristeller, *Renaissance Thought and Its Sources*, New York: Columbia University Press, 1979.

专名对照表

一、柏拉图对话译名表[①]

Alcibiades 《阿尔喀比亚德》
Apology 《申辩》
Charmides 《卡尔米德》
Cratylus 《克拉底鲁》
Critias 《克里提阿》
Crito 《克里同》(亦常译作《克力同》)
Euthydemus 《欧绪德谟》
Euthyphro 《游叙弗伦》
Gorgias 《高尔吉亚》
Greater Hippias 《希琵阿斯前篇》
Ion 《伊翁》
Laches 《拉刻斯》
Laws 《法义》
　　(亦常译作《法篇》或《礼法》)
Letters 《书简》
Lysis 《吕西斯》
Meno 《美诺》
Menexenus 《美涅克塞努斯》
Minos 《米诺斯》
Parmenides 《巴门尼德》
Phaedo 《斐多》
Phaedrus 《斐德若》
Philebus 《菲丽布》
　　(亦常译作《斐勒布》)
Protagoras 《普罗塔戈拉》
　　(亦常译作《普罗泰格拉》)
Republic 《理想国》(亦常译作《王制》)
Rival Lovers 《情敌》

[①] 本对照表仅包括本书涉及对话,很多对话名也是柏拉图对话中人名的译法。

Sophist 《智术师》(亦常译作《智者》)　　*Symposium* 《会饮》

Statesman 《治邦者》　　　　　　　　*Theaetetus* 《泰阿泰德》

（亦常译作《政治家》）　　　　　　　　*Timaeus* 《蒂迈欧》

二、古代人名表

Academos　阿卡德摩斯

Adeimantuses　阿德曼图斯

Aedesius　埃德西乌斯

Aeschines　埃斯基涅

Agathon　阿伽通

Agis II　阿基斯二世

Aidesia　埃德希亚

Albinus　阿尔比努斯

Alcinous　阿尔基努斯

Alfarabi　阿尔法拉比

Ambrose　安布罗斯

Amelius　阿麦利乌斯

Ammonius　阿摩尼乌斯

Amphinomus　安菲诺摩斯

Amyntas　艾米达斯

Anatolius of Laodicea　阿那陶里乌斯

Anaxagoras　阿那克萨戈拉

Andron　安德隆

Antiochus of Ascalon　安提库斯

Antiphon　安提丰

Antimoerus　安提谟鲁

Antisthenes　安提斯泰尼

Anytus　安禄图斯

Apollodorus　阿波罗多洛斯

Apuleius　阿普列乌斯

Aristides　阿里斯底德

Archilochus　阿尔基洛库斯

Arcesilaus　阿凯西劳斯

Archelaus　阿基劳斯

Archytas　阿库塔斯

Archilochus　阿尔基洛库斯

Aristophanes　阿里斯托芬

Athenaeus　阿忒纳乌斯

Atticus　阿提库斯

Augustine　奥古斯丁

Autolycus　奥托吕科斯

Bias　庇阿斯

Callias　卡里阿斯

Callicles 卡里克勒斯	Dion 狄翁
Callipus 卡里普斯	Dionysius the Elder 狄奥尼修一世
Carmantides 卡尔曼提德斯	Diotima 第俄提玛
Carneades 卡尔涅阿德斯	Echecrates 艾奇克拉底
Cebes 刻贝	Eilithyia 爱勒提亚
Celsus 凯尔苏斯	Elias 伊利阿斯
Cephalus 克法劳斯	Epictetus 爱比克泰德
Chairecrates 凯瑞克拉底	Epigenes 厄庇吉尼斯
Chaerephon 凯瑞丰	Erasmus 伊拉斯谟
Chrysanthius 撒路斯提乌斯	Erastus 伊拉斯塔斯
Chrysoloras 克里索罗拉斯	Eryximachus 厄里克希马库斯
Cimon 喀蒙	Eudorus 欧多鲁斯
Corax 克拉克斯	Eudoxus 欧多库斯
Coriscus of Scepsis 科里斯库斯	Euphraius 尤菲罗斯
Crantor 克冉托尔	Eustathius 欧斯塔提乌斯
Crates 克拉特斯	Eutocius 欧托基奥斯
Ctesippus 克特西普斯	Ficino 斐奇诺
Daedalus 达儿达诺路斯	Gaius 盖乌斯
Damascius 达玛士基乌斯	Galen 盖伦
Deinomaxes 德瑙玛珂	Glaucus 格劳克斯
Deinostratus 迪奥斯图	Glaucon 格劳孔
Demos 德墨斯	Gordian 戈迪亚努斯
Dercyllides 德拉克里德斯	Gyges 居吉斯
Dexippus 戴克西普斯	Heraclides of Pontus 赫拉克利德斯
Diogenes Laërtius 第欧根尼·拉尔修	Hermias 赫米阿斯
Diomedes 狄俄墨德斯	Hermodorus of Syracuse 赫莫多鲁斯

Hermogenes 赫墨吉尼斯	Nero 尼禄
Hermotimus 赫尔摩底谟	Nicomachus of Gerasa 尼各马可
Hestiaeus of Perinthus 赫斯替埃乌	Nicias 尼基阿斯
Hirodikos 希罗狄刻斯	Numenius of Apamea 努麦尼乌斯
Hippocrates 希波克拉底	Olympiodorus 奥林匹奥多罗斯
Hippothales 希波泰勒斯	Origen 奥里根
Iamblichus 扬布里柯	Panaetius of Rhodes 帕纳埃提乌斯
Isocrates 伊索克拉底	Pausanias 泡赛尼阿斯
Kleinias 克莱尼亚斯	Pelops 佩罗普斯
Laertes 拉埃尔特斯	Penelope 佩涅洛佩
Leon 赖翁	Phidias 斐迪阿斯
Longinus 朗吉努斯	Philo of Larissa 菲洛
Lycon 卢孔	Philolaos 菲洛劳斯
Lycophron 吕克弗荣	Philoponus 菲洛泡努斯
Lysander 鲁山德	Philippus of Opus 菲利普斯
Lysias 吕西阿斯	Philon 斐龙
Lysimachus 吕西马库斯	Pico della Mirandola 皮科·米兰多拉
Marcus Aurelius 马可·奥勒留	Pittacus 匹塔科斯
Marius Victorinus 维克多瑞乌斯	Plotinus 普罗提诺
Marinus 马里努斯	Plutarch 普鲁塔克
Maximus of Tyre 马克西姆斯	Polamon 波勒蒙
Meletus 麦勒图斯	Polemarchus 波勒玛库斯
Menaechmus 梅内克缪斯	Polus 珀洛斯
Miltiades 米提阿德	Porphyry 波斐利
Mithridates 米特里达梯	Posidonius 波西多尼乌斯
Moira 茉伊拉	Proclus 普罗克洛

Prodicus　普罗狄科
Prodicus of Ceos　普罗底库斯
Psellus　普塞鲁斯
Pythodorus　毕托多洛
Pyrilampes　普利拉姆珀斯
Salutati　萨卢塔蒂
Semonides　西蒙尼德斯
Simmias　西米阿斯
Simplicius　辛普里丘
Sopater　骚帕特
Sophroniscus　索弗戎尼斯库斯
Speusippus　斯彪西波
Stobaeus　斯托拜乌
Synesius　苏奈西乌斯
Syrianus　叙利亚努斯
Tantalus　坦塔劳斯
Thales　泰勒斯

Theages　忒阿格斯
Themistocles　泰米斯特克勒斯
Theodorus　忒奥多洛斯
Theodius of Magnesia　忒奥厄斯
Theophrastus　泰奥弗拉斯托斯
Thrasybulus　忒哈斯布鲁斯
Thrasyllus　忒拉绪洛斯
Thrasymachus　忒拉绪马霍斯
Tiberius　提比略
Tisias　提西阿斯
Tissaphernes　提萨弗尼
Xanthippe　克珊提普
Xenocrates　色诺克拉底
Xerxes　薛西斯
Zeno　芝诺
Zethus　策托斯

三、古代地名表

Abdera　阿伯德拉
Acragas　阿克拉加斯
Alexandria　亚历山大里亚
Apamaea　阿帕梅亚
Argos　阿尔戈斯

Careggi　卡尔基
Chalcis　卡尔基斯
Colonos　科奥诺斯
Coronea　考赫尼亚
Eleusis　依洛西斯

Elis	厄里斯	Pergamum	帕加马
Ephesus	以弗所	Pharnabazus	法纳巴乌斯
Eretria	埃雷特里亚	Phlius	费琉斯
Ithaca	伊萨卡	Potidaea	波提岱亚
Larissa	拉里萨	Peiraeus	比雷埃夫斯
Leontini	莱昂蒂尼	Sardis	萨迪斯
Lydia	吕底亚	Segesta	赛杰斯塔
Mantinia	曼提尼亚	Thessaly	色萨里
Megara	墨伽拉	Thrace	色雷斯
Miros	弥罗斯	Tyre	提尔